西北大学"双一流"建设项目资助

Sponsored by First-class Universities and Academic Programs of Northwest University

本书为国家社科基金重点项目（项目编号：19AJL010）中期研究成果

数字金融发展的
经济效应研究

—— 理论机制分析与实证检验

Research
on The Economic Effect
of the Development of
Digital Finance

徐璋勇　强以晨　等 / 著

社会科学文献出版社
SOCIAL SCIENCES ACADEMIC PRESS (CHINA)

目　录

第三篇 数字金融发展对企业发展

第五篇　数字金融发展对居民收入消费

第一篇

数字金融发展的基本理论及在中国的发展

本篇包括第一章、第二章。首先在对数字金融的特征及运行原理分析论述的基础上，对数字金融发展的基础条件、功能机制及风险控制进行了理论分析；其次对数字金融在中国的发展历程、应用现状及存在的问题进行了描述与归纳，对近年来的研究文献进行了梳理。

第一章　数字金融发展的理论基础

随着经济从资源驱动向创新驱动的转型，中国社会经济活动的网络化、数字化趋势日益明显，其中以数据信息为关键要素的数字金融蓬勃发展，不仅给传统金融业的生存与发展带来巨大挑战，而且以其特有的运营模式对实体经济产生影响，并成为社会经济创新发展与产业结构转型升级的重要引擎。

一　数字金融的内涵界定与特征

阿里巴巴集团旗下的支付宝于 2004 年上线运营，可将其看作中国数字金融发展的开端，但业界通常将余额宝开张的 2013 年视为中国数字金融发展的元年。[①] 经过近 10 年的发展，目前中国已经成为全球数字金融领域的领跑者，无论是在发展水平，还是在普及程度上，均处于世界领先地位。2016 年在 G20 杭州峰会通过的《二十国集团数字普惠金融高级原则》，成为国际社会在该领域最高级别的指导性文件；2017 年中国发展数字普惠金融的 5 项经验入选《G20 数字普惠金融新兴政策与方法》，体现了国际社会及组织对中国在数字金融这一领域发展的充分肯定。

（一）数字金融的内涵界定

在"数字金融"一词出现之前，国际上使用最多的概念有两个：一个

---

① 邹静、张宇：《数字金融的研究现状、热点与前沿——基于 Cite Space 的可视化分析》，《产业经济评论》2021 年第 5 期，第 133～146 页。

是"金融科技",另一个是"互联网金融"。

关于"金融科技"。根据金融稳定理事会（FSB）的定义，"金融科技"是基于大数据、云计算、人工智能、区块链等一系列技术创新，并在支付清算、借贷融资、财富管理、零售银行、保险、交易结算等六大金融领域的全面应用，是对传统金融业所提供产品和服务的创新。Leong 和 Sung 将"金融科技"界定为借助科技手段实现的金融创新，包括对金融服务流程中任何一个环节提出的技术解决方案。[①] 可见，"金融科技"是技术驱动的金融创新，是大数据、人工智能、区块链技术等前沿颠覆性科技与传统金融业务和场景的叠加融合。在通俗意义上可以将其理解为金融（Finance）与科技（Technology）的结合，其特质在于技术。

关于"互联网金融"。互联网技术的发展及其在金融领域的应用，催生了一种新型的金融业态，即互联网金融（ITFIN），它是传统金融机构与互联网企业利用互联网技术和信息通信技术实现资金融通、支付、投资和信息中介服务的新型金融业务模式。依托大数据、云计算以及开放的互联网平台，传统的金融业务得到扩展，并形成了功能化的金融业态及服务体系，包括基于互联网平台的金融市场体系、金融服务体系、金融组织体系、金融产品体系以及互联网金融监管体系等，它是互联网技术和金融功能的有机结合，具有普惠金融、平台金融、信息金融和碎片金融等相异于传统金融的显著特点。

"数字金融"的提出源于近年来数字经济的兴起。大数据、云计算、人工智能和区块链等技术被统称为数字技术，将这些数字技术广泛应用于涵盖支付、投资、融资、保险等多个领域的金融服务，即是数字金融。按照 Comber 等人的定义，数字金融通常指利用数字化技术实现的金融业务[②]，比如信用卡、ATM 机、移动应用端相关业务。国内学者黄益平和黄卓参考中国人民银行等十部委对"互联网金融"的定义，将数字金融定义

① Leong, K. & Sung, A., "Fin Tech (Financial Technology): What Is It and How to Use Technologies to Create Business Value in Fintech Way?" *International Journal of Innovation, Management and Technology* 9 (2) (2018): 74 – 78.

② Comber, P., Koch, J. A. & Siering, M., "Digital Finance and Fintech: Current Research and Future Research Directions," *Journal of Business Economics* 87 (5) (2017): 126 – 138.

为金融机构或技术公司采用数字技术进行金融服务的新型金融模式。[①]

由此可见，与着重突出交易途径的互联网金融和强调科技特质的金融科技相比，数字金融所涵盖的内容更加广泛。另外，数字金融的本质还是金融，它只是利用互联网、区块链、云计算、大数据、人工智能等创新技术进行了很多金融创新，金融的核心属性及功能并没有改变。

综合现有研究，我们可以将"数字金融"界定为：将移动互联网、大数据、人工智能、云计算、区块链等各类数字技术与传统金融服务业态深度融合发展的一种新型金融服务。其中数字技术是手段、金融是本质，主要特征表现为信息化、网络化和智能化。

（二）数字金融的特征

数字金融作为一种新型金融业务模式，虽然其金融属性及金融功能并未发生改变，但与传统金融模式相比仍然呈现多种特征。

1. 普惠性

数字金融的最大优势是支持了普惠金融的发展。[②] 普惠金融服务的重点对象为弱势人群、弱势产业和弱势地区[③]，普惠金融具有广泛包容性，在数字技术大规模应用之前，各种政府支持模式、小贷技术创新，都没有像今天这样，让我们对普惠金融的大规模、可持续发展具有信心[④]。数字金融具有普惠金融的普惠性和包容性，能够更好地为个人消费者、中小企业以及其他未被传统金融机构覆盖的客户群体提供金融服务。这部分客户虽然单笔成交额小，但群体数量庞大，具有长尾效应。对于这些长尾客户来说，传统的金融理财产品投资门槛较高，动辄上万元甚至几十万元、上百万元。而与之相反的是，数字金融的投资具有亲民性。拿余额宝来说，

[①] 黄益平、黄卓：《中国的数字金融发展：现在与未来》，《经济学》（季刊）2018 年第 4 期，第 1489～1502 页。

[②] 黄益平、黄卓：《中国的数字金融发展：现在与未来》，《经济学》（季刊）2018 年第 4 期，第 1489～1502 页。

[③] 吴国华：《进一步完善中国农村普惠金融体系》，《经济社会体制比较》2013 年第 4 期，第 32～45 页。

[④] 李丹：《科技赋能新金融——记第四届（2019）中国新金融高峰论坛》，《中国金融家》2019 年第 12 期，第 53～54 页。

虽然目前收益率并不理想，但是它开创了"1元理财"的新纪元，使万千低收入者实现其财产性收入的增加成为可能。目前，许多数字金融理财产品的起投金额很低，这为低收入群体的投资理财提供了便利。毫不夸张地说，数字金融理财产品的出现，让众多民间小微投资人享受到了专业理财的待遇。

2. 智能技术融合性

数字金融的发展离不开云计算、大数据、人工智能、区块链四大技术的赋能。其中，云计算是基础，大数据是动力，人工智能、区块链是核心，这四大技术紧密融合、相互支持，为数字金融创造了发展的条件和机遇。在传统金融业未结合网络智能技术以前，人们要办理银行基本业务、购买理财产品等只能去传统的金融机构营业网点，除了手续复杂、办理不方便，还不能对各类金融产品的收益与风险进行全面的比较，以便做出更好的投资决策。而数字金融融合了各种智能技术，使得投资者购买理财产品和进行投资的渠道更加畅通，获取金融市场的信息更加容易，操作也更加快捷方便。智能手机的普及及云计算、大数据、人工智能、区块链等技术日新月异的发展，更是为数字金融的快速发展提供了强大的技术支持。

3. 金融服务的低成本性

数字金融依赖互联网平台，通过建立一些诸如淘宝或者微信这样的"场景"，紧紧地黏住数千万甚至上亿的移动终端，同时又通过对来自社交媒体和网购平台等的大数据的分析对客户进行信用评估，从而使获客与风控成本大大降低。数字金融利用大数据、云计算、区块链和人工智能等前沿技术，主要从规模、速度和准度三个维度提升数据处理能力，并借助信息网络载体，突破时间和空间的约束与限制，在既定的资源环境条件下，最大化覆盖用户和地区，从而产生边际成本递减和规模经济效应。①

4. 监管的复杂性

数字金融拓展了金融的服务对象和服务内容，但也带来了一系列新的

---

① 傅昌銮、王玉龙：《数字金融的涵义、特征及发展趋势探析》，《产业创新研究》2020年第3期，第51～54页。

监管难题。现行的金融监管条例大多是在传统金融运营模式基础上设立的，而数字金融运营模式与传统金融不同，其依赖大数据信息和智能化处理技术而形成，具有虚拟性更强、传播速度更快、涉及群体更广等特点，不仅对传统的金融监管提出了挑战，还倒逼金融监管体系必须向数字化与科技化转型。在监管的内容上，除了对传统金融监管中的金融机构道德风险及机会主义行为进行监管，还要将数据安全、网络安全等纳入监管之中，这无疑使得监管的难度与复杂性大大提高。因此，监管体系的数据化、科技化及智能化是数字金融时代金融监管的显著特征。

二 数字金融发展的基础条件

数字金融的发展离不开大数据、人工智能、云计算、区块链等各类数字技术的支撑，同时还需要具备一定的制度条件。

（一）数字金融发展的技术条件

数字金融是将移动互联网、大数据、人工智能、云计算、区块链等各类数字技术与传统金融服务业态深度融合发展的一种新型金融服务（见图1-1），其中金融是本质，数字技术是手段。为此，我们从数字金融的技术手段出发，分别对人工智能、大数据、云计算、区块链这四类技术的发展及其对金融领域的影响做进一步的分析。

图1-1 数字金融发展的技术条件

资料来源：任泽平、曹志楠等：《中国金融科技报告2020》，恒大研究院研究报告，2020年12月24日。

1. 人工智能技术及其应用

人工智能这一概念最早在 1956 年的达特茅斯会议上被正式提出，它是研究、开发用于模拟、延伸和扩展人的智能的理论、方法、技术及应用系统的一门新的技术科学。对人工智能的较为权威的定义来自美国麻省理工学院的温斯顿教授，他认为"人工智能就是研究如何使计算机去做过去只有人才能做的职能工作"。人工智能作为计算机科学的一个分支，企图了解智能的实质，并生产出一种新的能以与人类智能相似的方式做出反应的智能机器。从技术层面来讲，人工智能主要分为自然语言处理技术、图像识别技术和机器学习应用技术三类。

（1）自然语言处理技术

自然语言处理（Natural Language Processing，NLP）是以语言为对象，利用计算机技术来分析、理解和处理自然语言的一门学科，即把计算机作为语言研究的强大工具，在计算机的支持下对语言信息进行定量化的研究，并提供人与计算机之间能共同使用的语言描写。

自然语言处理技术的应用大大提升了金融机构的效率。一方面，金融机构可以利用机器代替柜面客服人员为客户提供服务，智能客服可以把原来前台证件审核、银行卡识别、票据审核、票据录入等人工操作转移到后台运营中心进行，不仅提高了服务效率，风控也得以加强。这种智能客服、营业网点机器人的服务给金融机构减少了运营成本，提升了其服务效率。另一方面，人工智能的语音识别机制，机器人服务自动化等技术正在改变着银行服务流程设计和运营管理。自然语言处理技术可以检索和提取客户在电话中的有效信息，帮助金融机构筛选客户、挖掘潜在市场，能有针对性地满足客户需求，为后续服务的跟进提供支持。

（2）图像识别技术

图像识别技术是人工智能的一个重要领域，它是以图像的主要特征为基础，利用计算机对图像进行处理、分析和理解的一种模拟人类视觉功能的技术。这种技术使得计算机能够接收、识别和理解图像及周边环境。[1]

图像识别技术在金融领域的应用突出体现在两个方面：一是用于客户

---

[1] 贾圣林、张瑞东等编著《互联网金融理论与实务》，清华大学出版社，2017，第 58～67 页。

身份识别，比如基于生物识别技术的人脸识别，可以应用于账户系统的远程开户、远程业务签约等，从而提升交易效率和安全等级；二是用于操作风险控制，如通过图像识别技术，金融机构可以在运营中心、数据中心等核心区域和网点柜台布置监控，不仅可以保证银行重点区域的安全、客户交易的安全，还能监督金融机构从业人员，使其合规操作，有利于金融机构的内部控制。

（3）机器学习应用技术

机器学习应用技术是指通过大数据导入海量数据与信息，驱使计算机利用已有的历史数据，模拟人类的分析和预测方法，预测当前和未来的走势，使计算机具有深度学习的特点的技术。

随着机器学习应用技术的不断发展，其被广泛应用于金融领域。如在计算机中导入金融交易和金融市场的历史数据，依据构建的计算模型以及利用特定算法，可以判断当前的经济形势和未来的经济走势，从而得出合适的决策方案；智能风控基于人工智能机器学习应用技术，将多维度大数据整合起来，综合量化评定客户风险，预测客户申请、交易、汇款过程中的欺诈和坏账的可能性，从而形成审批决策，即时预测风险并采取干预措施，做到联防联控。蚂蚁金服80%的业务场景都基于智能风控，不良率为1.45%，低于全国小微贷款不良率（5.9%）。

2. 大数据技术及其应用

大数据（Big Data）技术是指，用一种新方法对数量大且种类多的数据集合进行捕捉、管理和处理，使之成为具备更强的决策力、洞察力和流程优化能力的生产资料的技术。① 大数据的特点在于：一是数据量大（Volume），海量性是与大数据最相关的特征（数据基础是全体数据而不是抽样数据）；二是数据结构多样化（Variety），大数据既包括以实物为代表的传统结构化数据，又包括以互联网为代表的半结构化数据和以视频、语音信息为代表的非结构化数据；三是数据价值密度低（Value），大数据的体量巨大，但数据中的价值密度却很低，比如在几个小时甚至几天的监控

---

① 孟小峰、慈祥：《大数据管理：概念、技术与挑战》，《计算机研究与发展》2013 年第 1 期，第 146～169 页。

视频中，有价值的线索或许只有几秒钟；四是数据处理速度快（Velocity），大数据要求能够快速处理数据，时效性强，要进行实时或准实时的处理。

大数据技术按照业务流程可分为数据采集技术、数据存储技术、数据处理技术和数据挖掘技术四类。①数据采集技术，就是利用数据库采集来自智能设备（车载传感器、可穿戴设备等）、互联网（网站、社交网络、App 等）和射频识别技术（RFID）的数据，是大数据技术运用的开端，也是大数据业务中最基础的环节。②数据存储技术，在数据完成采集之后，需要构建一个成熟的数据管理系统，大数据具有价值密度低、数据结构多样化、数据处理速度快等特点，数据存储就是利用新型数据库集群等技术对传统的结构化数据库难以管理的多样化数据进行存储、操作和管理。③数据处理技术，就是对已接收的原始数据进行抽取、清洗、脱敏等操作，因为大数据的来源纷繁复杂，数据形态和结构也不尽相同，必须对其数据进行处理。④数据挖掘技术，数据挖掘指通过特定算法，从数据库的海量数据里将隐藏的有价值的信息和知识提取出来的过程，所用到的技术包括统计分析、聚类分析、机器学习、人工智能、模式识别等。数据挖掘是一个决策支持过程，可以在提取出有用信息之后，做出归纳性判断，帮助决策者调整策略，因此它也是大数据技术流程中附加值最高的部分。

金融业是数据密集型产业的典型代表，在日常的经营中会产生大量的数据，其中包括客户信息、交易记录、市场信息等，因此大数据技术非常适合应用于金融业的发展。金融业通过使用大数据技术，可以提高行业的运营效率和风险管控能力，既能降低经营成本又能提升风控能力，还可以根据海量历史数据对未来经济形势做出预测和判断，有利于金融业的稳健发展。

大数据在金融领域的应用场景正在被逐步拓展，目前已经在金融行业的风险控制、金融市场分析以及金融监管等方面得到了全面应用。

（1）在风险控制方面的应用

风险伴随金融活动的全过程，风险控制是金融业稳健发展的基础，借助大数据技术，可以对金融活动各环节的风险进行有效控制，降低风险损失。如在客户的资质审核与信用评价环节，金融机构的传统方式是在收集分析用户以往的相关业务信息基础上，对风险客户进行识别，但常常因为掌握的信息不够全面、完整和准确，而无法确保客户资质审查报告的准确性，影响业务开展效率的同时形成了潜在的信用风险。大数据技术可以帮助金融机构从互联网中精确提取客户的多元信息，并通过特定算法对客户的信用状况做出准确评估，筛选出优质客户，以保障信贷质量。

以大数据在银行信贷审核环节的应用为例。在贷前评估阶段，利用大数据可以在贷前对客户资质进行有效识别，对授信风险进行防控；在贷中监测阶段，可通过用户在贷款期的行为数据发现问题用户并及时报警；在贷后反馈阶段，基于用户本次贷款期间的数据，对用户原有信贷记录进行打分，并且实时监测用户的还款情况，提升或降低其信用额度以供后续使用（见图 1－2）。

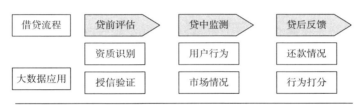

图 1－2　大数据应用在贷前、贷中、贷后三个环节

（2）在金融市场分析方面的应用

金融市场瞬息万变，金融机构常常需要及时了解和捕捉市场动态，大数据技术为此提供了技术支撑。这里的市场分析既包括微观客户分析，也包括宏观环境分析。对于微观客户分析，大数据根据客户人口统计学特征、消费的历史数据、兴趣爱好、风险偏好分类等，搜寻潜在客户，实现精准营销与获客，向客户有针对性地推出个性化服务和产品；对于宏观环境分析，借助大数据技术，金融机构可以更敏锐地识别外围环境，对金融产品健康度、产品发展趋势、客户价值变化等做出准确分析，助力金融机构做出更合理的决策。

（3）在金融监管方面的应用

有效的金融监管是金融业稳健运行的重要保障。传统的金融监管主要针对的是金融机构的道德风险及机会主义行为，且更多地体现为对金融机构的合规性监管。监管技术有限、信息资源滞后等客观因素，使得在传统监管制度框架下监管的及时性与有效性都受到影响。但在大数据时代，监管部门引入大数据技术，一方面，可以运用金融交易活动过程中产生的海量数据，借助识别技术和高速运转的计算机系统，对金融交易中的违法违规信息进行及时抓取，形成有效的监管信息来源，从而提高监管的及时性及精准性；另一方面，依据大数据技术可以构建智能监测系统，实现监管渠道的电子化，降低监管机构的信息搜寻成本，同时减少监管盲区，从而提高监管效率。

3. 云计算技术及其应用

云计算（Cloud Computing）是分布式计算的一种，指的是通过网络"云"将巨大的数据计算处理程序分解成无数个小程序，然后，通过多部服务器组成的系统处理和分析这些小程序，得到结果并返回给用户。简单来说云计算就是通过互联网提供信息技术资源的一种服务模式，通过这种模式，共享的软硬件资源和信息，可以按需求提供给计算机和其他设备。云计算的最大优势是可以瞬间扩容，发掘数据价值，征服数据海洋（海量数据）。

云计算在金融业的应用包括以下两点。①云+大数据：云计算以分布式处理架构为核心，高度契合大数据处理，可以实现海量数据云端存储。②拓展系统处理能力：传统金融解决方案市场由 IOE（即以 IBM、Oracle、EMC 为代表的小型机、集中式数据库和高端存储的技术架构）主导，难以应对数据量级和计算复杂程度的增长，金融机构自行开发或购买云服务，可弥补基础软硬件的不足，满足系统高性能和容灾备份的要求。

目前，金融领域各行各业都在开展数字化转型，但是在开展过程中存在一定的不平衡问题，大型金融机构信息化建设较快，中小型金融机构则较为落后。云计算的发展和应用为解决该问题提供了有效途径。通过为中小型金融机构提供便捷、高效的 IT 设施服务，云计算可以让其更加专注于金融业务的创新，实现集约化、规模化和专业化发展，促进金融业务与信息科技的合作共赢。同时，虚拟化、可扩展性、可靠性和经济性的云计算服务降低了中小型金融机构的金融服务门槛及运营成本，从而使其市场竞争力大幅提升。

4. 区块链技术及其应用

区块链（Blockchain）从技术层面看，主要包括共识机制、分布式存储和密码学原理三大技术，这些技术以新结构的方式组合在一起，形成了一种新的数据记录、储存和表达方式。首先，共识机制就是在遵循"少数服从多数"的前提下，保证交易参与方对同一事件达成相同意见的机制。

在区块链中，区块链节点由多方共同维护，共识机制起到决定谁负责生成新的区块及维护区块链统一的作用。其次，在分布式存储中，数据被多份复制、加密、分片切割成小块，并在排列组合后随机发送至存储节点。分布式存储与传统存储方式不同，它是基于区块链技术设计并构建的一系列安全可靠的解决方案和设施，以确保在各种极端情况下不会对用户的数据造成损害。最后，密码学原理是指区块链中包含公钥和私钥两种数字加密技术，公钥被用于信息加密发送，而私钥通常被用于信息解码。

区块链从应用视角看，是一种分布式的共享账本和数据库，具有去中心化、不可篡改、全程留痕、可以追溯、集体维护、公开透明等特点，与金融行业的数据安全、交易真实、隐私保密等业务需求不谋而合。目前金融业存在很多问题，例如跨境支付周期长和费用高、信息对称性差、风控难度大等。区块链的去中心化、数据可追溯等特质，有助于削弱中间商的控制权，提升金融业运行效率，降低金融机构经营成本。

目前，区块链在金融业中的应用可以分为数字货币、跨境支付和结算、证券发行与交易、供应链金融四类。

（1）区块链在数字货币中的应用

基于区块链技术的数字货币，因为具有虚拟性的特点，减少了中央银行创造、发行和流通货币的成本，同时也避免了税收犯罪，而且交易的透明化也便于央行提高对货币政策的控制力。

（2）区块链在跨境支付和结算中的应用

传统的跨境支付和结算系统中存在多个中介机构，且存在操作流程较长、效率低的问题。基于区块链的跨境支付和结算系统通过智能合约自动执行收款程序，省去了中介机构的参与，节省了支付结算的时间和成本。

（3）区块链在证券发行与交易中的应用

传统的证券发行与交易中存在多级中间商收取费用且清算流程烦琐的问题。基于区块链的证券发行与交易记录由密码学和哈希算法形成，具有不可篡改性，也省去了中间商赚差价。因此，区块链技术推动了证券发行与交易的创新。

（4）区块链在供应链金融中的应用

传统供应链金融和票据交易中存在信息不对称的问题，信任机制难以建立。区块链使用分布式账本技术，厂商资产、票据信息均可在系统中进行查询，降低了信用风险发生的可能性，从而解决了供应链金融中的信息不对称和票据交易的痛点问题。

（二）数字金融发展的制度条件

中国是世界公认的数字金融发展领先国家。数字金融在中国的快速发展，与两项制度条件有关：一是传统金融部门金融服务供给的严重不足；二是数字金融成长初期监管政策的相对宽容。

1. 传统金融部门金融服务供给的严重不足

中国是金融管制程度比较高的国家之一，正是这种高度的集中管制为中国金融的稳健发展提供了很好的保障，即使在 1997 年亚洲金融危机和 2008 年全球金融危机期间，中国金融体系的稳健性也受世界瞩目。但这种长期的金融集中管制带来的负面效果就是，存在严重的金融抑制现象，这种金融抑制不仅出现在金融服务需求端，还出现在金融服务的供给端。

从金融服务需求端来看，金融抑制的直观表现就是大量小微企业以及广大农户的融资需求长期得不到满足。根据国家市场监督管理总局数据，截至 2017 年 12 月末，我国小微企业名录收录的小微企业已达 7328.1 万户，其中，企业 2327.8 万户，占国内企业总数的 82.5%；个体工商户 5000.3 万户，占国内个体工商户总数的 80.9%。小微企业对 GDP 的贡献率在 30% 以上，但全国银行业金融机构小微企业贷款余额为 30.74 万亿元，仅占各项贷款总余额的 24.67%，金融机构对小微企业的信贷支持力度与小微企业对 GDP 的贡献度极不匹配。另据中国家庭金融调查（CHFS）数据，2013 年全国范围内小微企业的信贷可得性仅为 46.2%，即 100 家小微企业中能够从银行获得信贷支持的企业只有 46.2 家。另外，广大农户从银行获得信贷支持的力度亦是如此。据西北大学中国西部经济发展研究中心 2011 年对西部地区 4653 户农户的调查数据，只有 8.67% 的农户表示从正规金融机构获得的信贷资金能完全满足其需要，能满足其资金需求 2/3 的农户占 15.04%，能满足其资金需求 1/2 的农户仅占 26.62%。[①] 这种融

---

① 徐璋勇等：《中国西部地区新农村建设途径与政策选择研究》，中国经济出版社，2014，第 128 页。

资现状使得小微企业不得不转向其他融资形式，包括小额贷款公司、民间借贷、网络借贷等形式，但这些融资形式的融资成本往往高于银行融资成本的数倍（见图 1-3）。

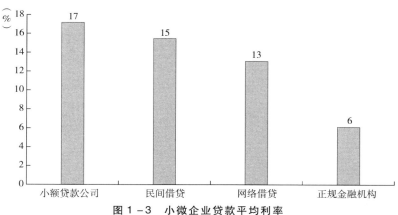

图 1-3　小微企业贷款平均利率

注：图中数据均为约数。

资料来源：根据网络资料整理。

商业银行信贷偏向大企业、国有企业、城市企业而排斥中小微企业、非国有企业及农户，这固然可以降低商业银行的信贷风险，保障商业银行运营的稳健性，但其客观结果则是大量中小微企业及广大农户融资难、融资贵。虽然近年来中国人民银行、中国银保监会相继出台了多项政策措施，鼓励各商业银行加大对中小微企业及农户的信贷支持力度，但中小微企业及农户融资难、融资贵的问题依然十分严重。正因如此，传统金融服务之外的新金融业态与服务模式才有了产生的契机与发展空间。

从金融服务供给端来看，传统金融所提供的金融产品难以满足城乡居民日益增长的投资与财富管理需求。改革开放以来，中国经济高速发展进入高质量发展阶段，带来了城乡居民收入的高速增长，个人及家庭财富的快速增加。依据《中国统计年鉴》数据，城乡居民储蓄存款总额从 2000 年的 64332.4 亿元增加到 2015 年的 546078 亿元，年均增长率达到 15.32%，人均储蓄存款从 5075.82 元增加到 39725.74 元。居民收入及其结余的快速增长，使得城乡居民对财富管理的需求快速增加。但传统金融机构提供的可投资金融产品，不仅品种单一，而且收益率较低。资本市场及基金市场的快速发展，虽然也为居民提供了投资渠道，但近年来股市大幅波动，购买股票及基金需要承担较高的投资风险，这使得许多居民将辛苦获得的有限结余投资于资本市场时会望而却步。正是在这种背景下，以余额宝为代表的集高流动性、高收益性（相对于银行存款）与低风险性（相对于开放式基金）于一身的互联网金融产品应运而生，并受到了市场的热捧，余额宝的规模从 2013 年诞生之初的 1853 亿元快速上升到 2015 年的 6207 亿元，短短两年时间增长了 2.35 倍①，并累计为用户创造收益近500 亿元。

正是以阿里小贷为代表的数字金融产品，以其极大的便利性及低门槛为大量小微企业与个人提供了融资渠道，以余额宝为代表的数字金融产品以其集高流动性、高收益性与低风险性于一身的特点为较低收入居民提供了财富增值渠道，使得数字金融产品与业务横空出世的时候，立即被市场所接受并得到了迅速的发展。②

2. 数字金融成长初期监管政策的相对宽容

传统金融体系将诸多低收入群体排斥在金融服务的对象之外，严重剥夺了低收入群体获得金融服务的权利，不仅阻碍了其现实收入的增加，还限制了其发展。因此，让金融服务惠及广大民众，提高金融服务的普惠性就成为金融体系改革与发展的重要目标。数字金融的一个重要特征就是具有良好的普惠性，为了推广普惠金融，使更多民众享受到金融服务，政府放宽了对数字金融的监管。自 2005 年以来，中国政府一直在推动普惠金融发展，呼吁商业银行增加中小企业贷款，并成立了近万家小额信贷公司，但收效甚微。当数字金融公司向大量中小微企业和个人提供金融服务时，监管机构看到了推进普惠金融发展的希望，所以从政策上给予了一定的倾斜。2016 年 10 月 9日，中共中央政治局第三十六次集体学习大会上，习近平总书记强调我国应该加快推进网络信息技术自主创新，加快数字金融对经济发展的推动，拓宽经济发展新空间。在监管政策方面，我国提出包容性监管的思路，提倡"软法治理与柔性监管"相结合，允许数字金融公司在一定范围内试错，给予其

---

① 徐远、陈靖编著《数字金融的底层逻辑》，中国人民大学出版社，2019，第 107 页。
② 封思贤、徐卓：《数字金融、金融中介与资本配置效率》，《改革》2021 年第 3 期，第40～55 页。

一定时间自我修正，摸索出一条健康、合理、可持续的发展道路。[①]

另外，数字金融成长初期监管政策的相对宽松也与监管体制和技术限制有关。首先，中国的金融监管框架是按行业划分的，侧重于对金融机构的监管，当数字金融公司出现时，监管部门无法确定应该由谁负责监管。[②]事实上，许多数字金融企业在相当长的一段时间内都没有受到监管。例如，支付宝于 2004 年推出，一直到 2010 年都没有牌照。同样地，2007 年的拍拍贷（PPD）上线，预告了 P2P 行业的飞跃式发展，2015 年底正常运营平台数达到 3576 家，相比 2012 年底增长幅度超过 25 倍。[③] 加之，虽然金融监管部门对金融运行的规律和风险比较熟悉，但其对新技术本身的架构、优势、局限性以及和金融业务的结合点，需要有一个学习和熟悉的阶段，这在一定程度上导致了监管的滞后。正是这种相对宽松的监管环境为数字金融参与者提供了试验金融产品和创新商业模式的独特机会，促成了数字金融的快速发展。

但需要特别指出的是，对数字金融监管的宽容是一把"双刃剑"，它给一些不正当的商业行为留下了投机空间，特别是在 P2P 领域，行业监管缺失、准入门槛较低，出现了不少打着 P2P 网贷之名干非法集资诈骗勾当的平台，给投资者造成了巨大损失，带来了严重的不良社会影响；另外，互联网自身具有虚拟性强、传播速度快、参与人数多的特点，虽然拓宽了传统金融的服务群体和服务内容，但也带来了新的监管难题。如何在数字金融发展与监管之间实现协调，是一个需要认真研究的理论与现实问题。

三　数字金融的组织架构与运营模式

（一）数字金融的组织架构

提供数字金融服务的组织主要是基于数字信息技术的新型金融组织。

---

① 黄浩：《数字金融生态系统的形成与挑战——来自中国的经验》，《经济学家》2018 年第 4 期，第 80 ~ 85 页。
② 胡滨主编《中国金融监管报告（2021）》，社会科学文献出版社，2021，第 28 ~ 31 页。
③ 《数据大回顾：P2P 网贷行业 12 年，都发生了哪些变化?》，搜狐网，2019 年 8 月 16 日，https://www.sohu.com/a/334227385_229411。

目前，我国此类金融组织有三大类：数字交易平台、数字化信用评分组织、移动运营商。[①] 其中，数字交易平台是电子化、数字化的交易平台，主要通过电子交易工具为交易参与者提供支付、转账、储蓄、信贷、保险、证券、财务规划和银行对账单等一系列金融服务，包含第三方支付平台、网络借贷平台、众筹平台、综合性互联网金融平台等。数字交易平台上的各类金融组织及其金融产品依托互联网、大数据、云计算技术，具有开放、共享、对等、高效、便捷的特点。针对其中的综合性互联网金融平台，我们按照是否基于电商平台、社交平台、门户网站等又做了进一步分类。数字化信用评分组织是指在合法授权前提下，运用数字技术，对个人和企业的结构数据以及非结构数据进行信用评价的组织。数字化信用评分比传统征信有更强的实时性和全息性，与传统征信方式相互补充，可以更好地对普惠金融服务的对象进行风险评价。移动运营商是指提供移动通信业务和网络服务的部门，其通过为客户提供微型金融服务，参与普惠金融。提供数字金融服务的新型金融组织具体类别划分见表 1-1。

表 1-1　提供数字金融服务的新型金融组织

	类别	子类别	举例
数字交易平台	第三方支付平台		拉卡拉等
	网络借贷平台		拍拍贷、人人贷等
	众筹平台	股权众筹、产品众筹	京东东家等
	综合性互联网金融平台	基于电商平台的互联网金融平台	蚂蚁金服、京东金融、苏宁云商等
		基于产业背景的互联网金融平台	海尔金融、小米金融、大北农智慧平台等
	互联网保险平台	基于社交平台、门户网站的互联网金融平台	腾讯、百度、奇虎360等
		互联网保险公司	众安保险等
		网络互助保险平台	蚂蚁互保等

---

① 黄卓等主编《金融科技的中国时代：数字金融 12 讲》，中国人民大学出版社，2017，第 55~71 页。

续表

类别	子类别	举例
数字化信用评分组织		芝麻信用等
移动运营商	移动通信业务和网络服务公司的数字金融服务	中国移动、中国联通、中国电信

资料来源：黄卓等主编《金融科技的中国时代：数字金融 12 讲》，中国人民大学出版社，2017，第 55~71 页。

（二）数字金融的运营模式

金融的基本功能在于提供支付结算、投融资、信息收集与处理、风险控制、激励约束等服务，数字金融的本质还是金融，其作为金融的功能并未发生变化，而改变的只是其业务运营模式。正是由于大数据、人工智能、云计算、区块链等技术的引入，数字金融在实现金融功能过程中的运营模式与传统金融大不相同。

1. 数字金融下的支付结算

支付渠道和金融产品的销售渠道是传统银行的两大业务渠道，但数字金融的发展改变了传统金融的业务渠道结构。[①] 信息技术和互联网是业务渠道的基础，它可以传递信息、产品和服务。金融是一种产品和服务，因此它可以通过信息和数据渠道实现传递。在支付宝和微信支付出现之前，消费者直接通过银行渠道实现资金支付和金融产品的购买。当数字金融下的第三方支付成为主流支付渠道之后，消费者直接面对的是第三方支付软件，软件后面挂的是不同的银行卡，银行已经退居支付渠道的后端，仅仅负责结算和清算工作，成为第三方支付的后台。互联网支付工具走向支付渠道的前端，屏蔽了传统银行与消费者的直接联系。这种变化之所以重要，是因为通过支付渠道可以进行数据的收集。通过支付渠道可以了解消费者的交易习惯和信息，有了这个基础，互联网支付就可以提供更多的金融服务。与之相反，银行退居渠道后端将丧失许多数据资源和客户资源，

---

① 黄浩：《数字金融生态系统的形成与挑战——来自中国的经验》，《经济学家》2018 年第 4 期，第 80~85 页。

这也是银行最担心的地方。

在这一过程中，第三方支付机构扮演着信贷中介的角色，其具体的交易流程如下：①消费者登录电子商务网站，浏览相关商品信息，确定购买；②电子商务网站将消费者浏览的信息和所选商品的信息发送给卖家，并自动生成相关交易合同；③买家通过网络将付款指令发送给开户银行；④买家开户银行向第三方支付平台支付相应金额；⑤卖方从电子商务网站获得指令信息并开始交付货物；⑥物流配送系统向买家交付货物；⑦买家在检查收到货物的具体情况后，向第三方支付平台确认货物已经收到；⑧第三方支付平台将货物相应的付款信息发送给卖家；⑨卖家向第三方支付平台发出划款指令；⑩第三方支付平台将交易付款转移到卖家交易所在银行的账户。详细的付款流程见图1-4。可见，第三方支付机构是独立于银行和商家的，它们与商业银行签订协议，与商业银行进行某种形式的数据交换和相关信息确认，最终实现商家（卖家）与消费者（买家）之间交易资金的顺利转移。

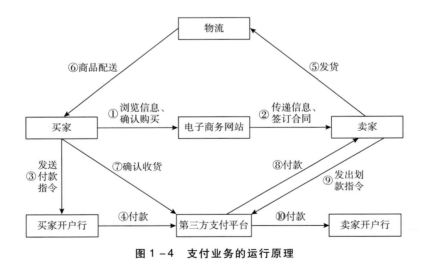

图1-4　支付业务的运行原理

2. 数字金融下的投融资

金融的重要功能之一是资金的融通，即借贷业务。它是资金在借款人和贷款人之间的匹配，它匹配的是资金的数量、利率、期限、风险等因素。金融机构作为匹配的中介，可以整合借款人（投资者）的需求，寻找贷款人，也可以整合贷款人的需求，寻找借款人。在这个过程中，金融机构作为借贷信息匹配者的角色，通过借贷利息差盈利，也可以通过收取服务费盈利。数字金融作为金融信息匹配的中介，同样具备了金融媒介的功能，如图1-5所示，它能把大量个体之间的借贷需求直接对接在一起，这是传统金融模式无法实现的。民间个体之间的借贷只能在小范围内完成，但是数字金融平台实现了大范围内个体之间的直接借贷，且成本低、效率高。因此，数字金融的发展有效促进了金融信息的对称，降低了融资成本，推动了金融服务的普惠化。同样，数字化众筹也是利用信息技术在匹配供需信息方面的优势进行的一项金融创新。项目融资方通过互联网平台发布项目信息，向众多中小投资者募集资金，并给予投资者股权、利息或产品等方面的回报。很难想象，如果没有数字金融平台，大量的创业者和创业项目如何得到中小投资者的关注。因此，数字金融改变了传统金融信息的匹配方式，降低了借贷双方的成本，提高了金融业的效率。它的发展也加速了传统金融脱媒的进程。

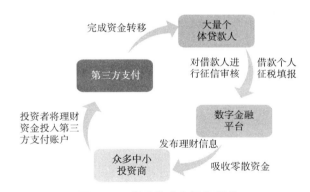

图1-5 投融资业务运行原理

3. 数字金融下的信息收集与处理

依托移动互联网、云计算、大数据和区块链等数字技术，数字金融具备更独特、高效的信息收集、处理能力。以数字金融代表型企业蚂蚁金服为例，蚂蚁金服继承了阿里巴巴的互联网金融业务，蚂蚁金服进行数据信息资源的整合主要有四个渠道。第一，阿里巴巴集团旗下电商平台超过3亿用户的实名注册数据，以及超过3700万户小微企业的交易数据。第二，互联网金融数据，主要包括支付宝、余额宝等互联网金融产品的用户实名注册数据、网络消费数据、金融理财数据。第三，与阿里巴巴、蚂蚁金服具有合作关系的外部机构提供的信息数据，包括公安、工商、法院等向芝麻信用提供的政府公开信息。第四，阿里巴巴、蚂蚁金服通过投资收购其他企业获取的外部数据。2011~2020 年，阿里巴巴和蚂蚁金服通过投资收购多家公司股权的方式（见表 1-2），收集和整合了更多的用户消费行为数据。

表 1-2　蚂蚁金服、阿里巴巴投资收购企业名单

时间	事件	数据类型
2011 年 7 月	收购本地生活团购网站美团网 10% 的股份	本地生活消费数据
2011 年 8 月	投资移动社交软件陌陌 4000 万美元	移动社交数据
2013 年 4 月	投资在路上 App（移动旅行社区 App）	用户旅行数据
2013 年 4 月	收购新浪微博 18% 的股权，获得新浪微博几亿用户的数据足迹	社交网络数据
2013 年 4 月	投资快的打车 1000 万美元	用户交通数据
2013 年 5 月	收购高德软件 28% 股份，获得用户地理位置、交通信息等数据	地理及交通数据
2013 年 6 月	投资虾米音乐	用户娱乐消费数据
2013 年 7 月	投资穷游网（国内领先的出境游服务平台）	用户旅行数据
2014 年 3 月	投资旅游网站佰程旅行网（为想要出国旅游的中国公民办理签证服务的公司）2000 万美元	用户旅行数据
2014 年 6 月	全资收购 UC 浏览器	移动互联网数据
2015 年 6 月	全资收购口碑网（为用户提供本地生活服务信息与评论的互联网公司）	本地生活消费数据
2017 年 3 月	收购中国最大的演出票务平台大麦网	用户娱乐消费数据
2017 年 7 月	投资 ofo 小黄车 7 亿美元	用户交通数据
2018 年 5 月	完成对饿了么 App 的全资收购	生活服务数据
2018 年 6 月	收购中通快递 8% 的股权	物流数据
2019 年 7 月	收购申通快递 14.7% 的股权	物流数据
2020 年 2 月	完成对 SaaS 公司客如云的全资收购	生活服务数据

资料来源：根据阿里巴巴历年年报整理。

蚂蚁金服正是由于其强大的大数据资源和数字化技术支撑，才能收集和整合互联网用户的全方位的数据资源，而大数据资源也成为其最有价值的资产和核心竞争力。蚂蚁金服的大数据资源包含用户的信用历史、行为偏好、履约能力、身份特质、人脉关系等多个维度信息，有助于在金融服务中对客户进行细分，触达客户的需求端并进行精准销售。蚂蚁金服基于大数据资源和数字化技术体系，将大数据分析与挖掘技术应用于金融业务领域，形成了大数据智能处理与预测能力。

蚂蚁金服的大数据智能处理和预测能力主要应用的类型如图 1-6 所示，包括数据化运营、业务安全、智能客服、生活服务、信用以及保险理财等 6 个方面。其中，智能客服和数据化运营主要承担了蚂蚁金服大数据业务运营与决策优化的职能，有助于实现业务流程的自动化、智能化，缩小产品研发与客户之间的时间和空间距离，增强客户体验；生活服务和信用主要承担了客户分析与管理的职能，包括分析消费者真实金融需求、定制个性化金融产品、实施差异化精准营销等；保险理财和业务安全主要承担了蚂蚁金服大数据风险防控的职能，包括开展大数据征信、大数据风控，实现规模化、低成本的风险定价，有助于低成本地进行风险识别和防控。

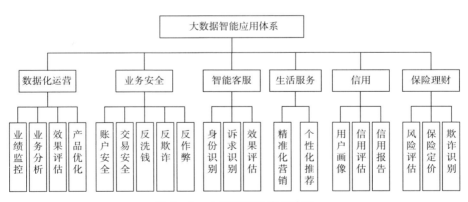

图 1-6　大数据智能应用体系

4. 数字金融下的风险控制

数字化时代下，线上的风控挑战比线下复杂得多，以蚂蚁金服的风险控制系统为例，对支付、营销、信用等一系列业务进行风险控制的就是蚂蚁金服的风险控制系统"蚁盾"。蚁盾风控主要体现在四个方面。

AI Ray：智能监控预警。传统风险监控方式是系统性监控，比如设置统一的风险警戒值（5%或8%），风险监控不能灵活处理。而蚁盾智能监控预警能够将业务经验预警和模型的智能预警相结合，对可能发生的风险问题进行智能监测，做到具体问题具体分析。

AI Decision：多层级漏斗智能识别与决策。这是蚁盾风控与传统线下风控系统最大的区别。蚁盾风控是五级分层的防控体系，即 T_0、T_1、T_2、T_3、T_4 层（见图 1 – 7）。其中，T_0 是在移动设备上做风险识别，从初始的用户使用端拦截风险，最容易发现问题。T_1 是快速识别层，比如识别某账号在相应的局域网或 4G 环境下是否安全可信，排除风险后可以把 90% 以上的交易快速放过，能够极大减轻风控系统的压力。T_2 是深度识别层，这一层是风险识别的主战场，运用大量的风险策略和模型判断具体的可疑交易是否存在风险。T_3 是异步识别层，主要对某些特定场景进行风险识别。这一层通常使用复杂算法，比如深度学习算法，提升整个风控算法的覆盖率和准确率。T_4 是离线层，识别出风险后，使用模型驱动的个性化风险决策，给出最终的风险决策操作。

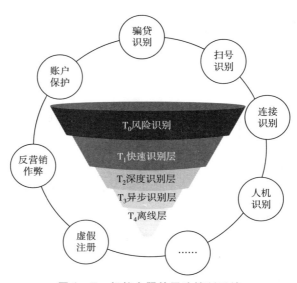

图 1 – 7　蚂蚁金服的风险控制系统

资料来源：《蚂蚁金服是怎么做好风控的？解密蚁盾风控大脑无疆全域风控系统！》，知乎，2018 年 8 月 28 日，https：//zhuanLan. Zhihu. com/p/43137931。

AI Insight：智能分析洞察。蚁盾风控特别强调"人机协同"的理念，计算机擅长的是存储、搜索、比对等重复性的工作，而人擅长的是分析和主观判断。计算机可以快速定位异常，将可能的异常交易和对象缩小在一个相对较小的范围内，避免大海捞针，然后由人来分析判定是不是风险。

AI Optimize：智能优化。策略的产生需要经过多维分析、策略推荐、仿真、上线等几个过程，时间和人力成本很高。而采用机器学习方式，则能够有效降低这些成本。

据统计，目前蚁盾接入的客户包含多个领域，服务于滴滴、口碑、民生银行信用卡中心、招联金融等 2000 多家机构，累计保护交易超 140 亿笔。[①] 蚁盾的核心竞争力在于内部有一个安全大脑，可以实现智能化、全方面和自动化的安全防控。一边是 AI 主动风险识别，另一边是人机结合的智能运营，双方协作防控风险，这是蚁盾系统成功的重要原因。

四　数字金融发展的理论基础与功能机制

（一）数字金融发展的理论基础

数字金融是以大数据、云计算、人工智能、区块链四大技术为支撑形成的新的金融业态，其本质依然是金融，其发展的理论基础包括交易成本理论、信息不对称理论以及长尾理论等。

1. 交易成本理论

交易成本的存在是金融中介广泛存在的现实基础。Tobin 认为金融中介专门从事金融活动，可以通过规模效应节约交易成本。[②] Fama 进一步指出，金融资产技术的不可分割性和非凸性导致完美的金融市场在现实中不复存在。[③] 金融中介通过金融交易的规模效应和范围经济，在固定成本不

---

① 尹茵：《蚂蚁金服供应链金融风险管理研究》，硕士学位论文，天津商业大学，2021，第 31 页。

② Tobin, J., "Money and Economic Growth," *Econometrica* 33（4）(1965)：671－684.

③ Fama, F. E., "Agency Problems and the Theory of the Firm," *Journal of Political Economy* 88 (2)（1980)：288－307.

变或者缓慢增加的情况下，减少平均交易成本，进而降低总成本。由此可见，提高金融中介的市场份额和扩大其经营范围对降低交易费用来说至关重要。除此之外，金融中介通过协调各方不同的金融需求，利用"中介技术"创造出更多的金融工具和金融业务，进而扩大规模，降低交易成本。数字金融使得金融机构突破了依靠物理网点和业务人员发展金融业务的局限，并大大缩短了业务流程，减少了交易环节，降低了金融交易成本，有效提高了金融服务效率。消费者通过互联网提高了学习金融知识的便捷性和针对性，并扩大了认识边界，一站式的多种金融业务的筛选和比较也降低了金融消费者的交通成本与时间成本。数字金融利用技术优势，在覆盖同样人群时，相比传统依靠网点扩张金融业务的模式，成本显然要低很多。特别是随着移动互联网的发展，数字金融拓展业务范围的边际成本逐渐趋近于零。根据全球普惠金融合作伙伴组织（GPFI）的调查，采用电子化方式发放政府性资金每年可以节约 13 亿美元。蚂蚁金服根据海量的用户交易数据，结合用户行为特征对用户进行信用评分，并以此作为核定信用额度、发放小额贷款的依据。这使得过去难以在正规金融机构获得贷款的用户可以便捷地获得贷款，同时操作成本大幅度下降。且传统信贷条件下，单笔信贷的操作成本高达 2000 元，而蚂蚁微贷的单笔操作成本仅 2.3 元。[①] 此外，相对传统金融模式，蚂蚁微贷的审批周期大为缩短，贷款不良率大幅降低，客户承担的实际贷款利息率也大幅下降，且节省了传统金融模式下需要支付的巨额隐性成本。数字技术在征信领域的应用也加大了征信行业的竞争，极大降低了征信成本。

2. 信息不对称理论

20 世纪 70 年代，金融中介理论研究的热点是利用信息不对称来解释金融中介存在的原因。Johnson 和 Hirshleifer 提出，信息生产者将有价值的信息卖出后并不能保证信息被再次转卖或分享，信息生产和转卖的问题激发了金融中介的产生。[②] Brealey 等认为金融中介能够降低信息不对称，克

---

① 贝多广：《金融发展的次序——从宏观金融、资本市场到普惠金融》，中国金融出版社，2017，第 87 页。

② Johnson, P. R. & Hirshleifer, J., "Investment, Interest, and Capital," *Economic Journal* 53 (1) (1970): 6371 – 6378.

服可信度问题。① Campbell 和 Kracaw 指出，金融机构存在的原因在于可以
生产潜在的投资信息，而这些信息在资本市场不能被有效生产出来。②
Boyd 和 Prescott 研究发现，金融机构之间可以成立代理联盟以评价自己的
投资项目，或者为投资者提供组合报价并从中获取收益。③ 数字金融能够
促进交易主体信息共享，降低信息不对称。数字金融依托互联网的便利
性，通过汇聚、挖掘互联网产生的海量交易数据并结合其他用户的行为特
征，能够实现对用户信用评级的精准判断；通过大数据、深度学习、人工
智能等技术挖掘用户数据，能够实现金融服务精准营销；通过实时监控和
动态分析客户的行为数据，可以动态评估和调整用户信用评级，并根据信
用评级变化及时做出反应，提高贷款全流程监督和监控的有效性。大数据
信用评分技术降低了信息不对称程度，进而减少了道德风险和逆向选择的
产生。

3. 长尾理论

长尾（The Long Tail）的概念最初由克里斯·安德森提出，用来描述
亚马逊等网站的商业和经济模式。④ 实际上，"长尾"是幂率（Power Law）
和帕累托分布（Pareto）特征的口语化表达。1897 年帕累托（Pareto）通
过大量调查发现，英国 80% 的财富掌握在 20% 的人手里，财富在人口中的
分配极不均衡。他认为在任何一个组合中，最重要的约占 20%，其余约
80% 是次要的，后来被约瑟夫·M. 米兰等人概括为帕累托法则（80/20 法
则），再后来进一步被概括为帕累托分布。少数头部产品和市场备受关注，
成为竞争的重要目标，而众多的长尾产品和市场往往无人问津。⑤ 延长服
务对象长尾、扩大服务范围、实现规模经济是数字金融发展的重要策略。
以蚂蚁金服为例，2013 年 6 月上线的余额宝用了不到半年时间即成为中国

---

① Brealey, R., Leland, H. E. & Pyle, D. H., "Informational Asymmetries, Financial Structure, and Financial Intermediation," *Journal of Finance* 32 (1997): 371 – 387.

② Campbell, T. S. & Kracaw, W. A., "Information Production, Market Signalling, and the Theory of Financial Intermediation," *The Journal of Finance* 35 (4) (1980): 863 – 882.

③ Boyd, J. H. & Prescott, E. C., "Financial Intermediary – Coalitions," *Journal of Economic Theory* 38 (2): (1986) 211 – 232.

④ 〔美〕克里斯·安德森：《长尾理论》，乔江涛译，中信出版社，2006，第 182 页。

⑤ 王馨：《互联网金融助解"长尾"小微企业融资难问题研究》，《金融研究》2015 年第 9 期，第 128～139 页。

最大的货币基金。根据天弘基金 2020 年年报，到 2020 年底，余额宝资产规模达 1.19 万亿元，用户数量超过 3 亿人，其中农村用户超过 1 亿人。余额宝不断向农村地区渗透，吸引大量游离在传统金融机构外围的用户将零散资金存入余额宝。余额宝的用户众多，但是单个用户投资金额不大，个人投资者的比例高达 99%，其中 72% 的投资者投资金额不足 1000 元。[①] 余额宝取得成功后，各类宝宝类理财产品不断出现，但是时至今日，余额宝依然是各类宝宝理财产品的"领头羊"。余额宝为广大长尾用户带来了资金增值的机会，规模庞大的长尾用户也成就了余额宝，使得今日之余额宝有如此的规模和影响力。

（二）数字金融的功能机制

1. 扩大金融供给

在传统金融中，资金和服务往往集中在"头部"大型国有企业，而"尾部"的一些中小微企业由于成本和风险因素的制约，缺乏适当的金融产品和服务，被传统金融排斥在外（见图 1 - 8）。这些长尾客户因外部融资约束，融资成本较高，数字金融的发展可以弥补传统金融所留下的市场缺口。数字普惠金融的发展，极大提升了金融服务覆盖面。数字技术与金融业的融合打破了传统金融服务的诸多局限，金融服务覆盖面、可用性和满意度的显著提高，更好地满足了中小微企业等长尾客户的融资需求，从而扩大了金融供给。数字金融的发展通过拓宽融资渠道、减少交易成本、提升融资效率来缓解长尾客户在传统金融市场所面对的许多融资约束。信息以及数字技术的发展，为数字金融的发展提供了稳定且强有力的技术支撑，使得长尾群体被传统金融市场忽视的局面被打破，缓解企业融资约束的同时延伸了金融服务边界。

2. 降低运营成本

第一，金融机构借助大数据，能够获取全面细致的用户信息，由此获知真实有效的用户偏好、未来购买意向以及购买动机，并在此基础上进行

---

① 戚聿东、刘欢欢、肖旭：《数字货币与国际货币体系变革及人民币国际化新机遇》，《武汉大学学报》（哲学社会科学版）2021 年第 5 期，第 105 ~ 118 页。

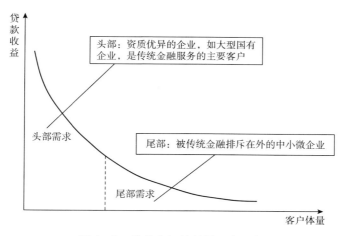

贷款收益

头部：资质优异的企业，如大型国有企业，是传统金融服务的主要客户

头部需求

尾部：被传统金融排斥在外的中小微企业

尾部需求

客户体量

图 1-8 信贷市场的长尾理论示意

产品个性化推荐和实时营销。数字金融利用数据精确匹配，能够精准获客，为客户推荐有针对性的金融产品。与传统营销方式相比，大数据营销能够有效降低金融机构的获客成本。第二，借助人工智能等数字技术，金融机构可以利用机器代替柜面客服人员为客户提供服务，智能客服可以把原来前台证件审核、银行卡识别、票据审核、票据录入等人工操作转移到后台运营中心进行，不仅提高了工作效率，风控也得以加强。这种智能客服、营业网点机器人的服务为金融机构减少了运营成本，提升了其服务效率。第三，金融机构运用数字平台能够建立高效快速的决策支持系统，并以此降低运营成本。金融机构利用大数据技术能够及时根据金融市场变动调整运营决策，更好地规避因决策支持系统存在时滞而带来的经济损失[1]；另外，由于市场情绪在很大程度上能左右金融市场的价格走势，通过分析挖掘海量社交媒体数据中蕴含的市场情绪信息，金融机构能够有效精准地预测未来的市场走向，从而更好地规避因错误判断市场走向而引起的损失。

3. 强化风险控制

风险控制是金融行业稳健发展的基石，借助数字金融的技术对金

---

① 黄金老：《互联网金融的使命是普惠金融和廉价金融》，载曹彤主编《IMI 研究动态》（2016 年合辑），中国人民大学国际货币研究所，2016。

融行业积淀的海量数据进行分析，能够有效降低信用评估、产品研发、机构运营和决策制定等环节的金融风险，大幅度降低金融行业的风险损失。

数字金融能够在用户准入环节对用户的信用状况进行评估，对风险进行事前控制。金融机构的传统风控方式是搜集分析用户以往的相关业务数据，识别风险用户，但这种方式具有局限性，不能全面反映用户的信用情况。数字金融依托的大数据等核心技术，能有效归类存储海量数据信息，不仅考虑用户相关的历史数据，还会将多个与业务相关的弱变量加入风控模型。例如，将用户水电费的缴纳情况纳入大数据风控模型中，从而更加细致准确地判断用户的信用情况，在用户准入环节进行筛选，提高用户的质量，从事前防控中降低风险。

数字金融能有效规避运营环境中的流动性风险。大数据、人工智能、区块链等技术具有处理速度快的特征，运用大数据统计分析和数据挖掘技术实时处理与风险相关的海量信息，能够使风险预警模型及时识别流动性风险，向金融机构发出预警信号，从而帮助金融机构有效规避流动性风险，降低风险损失。

五　数字金融发展中的风险控制

（一）数字金融发展中的风险源

数字金融是高科技与传统金融相结合的产物，虽是传统金融的应用创新，但数字金融所面对的风险并没有因为高科技的应用而有实质性的变化。数字金融首先要面对的是信用风险、流动性风险等传统金融风险，除此之外还要面对数字金融的数据安全风险和网络安全风险等特有风险以及数字金融可能带来的潜在系统性风险。

1. 数字金融发展面临的传统金融风险

数字金融发展中面临的传统金融风险主要有信用风险、流动性风险、市场风险和操作风险。

（1）信用风险

信用风险也被称为违约风险，是指参与交易方因多种原因，不愿或无力履行契约中的约定义务而造成违约行为，致使交易对方遭受经济损失的风险。信用风险是传统金融业面临的主要风险，也是数字金融发展中面对的主要风险，即交易参与方不能履行还本付息的义务而使得金融机构的实际收入达不到预期收入的风险。企业不合规经营、信息不对称是数字金融发展中产生信用风险的主要原因。

第一，企业不合规经营。一些数字金融企业缺乏风险管理和风险处置机制，再加上这些数字金融企业往往承诺给消费者"高收益"，最终会造成企业现金流不足、资金周转困难，不得不选择退出市场。① 还有一些数字金融企业在创立初期就抱有不合规经营的侥幸心理，这类企业创办的目的就是"非法集资""洗钱"等，一旦融资达到一定量就会卷款跑路。第二，信息不对称。数字金融以互联网为载体，具有虚拟性的特点，再加上数字金融的参与者分布广泛，交易的媒介都是互联网，无法像传统金融机构那样面对面办理业务，使得交易双方之间获取信息的途径很有限，缺少相互了解，所以造成了交易双方的决策地位不平等。虽然信息披露有助于改善信息不对称问题，但由于数字金融企业在兴起阶段的准入门槛相对较低，还没有建立完善的信息披露机制，再加上我国的征信体系不健全，所以滋生了信用风险。

（2）流动性风险

数字金融的流动性风险主要是指数字金融企业由于资金短缺而无法兑现消费者的提款要求，一旦大量消费者集中取款，就会暴露流动性风险。资金错配、网络故障、投资者不理性是数字金融流动性风险产生的主要原因。

第一，资金错配。资金错配具体指数字金融企业在资金利用时间期限上的错配，客户的短期投资资金被数字金融企业投入长期贷款项目中，一旦客户短期内要求提款，而数字金融企业又面临现金流吃紧的状况，就会

---

① 张海洋：《融资约束下金融互助模式的演进——从民间金融到网络借贷》，《金融研究》2017 年第 3 期，第 101～115 页。

导致资金的错配从而产生流动性风险。第二，网络故障。数字金融取之于互联网，离开互联网作为媒介，数字金融就无法运行。系统瘫痪、网络无法连接等网络故障会使数字金融企业无法开展业务，从而无法及时得到资金来满足客户集中的提款需求或支付到期债务，导致流动性风险。第三，投资者不理性。数字金融由于投资门槛相对传统金融较低，对投资者的要求也较低，所以能很好地收集长尾客户，但这些长尾客户很多不具备基本的金融知识，其中很大一部分并没有金融机构的投资经验，对于线上的投资容易盲目跟风、扎堆投资，使数字金融企业面临挤兑，从而加剧了数字金融企业的流动性风险。

（3）市场风险

市场风险指的是基础金融变量（如利率、汇率、股价）的变动使金融资产或负债的市场价值发生变化的可能性。

数字金融企业主要面临的市场风险是利率优势不断下降导致的。数字金融企业可利用高收益率和低门槛吸引更多的消费者进行金融产品的投资，但数字金融和传统金融的收益率同样受市场利率的影响，以高收益率吸引投资者并不是长久之计，数字金融的高收益率只是短时间内引流的方式，随后便会回落到合理的收益区间。当数字金融高收益率的优势消失时，数字金融企业随之也会面临更多的市场风险。

除了利率优势的消失，利率市场化改革也会给数字金融带来一定打击。随着利率的开放，银行等传统的金融机构可能会通过提高存款利率、降低贷款利率来提升自身的竞争优势。一旦数字金融的利率优势丧失，传统金融就会瓜分数字金融的市场份额。由于利率的限制被取消，货币市场会有更大的波动，再加上数字金融属于新兴的金融行业，缺乏完善的利率风险应对机制和足够的利率风险应对能力，所以利率的波动会对数字金融产生一定的冲击。

（4）操作风险

操作风险主要是指由于误操作而导致的风险。随着智能技术的发展，数字金融行业对员工的素质和操作规范有了更高的要求。由于数字金融行业处于发展初期，缺乏严格的内部控制机制和员工培训通道，员工无法及时跟上智能技术的发展，对业务不熟悉，在操作中容易发生误操作"乌龙事件"。基于网络的平台和系统也从设计缺陷和互联网的实时性中提升了操作风险。

2. 数字金融发展中的技术风险

（1）数据安全风险

在数字金融行业中，数据是命脉，也是最应该保护好的信息。技术的不完善可能会导致数据信息被窃取、泄露、篡改等。可能发生的数据安全风险包括信息泄露、信息完整性被破坏、拒绝服务攻击、非法使用、特洛伊木马病毒等。在实际操作中，用户都是通过用户名、手机号、身份证号等方式登录系统，或者利用短信和邮箱验证信息来访问网站，进行数据传输。用户的登录数据，如手机号、身份证号等都是个人的重要信息，也是网络上的黑客最想获取的数据信息。黑客对数字金融企业的网站进行攻击，盗取数据信息后能够在地下产业链中倒卖信息获取巨大经济收益。除了黑客的攻击，内部人员的误操作、恶意破坏行为和设备故障、断电等都会导致数据的丢失和损坏。总之造成数据安全风险的主要原因还是技术的不完善，因为技术不完善才有了技术漏洞从而使得数据安全风险更加严峻。未来要确保数据的安全，就要发展互联网技术，减少网络漏洞，加强企业数字化、信息化建设，通过信息的加密传送、存储等手段把重要的数据放在专门的数据中心进行备份保存，从而保障数字金融用户的隐私权，使数字金融行业健康可持续发展。

（2）网络安全风险

网络安全风险指数字金融企业在互联网环境中遭遇网站攻击、计算机病毒等威胁而导致的风险。数字金融是基于互联网平台来开展业务的，一旦发生网络安全风险，很有可能牵一发而动全身，引起系统性风险。网络安全风险分为网站安全风险和客户端安全风险。

第一，网站安全风险。数字金融利用网络平台实现在线交易，如网上支付、网上理财、网上贷款等，因此网络的安全性直接影响用户的资金安全。近年来由于互联网的迅速发展，数字金融行业所面临的网络环境越来越复杂，黑客攻击、蠕虫病毒、Web应用漏洞等困扰着用户，给数字金融行业带来了外部风险。

第二，客户端安全风险。客户端安全隐患是金融安全事件的主要原因。由于用户欠缺安全保护的意识和终端操作系统的脆弱性，数字金融行业的客户端很容易受到网络钓鱼、恶意入侵等黑客技术的侵害。除此之外，大部分客户端程序都是基于浏览器开发，这可能导致黑客通过浏览器漏洞来获取客户信息等数据，即使安装了安全软件，也有可能无法抵御一些较强的网络攻击。

（3）数字金融法律合规风险

法律合规风险是数字金融机构因违反法律法规，或无法满足法律法规的要求，而给自身、消费者乃至整个社会造成损失的风险。一方面，由于数字金融属于新生事物，监管落后于发展，针对该领域的法律法规尚未出台，许多数字金融的创新行为由于并不确定是否触及法律底线而迟迟未能开展。另一方面，数字金融领域的法律空白和法律缺失导致消费者权益无法得到保障，一些数字金融企业利用法律空白和漏洞进行违法犯罪，出现监管套利现象，给数字金融的消费者、整个行业乃至社会造成极大影响。

此外，由于国家现在对互联网金融的监管已逐渐明晰，一些原本做互联网金融业务的企业由于自身经营不合规，为逃避监管而改用数字金融的"外衣"，以继续经营原本的不合规业务，这也会产生严重的法律合规风险。首先，监管法律不完善会导致监管部门在数字金融行业出现问题时不能对其进行及时有效监管，影响全行业的发展。其次，监管主体不明确和监管当局之间分工不清、协调机制欠缺，易产生监管过度和相互推诿现象。最后，监管部门缺乏相应的数字金融专业知识会产生监管能力不足的问题。为了监管新生事物，长期监管传统金融机构的监管机构亟须储备具有专业知识的人才，这似乎偏离了监管机构的"舒适区"。虽然金融监管部门的工作人员对金融运行的规律和风险比较熟悉，但其对新技术本身的架构、优势、局限性以及和金融业务的结合点，需要有一个学习和熟悉的阶段，这在一定程度上无疑会导致监管滞后。

3. 数字金融的潜在系统性风险

（1）人才需求发生变化造成结构性失业

数字金融的快速发展可能会带来人才市场需求的结构性变化，在短时间内造成结构性失业。数字金融把科技融入金融业态中，许多金融流程已实现在线交易不需要人工，比如支付宝、手机银行等正在代替传统柜面存取款业务员，智能投顾、余额宝、微信钱包等正在代替传统的银行理财顾问。数字金融一方面使科技为金融赋能，节省了人力成本提高了生产率，另一方面也会造成结构性失业，特别是那些被智能科技所代替的服务岗位的人员会失业。

（2）系统性金融风险的发生

数字金融一旦没有被合理利用，互联网迅速性和范围广的特点很容易造成系统性金融风险。以智能投顾为例，假设智能投顾建议的理财方式是不合理的，那么众多投资者交给智能投顾的资金会被投入一个营利性较差的项目，造成大规模的非理性投资，而真正需要投资的好项目却得不到资金。依靠科学算法的智能投顾给出的投资建议是用相类似的程序计算出的，所以这些投资建议往往趋同，而数字金融的辐射面广，智能投顾的影响范围较大，这就会引起大量的一致性投资行为，同时间段内大规模的资金流出又会引发流动性风险。这些类似的投资行为还会引起资产的错误估值，加剧经济泡沫。因此，不被合理利用的数字金融不仅无法帮助投资者合理理财，给投资者带来经济损失，而且会增加金融风险的传染性，影响整个经济秩序的运行。

（二）数字金融发展中的风险管控

1. 落实数字金融监管，树立监管底线

数字金融必须在审慎监管的框架下进行，充分发挥数字金融对社会和市场的支持作用，同时树立监管底线，才能保证数字金融发展行稳致远。金融是一个具有强外部性和高度专业化的行业，需要坚持"持牌经营"和资质管理。然而，随着数字金融的发展，原有的业务不断细化，分工不断社会化，分工合作的自然演进很容易受单一综合牌照的制约。为了给数字金融机构留出足够的空间使其更具灵活性，可以采用多级牌照分类和资质管理的方法，根据数字金融机构的实际业务类型颁发相应的营业执照，在涉及专业职能和面对公众的岗位时，还需要更严格的资质管理。在实施监管政策的过程中，必须区分良性金融创新和"伪创新"，以更好地保护数

字金融机构创新发展的积极性和主动性，对作为"伪创新"主要形式的监管套利、无序扩张，应坚决予以整治。

2. 完善数字金融行业标准和监管规则

数字金融行业具备金融属性和科技属性。在金融属性下，业务具有复杂性、专业性，业务数据存在较高的保密要求；在科技属性下，业务技术迭代速度较快、灵活性较高，会导致监管的滞后。在数字金融持续推进的大趋势下，数字金融的行业规范、技术标准亟待统一。比如，可以调整数字金融的监管组织和人员设置，进一步完善"监管沙盒"机制，解决监管滞后问题；为了与金融机构数字化转型，特别是与数字金融机构的发展相适应，可考虑在监管机构内部设立高级别的首席科技官或者首席数据官及配套的支持部门；为提高监管的前瞻性、有效性，还可考虑尽快建立区域性创新中心，加大"监管沙盒"试点推广力度，提高试点的效率和适应性，更好地监测参与试点的数字金融产品的风险规模及可行性。

3. 加强金融信息数据库建设，扩大信息共享的覆盖面

建立全国统一的信息共享平台可以打破国内征信机构独占各自数据源的局面，将经过审查后合法合规的征信机构纳入信息共享平台，才能打破金融机构之间的信息屏障。建设金融信息数据库需要在海量的数据信息中提取与金融信贷风险有关的数据，这就要求我们要利用好大数据和人工智能技术，排除大量无效信息，对所需数据类型进行精准识别，并在数据的加工、管理、保护和风险判断等方面严格把控。大数据背景下每一个用户的信息都将在金融机构间透明化，银行与企业之间的信息可以实现相互对称，从而为贷前调查提供强有力的数据支撑。与此同时，还要建立明确的互联网采集授权制度，避免未经授权将信息提供给第三方，切实保护好投资者的个人隐私。

4. 加强征信体系建设，为信用评级打好基础

加强征信体系建设，不仅要促进数字金融相关法律法规的推出，还要明确征信机构的职责。无论是基于电商平台、社交平台还是基于网贷平台的征信体系，都要采取保留用户浏览和使用数据的措施，利用大数据分析用户的行为特征，以综合判断用户的信用状况。征信体系的建设

也便于我们对用户进行信用评级。信贷风险评估系统可以实行评分制，这样将贷款企业的相关指标录入系统，便可以自动生成评分，做到用户信用程度数据化管理。除此之外，还要加强市场监督管理，对金融机构和用户进行征信方面的宣传教育，以此形成全方位的征信生态系统。同时，要加强征信生态系统的开放性与共享性，及时更新系统数据，做好信用评级的全方位全天候在线服务。

第二章 数字金融在中国的发展及研究动态

数字金融可以简单理解为进入数字时代后用高科技作为引擎推动的金融创新。本章将对数字金融在中国的发展过程予以回顾，并对其研究动态进行梳理，以期对数字金融的发展逻辑有更好的理解。

一 数字金融的发展历程

数字金融发展的基础是大数据、云计算、人工智能及区块链等前沿技术的不断涌现及它们在金融领域应用的日益广泛，其发展过程大致可以分为金融电子化（数字金融 1.0）、互联网金融（数字金融 2.0）和全面科技化（数字金融 3.0）三个阶段（见表 2 - 1）。

表 2 - 1 数字金融的发展阶段

时间	分类	典型案例
1990~1999 年	数字金融 1.0	Security First Network Bank（安全第一网络银行，1995 年） 第三方互联网支付：PayPal（1998 年）
2000~2009 年	数字金融 2.0	众筹融资：ArtistShare（2003 年）、Indiegogo（2008 年）、Kickstarter（2009 年） 第三方互联网支付：支付宝（2004 年） 阿里小贷（2010 年） P2P 网贷：Zopa（2005 年）、Prosper（2006 年）、宜信（2006 年）、Lending Club（2007 年） M - Pesa（2007 年） 新型电子货币：比特币（2009 年）

时间	分类	典型案例
2010 年以来	数字金融 3.0	印度 Paytm（2010 年） 互联网理财：余额宝（2013 年） 众安保险（2013 年） 蚂蚁金服（2014 年）

（一）金融电子化阶段（数字金融1.0）

计算机和信息技术在金融领域的使用标志着金融行业电子化阶段的开始。银行、保险、证券等金融行业在日常业务中会积累大量的金融数据，如交易金额、客户信息等，在过去单纯依靠人力手工完成的时候，金融业的业务办理不仅效率非常低，还会出现不必要的错误和纰漏。但是计算机和信息技术的发展及其在金融领域的应用，使这一问题得到了有效的解决。通过在金融体系内部搭建高效的办公信息系统，金融从业者可以利用计算机记录和处理日常交易中的大量数据，大大提升了金融业的管理水平和业务办理效率，也减小了错账出现的概率。同时，POS 机、ATM 机的使用也大大降低了金融业的运营成本。总体而言，该阶段主要是通过 IT 技术实现金融业务的电子化，提升金融机构的业务办理效率，降低金融机构的运营成本。但是在该阶段，科技作为手段只是对金融运行起到了一个辅助支撑的作用，并没有改变传统的金融模式。

（二）互联网金融阶段（数字金融2.0）

互联网的蓬勃发展推动了金融领域的业务创新，特别是在移动互联网普及之后，金融业务开展不再受时间和空间的约束，金融机构开始通过互联网开展传统金融业务，线上线下模式的出现也拉开了金融行业互联网改革的序幕。这个阶段的具体表现是：一方面，传统金融机构开始搭建线上业务平台，通过增加获客渠道、扩大自身业务量来增加营业收入，比如银行业的网上银行、保险业的网络保险等；另一方面，传统金融渠道基于互联网思维实行信息共享和业务融合，互联网技术渗透金融服务的各个环节，创新出很多新型业务模式，比如第三方支付、互联网理财、互联网信贷、众筹等，这些新型业务模式在很大程度上丰富了原有的金融模式，提升了金融机构的服务效率和质量。

(三) 全面科技化阶段 (数字金融3.0)

该阶段是金融和科技进行深度融合的阶段，相对于上一个阶段而言，科技发挥了更加广泛的作用，不再仅仅是金融渠道创新的推动力。金融机构将人工智能、大数据、云计算、区块链等前沿技术融入了传统金融的方方面面，改变了传统金融的业务流程和业务形态，比如利用大数据技术对客户信息进行挖掘与处理、利用人工智能技术进行投资辅助、利用云计算提升业务处理能力等，将大幅度提升传统金融的运营效率、降低传统金融的经营成本、提高对长尾客户的服务力度、扩大普惠金融的服务范围等。[1]但是，数字金融3.0尚处于发展的初期，很多底层技术与金融业的融合尚处于探索阶段，如区块链金融、数字货币等，其发展前景尚不明朗，还需要更多的实践与探索。同时，也需要完善的法律及监管体系来保障其全面科技化的良性发展。

二 数字金融在中国的发展与应用

近年来，数字金融以惊人的速度革新了金融行业的各个方面，在中国尤其如此。2020年，两家领先的移动支付提供商支付宝和微信支付均拥有10亿多活跃用户，这些用户高度依赖支付平台上的"生态圈"，包括预约医生、购买机票、支付电费甚至投资金融产品等。腾讯领投的微众银行、蚂蚁金服旗下的网商银行以及小米投资的新网银行——这三家蓬勃发展的互联网银行，员工规模只有1000～2000人，却每年各自为超过1000万的个人或小微企业提供贷款。这些具有中国特色的数字金融不仅开始改变中国的金融格局，还吸引了国际社会越来越多的关注。

---

[1] 谢平、邹传伟、刘海二：《互联网金融的基础理论》，《金融研究》2015年第8期，第1～12页。

（一）数字金融的发展形式

中国的数字金融行业与发达国家相比，存在诸多差异。中国领先的数字金融业务有移动支付、网络贷款、数字保险和在线投资，几乎没有加密货币和跨境支付业务。中国虽然有大量的数字金融公司，但数字金融领域仍然由大型科技公司主导，特别是以"BATJ"（百度、阿里巴巴、腾讯、京东四大互联网公司的简称）为代表的互联网巨头。[①] 另外，中国数字金融的发展具有促进金融普惠的显著特征，能为落后和偏远地区的小微企业和低收入人群提供金融服务，使其以较低成本、更便捷的方式享受支付、缴费、存贷款等金融服务。

中国的数字金融革命在增强金融普惠性方面的贡献是具有世界意义的。中国数字金融行业实际上起步于 2004 年阿里巴巴的支付宝上线，但2013 年阿里巴巴成功推出在线货币市场基金余额宝，才标志着该行业的快速腾飞期的到来。不过，数字金融在推动金融创新、重塑金融市场格局、改善金融服务的同时，带来了严重的金融风险和社会问题。从 2014 年开始，政府工作报告几乎每年都提到"互联网金融"，但论调逐渐从评估其创新的价值转向对其风险的警告。中国曾经形成了全球最大的个体网络借贷（P2P）市场，但监管部门于 2016 年 8 月公布的《网络借贷信息中介机构业务活动管理暂行办法》，对 P2P 产生了崩溃式的打击，甚至令整个数字金融行业弥漫着焦虑和不安。

（二）数字金融的发展水平

中国的数字金融尤其是数字普惠金融水平已经走在国际前列，在诸多领域取得了长足发展。根据中国人民银行金融消费权益保护局发布的《中国普惠金融指标分析报告（2020 年）》，在电子支付领域，2020 年我国成年人电子支付的使用比例已达到 89.16%，银行业金融机构共处理网上支付业务 879.31 亿笔，金额达 2174.54 万亿元，同比分别增长 12.46% 和

---

① 贝多广：《金融发展的次序——从宏观金融、资本市场到普惠金融》，中国金融出版社，2017，第 32～36 页。

1.86%。此外，在移动支付和非银行网络支付业务方面的规模也十分巨大，特别是在疫情期间有效解决了线下支付不便的问题。在个人信贷方面，2020年个人经营性互联网贷款余额为5871亿元，同时个人消费贷款也在稳步增长，这表明金融机构依托数字技术加强了对大数据和智能风控模型的运用，使数字金融在个人信贷领域也获得了深入发展；数字金融同样在小微贷款方面发挥了巨大效用，2020年小微企业互联网流动资金贷款余额达4756亿元，金融机构依托互联网渠道不断延伸小微服务的触角，创新完善线上信用贷款、线上供应链金融等多种金融产品和服务；数字金融还极大拓展了投资者投资渠道和提高了资本市场参与度，推动了理财线上化，仅天弘余额宝货币市场基金规模在2020年底就高达1.2万亿元，蚂蚁集团理财科技平台所管理的资产总额在2020年上半年就突破了4万亿元，规模之庞大使得数字金融越来越成为投资理财领域不可忽视的重要力量。

北京大学数字金融研究中心和蚂蚁集团研究院共同编制了包括覆盖广度、使用深度和数字支持服务程度3个一级维度、12个二级维度、33个具体指标的"数字普惠金融指标体系"（见表2-2）。郭峰等基于蚂蚁金服账户的海量交易数据，采用层次分析的变异系数赋权法，对我国2011~2020年的数字普惠金融发展指数进行了测定，其结果具有较大的可信度和权威性，并可以进行地区维度和时间维度比较。[①] 此处，我们借助该指数对我国数字金融的发展情况做一分析。

表2-2　数字普惠金融指标体系

一级维度	二级维度	具体指标
覆盖广度	账户覆盖率	每万人拥有支付宝账号数量
		支付宝绑卡用户比例
		平均每个支付宝账号绑定银行卡数

[①] 郭峰、王靖一、王芳、孔涛、张勋、程志云：《测度中国数字普惠金融发展：指数编制与空间特征》，《经济学》（季刊）2020年第4期，第1401~1418页。

续表

一级维度	二级维度	具体指标
使用深度	支付业务	人均支付笔数
		人均支付金额
		高频度（年活跃 50 次及以上）活跃用户数占年活跃 1 次及以上比
	货币基金业务	人均购买余额宝笔数
		人均购买余额宝金额
		每万支付宝用户购买余额宝的人数
	信贷业务（对个人用户）	每万支付宝成年用户中有互联网消费贷的用户数
		人均贷款笔数
		人均贷款金额
	信贷业务（对小微经营者）	每万支付宝成年用户中有互联网小微经营贷的用户数
		小微经营者户均贷款笔数
		小微经营者平均贷款金额
	保险业务	每万支付宝用户中被保险用户数
		人均保险笔数
		人均保险金额
	投资业务	每万支付宝用户中参与互联网投资理财人数
		人均投资笔数
		人均投资金额
	信用业务	每万支付宝用户中使用基于信用的生活服务人数
		自然人征信人均调用次数
数字支持服务程度	移动化	移动支付笔数占比
		移动支付金额占比
	实惠化	小微经营者平均贷款利率
		个人平均贷款利率
	信用化	花呗支付笔数占比
		花呗支付金额占比
		芝麻信用免押笔数占比（较全部需要押金情形）
		芝麻信用免押金额占比（较全部需要押金情形）
	便利化	用户二维码支付的笔数占比
		用户二维码支付的金额占比

1. 数字金融发展的总体水平

表 2 - 3 是 2011 ~ 2020 年我国数字普惠金融发展的总指数。从中可以看出，2011 ~ 2020 年我国数字金融实现了由弱到强、由初创到成熟的飞跃式发展。数字普惠金融发展总指数由 2011 年的 40.00 上升到 2020 年的 341.22，总指数在 10 年间增加 7.53 倍。从年度变化来看，数字普惠金融发展总指数增速呈现逐年减缓态势，这既符合新生事物由初创走向成熟的发展规律，客观上也符合其增长基数日益增大的情况。随着数字普惠金融在各地区、各行业、各领域发展的日益广化和深化，即使其指数增长放缓，其昭示的变革性意义依然重大。特别是在 2020 年，面对突如其来的新冠肺炎疫情，我国经济社会发展和人民生活均遭到了严重冲击，主要经济指标快速回落，但数字普惠金融发展总指数仍逆势提升。这表明，数字金融发展具有强烈韧性，其在疫情期间对于保障经济活动运行和稳定人民生活发挥了重要作用。

表 2 - 3　2011 ~ 2020 年数字普惠金融发展总指数

年份	2011	2012	2013	2014	2015	2016	2017	2018	2019	2020	增加倍数（倍）
全国	40.00	99.69	155.35	179.75	220.01	230.41	271.98	300.21	323.73	341.22	7.53
东部	59.16	121.74	180.93	201.60	242.18	249.71	294.08	327.78	354.19	372.75	5.30
中部	31.90	91.94	146.94	172.68	210.32	224.62	265.45	292.07	315.15	332.79	9.43
西部	27.85	84.63	137.51	164.43	206.15	216.58	256.08	280.36	301.54	317.94	10.42

从东部、中部、西部三个地区的动态发展及它们与全国的比较来看，数字普惠金融发展存在区域不均衡性。在发展水平上，东部地区处于绝对领先的地位，其次为中部地区，最后为西部地区，这与它们经济发展绝对水平的位次一致。但从发展的动态变化来看，2020 年与 2011 年相比，东部地区、中部地区及西部地区数字普惠金融发展总指数分别增加 5.30 倍、9.43 倍和 10.42 倍，呈现西部地区增长优先、中部地区次之、东部地区最后的态势，这表明数字普惠金融在经济相对落后的地区具有更大的发展潜力。另外，从区域间发展水平差距的变化来看，东部、中部、西部区域间数字普惠金融发展水平的差距在逐渐减小，东部和西部的发展指数差距从

2011 年的 1.12 倍缩小到 2020 年的 0.17 倍，这说明数字金融发展存在较好的区域跨越性和收敛性。

2. 数字金融的覆盖广度

数字金融的覆盖广度主要考察数字金融服务的供给与用户的可得性，通常利用电子账户数、绑卡账户数等来衡量。依据省级层面数据计算的 2011～2020 年数字普惠金融覆盖广度指数见表 2 - 4。

表 2 - 4　2011～2020 年数字普惠金融覆盖广度指数

年份	2011	2012	2013	2014	2015	2016	2017	2018	2019	2020	增加倍数（倍）
全国	34.28	80.43	120.63	169.90	191.11	208.44	245.79	281.92	307.76	326.44	8.52
东部	61.16	108.09	147.93	195.97	218.00	233.88	269.72	306.79	334.32	351.96	4.75
中部	21.50	68.05	108.17	157.55	178.74	196.84	234.78	269.83	295.63	314.80	13.64
西部	18.16	63.32	103.92	154.23	174.71	192.85	231.20	267.19	291.51	310.80	16.11

从全国来看，数字普惠金融覆盖广度指数持续上升，从 2011 年的 34.28 提升至 2020 年的 326.44，10 年间提升 8.52 倍，这表明我国数字普惠金融覆盖的人群和地域得以不断拓展，但 2019～2020 年增速为 10 年内最慢，这可能与新冠肺炎疫情的冲击导致数字金融范围扩展受限有关。

从地域绝对水平来看，东部地区数字普惠金融的覆盖广度始终领跑全国，原因在于东部地区可以凭借优越的经济金融资源和先进的科技优势抢先一步实现数字普惠金融覆盖，并在数字金融创新应用方面更具优势；中部和西部地区随着数字金融基础设施建设的逐步完善，覆盖广度也在不断延展，虽然与东部地区还有差距，但指数差距呈现缩小趋势，这源于西部地区比东部地区具有更快的提升速度。如 2020 年与 2011 年相比，西部地区覆盖广度指数提高 16.11 倍，中部地区提高 13.64 倍，而东部地区仅提高 4.75 倍。这表明虽然中部和西部地区数字普惠金融覆盖广度起点较低，但增长后劲十足，且西部地区在数字金融发展上存在一定的"后发优势"。

3. 数字金融的使用深度

数字金融的使用深度考察实际使用数字金融服务的情况，衡量了包括支付服务、货币基金服务、信贷服务、保险服务、投资服务和信用服务在内的数字金融服务。如果说覆盖广度衡量的是数字金融发展的"量",那么使用深度则更多衡量了数字金融发展的"质"。依据省级层面数据编制的数字普惠金融使用深度指数见表2-5。不论是从总体还是分地区看,数字金融发展的使用深度均呈现不断深化的趋势,其中在2013年展现出巨大飞跃,这可能与当年余额宝的上线有关;2018年数字普惠金融使用深度指数不升反降,这可能与2018年资管新规等政策限制因素影响下,货币基金指数和投资指数的下降有关。此外,数字普惠金融使用深度指数在2020年相比2019年增长8.06%,是同期的3个二级指标中增速最快者,数字普惠金融使用深度指数的强势上涨表明疫情期间数字金融在诸多领域发挥了重要作用。

表2-5 2011~2020年数字普惠金融使用深度指数

年份	2011	2012	2013	2014	2015	2016	2017	2018	2019	2020	增加倍数（倍）
全国	46.93	116.50	172.70	154.07	173.66	215.28	293.69	287.50	312.83	338.05	6.20
东部	66.16	144.84	211.26	184.26	204.22	239.75	324.95	326.36	356.57	388.74	4.88
中部	43.09	113.48	167.68	150.71	168.39	213.15	289.35	281.34	306.42	330.04	6.66
西部	31.87	92.54	140.70	128.63	149.17	194.26	267.94	255.98	277.01	296.92	8.32

从地区水平来看,我国不同地区数字普惠金融使用深度存在较为明显的发展不均衡,虽然东部地区数字普惠金融的使用深度指数在持续增长,但中部和西部地区数字普惠金融使用深度指数的增长比东部地区更快,西部地区和中部地区数字普惠金融使用深度指数的增加倍数分别比东部地区高3.44倍和1.78倍。事实上,一个地区数字普惠金融的使用深度与当地交易习惯、制度环境和居民金融素养等软环境密切相关。中部和西部地区与东部地区在使用深度上的差距不仅是经济总量、金融市场完善程度等硬环境约束的结果,也与软环境的束缚密不可分。诸多种类的数字金融产品在中部和西部地区可能存在"水土不服"的情况,进而对其应用产生一定影响。

4. 数字金融的数字化程度

数字普惠金融数字化程度指数更注重考量数字金融的普惠性和便利性,数字金融服务越便利、成本越低、信用化程度越高,数字普惠金融的价值就越能得到体现。表 2 - 6 是依据省级层面数据计算的数字普惠金融数字化程度指数。

表 2 - 6 2011~2020 年数字普惠金融数字化程度指数

年份	2011	2012	2013	2014	2015	2016	2017	2018	2019	2020	增加倍数（倍）
全国	46.32	132.72	238.46	258.95	399.64	330.50	319.01	383.70	396.30	395.82	7.55
东部	39.83	124.86	234.80	251.74	391.01	320.12	318.42	399.68	415.52	412.37	9.35
中部	45.89	131.69	237.26	262.55	390.77	337.23	323.30	385.02	395.46	397.21	7.66
西部	52.56	140.61	242.61	263.16	413.47	335.53	316.69	368.18	379.24	379.72	6.22

从全国层面来看，2011~2020 年数字普惠金融数字化程度指数曲折上升，10 年增长了 7.55 倍，但在 2016 年、2017 年、2020 年均出现了下降，说明互联网数字技术的应用并非一路坦途，在应用过程中会受到传统金融、数字鸿沟和非市场力量等因素的制约，尤其是 2020 年以来，数字金融更是面临日益收紧的监管。如何更好地发挥数字技术的普惠性并保护消费者权益、防止系统性风险累积和保障数字信息安全是亟待解决的课题。当然，2020 年的新冠肺炎疫情冲击也是该指数微弱下降的原因之一。

分地区来看，中部和西部地区的数字普惠金融数字化程度由领先于东部地区，近几年逐渐转为落后于东部地区，这也是数字普惠金融发展总指数近几年地区差异明显的主要原因。为探究造成这种差异的原因，我们对其分指数变化趋势进行分析。结果发现，在中部和西部地区数字化程度指数的四个分指数中，下降最明显的是实惠化和信用化。实惠化的下降表示中部和西部地区小微企业的融资利率环境相比东部地区在变差，信用化的下降表示数字借贷（如蚂蚁花呗、芝麻信用）的使用场景有所减少，这说明数字金融需要与其他金融和硬件基础设施相配套才能有更大的发展空间。

（三）数字金融的行业应用

数字金融涵盖支付、借贷、投资、财富管理、保险等多种业务形态。此处主要从数字技术与银行、保险、证券等行业的结合对数字金融的行业应用做进一步分析。

1. 数字技术与银行业的结合

数字化加速发展，央行、商业银行以及银行金融科技子公司是主要推动力。目前银行业金融科技主要形成以下格局，央行发起设立金融科技公司引领行业发展，商业银行与科技公司合作完善业务生态布局，大中型银行成立金融科技子公司发力转型。银行拥有牌照、研发实力、资金和客户，科技公司具有科技能力和金融创新的敏感度，二者优势互补，在客户资源、科技开发与应用、风险控制等领域深度合作。银行通过合作开发、协作引入等方式获得较为成熟的技术方案，同时推动组织转型和架构升级。截至 2021 年底，有 17 家商业银行成立了金融科技子公司（见表 2-7）。其中 6 家国有控股大型商业银行中，除了邮政储蓄银行，其余 5 家均已成立了金融科技子公司。

表 2-7　商业银行已成立的金融科技子公司

序号	金融机构简称	金融科技子公司	成立时间	注册地	注册资本（亿元）
1	兴业银行	兴业数金	2015 年 12 月	上海	3.50
2	平安银行	金融壹账通	2015 年 12 月	深圳	12.00
3	招商银行	招银云创	2016 年 2 月	深圳	2.49
4	深圳农商行	前海金信	2016 年 5 月	深圳	0.105
5	光大集团	光大科技	2016 年 12 月	北京	2.00
6	建设银行	建信金科	2018 年 4 月	上海	16.00
7	民生银行	民生科技	2018 年 4 月	北京	2.00
8	华夏银行	龙盈智达	2018 年 5 月	北京	0.21
9	工商银行	工银科技	2019 年 3 月	雄安新区	6.00
10	北京银行	北银金科	2019 年 5 月	北京	0.50
11	中国银行	中银金科	2019 年 6 月	上海	6.00
12	浙商银行	易企银	2020 年 2 月	杭州	0.20
13	农业银行	农银金科	2020 年 7 月	北京	6.00
14	交通银行	交银金科	2020 年 8 月	上海	6.00
15	厦门国际银行	集友科技	2020 年 9 月	深圳	0.10
16	廊坊银行	廊坊易达科技	2020 年 11 月	廊坊	0.02
17	广西壮族自治区信用联社	桂盛金科	2020 年 12 月	南宁	12.00

资料来源：根据网上信息资料整理。

除了成立金融科技子公司，数字技术还渗透在传统商业银行的基础业务中：在消费信贷业务上，数字金融发挥着构建消费场景、增加客流量的作用；在信贷业务贷前环节上，数字金融精准挖掘客户信贷需求，并通过大数据征信识别客户资质，从贷前降低信用风险；在信贷业务流程的贷中和贷后环节，数字金融能够动态实时监控信用风险，降低呆坏账率。

（1）构建消费场景、增加客流量

商业银行为了增加客流量、精准获客，会选择与具有较强实力的数字科技平台合作。目前主要有两种方式，一是与金融科技信息平台合作，拓展技术应用场景，提高服务能力。如六大国有控股银行分别与百度、阿里、腾讯、京东、苏宁建立战略合作关系，在金融产品、渠道建设、智能金融服务领域深度合作。其中重点布局校园生态、交通出行、医疗健康、零售商超等线下流量大的场景，如各大银行接入第三方支付机构、合作线上发卡等。二是与生活社交、餐饮娱乐、旅游出行等平台合作，互联网在前端提供客户和流量，商业银行开放客户端接入的 API，同时吸引线上线下客户，形成一站式服务。如在美团、永乐票务等平台上提供支付、消费信贷等便捷优质的金融服务，联合爱奇艺等视频平台提供会员服务，形成消费金融生态圈。

（2）挖掘客户信贷需求，精准识别客户资质

商业银行利用大数据挖掘客户信贷需求，实现精准营销。依据外部平台、内部个人信贷等数据，借助生物识别、人工智能等技术，商业银行可以准确分析客户属性、行为偏好、需求倾向等，形成信用卡、财富管理、信贷等不同层次的金融产品和服务体系，实现对目标客户的精准触达、智能营销，并匹配最优产品组合，提升差异化定价能力。如恒丰银行利用自主研发的企业级大数据技术平台，提供 360 度客户视图、产品货架与优化组合方案、客户风险预警等，实现团队协作和精准营销技术支撑，平台中的产品推荐和智能获客功能有效增加了新客户和产品持有。在客户资质精准识别方面，商业银行通过大数据征信、人工智能、知识图谱等验证用户的真实身份、了解用户的偿付意愿，准确判断用户信用等级、项目风险、成本效益。商业银行数据来自与外部聚合的生态平台、征信机构和社保、财税、工商等公用服务平台以及个人信用管理平台等多个维度，利用深度

学习、神经网络技术，可以减少人工干预。如平安集团的金融壹账通利用微表情面审辅助系统，整合人工智能与大数据技术，智能判断并提示欺诈风险，与人工判断相比可实现80%的吻合率，实现了面审流程智能化、规范化，减少了40%以上的人工干预。

（3）动态实时监控信用风险

在信贷业务的贷中和贷后环节，数字金融可以利用数字技术对信用风险进行动态监控。大数据、人工智能等技术能够跟踪交易行为、关联交易动态、关注信用风险变化，还能够基于风险预测模型进行预警和调整。在用户复贷、逾期催收方面，对于有良好信用记录的优质客户，继续使用精准营销推动复贷，对于逾期客户则进行催收预警。另外，大数据技术还可以与公安司法部门连通，有助于联合执行催收。如恒丰银行的全面风险预警系统，其依托星环大数据平台进行贷款全流程风险监控，自上线以来，客户识别效率、准确率均显著提升，成本控制效果明显，平台授信业务逾欠率控制在1%以内，且呈逐步降低趋势。

2. 数字技术与保险业的融合

2021年2月1日起，中国银保监会发布的《互联网保险业务监管办法》正式实施。该办法在规范经营、防范风险、划清红线的基础上，鼓励保险与互联网、大数据、区块链等新技术相融合，支持互联网保险在更高水平服务实体经济和社会民生。数字化转型、科技赋能保险已成为行业发展趋势。

保险业务分为产品设计、产品销售、投保核保、售后理赔等四个环节。以人工智能、云计算、大数据、区块链等新一代数字技术应用为代表的数字金融，正在深刻改变保险业务模式，重塑保险业务的核心价值链（见图2-1）。

（1）产品设计端：提供全面深入的数据支持，提升风险定价能力

保险的产品设计是保险业务的核心，通过区块链、人工智能、大数据等数字技术，可以为保险产品设计提供更加全面深入的数据支持。如利用区块链结合物联网以及人工智能技术，可以将通过场景获得的数据上链储存，保证数据的安全性、真实性。在此基础上，可以通过大数据建立客户数据库，辅助精算师进行产品开发，提升风险定价能力。数字技术在产品

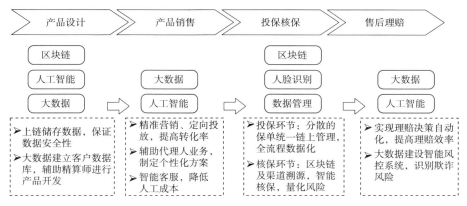

图 2-1 数字技术赋能保险业

设计端的运用，一方面有助于保险业务效益提升，实现保险产品精准定价；另一方面有助于提升客户的产品体验，将保费与个人实际情况精准结合。当前在车险行业较为热门的保险数字技术运用是 UBI 车险，即 "Usage Based Insurance"（基于实际使用的车险）。UBI 车险采用前装设备、车载自诊断系统（On - Board Diagnostics，OBD）以及智能手机，实时收集实际驾驶时间、地点、里程、加速、减速、转弯、车灯状态等驾驶信息，加以分析建模，精准地计算风险保费、设计保险产品。UBI 车险结合驾驶人、车辆、路面状况等多个维度的模型分析，可以准确评估驾驶人员的驾驶行为风险等级，从而确定不同的保费级别，最终实现保费与风险的对价平衡。

（2）产品销售端：通过精准定位、定向投放提高转化率

一是精准营销，以大数据、人工智能作为主要技术，对客户进行 360 度精准画像，可以实现对客户群的精准定位，同时提高保险营销渠道的精细化管理，在匹配客群及渠道的基础上进行定向投放，提高转化率。二是辅助代理人业务，通过强大的数据化平台，将各类保险产品主要数据导入，可以为代理人业务提供手机端可移动、实时、可修改各类参保参数的线上保单生成系统，便于代理人实时制定个性化方案、跟进参保进度等。三是智能客服，通过人工智能技术与潜在客户深度交流，可以获取客户需求以及客户信息，并为客户提供定制化保险方案。

（3）投保核保端：流程智能化，降本增效

在投保与核保环节，数字技术的价值在于帮助企业提升风控能力，实现流程智能化，电子保单与自动核保的应用可以帮助保险公司降本增效。在投保环节，通过区块链技术，将过去分散的保单管理转为统一链上管理，可以实现全流程数据化，便于数据分享。在核保环节，通过区块链及渠道溯源，以链上数据简化投保评估流程，依据参保人全方位的数据信息，对参保人员进行智能综合分析，可以实现智能核保以及流程自动化，降低成本，还能依据风险程度确认是否承保及承保条件，量化风险。

（4）售后理赔端：提高理赔效率，识别骗保风险

通过人工智能及大数据技术，保险公司可以显著提高理赔效率、实现骗保识别、提升客户体验。在智能客服方面，利用人工智能可以实现理赔决策自动化，提高理赔效率，减少人工成本。如一些保险公司结合数字技术已推出"智能闪赔"产品，实现了机构数据打通，能够通过线上操作，不受时间地点限制，在半天内赔款到位，90%以上的案件 10 分钟内就能完成查勘，自助理赔率达到 60%，提升了理赔效率，降低了赔付成本。

在理赔反欺诈方面，利用大数据可以建设智能风控系统，识别欺诈风险，改善传统理赔环节存在的数据割裂问题。保险欺诈行为严重损害保险公司的利益，为识别可疑保险欺诈行为，需要开展多方面专项调查，耗时费力。而借助大数据手段，通过建立保险欺诈识别模型，完善智能风控系统，可以从数万条赔付信息中筛选出疑似诈骗索赔，根据疑似诈骗索赔展开调查，能够提高工作效率。此外，保险企业可以利用大数据，结合内部、第三方和社交媒体数据（客户的健康状况、财产状况、理赔记录等）进行早期异常值检测，及时采取干预措施，减少先期赔付。

3. 数字技术与证券行业的融合

2020 年 8 月 21 日，中国证券业协会发布《关于推进证券行业数字化转型发展的研究报告》。报告建议，加快出台行业标准，促进金融科技应用融合，鼓励证券公司在人工智能、区块链、云计算、大数据等领域加大投入，同时完善加分标准，提高非运维投入在证券业分类评价指标中的权重，推广证券行业数字化最佳实践引领行业转型。

（1）客户营销：实现精准营销，提升成功率

根据客户多维度的数据描绘每个客户的画像，包括风险等级、个人属性、账户资产、操作数据、偏好信息等，并通过标签和推荐模型给不同类别的客户匹配不同的资讯与产品信息，以提升营销成功率，减少冗余信息对客户的干扰。在传统的数据运算模式下，数据为集中存储、串行计算，即客户数据存储在一台服务器上，必须先计算完一个客户的数据再计算下一个客户的数据，当客户数量巨大的时候，存储器的存储负荷过重，运算就会非常浪费时间。而基于大数据平台的证券行业在做系统架构的时候采用分布式存储方式和并行计算的运算方式，将客户数据存储在分散的存储器中，构成一个虚拟存储系统，这样可以在同一时间计算不同客户的数据，极大提升了运算效率，实现了面向千万量级客户的实时精准营销。

（2）产品投研：不断完善产品，实现金融普惠化

数字技术与储存的数据信息也会直接成为智能化产品，将用户产生的数据反哺为用户服务。比如恒泰证券的热股产品，就是根据用户的搜索、浏览等一系列行为，结合行情交易量等数据，研发的一款智能产品。热股产品创新性引入物理模型，并基于大数据平台实时分析当前的股市热点。在策略模型投研层面，证券公司还可以基于大数据机器学习技术，利用技术面、基本面、资金面、新闻研报多种因子组合，甚至引用新闻舆论等外部数据来构建产品逻辑，并且使用历史大数据进行模型训练，通过新数据不断改进模型参数。同时，根据每一个客户的流动性需求、风险属性、资金门槛属性的具体情况，用量化模型自动计算出适合客户的大类资产配置方案，实现金融普惠化。

（3）保障客户账户安全

在账户安全方面，证券公司有责任和义务通过数字技术的力量，尽力保护投资者免遭"黑客"对其财富的侵袭。基于大数据平台的实时数据采集和流式计算系统，证券公司可收集用户的访问时间、停留时间、页面路径、页面点击详情等数据。这些数据沉淀下来，除了被应用到用户画像、精准营销、产品数据分析等业务，在安全这个领域也大有用武之地。证券公司可以通过整合用户历史信息，形成一个多维行为画像作为基线，当用户实时行为产生变化而不可信时，即可实时提升风控等级，如以通知客

户、拦截验证甚至锁定账户的方式保障账号安全。大数据与 AI 技术相互融合，通过机器学习模型，挖掘聚类高风险行为特征，能做到事前防范、提前预警。

三　数字金融发展中存在的主要问题

数字金融自产生以来获得了快速发展，应用范围也日益广泛，但由于其发展时间较短，发展中也逐步暴露出诸多问题。

（一）数据安全与隐私保护刻不容缓

数字金融发展的重要基础是大数据信息的获取及数据信息的传输，而大数据信息的获取方式从传统的以物理网点为主的人工方式转向了以互联网、智能终端为主的自动方式。这不仅使数据采集的手段更先进、渠道更多元、维度更丰富，而且实现了数据资源规模的爆发式增长；同时，数据信息的传输也从局域内部专网转向互联网，大量敏感信息直接暴露在开放的网络环境下。加之，部分消费者和金融机构对数据保护的观念淡薄，意识不足，对数据泄露的危害认识不到位，数据安全问题日益严重。

另外，大型科技公司实际上拥有数据的控制权，数据资产成为科技公司产品开发、精准营销、业务拓展的基石。但是，一些科技公司利用市场优势，过度采集、使用企业和个人数据，甚至盗卖数据，这些行为并没有得到用户充分授权，严重侵犯了企业利益和个人隐私。因而，完善个人信息保护的相关法律法规、构建有效的数据采集及使用机制、严控信息泄露等问题亟待解决。

一是数字金融平台采集信息的范围和信息的使用不符合法律规范。我国 2013 年施行的《征信业管理条例》对信息的采集有严格的限制，而在互联网大数据时代，数字金融平台采集的信息通常来自互联网，这些互联网大数据是否包含禁止采集或限制类信息不得而知，采集的信息是否经过本人授权也不得而知。因此，数字金融平台，尤其是征信机构在掌握丰富完整信息的同时，不违反法律规范，就变得尤为重要。

二是信用主体线上的隐私保护存在巨大风险。大数据时代，数据挖掘和抓取技术的广泛应用，使得信用主体的全方位信息数据被全盘收录，海量信息数据的收集给信用主体的隐私保护带来巨大挑战，隐私防护变得更加困难。用于特定场合的信息数据被用于其他商业用途，隐私被侵犯的风险大大增加。而不同机构之间信息数据的交叉验证，也极有可能泄露用户隐私。当前各类征信机构参差不齐的数据存储、防护能力也容易造成用户隐私的泄露。

三是数字金融的技术标准和安全规范尚需完善。数字金融标准化是推动金融科技创新和有效防范与化解金融风险的关键。近几年我国先后制定并出台了多项关于金融数据安全的政策与规范。如 2020 年发布的《中国银保监会办公厅关于开展监管数据质量专项数据治理工作的通知》《网上银行系统信息安全通用规范》《金融分布式账本技术安全规范》《个人金融信息保护技术规范》 等；中国人民银行 2020 年 10 月 21 日发布的《金融科技创新应用测试规范》《金融科技创新安全通用规范》《金融科技创新风险监控规范》 三项金融行业标准。这些规范与标准的颁布，标志着我国关于数字金融标准化的工作已经起步，但从实践工作来看，数字金融行业标准的供给远远不足，贯彻落实还不到位，标准化专业机构和人才队伍建设还比较滞后，难以满足发展的要求。

（二）数字鸿沟的弥合任重道远

随着金融与科技的深度融合，金融服务向线上化、智能化发展，在丰富人们现代生活方式的同时使得数字鸿沟问题日益加剧。因不同区域数字基础设施建设水平差异、居民知识水平差异以及互联网技术掌握程度差异，数字金融的发展水平及应用程度在区域间存在较大差别。经济较为落后地区居民以及老人等弱势群体因理解能力弱、接受度低、适应性慢，无法灵活掌握各类智能产品与服务，在数字生活中被 "代沟式" 淘汰。数字鸿沟拉大了数字普惠金融服务的差距，增加了不同群体间生活质量的对比度和距离感，使 "强者恒强、弱者恒弱" 的马太效应愈加明显。如何弥合这道数字 "鸿沟"，已成为数字金融及金融科技高速发展必须直面的难题。

（三）业务交叉带来的风险不容忽视

金融科技背景下，金融混业经营更加普遍，多种业务交叉融合，导致风险交织复杂、难以识别、外溢加剧。从传染性来看，不同业务相互关联渗透，跨界混业更加明显，单个市场风险可能沿着资金链、担保链、信息链传递到多个市场，越界传染的可能性急剧提升。从传导性来看，风险从传统金融体系下以资金流、业务流为主要传导路径转变为在开放网络环境下以信息流为主要传导路径，打破了风险传导的时空限制，个别机构的风险在"蝴蝶效应"和"羊群效应"叠加作用下迅速外溢，不仅传导链条被加长，传播速度也呈现指数增长态势。从隐蔽性来看，一些金融科技产品利用金融创新的外衣粉饰包装，增加了金融监管界定和识别的难度，使风险隐蔽性增大。业务交叉风险对金融机构风险管理、稳健经营提出更高要求，给金融管理部门穿透式监管、防范化解金融风险带来严峻挑战。

（四）数字技术应用仍有待提升

一是金融机构对内的传统 IT 系统转向以客户为中心的数字化系统尚需时日。传统 IT 系统通过内部网络和信息化技术实现业务流程电子化，提升工作效率、降低操作风险，系统的重点在于安全和稳定。而数字化系统是以客户为核心，需要快速响应和灵活拓展能力，以定制化、场景化的金融服务满足客户需求。因此金融机构的传统 IT 系统与以客户为中心的数字化系统衔接与整合需要一定时日。二是新技术在保险行业的运用尚不成熟，如区块链、人工智能等。受限于科技成熟度，以及理论向实践转换的问题，新技术应用速度难以满足市场需求，数字技术在行业内的应用仍然有很大提升空间。

（五）数字金融市场存在恶性竞争

一方面，数字金融机构间的价格战逐渐成为一种营销策略和获客手段，消费者容易被这样的噱头吸引，造成"劣币驱逐良币"的现象。价格战还会迫使平台降低价格以维持市场份额，使其利润下降甚至为负。另一方面，数字金融市场信息不对称情况相较于金融行业其他领域更为突出，数字金融机构间"信息孤岛"现象严重。信息数据是各家数字金融机构业务经营的基础，所以各机构都积极采集尽可能多的信息数据以提高自身竞争力。大数据征信公司虽然希望借助与外部征信数据交叉验证来进行风控，但又担心与其他公司共享客户资料和信贷数据，会使其失去自身积累的优势并导致优质客户资源流失。而且更为遗憾的是，各大数据征信公司的征信手段各异、采集标准和格式不同、管理体制不同等问题使得各信息数据库之间形成一个个"信息孤岛"，彼此之间互认、对接状况不容乐观。大数据征信公司之间跨机构信息共享不足，以致征信效果大打折扣，增加了信息采集和审核成本，甚至出现了基于自身利益考虑通过抢占资源、封锁信息等手段恶性竞争的局面，这在很大程度上限制了数字金融的良好发展。

四　数字金融发展的研究动态

近年来，随着数字金融的快速发展，人们对数字金融发展的相关研究大量涌现，内容涉及数字金融发展的各个方面。此处在对现有文献进行梳理的基础上，仅从数字金融特征及其效应、数字金融对实体经济影响、数字金融与商业银行发展、数字金融风险与监管四个方面对其研究动态做归纳。

（一）关于数字金融特征及其效应的研究

近年来数字金融迅速发展，无论是金融机构还是科研学者都对其十分关注。关于数字金融，目前尚无权威机构给出明确定义。黄益平和黄卓指出数字金融是比互联网金融、金融科技更广泛的一个概念。数字金融是传统金融与数字技术相结合，最终形成的一种新型金融模式。要深入理解数字金融的定义，首先应先对数字金融与金融科技和互联网金融进行辨析。数字金融总是与金融科技或互联网金融相联系，三者之间有相似之处但并不完全相同，金融科技更强调技术层面的定义，互联网金融则更强调互联网企业在金融领域的涉足。数字金融不仅包含互联网企业在金融领域的运作，还包括传统金融行业如银行、保险等利用科技进行的数字化改革，是科技与数字技术在金融领域的应用所形成的新型金融模式。[1]

数字技术和科技运用于金融行业使得金融行业信息整合能力大幅提升，节省了金融服务的成本，提高了金融体系的效率，让金融能够为更多的人服务。数字金融的这个特性，使得数字金融的发展总是与普惠金融相联系。封思贤和宋秋韵利用熵权法构建我国的居民生活质量指数，基于2014～2018 年北京大学数字普惠金融指数省级数据证明数字金融的发展对居民生活质量有显著的促进作用。[2] 张勋等提出，数字金融的普惠性体现在其促进了我国社会的包容性发展，使得落后地区民众的创业环境向好的方向发展，从而使落后地区与非落后地区居民的创业条件趋于均等。[3] 胡滨和程雪军认为，各国数字普惠金融的发展关乎各国的金融竞争力，数字普惠金融的伟大创新包括移动支付、点对点借贷、众筹等。[4] 谢绚丽等研究发现，数字金融通过扩大金融覆盖面、降低交易成本、促进创新最终实现对创业的促进作用，这体现了数字金融普惠的特征。[5] 也有一些研究认为，数字金融的发展会加剧贫困户与非贫困户之间的资源分配不均。如王修华和赵亚雄的研究认为，数字金融的发展存在马太效应。[6] Bede Uzoma 等人采用格兰杰误差修正模型（ECM）和广义矩量法（GMM），研究了数字金融和普惠金融之间的动态因果关系，发现数字金融和普惠金融之间存在正的长期相关性。提出为实现消除贫困、消除饥饿、减少失业和不平等等可持续发展目标，应通过数字金融平台实现可持续的、普惠性的金融增长。[7]

---

[1] 黄益平、黄卓：《中国的数字金融发展：现在与未来》，《经济学》（季刊）2018 年第 4 期，第 1489～1502 页。

[2] 封思贤、宋秋韵：《数字金融发展对我国居民生活质量的影响研究》，《经济与管理评论》2021 年第 1 期，第 101～113 页。

[3] 张勋、万广华、张佳佳、何宗樾：《数字经济、普惠金融与包容性增长》，《经济研究》2019 年第 8 期，第 71～86 页。

[4] 胡滨、程雪军：《金融科技、数字普惠金融与国家金融竞争力》，《武汉大学学报》（哲学社会科学版）2020 年第 3 期，第 130～141 页。

[5] 谢绚丽、沈艳、张皓星、郭峰：《数字金融能促进创业吗？——来自中国的证据》，《经济学》（季刊）2018 年第 4 期，第 1557～1580 页。

[6] 王修华、赵亚雄：《数字金融发展是否存在马太效应？——贫困户与非贫困户的经验比较》，《金融研究》2020 年第 7 期，第 114～133 页。

[7] Bede Uzoma, A., Omankhanlen, A. E., Obindah, G., et al., "Digital Finance as a Mechanism for Extending the Boundaries of Financial Inclusion In Sub – Saharan Africa: A General Methods of Moments Approach," *Cogent Arts & Humanities* 7 (1) (2020): 1788293.

宏观角度的研究主要集中于数字金融对货币政策、资本配置效率等的影响。战明华等利用拓展的 IS – LM – CC 模型，分析了数字金融发展对货币政策影响的利率与信贷两种传导渠道，得出了数字金融的发展提高了货币政策效果的结论。[①] 尹志超等以鲍莫尔 – 托宾模型为理论基础，研究了移动支付对家庭货币需求的影响。研究得出，移动支付的使用减少了家庭不同层次的货币需求。另外，通过分析移动支付对不同类型货币需求的影响程度，发现移动支付对预防性货币需求的影响最大。[②] 龚强和王璐颖认为，互联网金融加剧了风险控制能力较差的金融机构所面临的金融风险，并且会扰乱金融市场的秩序，因此应该为新型数字金融服务设立风险准备金。[③] Wang 等人定量分析了数字金融对金融效率的影响，结果表明数字金融对我国金融部门效率的提升有一定的促进作用，但对各省效率的影响存在显著差异，其中数字金融对东部地区金融部门效率的累积效应优于非东部地区。[④] 封思贤和徐卓从理论与实证方面分析了数字金融发展对我国实体经济资本配置效率的影响。得出的结论是：数字金融发展对我国资本配置效率具有促进作用，并且这种作用是非线性的；金融中介发展水平高的地区，数字金融对资本配置效率影响更明显。[⑤]

（二）关于数字金融对实体经济影响的研究

数字金融的发展在国际上俨然成为不可逆转的趋势，中国又是数字金融发展的先驱者，发展和研究都处于国际前列。目前国内学者关于数字金融对实体经济影响的研究主要集中在五个方面：数字金融对经济增长的影响、数字金融对产业升级的影响、数字金融对企业发展的影响、数字金融

---

① 战明华、汤颜菲、李帅：《数字金融发展、渠道效应差异和货币政策传导效果》，《经济研究》2020 年第 6 期，第 22 ~ 38 页。

② 尹志超、公雪、潘北啸：《移动支付对家庭货币需求的影响——来自中国家庭金融调查的微观证据》，《金融研究》2019 年第 10 期，第 40 ~ 58 页。

③ 龚强、王璐颖：《普惠金融、风险准备金与投资者保护——以平台承诺担保为例》，《经济学》（季刊）2018 年第 4 期，第 1581 ~ 1598 页。

④ Wang, Q., Yang, J., Chiu, Y. H., et al., "The Impact of Digital Finance on Financial Efficiency," *Managerial and Decision Economics* 41 (7) (2020): 1225 – 1236.

⑤ 封思贤、徐卓：《数字金融、金融中介与资本配置效率》，《改革》2021 年第 3 期，第 40 ~ 55 页。

对居民收入与消费的影响和数字金融对贫困减缓的影响。

1. 数字金融对经济增长影响的研究

对数字金融与经济增长关系的研究，主要集中于数字金融对经济增长的直接影响及传导渠道上。多数学者认为数字金融低门槛、高效率的特点能有效扩大金融体系的服务范围，为更多企业及居民，尤其是被传统金融所忽视的长尾客户提供他们所需的金融产品和服务，有效减缓和抑制金融排斥，从而直接对经济增长起到显著的推动作用。如钱海章等采用 2011 ~ 2018 年 31 个省份的面板数据进行实证检验，发现中国数字金融发展促进了经济增长。[1] 张勋等将中国数字普惠金融指数和中国家庭追踪调查数据相结合，发现数字金融促进了中国的包容性增长，尤其是显著提升了农村低收入群体的家庭收入。[2] 张腾等采用数字普惠金融指数作为数字经济的代理变量，研究指出数字经济对我国经济高质量发展具有显著的促进作用。[3]

在数字金融影响经济增长的传导渠道方面，已有的研究从贫困减缓、科技创新、居民消费等方面展开。在贫困减缓方面，有学者认为数字普惠金融能通过削减贫困，提升经济增长质量。[4] 在科技创新方面，数字普惠金融对包容性增长存在明显的边际促进作用，主要通过数字普惠金融的创新渠道进行传导，且存在明显的部分中介效应。[5] 谢绚丽等认为，数字普惠金融的发展为大众创新提供了基础，增加了创业机会，最终影响了经济发展。[6] 在居民消费方面，江红莉和蒋鹏程认为，数字普惠金融主要通过缩小城乡收入差距和优化产业结构两种机制提升居民消费水

---

① 钱海章、陶云清、曹松威、曹雨阳：《中国数字金融发展与经济增长的理论与实证》，《数量经济技术经济研究》2020 年第 6 期，第 26 ~ 46 页。
② 张勋、万广华、张佳佳、何宗樾：《数字经济、普惠金融与包容性增长》，《经济研究》2019 年第 8 期，第 71 ~ 86 页。
③ 张腾、蒋伏心、韦朕韬：《数字经济能否成为促进我国经济高质量发展的新动能?》，《经济问题探索》2021 年第 1 期，第 25 ~ 39 页。
④ 任碧云、李柳颖：《数字普惠金融是否促进农村包容性增长——基于京津冀 2114 位农村居民调查数据的研究》，《现代财经》(天津财经大学学报) 2019 年第 4 期，第 3 ~ 14 页。
⑤ 傅利福、厉佳妮、方霞、韦宏耀：《数字普惠金融促进包容性增长的机理及有效性检验》，《统计研究》2021 年第 10 期，第 62 ~ 75 页。
⑥ 谢绚丽、沈艳、张皓星、郭峰：《数字金融能促进创业吗? —— 来自中国的证据》，《经济学》(季刊) 2018 年第 4 期，第 1557 ~ 1580 页。

平和优化消费结构，从而对经济产生影响。①

2. 数字金融对产业升级影响的研究

关于数字金融与产业升级关系的研究，大多数学者认为，数字普惠金融显著促进了我国产业结构优化②，并对产业结构合理化、高级化和产业内部演化趋势贡献明显③。郭婉丽和陈竞宇发现，数字普惠金融的三个维度对产业结构升级的正向促进作用存在差异，其中覆盖广度的作用最大，使用程度次之，数字化程度最弱。④ 在地区异质性方面，葛和平和张立认为，各地区数字普惠金融的产业升级效应存在异质性，其中中部地区的产业结构升级作用最显著。⑤ 孙倩和徐璋勇研究发现，数字普惠金融发展能够促进非贫困县产业结构升级，但对相对贫困县作用不显著。⑥ 在机制分析方面，李晓龙和冉光和认为，资本配置效率改善是数字金融发展影响产业结构升级的重要传导机制，数字金融发展可以通过改善资本配置效率促进产业结构升级。⑦

3. 数字金融对企业发展影响的研究

大多数研究认为数字金融的发展对企业的融资、创新及社会创业均是有利的，这些影响对于中小企业更为明显。唐松等研究了数字金融发展对企业创新影响的内在机理，发现数字金融能够有效改进传统金融中所存在的"属性错配""领域错配""阶段错配"问题；通过机制分析发现数字金融的发展能够有效解决企业"融资难融资贵"的问题，并且能够驱动企

---

① 江红莉、蒋鹏程：《数字普惠金融的居民消费水平提升和结构优化效应研究》，《现代财经》（天津财经大学学报）2020 年第 10 期，第 18～32 页。

② 唐文进、李爽、陶云清：《数字普惠金融发展与产业结构升级——来自 283 个城市的经验证据》，《广东财经大学学报》2019 年第 6 期，第 35～49 页。

③ 杜金岷、韦施威、吴文洋：《数字普惠金融促进了产业结构优化吗？》，《经济社会体制比较》2020 年第 6 期，第 38～49 页。

④ 郭婉丽、陈竞宇：《我国数字普惠金融发展与产业结构升级的效应研究》，《商场现代化》2020 年第 11 期，第 146～148 页。

⑤ 葛和平、张立：《数字普惠金融发展对产业结构升级的影响》，《财会月刊》2021 年第 9 期，第 135～141 页。

⑥ 孙倩、徐璋勇：《数字普惠金融、县域禀赋与产业结构升级》，《统计与决策》2021 年第 18 期，第 140～144 页。

⑦ 李晓龙、冉光和：《数字金融发展、资本配置效率与产业结构升级》，《西南民族大学学报》（人文社会科学版）2021 年第 7 期，第 152～162 页。

業创新。^①聂秀华和吴青基于中小板上市公司数据，运用两步系统 GMM 模型进行研究，发现数字金融通过影响对中小企业的融资约束进而激励中小企业进行技术创新。这种激励作用对经济发展水平高的地区的非国有中小企业影响显著。^②万佳彧等认为，数字金融可以有效缓解企业融资约束问题，帮助企业去杠杆，并促进企业进行技术创新。^③

4. 数字金融对居民收入与消费影响的研究

关于数字金融对居民收入影响的研究，现有研究结果主要可归为两方面。一方面，大多数学者认为数字金融的发展对于居民收入具有显著的正向影响。如张碧琼和吴琬婷的研究表明，数字普惠金融对居民收入具有显著的正向影响，且对农村居民收入增长的影响效应更大。^④在对农村收入影响的进一步研究中，郑家喜等研究发现，我国农村普惠金融发展水平整体呈现"V"字形的变化趋势，而且农村普惠金融发展对农村经营性收入影响更为显著。^⑤另一方面，有一些学者认为数字金融发展对收入存在负面的影响。现有文献研究主要着眼于数字金融对贫困户与非贫困户收入不平等的影响、城乡收入差距扩大等方面。如王修华和赵亚雄的研究指出，贫困户可借助数字金融平滑生存型消费和积累发展型要素，但效果并不显著，而非贫困户在有效利用数字金融功能防范风险、平滑消费、积累要素的同时，还能进行休闲娱乐活动，数字金融发展的马太效应明显。^⑥

关于数字金融对居民消费的影响，现有的研究均表明数字金融发展对居民消费有积极影响，且这一作用在农村家庭、低收入家庭和欠发达地区

①　唐松、伍旭川、祝佳:《数字金融与企业技术创新——结构特征、机制识别与金融监管下的效应差异》,《管理世界》2020 年第 5 期, 第 52～66 页。

②　聂秀华、吴青:《数字金融对中小企业技术创新的驱动效应研究》,《华东经济管理》2021 年第 3 期, 第 42～53 页。

③　万佳彧、周勤、肖义:《数字金融、融资约束与企业创新》,《经济评论》2020 年第 1 期, 第 71～83 页。

④　张碧琼、吴琬婷:《数字普惠金融、创业与收入分配——基于中国城乡差异视角的实证研究》,《金融评论》2021 年第 2 期, 第 31～44 页。

⑤　郑家喜、杨东、刘亦农:《农村普惠金融发展水平测度及其对农户经营性收入的空间效应研究》,《华中师范大学学报》(自然科学版) 2020 年第 5 期, 第 862～873 页。

⑥　王修华、赵亚雄:《数字金融发展是否存在马太效应?——贫困户与非贫困户的经验比较》,《金融研究》2020 年第 7 期, 第 114～133 页。

業创新。①聂秀华和吴青基于中小板上市公司数据，运用两步系统 GMM 模型进行研究，发现数字金融通过影响对中小企业的融资约束进而激励中小企业进行技术创新。这种激励作用对经济发展水平高的地区的非国有中小企业影响显著。②万佳彧等认为，数字金融可以有效缓解企业融资约束问题，帮助企业去杠杆，并促进企业进行技术创新。③

4. 数字金融对居民收入与消费影响的研究

关于数字金融对居民收入影响的研究，现有研究结果主要可归为两方面。一方面，大多数学者认为数字金融的发展对于居民收入具有显著的正向影响。如张碧琼和吴琬婷的研究表明，数字普惠金融对居民收入具有显著的正向影响，且对农村居民收入增长的影响效应更大。④在对农村收入影响的进一步研究中，郑家喜等研究发现，我国农村普惠金融发展水平整体呈现"V"字形的变化趋势，而且农村普惠金融发展对农村经营性收入影响更为显著。⑤另一方面，有一些学者认为数字金融发展对收入存在负面的影响。现有文献研究主要着眼于数字金融对贫困户与非贫困户收入不平等的影响、城乡收入差距扩大等方面。如王修华和赵亚雄的研究指出，贫困户可借助数字金融平滑生存型消费和积累发展型要素，但效果并不显著，而非贫困户在有效利用数字金融功能防范风险、平滑消费、积累要素的同时，还能进行休闲娱乐活动，数字金融发展的马太效应明显。⑥

关于数字金融对居民消费的影响，现有的研究均表明数字金融发展对居民消费有积极影响，且这一作用在农村家庭、低收入家庭和欠发达地区

① 唐松、伍旭川、祝佳:《数字金融与企业技术创新——结构特征、机制识别与金融监管下的效应差异》,《管理世界》2020 年第 5 期, 第 52～66 页。
② 聂秀华、吴青:《数字金融对中小企业技术创新的驱动效应研究》,《华东经济管理》2021 年第 3 期, 第 42～53 页。
③ 万佳彧、周勤、肖义:《数字金融、融资约束与企业创新》,《经济评论》2020 年第 1 期, 第 71～83 页。
④ 张碧琼、吴琬婷:《数字普惠金融、创业与收入分配——基于中国城乡差异视角的实证研究》,《金融评论》2021 年第 2 期, 第 31～44 页。
⑤ 郑家喜、杨东、刘亦农:《农村普惠金融发展水平测度及其对农户经营性收入的空间效应研究》,《华中师范大学学报》(自然科学版) 2020 年第 5 期, 第 862～873 页。
⑥ 王修华、赵亚雄:《数字金融发展是否存在马太效应?——贫困户与非贫困户的经验比较》,《金融研究》2020 年第 7 期, 第 114～133 页。

家庭中更为明显。① 易行健和周利构建了数字金融发展影响居民消费的理论模型，并实证检验了数字金融对居民消费的作用机制是通过提升支付便利性和缓解流动性约束两种途径实现的。② 张勋等将中国数字普惠金融发展指数和中国家庭追踪调查数据相结合，实证研究发现，数字金融的发展优化了金融资源的合理配置，并通过提升支付的便利性促进了居民消费，从而有助于经济增长。③

5. 数字金融对贫困减缓影响的研究

在数字普惠金融的减贫效应方面，世界银行在 2016 年发布的《2016年世界发展报告：数字红利》中指出，数字技术和互联网的发展通过包容发展、高效率发展和创新发展为贫困地区的贫困居民和弱势群体提供了新的金融发展机遇。肖懿珊认为，数字普惠金融发展总体上有利于实现居民贫困减缓，缩小贫富差距，并且贫困群体、中部和西部地区能够从数字普惠金融发展中获益更多。④ 王刚贞和陈梦洁利用省际面板数据，通过空间杜宾模型，实证分析发现我国数字普惠金融发展的减贫效应存在空间溢出效应和冷点区域。⑤ 陈慧卿等通过省际面板数据实证检验发现，数字普惠金融具有显著的减贫效应，且会随经济发展水平和财政支出占比的提高而减小，随城镇化水平的提高而增大。⑥ 在数字普惠金融的减贫路径方面，夏玲发现，人均可支配收入在数字普惠金融的减贫效应中具有中介作用。⑦还有一些学者认为，数字普惠金融通过充分运用互联网、大数据等技术，具有了很强的可复制特征，其边际成本呈现递减趋势，提供金融服务和产

---

① 邹新月、王旺：《数字普惠金融对居民消费的影响研究——基于空间计量模型的实证分析》，《金融经济学研究》2020 年第 4 期，第 133 ~ 145 页。

② 易行健、周利：《数字普惠金融发展是否显著影响了居民消费——来自中国家庭的微观证据》，《金融研究》2018 年第 11 期，第 47 ~ 67 页。

③ 张勋、杨桐、汪晨、万广华：《数字金融发展与居民消费增长：理论与中国实践》，《管理世界》2020 年第 11 期，第 48 ~ 63 页。

④ 肖懿珊：《数字普惠金融减贫效应实证研究》，《金融纵横》2020 年第 8 期，第 48 ~ 57 页。

⑤ 王刚贞、陈梦洁：《数字普惠金融减贫效应存在空间异质性吗？——基于空间计量模型的实证分析》，《东北农业大学学报》（社会科学版）2020 年第 3 期，第 10 ~ 18 页。

⑥ 陈慧卿、陈国生、魏晓博、彭六妍、张星星：《数字普惠金融的增收减贫效应——基于省际面板数据的实证分析》，《经济地理》2021 年第 3 期，第 184 ~ 191 页。

⑦ 夏玲：《数字普惠金融的减贫效应研究——基于我国 31 个省份 2011—2018 年的面板数据》，《金融理论探索》2020 年第 6 期，第 43 ~ 49 页。

品的成本相对较低、金融渗透率更高。通过建设农村金融基础设施，数字普惠金融可以有力促进中国减贫事业的发展。其中收入增长和收入分配的改善是数字普惠金融促进减贫的重要机制，数字普惠金融发展可以兼顾效率与公平，实现包容性增长。[①]

（三）关于数字金融与商业银行发展的研究

在数字金融对商业银行运营效率影响的问题上，付争和王皓研究认为，数字金融的发展为商业银行的支付结算、信贷资质审核、投融资业务等提供了重大技术支持，能够有效降低运营成本、提高服务效率。[②] 此外，还有一些研究发现，数字金融技术的运用导致了商业银行间的竞争加剧从而提高了商业银行的负债成本，商业银行为弥补损失会去选择高风险资产从而改善其经营效率。[③] 梁涵书和张艺指出，数字金融的发展能够帮助银行更加高效、便捷地获取其顾客和潜在消费者的信息，进一步扩大了商业银行的金融业务领域和覆盖范围，从而提高了商业银行效率。[④] 而封思贤和郭仁静的研究则提出了相反观点，即数字金融的发展进一步推动了金融业的"脱媒"，加剧了商业银行的竞争，虽然在一定程度上降低了商业银行的运营成本，但也对其收益产生了一定的不利影响。[⑤]

在数字金融对商业银行绩效影响方面，Ozili 认为数字金融发展对银行绩效有长期的积极影响，促进了金融市场融资工具和融资服务的多元化，优化了金融行业市场竞争格局，提高了金融服务的可及性和包容性。[⑥] 而

[①] 黄倩、李政、熊德平：《数字普惠金融的减贫效应及其传导机制》，《改革》2019 年第 11 期，第 90～101 页；郑美华、刘芄麦、王刚贞：《数字普惠金融减贫机制与区域异质性的实证研究》，《江西科技师范大学学报》2020 年第 3 期，第 68～75 页。

[②] 付争、王皓：《竞争还是竞合：数字金融赋能下金融包容与银行体系发展》，《国际金融研究》2021 年第 1 期，第 65～75 页。

[③] 杨望、徐慧琳、谭小芬、薛翔宇：《金融科技与商业银行效率——基于 DEA – Malmquist 模型的实证研究》，《国际金融研究》2020 年第 7 期，第 56～65 页。

[④] 梁涵书、张艺：《数字金融发展、金融监管与我国商业银行风险》，《金融与经济》2021 年第 1 期，第 30～39 页。

[⑤] 封思贤、郭仁静：《数字金融、银行竞争与银行效率》，《改革》2019 年第 11 期，第 75～89 页。

[⑥] Ozili, P. K., "Impact of Digital Finance on Financial Inclusion and Stability," *Borsa Istanbul Review* 18 (4) (2018): 329–340.

郭品和沈悦指出，互联网金融发展会对商业银行绩效产生抑制作用，主要是通过恶化存款结构和抬高付息成本两种渠道显著加重银行风险承担。[①] 刘孟飞和王琦采用动态系统 GMM 法研究了数字金融对商业银行绩效的影响，得出的结论是，数字金融对商业银行的绩效有先促进后抑制的效果，并且这种影响在大中型银行间更为明显。[②]

除了对效率的影响，数字金融发展还促使银行间的竞争加剧。[③] 王诗卉和谢绚丽提出，数字金融的发展虽然使传统银行业面临巨大的挑战，但也促进了商业银行对所经营产品的数字化创新。[④] 金融与数字技术耦合而来的数字金融极大地改变了金融业态，随着众筹、P2P、第三方支付等新兴业务模式的出现，数字金融在发展初期在一定程度上加剧了银行间竞争，并通过加剧竞争影响了商业银行信用风险水平。银行的相互竞争与商业银行信用风险水平之间存在一定的耦合关系，但是对两者之间的影响关系，目前学术界尚未达成统一意见。

（四）关于数字金融风险与监管的研究

在数字技术与传统金融业快速融合的背景下，数字金融虽然能够运用技术手段弥补传统金融的不足，但同时数字技术的应用也会带来新的风险，并对传统监管体系提出挑战。在数字金融的法律风险方面，胡怡彤认为，对数字金融法律风险的防范和管理，在全球范围内没有可以参考的经验，只能通过持续的探索与实践来进行风险防控。[⑤] 刘孟飞的研究认为，金融科技创新可能会导致监管主体难以确定，即使明确了监管主体，金融行为也难以监管，新的金融产品和服务存在跨行业的现象，不是一个监管机构可以全部管理的，金融创新发展太快，监管制度、法律也难以跟上最

[①]　郭品、沈悦：《互联网金融、存款竞争与银行风险承担》，《金融研究》2019 年第 8 期，第 58～76 页。

[②]　刘孟飞、王琦：《互联网金融降低了商业银行盈利能力吗？——基于收入来源与结构的视角》，《北京理工大学学报》（社会科学版）2021 年第 6 期，第 96～109 页。

[③]　封思贤、徐卓：《数字金融、金融中介与资本配置效率》，《改革》2021 年第 3 期，第 40～55 页。

[④]　王诗卉、谢绚丽：《经济压力还是社会压力：数字金融发展与商业银行数字化创新》，《经济学家》2021 年第 1 期，第 100～108 页。

[⑤]　胡怡彤：《金融科技与数字金融风险管理》，《营销界》2021 年第 35 期，第 132～133 页。

新的金融行为。① 吕洪果研究认为，数字金融技术的法律风险可以分为五个方面：交易信用风险、信息泄露风险、财产安全风险、金融宣传欺诈风险和多主体交叉的法律责任风险。信息泄露风险和财产安全风险比较突出，一旦发生风险事件将给金融体系带来不可逆的后果。②

在数字金融的潜在系统性风险方面，白雪莲认为，由于数字金融打破了行业与地域的限制，涉猎的领域比较广阔，兼顾创新和风险控制的矛盾就凸显出来了。数字技术与金融的结合使金融系统内部联系更为密切，数字金融的某一环节一旦产生风险很容易引发系统性风险。③

在数字金融的监管方面，陈希凤和毛泽强认为，数字金融的发展对监管提出了挑战，并且提出监管工作需要坚持"业务跟随"原则。④ 卜亚和余星辉提出，政府首先要探索具有差异化的监管手段，针对数字金融存在的系统性风险，要建立相关的风险分析监测体系，加大对监管科技的应用，并不断优化"监管沙盒"机制。⑤ 刘孟飞认为，需要加强投资者的法律风险防范意识，全面加强监管力度，依托法律手段才能使数字金融科技行业良性发展。⑥

---

① 刘孟飞：《金融科技的潜在风险与监管应对》，《南方金融》2020 年第 6 期，第 45 ~ 55 页。
② 吕洪果：《数字金融的法律风险及防范》，《商场现代化》2019 年第 22 期，第 125 ~ 126 页。
③ 白雪莲：《数字金融与经济高质量发展》，《现代商业》2021 年第 31 期，第 74 ~ 76 页。
④ 陈希凤、毛泽强：《数字金融产品与服务的风险特征、监管挑战及目标工具》，《西南金融》2020 年第 9 期，第 14 ~ 26 页。
⑤ 卜亚、余星辉：《数字金融发展对我国城乡收入差距的影响——基于空间杜宾模型的实证分析》，《开发研究》2021 年第 4 期，第 73 ~ 81 页。
⑥ 刘孟飞：《金融科技的潜在风险与监管应对》，《南方金融》2020 年第 6 期，第 45 ~ 55 页。

第二篇

数字金融发展
对宏观经济

本篇包括第三~五章。分别从经济增长、货币政策效应、产业结构升级三个不同视角，在文献梳理的基础上，对数字金融发展对它们产生的影响进行理论分析，并进行实证检验。

第三章　数字金融发展对经济增长

传统的金融发展理论已经证实，金融是经济增长的重要支撑。而数字金融作为一种新型的金融发展模式，其对经济增长是否依然有支撑作用？这种作用又是通过什么机制予以实现的？本章将从理论层面对这两个问题进行分析，并采用我国 2011～2019 年省级面板数据对其进行实证检验。

一　研究文献回顾

在影响经济增长的诸多因素中，最不可忽略的就是金融。随着数字技术在金融领域的应用和快速发展，数字金融作为金融发展的新趋势，使被传统金融机构忽略的长尾群体也能获取基本的金融服务，降低了金融交易的成本和门槛，弥补了传统普惠金融发展的不足。本节从金融发展对经济增长的影响、普惠金融对经济增长的影响及数字金融对经济增长的影响三个方面对相关研究文献进行梳理。

（一）金融发展对经济增长的影响

关于金融发展对经济增长影响的研究，主流的观点是金融发展能够促进经济增长。King 和 Levine 利用 80 个国家的数据实证研究了金融发展与经济增长之间的关系，结果表明金融发展与经济增长呈现正相关关系。[①]陆静在内生经济增长模型中加入金融中介变量，并结合我国省级面板数

---

① King, R. G. & Levine, R., " Finance and Growth: Schumpeter Might Be Righ," *The Quarterly Journal of Economics* 108 （3）（1993）: 717–737.

据，从理论和实证方面验证了金融发展对经济增长的促进作用。[1] 从机制分析角度，Abu – Bader 和 Abu – Qarn，验证了中东和北非的 6 个国家的金融发展与经济增长之间的因果关系，结果表明金融发展通过影响储蓄和投资来促进经济增长。[2] 李稻葵等发现，我国金融发展能够改善企业投资从而推动经济增长[3]，Yang 证明了金融发展是通过全要素生产率及实物资本存量的渠道对经济增长产生显著正向影响[4]。

但也有学者认为金融发展与经济增长之间存在负向或非线性关系。Rousseau 和 Wachtel 利用 84 个国家 1960 ~ 2004 年的面板数据进行实证分析，研究发现信贷增长过快或金融深化过度可能会导致通货膨胀和削弱银行体系影响力，进而抑制经济增长。[5] 田卫民发现，我国金融发展降低了全要素生产率和资本积累率，从而对经济增长产生了负向影响。[6] 杨嵩和黄婷婷利用我国 2001 ~ 2016 年省级动态面板数据并且基于具生产的 OLG 理论，分别采用差分 GMM 和 LSDVC 回归方法分析了金融发展水平对经济增长的影响，结果表明二者之间存在明显滞后的非线性效应，即滞后的倒 U 形相关关系。[7]

(二) 普惠金融对经济增长的影响

联合国在 2005 年才正式提出普惠金融的概念，其目的是打破城乡二元

---

[1] 陆静：《金融发展与经济增长关系的理论与实证研究——基于中国省际面板数据的协整分析》，《中国管理科学》2012 年第 1 期，第 177 ~ 184 页。

[2] Abu – Bader, S. & Abu – Qarn, A. S., "Financial Development and Economic Growth: Empirical Evidence from Six MENA Countries," *Review of Development Economics* 12 (4) (2010): 803 – 817.

[3] 李稻葵、孔睿、伏霖：《中国经济高增长融资之谜——国内非中介融资 (DNI) 研究》，《经济学动态》2013 年第 7 期，第 19 ~ 35 页。

[4] Yang, F., "The Impact of Financial Development on Economic Growth in Middle – Income Countries," *Journal of International Financial Markets, Institutions and Money* 59 (2019): 74 – 89.

[5] Rousseau, P. L. & Wachtel, P., "What Is Happening to the Impact of Financial Deepening on Economic Growth?" *Economic Inquiry* 49 (1) (2011): 276 – 288.

[6] 田卫民：《金融发展缘何抑制了经济增长——来自中国省际面板数据的经验证据》，《经济问题》2017 年第 1 期，第 27 ~ 32 + 120 页。

[7] 杨嵩、黄婷婷：《中国区域金融发展与经济增长——基于具生产的 OLG 理论及面板数据的实证分析》，《南京审计大学学报》2019 年第 2 期，第 68 ~ 79 页。

金融结构，为低收入或弱势群体提供金融服务。一些国外研究指出，普惠金融有助于汇集金融资源，能够促进消费和激励企业家的生产性投资，从而支持经济增长。[①] 杜晓山最早将普惠金融的概念引入国内，他认为普惠金融作为一种包容性的金融体系能够对发展中国家的绝大多数人，包括过去金融难以到达的更贫困和更偏远地区的客户开放金融市场。[②] 在此基础上，一些国内学者认为，发展普惠金融有助于金融服务实体经济[③]，能够提高资源配置效率[④]。更进一步的研究多集中于普惠金融与经济包容性增长，黄倩等认为收入增长和收入分配的改善是普惠金融促进减贫的重要机制，普惠金融可以兼顾效率与公平，实现包容性增长。[⑤] 洪铮等认为普惠金融对农村居民和贫困户的收入与消费有显著的正向促进作用，表明普惠金融能够兼顾效率和公平，实现经济包容性增长。[⑥]

另外，普惠金融的发展也可能损害经济增长，或两者之间呈非线性关系。李涛等利用跨国截面数据进行实证分析，研究结果表明，普惠金融各项指标中，仅有投资资金来自银行的企业比例这一金融中介融资指标对世界各经济体的经济增长有稳健且显著的负面影响，其他普惠金融指标对经济增长并没有显著影响。[⑦] 杜莉和潘晓健、周斌等运用多元计量方法和主成分分析法测算了我国 31 个省（区、市）2008~2014 年的普惠金融发展水平，并运用 PVAR 模型实证分析了其与经济增长的关系，结果表明普惠金融发展

---

① Dupas, P. & Robinson, J., "Savings Constraints and Microenterprise Development: Evidence from a Field Experiment in Kenya," *American Economic Journal: Applied Economics* 5 (1) (2013): 163 – 192.

② 杜晓山：《小额信贷的发展与普惠性金融体系框架》，《中国农村经济》2006 年第 8 期，第 70~73 页。

③ 周小川：《践行党的群众路线 推进包容性金融发展》，《求是》2013 年第 18 期，第 11~14 页。

④ 焦瑾璞、黄亭亭、汪天都、张韶华、王瓘：《中国普惠金融发展进程及实证研究》，《上海金融》2015 年第 4 期，第 12~22 页。

⑤ 黄倩、李政、熊德平：《数字普惠金融的减贫效应及其传导机制》，《改革》2019 年第 11 期，第 90~101 页。

⑥ 洪铮、章成、王林：《普惠金融、包容性增长与居民消费能力提升》，《经济问题探索》2021 年第 5 期，第 177~190 页。

⑦ 李涛、徐翔、孙硕：《普惠金融与经济增长》，《金融研究》2016 年第 4 期，第 1~16 页。

能促进经济增长，但长期来看普惠金融对经济增长有负面影响。[1] 刘亦文等结合中国国情构建了中国普惠金融指标体系，并用固定效应的面板门槛模型实证分析了普惠金融发展水平在不同阶段对经济增长的非线性影响。[2]

（三）数字金融对经济增长的影响

Dittus 和 Klein 认为，信息和通信技术的发展为向大多数人提供基本金融服务提供了机会。[3] 数字金融扩大了金融服务的覆盖范围，解决了普惠金融发展的天然困难。数字金融以其便利化、个性化、场景化的特点，为克服普惠金融困境提供了一个良好的解决方案。[4] 相应的理论研究也从传统普惠金融与经济增长的研究过渡到数字普惠金融与经济增长的研究，包括对数字普惠金融对经济增长的直接影响的研究，以及对其传导机制的分析。多数学者认为，数字金融低门槛、高效率的特点能有效扩大金融体系的服务范围，为更多企业及居民，尤其是被传统金融所忽视的长尾客户提供他们所需的金融产品和服务，有效减缓和抑制了金融排斥，从而直接对经济增长起到显著的推动作用。钱海章等采用 2011～2018 年 31 个省份的面板数据进行实证检验，研究发现，中国数字金融发展促进了经济增长。[5] 张勋等将中国数字普惠金融指数和中国家庭追踪调查（CFPS）数据相结合，发现数字金融促进了中国经济的包容性增长，尤其是对农村低收入群体而言显著提升了其家庭收入。[6] 张腾等采用数字普惠金融指数作为数字经济的代理变量，研究指出，数字

---

[1] 杜莉、潘晓健：《普惠金融、金融服务均衡化与区域经济发展——基于中国省际面板数据模型的研究》，《吉林大学社会科学学报》2017 年第 5 期，第 37～44＋203 页；周斌、毛德勇、朱桂宾：《"互联网＋"、普惠金融与经济增长——基于面板数据的 PVAR 模型实证检验》，《财经理论与实践》2017 年第 2 期，第 9～16 页。

[2] 刘亦文、丁李平、李毅、胡宗义：《中国普惠金融发展水平测度与经济增长效应》，《中国软科学》2018 年第 3 期，第 36～46 页。

[3] Dittus, P. & Klein, M. , "On Harnessing the Potential of Financial Inclusion," BIS Working Papers 347 (2011).

[4] 黄益平、黄卓：《中国的数字金融发展：现在与未来》，《经济学》（季刊）2018 年第 4 期，第 1489～1502 页。

[5] 钱海章、陶云清、曹松威、曹雨阳：《中国数字金融发展与经济增长的理论与实证》，《数量经济技术经济研究》2020 年第 6 期，第 26～46 页。

[6] 张勋、万广华、张佳佳、何宗樾：《数字经济、普惠金融与包容性增长》，《经济研究》2019 年第 8 期，第 71～86 页。

经济对我国经济高质量发展具有显著的促进作用。[①]

更进一步地，在数字金融影响经济增长的传导渠道方面，已有文献从贫困减缓、创新渠道、居民消费等方面来研究。在贫困减缓方面，有学者认为数字普惠金融能通过削减贫困，提升经济增长质量。[②] 在创新渠道方面，数字普惠金融对包容性增长存在明显的边际促进作用，主要通过数字普惠金融的创新渠道进行传导，且存在明显的部分中介效应。[③] 谢绚丽等认为，数字普惠金融的发展为大众创新提供了基础，增加了创业机会，最终影响经济发展。[④] 在居民消费方面，张勋等将中国数字普惠金融发展指数和中国家庭追踪调查数据相结合，实证研究发现，数字金融的发展优化了金融资源的合理配置，并通过提升支付的便利性来促进居民消费，从而有助于经济增长。[⑤] 江红莉和蒋鹏程认为，数字普惠金融主要通过缩小城乡收入差距和优化产业结构两种机制提升居民消费水平和优化消费结构，从而对经济产生影响。[⑥]

二 数字金融发展对经济增长影响的理论分析

中国传统金融体系由银行主导，一定意义上讲，银行所代表的传统金融机构提供的金融服务都围绕大型国有企业和高净值人士，这使得中小微企业和弱势群体可获得的金融服务十分匮乏，面临严重的融资约束问题，从而制约中国经济的可持续增长。与传统的金融模式以信用、抵押为基础开展业务不同，物联网产生了丰富的数据，人工智能和云计算提高了数据

---

① 张腾、蒋伏心、韦朕韬：《数字经济能否成为促进我国经济高质量发展的新动能?》，《经济问题探索》2021 年第 1 期，第 25～39 页。
② 任碧云、李柳颖：《数字普惠金融是否促进农村包容性增长——基于京津冀 2114 位农村居民调查数据的研究》，《现代财经》（天津财经大学学报）2019 年第 4 期，第 3～14 页。
③ 傅利福、厉佳妮、方霞、韦宏耀：《数字普惠金融促进包容性增长的机理及有效性检验》，《统计研究》2021 年第 10 期，第 62～75 页。
④ 谢绚丽、沈艳、张皓星、郭峰：《数字金融能促进创业吗? ——来自中国的证据》，《经济学》（季刊）2018 年第 4 期，第 1557～1580 页。
⑤ 张勋、杨桐、汪晨、万广华：《数字金融发展与居民消费增长：理论与中国实践》，《管理世界》2020 年第 11 期，第 48～63 页。
⑥ 江红莉、蒋鹏程：《数字普惠金融的居民消费水平提升和结构优化效应研究》，《现代财经》（天津财经大学学报）2020 年第 10 期，第 18～32 页。

处理的效率，区块链便利了数据的更新和实时传播，使得依托信息技术的数字金融在拓宽风险评估来源、挖掘用户潜在需求、提高风险定价效率方面对现有的金融模式产生了颠覆性影响①，增强了金融服务的可得性，为解决中小微弱主体面临的融资约束问题提供了可行办法。研究显示，以信息技术为支撑的数字金融发展可以减少信息不对称、降低交易成本、推动交易去中介化和优化资源配置。② 基于已有文献，本节认为数字金融发展可能直接或间接对经济增长产生促进作用。

（一）数字金融对经济增长影响的直接传导机制分析

1. 数字金融有助于降低金融机构的运营成本

金融机构借助大数据，能够获取全面细致的用户画像，并由此获知真实有效的用户偏好、未来购买意向以及购买动机，在此基础上进行产品个性化推荐和实时营销。与传统营销方式相比，大数据营销能够有效降低金融机构的获客成本。而且，金融机构可以运用大数据和人工智能技术建立高效快速的决策支持系统。一方面，金融机构能够及时根据金融市场变动调整运营决策，更好地规避因决策支持系统的时滞而带来的经济损失；另一方面，由于市场情绪在很大程度上能左右金融市场的价格走势，通过分析挖掘海量社交媒体数据中蕴含的市场情绪信息，金融机构能够较为有效地精准预测未来的市场走向，从而更好地规避因错误判断市场走向而引起的损失。数字金融以数字技术为依托，极大地降低了金融服务的成本，使金融资源向弱势群体延伸和下沉，促使金融机构与客户尤其是与弱势企业建立良性循环机制。被"融资难"问题困扰的小微企业，在数字金融的发展下，可以通过基于大数据的信息评估手段来缓解信息不足问题，进而有利于其融资约束的缓解，促进其生存发展能力的提升。③

---

① Arjunwadkar, P. Y., *FinTech: The Technology Driving Disruption in the Financial Services Industry* (Boca Raton: Auerbach Publications, 2018).

② 谢平、邹传伟：《互联网金融模式研究》，《金融研究》2012 年第 12 期，第 11～22 页；谢平、邹传伟、刘海二：《互联网金融的基础理论》，《金融研究》2015 年第 8 期，第 1～12 页。

③ 谢绚丽、沈艳、张皓星、郭峰：《数字金融能促进创业吗？——来自中国的证据》，《经济学》（季刊）2018 年第 4 期，第 1557～1580 页。

2. 数字金融通过大数据技术和信息挖掘扩大了金融供给

传统的金融机构是以利益最大化为经营目标的，金融机构出于对营利性、风险性和效益性等的综合考虑，通常将物理网点设于城镇地区，这就导致金融资源的分配会受到地理位置的限制。数字金融的发展，使金融服务不再受地域限制，提升了金融服务的覆盖和辐射范围，使金融服务能够更好地满足小微企业、创新创业主体、偏远地区居民等一些长尾客户的融资需求，从而扩大了金融供给。[①] 并且，数字金融的发展有助于减轻这些长尾客户在传统金融市场中面临的诸多限制，并通过拓宽融资渠道、降低融资交易成本以及提高融资效率等途径缓解他们的融资约束。数字金融还可以有效打破地域限制，使得偏远地区的企业和贫困人口享受到金融服务，满足他们的资金需求，激发当地市场活力，增加就业机会。

3. 数字金融能有效规避运营环境中的流动性风险

大数据、人工智能、区块链等技术具有处理速度快的特征，运用大数据统计分析和数据挖掘技术实时处理与风险相关的海量信息，能够使风险预警模型即时识别流动性风险，向金融机构发出预警信号，帮助金融机构有效规避流动性风险，降低风险损失。建立在海量数据信息挖掘和人工智能分析基础上的风险与收益匹配技术，能够使资金配置过程中的风险管理更有效率。这种资金配置效应能够在一定程度上抑制资本的盲目逐利，引导资金更好地流入实体经济，为经济发展提供更高效的金融支持，优化金融资源配置，从而促进经济增长。

数字金融对经济增长影响的直接传导机制如图 3 - 1 所示。基于此，提出本章的研究假设 H1。

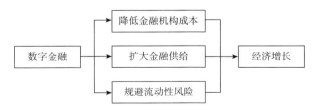

图 3 - 1　数字金融对经济增长影响的直接传导机制

---

① 张勋、万广华、张佳佳、何宗樾：《数字经济、普惠金融与包容性增长》，《经济研究》2019 年第 8 期，第 71～86 页。

H1：数字金融与经济发展存在正相关关系，即数字金融的发展有利于经济增长。

（二）数字金融对经济增长影响的间接传导机制分析

数字金融推动经济发展的间接传导机制主要体现在两个方面，即数字金融通过影响消费水平以及科技创新，进而影响经济发展。

1. 通过消费水平的间接传导机制

数字金融作为刺激和扩大消费的新推手，通过影响消费，达到拉动内需、推动经济发展的目的。数字金融为消费提供了新的模式，其以更低的成本、多样化的支付方式以及灵活便捷的服务形式提升了家庭的消费体验，多角度激发了家庭的消费热情，引致消费升级。[1] 一方面，数字金融创新了业务发展模式。数字金融低门槛的特点使得更多长尾客户可以享受到多样的基金、保险、投资等金融服务。相较于传统储蓄的低收益，数字金融能够提高居民投资理财的收益水平。[2] 邢天才和张夕认为，互联网金融带来的财富效应可以有效提高居民消费水平。[3] 数字金融带来的多样性金融服务，可以引导居民更加合理地处理投资储蓄和消费信贷等行为的关系，从而提高消费信心。另一方面，数字金融便利了商品交易，优化了支付环境。数字金融通过扫码支付、网上支付等方式，极大地提高了居民消费的便利性，降低了消费的成本，实现了跨时间、跨空间以及跨区域的消费，并最终带来消费总效用的提高。同时，数字金融利用人工智能、物联网等先进技术还原消费场景，拓宽了企业商品的销售渠道，丰富了家庭和个人的消费选择，引致了消费模式的转变，刺激了消费。

由此，提出本章的研究假设 H2。

H2：数字金融可以通过刺激消费这一中介传导机制来影响经济增长。

---

① 张勋、杨桐、汪晨、万广华：《数字金融发展与居民消费增长：理论与中国实践》，《管理世界》2020 年第 11 期，第 48~63 页。

② 杨伟明、粟麟、王明伟：《数字普惠金融与城乡居民收入——基于经济增长与创业行为的中介效应分析》，《上海财经大学学报》2020 年第 4 期，第 83~94 页。

③ 邢天才、张夕：《互联网消费金融对城镇居民消费升级与消费倾向变动的影响》，《当代经济研究》2019 年第 5 期，第 89~97 页。

2. 通过科技创新的间接传导机制

数字金融作为新型金融模式的代表，其发展为解决中小微企业融资问题、推动创新创业带来了新的机遇。[①] 随着经济步入新常态，我国政府实施了创新驱动发展战略以实现经济高质量发展。科技创新活动面临较高的不确定性，具有高风险、长周期等特征，因此，科技创新的主体尤其是企业在进行科技创新时面临较强的资金约束。而数字金融的发展能够直接为企业、科研机构等创新主体提供融资支持，缓解流动性约束，降低创新型企业的融资门槛，缓解其融资困境，促进创新主体将更多的资金投入研发。此外，数字金融能够凭借其网络化、智能化和数字化的特点，为创新主体搭建更广阔的合作交流平台，促进创新主体之间加强协作，密切金融机构与创新主体之间的交流，降低信息不对称，推动科技创新产品走向市场，进而实现产业结构升级。对于政府而言，数字金融的发展有利于缓解其财政收支压力[②]，从而将更多的资金投向教育和科研领域，增强其调控创新的能力。

由此，提出本章的研究假设 H3。

H3：数字金融可以通过促进科技创新发展这一中介传导机制影响经济增长。

基于以上理论分析，数字金融对经济增长影响的间接传导机制见图 3 - 2。

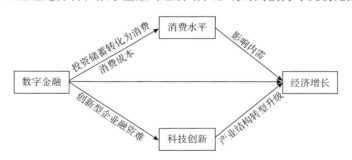

图 3 - 2　数字金融对经济增长影响的间接传导机制

---

① 谢绚丽、沈艳、张皓星、郭峰：《数字金融能促进创业吗？——来自中国的证据》，《经济学》（季刊）2018 年第 4 期，第 1557～1580 页；梁榜、张建华：《数字普惠金融发展能激励创新吗？——来自中国城市和中小企业的证据》，《当代经济科学》2019 年第 5 期，第 74～86 页。

② 侯世英、宋良荣：《数字金融对地方政府债务融资的影响》，《财政研究》2020 年第 9 期，第 52～64 页。

三　模型构建与变量选择

(一)　模型构建

1. 基准模型构建

从现实生活与学术研究中均可以发现，金融与经济增长的关系是动态变化的，这就要求在分析数字金融对经济增长影响时，不仅要考虑当前因素对经济增长的影响，还要考虑过去因素对其的影响，因此需要在解释变量中加入被解释变量的滞后值。与此同时还需考虑数字金融与经济增长的内生性问题，因此本章利用动态面板模型中的系统 GMM 估计方法进行实证分析。该估计方法既可以解决弱工具变量与内生性的问题，又可以提高估计的效率。为了能够较系统地分析数字金融对经济增长的影响，本章构建的基准模型如下：

$$\ln pgdp_{i,t} = \alpha_0 + \alpha_1 \ln pgdp_{i,t-1} + \alpha_2 difi_{i,t} + \alpha_3 \ln lab_{i,t} + \alpha_4 \ln inv_{it} + \tag{3-1}$$
$$\alpha_5 fdi_{i,t} + \alpha_6 gov_{i,t} + \alpha_7 stru_{i,t} + \mu_{i,t} + \nu_{i,t} + \varepsilon_{i,t}$$

其中，下标 i 代表省份，t 代表时间。$\ln pgdp$ 是以各省人均 GDP 的对数值所代表的经济增长，同时将 $\ln pgdp$ 的一阶滞后项作为解释变量纳入方程；$difi$ 代表数字金融总指数；$\ln lab$、$\ln inv$、fdi、gov、$stru$ 为一系列控制变量，分别度量人力资源供给、投资、外商直接投资、政府干预、产业结构；μ 表示各个省份不随时间变化的因素，用来控制地区固定效应；ν 为观测的特定时间效应，与地区无关；ε 为随机扰动项。

2. 机制分析模型

为了实证检验数字金融对经济增长影响的传导机制，本章将重点考察消费水平和科技创新的中介效应。本章在公式 (3-1) 的基础上，结合温忠麟和叶宝娟[①]提出的中介效应模型及其检验步骤，展开进一步的分析。具体模型如下：

---

①　温忠麟、叶宝娟：《中介效应分析：方法和模型发展》，《心理科学进展》2014 年第 5 期，第 731~745 页。

$$innovation_{i,t} = \beta_0 + \beta_1 innovation_{i,t-1} + \beta_2 difi_{i,t} + \beta_3 X_{control} + \mu_{i,t} + \nu_{i,t} + \varepsilon_{i,t} \quad (3-2)$$

$$\ln pgdp_{i,t} = \alpha_0 + \alpha_1 \ln pgdp_{i,t-1} + \alpha_2 difi_{i,t} + \alpha_3 innovation_{i,t} + \alpha_4 X_{control} + \mu_{i,t} + \nu_{i,t} + \varepsilon_{i,t} \quad (3-3)$$

$$exp_{i,t} = \gamma_0 + \gamma_1 exp_{i,t-1} + \gamma_2 difi_{i,t} + \gamma_3 X_{control} + \mu_{i,t} + \nu_{i,t} + \varepsilon_{i,t} \quad (3-4)$$

$$\ln pgdp_{i,t} = \eta_0 + \eta_1 \ln pgdp_{i,t-1} + \eta_2 difi_{i,t} + \eta_3 exp_{i,t} + \eta_4 X_{control} + \mu_{i,t} + \nu_{i,t} + \varepsilon_{i,t} \quad (3-5)$$

其中，exp 表示中介变量消费水平，是一个地区的最终消费率；$innovation$ 表示中介变量科技创新，用以反映创新产出水平。针对建立的中介效应模型进行以下检验：第一步，先对被解释变量 $\ln pgdp$ 和解释变量 $difi$ 进行回归，对公式（3-1）中的核心解释变量系数 α_2 进行检验，看其是否在置信水平下显著；第二步，以中介变量 $innovation$、exp 分别作为被解释变量，$difi$ 作为解释变量，对公式（3-2）、公式（3-4）进行回归，检验其解释变量系数 β_2、γ_2 是否显著；第三步，以 $\ln pgdp$ 作为被解释变量，$difi$ 为解释变量分别和中介变量 $innovation$、exp，利用公式（3-3）、公式（3-5）进行回归，检验中介变量系数 α_3、η_3 和 $difi$ 的系数是否显著。以中介变量 $innovation$ 为例，如果前两步的公式（3-1）中 α_2 和公式（3-2）中 β_2 都显著，第三步的公式（3-3）中 α_3 显著且 α_2 仍旧显著，则说明存在部分中介效应；若 α_3 显著但 α_2 不显著，则说明存在完全中介效应。中介变量 exp 的中介效应判断方法同理。最后，再比较 γ_2、η_2 和 η_3 的符号以及 β_2、α_2 和 α_3 的符号，若符号相同则表明存在中介效应，若符号不同则表明存在遮掩效应。

（二）变量选择

1. 被解释变量

经济增长：用人均 GDP 的对数值（$\ln pgdp$）表示。在稳健性分析中，用实际 GDP 的对数值（$\ln gdp$）作为经济增长的替代变量。本章选取 2011~2019 年我国 31 个省（区、市）人均 GDP 数据。

2. 核心解释变量

数字金融总指数（$difi$）。我国数字金融的发展和研究都处于国际前列，尤其是在北京大学数字金融研究中心于 2017 年发布《北京大学数字普惠金融指数（2011 年—2015 年）》之后，国内众多学者开始通过这套数字普惠金融指数开展实证研究。本书参照易行健和周利文章中的做法①，利用北京大学数字金融研究中心发布的数字普惠金融发展指数来代表各省（区、市）数字金融发展程度，并分别用 $difi1$、$difi2$、$difi3$ 表示数字金融的覆盖广度、使用深度、数字化程度。

3. 中介变量

消费水平（exp）。消费作为拉动经济增长的三驾马车之一，是经济发展的重要动力。本章参考黄智淋和董志勇的研究所选指标，选取最终消费率来代表各省（区、市）的消费水平，其中最终消费率等于各省（区、市）最终消费支出占地区 GDP 的比重。②

科技创新（$innovation$）。科技创新是引领实体经济发展的新动力，科技创新可以有效推动产业升级。本章选取研发投入与发明专利授权数量的比值作为科技创新的替代变量用以代表各省份科技创新水平。

4. 控制变量

产业结构（$stru$）。在相关研究中，产业结构变化会导致经济增长受到影响。因此将产业结构变化纳入模型中，并用第三产业产值与第二产业产值的比值进行度量。

外商直接投资（fdi）。经济增长离不开资金投入，而外商直接投资可以为经济增长提供适当的资金，因而会影响经济增长。本章用外商直接投资除以地区国内生产总值衡量外商直接投资。

政府干预程度（gov）。政府干预程度是影响经济增长不可忽视的因素，其中政府财政支出既可以促进各地区资源优化配置，也可能因支出的低效率而导致资源浪费，对经济增长产生影响。本章使用各地区政府财政支出额与地区国内生产总值的比值来衡量政府干预程度。

城镇化率（ur）。经济增长离不开城镇化的推进，因此，此处选择城镇化率作为控制变量。计算公式为某地区城镇人口/该地区总人口数。

劳动力投入（lab）。劳动力投入会使经济增长受到影响，本章采用各

---

① 易行健、周利：《数字普惠金融发展是否显著影响了居民消费——来自中国家庭的微观证据》，《金融研究》2018 年第 11 期，第 47～67 页。

② 黄智淋、董志勇：《我国金融发展与经济增长的非线性关系研究——来自动态面板数据门限模型的经验证据》，《金融研究》2013 年第 7 期，第 74～86 页。

地区劳动力人数的对数值来衡量。最终的变量选取如表 3 - 1 所示。

表 3 - 1　变量选取

变量类型	变量名称	变量符号	度量方式
被解释变量	经济增长	$lnpgdp$	人均 GDP 的对数
核心解释变量 及其分解指标	数字金融总指数	$difi$	北京大学数字金融研究中心发布的数据
	数字金融覆盖广度	$difi1$	
	数字金融使用深度	$difi2$	
	数字金融数字化程度	$difi3$	
控制变量	产业结构	$stru$	第三产业产值/第二产业产值
	外商直接投资	fdi	外商直接投资/地区国内生产总值
	政府干预程度	gov	各地区政府财政支出额/地区国内生产总值
	城镇化率	ur	各地区城镇人口/各地区总人口
	劳动力投入	lab	各地区劳动力人数的对数
中介变量	科技创新	$innovation$	研发投入/发明专利授权数量
	消费水平	exp	最终消费额/地区 GDP

5. 内生性与工具变量

尽管控制了相关变量，但仍然可能存在内生性问题：第一，数字金融具有传统金融特性，与经济增长会面临反向因果关系；第二，影响经济增长的因素较多，文中列举的控制变量难以确保没有遗漏变量。对于可能存在的内生性问题，借鉴黄群慧等的思路[①]，通过加入工具变量来解决。选取固定电话数量（$iv1$）和人均邮电业务量（$iv2$）作为工具变量。数字金融的发展依托互联网技术的进步，而互联网的应用是从每家每户电话的普及开始的，也就是说，数字金融发展较好的地区固定电话普及率也会较高。除此之外，邮局作为重要的通信部门，与固定电话发挥同等重要的作用，邮局也可能会影响数字金融发展。对于经济增长来说，历史上固定电话数量（$iv1$）、人均邮电业务量（$iv2$）对经济增长几乎没有影响，故选取

---

① 黄群慧、余泳泽、张松林：《互联网发展与制造业生产率提升：内在机制与中国经验》，《中国工业经济》2019 年第 8 期，第 5～23 页。

历史上固定电话数量（iv1）和人均邮电业务量（iv2）作为工具变量满足排他性要求。基于以上逻辑，为控制内生性问题，选取历史上各省（区、市）1984年每百人固定电话数量和人均邮电业务量作为地区数字金融发展的工具变量。

（三）数据说明与变量的描述性统计

数字金融相关数据来源于北京大学数字金融研究中心的《测度中国数字普惠金融发展：指数编制与空间特征》，宏观经济数据使用2011～2019年我国31个省（区、市）的数据，均来源于统计年鉴和Wind数据库。在数据处理过程中，本章还对数据进行了Winsorize缩尾处理。各变量经过处理后的基本统计描述见表3-2。描述性统计显示，各省（区、市）的经济增长与数字金融发展、产业结构等都具有较大的差异性。

表3-2 变量的描述性统计

变量	（1）	（2）	（3）	（4）	（5）
	样本数	平均值	标准差	最小值	最大值
difi	279	5.143	0.677	2.916	5.960
difi1	279	4.981	0.840	1.215	5.893
difi2	279	5.132	0.624	3.073	5.997
difi3	279	5.463	0.697	3.055	6.089
lnpgdp	279	1.688	0.147	1.117	1.806
stru	279	1.303	0.695	0.619	4.894
ur	279	0.567	0.133	0.233	0.916
gov	279	0.296	0.210	0.121	1.289
fdi	279	0.024	0.022	0.015	0.117
lab	279	0.192	0.051	0.088	0.335
exp	279	0.397	0.225	0.120	0.799
innovation	279	0.039	0.042	0.001	0.223
iv1	279	1.218	0.964	0.070	4.560
iv2	279	6.374	4.052	0.500	16.000

四　数字金融发展对经济增长影响的实证检验

为了验证数字金融发展对经济增长的影响及其传导机制，本节基于2011～2019年31个省（区、市）的面板数据，运用面板数据基准模型、中介效应模型、工具变量法、双重差分法进行实证检验。

（一）基准回归分析

表3－3给出了基于公式（3－1）的计量模型基准回归估计结果。其中，第（1）列反映的是固定效应（FE）分析下的实证结果，第（2）列反映的是系统GMM分析下的实证结果。首先运用Stata软件进行面板固定效应分析，结果如表3－3第（1）列所示。可以发现，数字金融发展对经济增长的影响系数为0.1232，且在1%的显著水平下通过了检验，说明数字金融发展越好，其越会对经济发展产生促进作用。表3－3第（2）列系统GMM分析结果表明，经济发展滞后一阶对当期经济增长的影响系数为0.2098，且在1%的水平下显著，说明我国各省（区、市）上一期的经济发展对于当期经济有着显著的推动作用；数字金融对经济增长的系数为0.0843，且在1%水平下显著，这验证了固定效应的回归结果。基准回归结果表明，数字金融对经济增长有显著的促进作用，验证了本章的研究假设H1。

表3－3　基准回归结果

变量	（1）	（2）
	FE	GMM
difi	0.1232***	0.0843***
	(0.0282)	(0.0029)
ur	− 0.0872**	0.0070*
	(0.0336)	(0.0036)
lab	− 0.7263**	− 0.0374
	(0.3348)	(0.0267)

续表

变量	（1）	（2）
	FE	GMM
fdi	0.1541	− 0.0315
	(0.2350)	(0.0385)
stru	0.0132	− 0.0048 ***
	(0.0258)	(0.0014)
gov	− 0.2633	0.0275 ***
	(0.1674)	(0.0047)
L. ln*pgdp*		0.2098 ***
		(0.0071)
常数项	1.9951 ***	0.9352 ***
	(0.1190)	(0.0068)
AR（1）		0.001
AR（2）		0.128
时间固定效应	YES	YES
地区固定效应	YES	YES
N	279	279

注：表中 *** 、** 、* 分别表示在 1%、5%、10% 显著性水平下通过检验。

对于其他控制变量，表 3 – 3 第（2）列系统 GMM 的回归结果表明，政府干预程度与城镇化率均对经济增长起正向作用，这说明，政府财政支出促进了各地区资源优化配置，有利于经济增长；城镇化率所带来的劳动力流动，即农村劳动力向城市流入为城市带来了人力资本，有利于经济增长。总体而言，政府干预程度和城镇化率这两个变量的估计结果符合预期。劳动力投入和外商直接投资对经济增长的作用不显著，可能的解释是，劳动力投入对经济增长的促进作用在改革开放初期成效凸显，在当今创新驱动发展的新常态下，劳动力投入对经济增长不再起决定性作用，这暗示经济增长已经不能依靠过去的发展方式，而要寻求新的增长点；外商直接投资的估计系数不显著，这可能是由于数据原因，在很多内陆省份，外商直接投资很少几乎为 0，因此可能造成系数不显著。产业结构对经济增长起抑制作用，可能的解释是，产业结构是由第三产业产值与第二产业产值之比衡量，实质上代表产业结构服务化。产业结构过度服务化是近几年中国经济发展的新特征，这种过度服务化可能导致实体经济不景气，因而不利于经济增长。

（二）异质性分析

1. 数字金融的结构异质性对经济增长的影响

由于数字金融总指数是由度量数字金融覆盖广度、使用深度与数字化程度的 3 个子指标合成，因此我们有必要对数字金融不同维度的发展对经济增长的影响进行分析。对 3 个子指标分别用系统 GMM 模型估计，回归结果如表 3-4 所示。

表 3-4 分维度检验：数字金融发展与经济增长

变量	（1）数字金融覆盖广度	（2）数字金融使用深度	（3）数字金融数字化程度
L. ln$pgdp$	0.2428 *** (0.0078)	0.3042 *** (0.0070)	0.0196 *** (0.0003)
$difi1$	0.0551 *** (0.0033)		
$difi2$		0.0317 *** (0.0017)	
$difi3$			0.1776 *** (0.0002)
$stru$	- 0.0030 *** (0.0010)	- 0.0005 (0.0012)	- 0.0000 (0.0001)
lab	- 0.0193 (0.0315)	0.0565 ** (0.0225)	- 0.0079 * (0.0044)
fdi	- 0.0053 (0.0527)	- 0.0435 (0.0521)	0.0129 ** (0.0055)
gov	0.0257 *** (0.0060)	0.0208 *** (0.0056)	0.0006 (0.0005)

变量	（1） 数字金融覆盖广度	（2） 数字金融使用深度	（3） 数字金融数字化程度
ur	− 0.0020 （0.0042）	− 0.0378 *** （0.0035）	0.0079 *** （0.0003）
常数项	1.0419 *** （0.0059）	1.0617 *** （0.0074）	0.6903 *** （0.0011）
N	248	248	248

注：表中 *** 、** 、* 分别表示在 1%、5%、10% 显著性水平下通过检验。

结果显示，数字金融覆盖广度、使用深度和数字化程度的改善均有利于经济增长。第（1）列数字金融覆盖广度 $difi1$ 的回归结果显示，数字金融覆盖广度对经济增长的影响系数达到了 0.0551，且在 1% 的显著水平下通过了检验，表明数字金融覆盖广度的拓宽显著促进了地区经济增长，这与该指标的内涵相关。数字金融覆盖广度强调的是提供足够的数字金融服务，这说明，增加数字金融服务供给对地区经济增长有积极作用。第（2）列数字金融使用深度 $difi2$ 对经济增长的效应系数达到了 0.0317，且通过了 1% 水平下的显著性检验。这表明丰富的金融工具和产品有效满足了民众日益增长的金融需求，显著促进了地区经济增长。民众对金融需求增加的同时也需要提升其金融素养，提高对金融工具和产品的辨别能力，这启示政府应注重普及金融知识，以提升民众获取金融服务的针对性和目的性，从而更好地促进经济增长。第（3）列数字金融数字化程度 $difi3$ 的效应系数为 0.1776，表明数字金融数字支持服务程度提高显著促进了地区经济增长。另外，通过比较可以看出，在 3 个子指标中数字化程度对经济发展的促进作用最大。数字金融数字化程度强调的是金融服务的便利性和低成本，这些优势有效促进了地区经济增长。这启示政府部门要重点发挥大数据、云计算和区块链等创新技术的作用，推动金融基础设施的信息化，提升交易效率，促进经济增长。

2. 数字金融发展对经济增长影响的地域差异性

由于我国不同地区数字金融与经济发展状况存在较大差异，因此本章进一步将样本数据划分为东部、中部、西部和东北地区数据，并通过实证

检验不同区域数字金融发展对于经济增长的影响是否存在差异。表 3 - 5 为
4 个区域相应的估计结果，总体来看，4 个区域内数字金融发展对经济增
长均具有显著的促进作用，这表明本章基准回归结果是稳健的。其中，经
济较发达的东部地区数字金融发展对经济增长的促进作用最强，影响系数
为 0.1077，且在 1% 的水平下显著；其次是经济较落后的西部地区，系数
为 0.0881，且在 1% 的水平下显著；最后是东北地区和中部地区，系数分
别为 0.0778 和 0.07339，且均在 10% 的水平下显著。这说明经济发达地区
的数字金融发展对于经济增长的推动作用更强，这是由于经济发达的东部
地区对金融的需求更大，数字金融的发展能够更好地支持实体经济，促进
经济发展。再加上东部地区金融基础设施建设比较完善，为数字金融的深
化和发展提供了便利条件，所以东部地区实现了数字金融发展与经济增长
的良性互动。

表 3 - 5　按地域维度分：数字金融发展与经济增长

变量	(1)	(2)	(3)	(4)
	东部	中部	西部	东北
L. ln$pgdp$	0.1666***	0.9799***	0.2078***	0.1378***
	(0.0226)	(0.2764)	(0.0292)	(0.0165)
$difi$	0.1077***	0.07339*	0.0881***	0.0778*
	(0.0078)	(0.0900)	(0.0184)	(0.0082)
$stru$	-0.0027	1.4343***	0.0393	0.006
	(0.0103)	(0.5204)	(0.0715)	(0.021)
lab	0.0436	-23.3555***	0.0260	0.0123
	(0.1416)	(8.3215)	(0.1575)	(0.1416)
fdi	0.1216	-58.8363***	2.0896	1.0896
	(0.5314)	(20.9258)	(2.7805)	(3.7805)
gov	0.2674	2.5905***	0.0604	0.1604
	(0.2491)	(0.8995)	(0.0859)	(0.1859)
ur	-0.0171	0.1209**	0.1284***	0.1509**
	(0.0136)	(0.0501)	(0.0424)	(0.0401)

变量	（1）	（2）	（3）	（4）
	东部	中部	西部	东北
常数项	0.8149***	4.9574***	0.7566***	0.8566***
	(0.0650)	(1.4386)	(0.1148)	(0.0148)
N	88	64	96	23

注：表中 *** 、 ** 、 * 分别表示在1%、5%、10%显著性水平下通过检验。

（三）中介传导效应分析

1. 科技创新的中介效应检验

如表3-6第（2）列回归结果所示，数字金融对于科技创新有显著的促进作用。第（1）列回归结果中，数字金融与科技创新的系数均显著，说明在控制了科技创新后，数字金融对于经济增长的作用仍然显著。根据公式（3-2）、公式（3-3）的设定，进行中介效应检验，结果显示，β_2、α_2、α_3 均显著，且 α_3 与 β_2 、α_2 符号相反，说明科技创新具有一定的传导作用，但表现为"遮掩效应"。即科技创新在数字金融影响经济增长的过程中发挥了传导作用，但是这种传导作用会抑制数字金融对于经济增长的促进作用。我国科技发展水平总体不高，科技对经济社会发展的支撑能力不足，科技对经济增长的贡献率远低于发达国家水平。虽然近年来科技创新投入在不断加大，但科技创新产出较慢，具有滞后性，加之，我国企业自主创新能力总体上仍显不足，高层次创新人才较为缺乏，导致我国经济增长中创新对于经济结构转型升级的推动能力不足。这验证了本章的假设 H3，科技创新在数字金融影响实体经济的过程中具有一定的传导作用，但通过实证检验发现，表现为"遮掩效应"。

2. 消费水平的中介效应检验

如表3-6第（4）列回归结果所示，数字金融对消费水平有显著的促进作用。第（3）列回归结果中，数字金融与消费水平的系数均显著，说明在控制了消费水平后，数字金融对实体经济的作用仍然显著。根据公式（3-4）、公式（3-5）的设定，进行中介效应检验，结果显示，η_3、γ_2、η_2 均显著，且 η_3 与 γ_2、η_2 符号相反。这说明消费水平具有一定的传导作用，但表现为"遮掩效应"，表明数字金融水平的提高可以有效推动经济增长，但是这种推动作用在消费水平的影响下将会被抑制。其可能的原因在于，随着我国老龄化程度的加深，我国医疗消费快速增长，同时在教育、住房等方面的消费支出也相应有所增加，这些都会抑制居民在其他方面的消费需求，使得内需动力不足，无法有效推动经济增长。这验证了本章的假设H2，消费水平在数字金融影响实体经济的过程中具有一定的传导作用，但通过实证检验发现，表现为"遮掩效应"。

表 3-6　中介效应检验

变量	(1)	(2)	(3)	(4)
	ln$pgdp$	$innovation$	ln$pgdp$	exp
L. ln$pgdp$	0.1963 ***		0.2121 ***	
	(0.0076)		(0.0076)	
$innovation$	−0.1178 **			
	(0.0583)			
L. $innovation$		0.9558 ***		
		(0.0053)		
exp			−0.0025 **	
			(0.0012)	
L. exp				0.6440 ***
				(0.0067)
$difi$	0.0924 ***	0.0014 ***	0.0824 ***	0.1508 ***
	(0.0040)	(0.0002)	(0.0032)	(0.0070)
$stru$	−0.0047 ***	0.0004 ***	−0.0049 **	0.0210 *
	(0.0015)	(0.0002)	(0.0020)	(0.0114)
lab	−0.0789 **	−0.0338 ***	−0.0273	−0.0243
	(0.0346)	(0.0068)	(0.0289)	(0.1904)
fdi	0.0493	0.0428 ***	−0.0312	0.3891 *
	(0.0378)	(0.0069)	(0.0565)	(0.2258)
gov	0.0181	−0.0055 ***	0.0281 ***	0.0481
	(0.0137)	(0.0009)	(0.0090)	(0.0602)

变量	(1)	(2)	(3)	(4)
	ln$pgdp$	$innovation$	ln$pgdp$	exp
ur	0.0111 **	0.0026 ***	0.0073 *	0.5070 ***
	(0.0050)	(0.0005)	(0.0037)	(0.0335)
常数项	0.9249 ***	-0.0011	0.9401 ***	0.5805 ***
	(0.0103)	(0.0013)	(0.0070)	(0.0740)
N	248	248	248	248

注：表中 *** 、 ** 、 * 分别表示在 1%、5%、10% 显著性水平下通过检验。

（四）稳健性检验

为保证研究结论的可靠性，本章特做了如下稳健性检验。

第一，替换核心解释变量。本章采用数字金融总指数除以 100，重新衡量数字金融发展。回归结果见表 3 - 7 第（1）列，数字金融发展与经济增长之间仍然是正向促进关系，解释变量的参数估计结果和显著性均没有发生明显变化，说明本章的研究结果是稳健的。

第二，替换被解释变量。采用 lngdp 衡量经济增长，回归结果见表 3 - 7 第（2）列，参数估计结果和显著性均没有发生明显变化，说明研究结果是稳健的。

第三，剔除直辖市。由于我国地域广阔，不同地区经济发展极不平衡，这可能导致数字金融发展的增长效应不一致。因此，去掉北京、天津、上海和重庆四个直辖市的数据重新进行估计，估计结果见表 3 - 7 第（3）列，参数估计结果和显著性均没有发生明显变化，说明实证结果是稳健的。

表 3 - 7　稳健性检验

变量	(1)	(2)	(3)
	替换核心解释变量	替换被解释变量	删除直辖市
L. ln$pgdp$	0.0231 ***		0.2963 ***
	(0.0004)		(0.0092)

续表

变量	（1） 替换核心解释变量	（2） 替换被解释变量	（3） 删除直辖市
L. lngdp		0.2510 ***	
		（0.0062）	
$difi$/100	0.1765 ***		0.0382 ***
	（0.0001）		（0.0064）
$stru$	−0.0002	−0.0050 **	0.0018
	（0.0001）	（0.0021）	（0.0127）
lab	−0.0071	−0.0222	0.0436
	（0.0048）	（0.0293）	（0.0275）
fdi	0.0090 **	−0.0490	0.0467
	（0.0040）	（0.0472）	（0.1760）
gov	0.0004	0.0251 ***	0.0217
	（0.0008）	（0.0063）	（0.0154）
ur	0.0081 ***	0.0029	0.0020
	（0.0003）	（0.0038）	（0.0037）
$difi$		0.0707 ***	0.0382 ***
		（0.0040）	（0.0064）
常数项	0.6903 ***	0.9391 ***	1.0201 ***
	（0.0013）	（0.0098）	（0.0157）
N	248	248	216

注：表中 *** 、** 分别表示在1%、5%显著性水平下通过检验。

五　研究结论

本章对数字金融发展对经济增长的影响效应及其作用机制给予了理论分析，并通过构建动态面板回归模型，利用2011～2019年我国省级面板数据，对理论层面分析的影响效应及作用机制进行了实证检验，得出了如下几个主要结论。

第一，数字金融发展通过直接机制及间接机制对经济增长产生显著的促进作用。其中，直接机制体现为数字金融发展有助于降低金融机构的运营成本、通过大数据技术和信息挖掘扩大金融供给、有效规避运营环境中的流动性风险等；间接机制体现为数字金融发展通过提升消费水平、促进科技创新等对经济增长产生影响。实证分析也证实了上述结论。

第二，数字金融的结构异质性分析中，数字金融的数字化程度体现了金融服务的便利性和低成本性，更能有效促进地区经济增长。地域异质性分析中，东部地区金融基础设施比较完善、数字化建设相对领先，为数字金融发展创造出了良好条件，使其能更深入快捷地为东部地区经济服务。

第三，中介效应分析中，消费水平和科技创新在数字金融影响经济增长的过程中具有一定的传导作用，但具有滞后性，在短期内表现为"遮掩效应"。

第四，控制变量中，政府干预加强与城镇化率提升均对经济增长起促进作用，而劳动力投入和外商直接投资对经济增长的作用不显著，产业结构可能由于过度服务化在短期内对经济增长起抑制作用。

第四章　数字金融发展对货币政策效应

货币政策的传导往往受到多种因素的影响，金融便是其中最为关键的因素之一。本章在对数字金融发展对货币政策效应的影响及其利率传导渠道进行理论分析的基础上，采用 2011～2020 年中国上市企业的数据，对数字金融发展对货币政策利率传导渠道的影响及其机理做实证分析。

一　研究文献回顾

数字金融作为一种新的金融模式，对货币政策效应及其传导可能会产生影响。货币政策的传导一般通过金融中介完成，目前学界普遍认为主要的传导渠道分为信贷渠道和利率渠道，即数字金融可能通过利率和信贷两个传导渠道影响货币政策效应。

（一）关于货币政策影响因素的研究

货币政策作为主要的宏观调控政策之一，其有效性及其影响因素是长期以来备受关注的研究课题。对此，我们可以从多个不同的角度予以梳理。从政策的角度来看，影响货币政策效应的因素包括央行的前瞻性预期管理等行为[1]、中国市场化改革[2]、汇率市场化[3]等；从宏观经济的视角来

---

[1]　郭豫媚、周璇：《央行沟通、适应性学习和货币政策有效性》，《经济研究》2018 年第 4 期，第 77～91 页。

[2]　林仁文、杨熠：《中国市场化改革与货币政策有效性演变——基于 DSGE 的模型分析》，《管理世界》2014 年第 6 期，第 39～52 页。

[3]　胡小文：《汇率市场化对货币政策有效性与独立性的影响研究——基于 NOEM—DSGE 模型的模拟》，《国际贸易问题》2017 年第 5 期，第 153～165 页。

看，货币政策的影响因素主要包括预期因素带来的经济波动①、经济不确定性②、经济开放度③等；从微观个体的视角来看，货币政策的影响因素主要包括银行间竞争④、银行信贷结构⑤、融资约束⑥以及流动性管理⑦等；从金融的视角来看，货币政策的影响因素主要包括金融周期⑧、系统性金融风险⑨以及金融发展⑩等。

中国市场化进程中的利率市场化显著影响了货币政策的传导。林仁文和杨熠考察了中国市场化进程中货币政策的有效性，研究发现市场化改革的不同阶段，货币政策工具也应有所不同。⑪ 此外，不同的利率结构对货币政策效应也会有不同影响。对总体经济而言，贷款基准利率的作用逐步降低，存款准备金率和存款基准利率的作用将呈现先不断上升后逐步下降的趋势。针对中国经济中的"伯南克之谜"，战明华等通过研究发现，利率期限结构效应和预期通胀效应改变了货币政策的传导效应，故利率市场化对"伯南克之谜"的弱化作用小于预期。⑫ 利率市场化进程中的其他因

① 谭政勋、王聪：《房价波动、货币政策立场识别及其反应研究》，《经济研究》2015 年第 1 期，第 67～83 页。
② 苏治、刘程程、位雪丽：《经济不确定性是否会弱化中国货币政策有效性》，《世界经济》2019 年第 10 期，第 49～72 页。
③ 马勇、陈雨露：《经济开放度与货币政策有效性：微观基础与实证分析》，《经济研究》2014 年第 3 期，第 35～46 页。
④ 刘莉亚、余晶晶：《银行竞争对货币政策传导效率的推动力效应研究——利率市场化进程中银行业的微观证据》，《国际金融研究》2018 年第 3 期，第 57～67 页。
⑤ 李成、高智贤：《货币政策立场与银行信贷的异质性反应——基于信贷传导渠道的理论解读与实证检验》，《财贸经济》2014 年第 12 期，第 51～63 页。
⑥ 孔丹凤、陈志成：《结构性货币政策缓解民营、小微企业融资约束分析——以定向中期借贷便利为例》，《中央财经大学学报》2021 年第 2 期，第 89～101 页。
⑦ 王周伟、王衡：《货币政策、银行异质性与流动性创造——基于中国银行业的动态面板数据分析》，《国际金融研究》2016 年第 2 期，第 52～65 页。
⑧ 崔建军、张冬阳：《金融周期对货币政策有效性的影响研究：警惕金融繁荣下的货币政策效力扭曲》，《现代财经》（天津财经大学学报）2019 年第 1 期，第 46～58 页。
⑨ 陈梦涛、王维安：《系统性金融风险指标是否能改善货币政策有效性？》，《金融发展研究》2019 年第 10 期，第 3～13 页。
⑩ 姜松、周虹：《中国货币政策是否应干预互联网金融发展？——基于非参数格兰杰因果关系与滚动相关性的检验》，《数量经济研究》2019 年第 4 期，第 40～61 页。
⑪ 林仁文、杨熠：《中国市场化改革与货币政策有效性演变——基于 DSGE 的模型分析》，《管理世界》2014 年第 6 期，第 39～52 页。
⑫ 战明华、李帅、刘恩慧、许月丽：《利率市场化改革是否弱化了货币政策传导的"伯南克之谜"》，《世界经济》2019 年第 4 期，第 101～122 页。

素也可能影响货币政策的传导效应，例如刘莉亚和余晶晶发现利率市场化的过程中，银行业竞争能显著提高货币政策银行信贷渠道的传导效率，其中中小规模银行在信贷传导渠道中发挥主要作用。[①]

随着近年来资产管理业务的发展，影子银行逐渐形成了非正规金融市场，在中国形成了金融双轨制的格局。因此，以影子银行为代表的非正规金融机构对货币政策传导效应的影响也受到了学者们的广泛关注。影子银行对货币政策的敏感性较低，使得价格型货币政策的传导效应降低。[②] 裴翔和周强龙的研究发现，正向的利率冲击在抑制商业银行信贷的同时，使得影子银行体系得到扩张，并且出现了高风险企业的加杠杆行为。[③] 逆周期的影子银行融资规模与商业银行融资规模的顺周期性正好相反，主要原因在于其受到货币政策冲击和存贷比冲击。影子银行通过替代商业银行的部分信贷渠道，降低了货币政策的有效性。[④] 从总体上来看，影子银行的发展削弱了货币政策的传导效应，学者们普遍认为这一问题应通过加速利率双轨并轨来解决，以提高利率调控的宏观效应。影子银行的快速发展引致了资本监管的同步，而资本监管作为货币当局的宏观调控政策之一，亦显著影响了货币政策的传导效应。[⑤]

（二）关于数字金融发展对货币政策效应总体影响的研究

在所有货币政策效应的影响因素中，金融发展一直都是重要且处于动态变化中的因素。已有研究发现，金融发展对货币政策效应的影响在发达国家和发展中国家有所不同。对发展中国家而言，由于金融市场不够完善，货币政策的传导往往受到阻碍，但随着金融市场的发展，货币

① 刘莉亚、余晶晶：《银行竞争对货币政策传导效率的推动力效应研究——利率市场化进程中银行业的微观证据》，《国际金融研究》2018 年第 3 期，第 57～67 页。
② 温信祥、苏乃芳：《大资管、影子银行与货币政策传导》，《金融研究》2018 年第 10 期，第 38～54 页。
③ 裴翔、周强龙：《影子银行与货币政策传导》，《经济研究》2014 年第 5 期，第 91～105 页。
④ 高然、陈忱、曾辉、龚六堂：《信贷约束、影子银行与货币政策传导》，《经济研究》2018 年第 12 期，第 68～82 页。
⑤ 熊启跃、黄宪：《资本监管下货币政策信贷渠道的"扭曲"效应研究——基于中国的实证》，《国际金融研究》2015 年第 1 期，第 48～61 页。

政策的传导机制会被逐渐疏通，从而货币政策的有效性也会相应提高。[1]
而对发达国家而言，由于金融市场的发展已经较为完善，货币当局可以
制定更具有前瞻性和稳定性的货币政策，从而政策变动与产出的回归关
系相应减弱。[2] 除了金融发展，一国所处的金融周期也会对货币政策的
有效性产生影响。在金融稳定这一视角之下，有学者通过构建金融稳定
指数，实证考察了金融稳定对货币政策有效性的影响，研究发现，货币
政策在金融稳定的环境下短期内对经济增长的促进效应明显，但是在长
期内则会抑制经济增长。[3]

国外学者在研究数字金融与货币政策效应间关系时，主要是以数
字货币及电子支付为起点进行研究。一些观点认为，数字货币可能会
扰乱货币供应、改变外汇汇率，甚至使得中央银行对货币总量调控的
有效性降低。国内的学者则是从第三方支付[4]、在线借贷[5]以及互联网金
融业态结构[6]等多个角度论证数字金融对货币政策的影响，研究发现数字
金融通过影响货币供需、银行信贷规模等多个因素影响货币政策的作用
效应。

具体来看，贾丽平等从第三方支付的视角，发现电子货币通过加强对
现金的替代效应，使得中介目标更具不确定性，从而弱化货币政策的有效
性。[7] 还有学者从空间计量的角度，采用直接和间接空间效应分解的方法，
探究了互联网金融发展对货币政策有效性的影响，研究发现在互联网金融

---

① Mishra, P. & Montiel, P., "How Effective Is Monetary Transmission in Low - Income Coun-
tries? —A Survey of the Empirical Evidence," *Economic Systems* 37 (2) (2013): 187 - 216.

② Boivin, J. & Giannoni, M. P., "Has Monetary Policy Become More Effective?" *Review of Eco-
nomics and Statistics* 88 (3) (2006): 445 - 462.

③ 张波、陈瑶雯：《金融稳定视角下我国货币政策有效性分析》，《统计与决策》2019 年第
22 期，第 167 ~ 171 页。

④ 方兴、郭子睿：《第三方互联网支付、货币流通速度与货币政策有效性——基于 TVP -
VAR 模型的研究》，《经济问题探索》2017 年第 3 期，第 183 ~ 190 页。

⑤ 杨德勇、刘笑彤、赵袁军：《互联网金融背景下中国货币政策工具的使用研究——基于金
融市场反应机制及 VEC 模型的实证分析》，《武汉金融》2017 年第 2 期，第 26 ~ 32 页。

⑥ 姜松、黄庆华：《互联网金融发展与经济增长的关系——非参数格兰杰检验》，《金融论
坛》2018 年第 3 期，第 6 ~ 23 页。

⑦ 贾丽平、张晶、贺之瑶：《电子货币影响货币政策有效性的内在机理——基于第三方支付
视角》，《国际金融研究》2019 年第 9 期，第 20 ~ 31 页。

的冲击之下货币政策的有效性得以提高。[1] 电子货币作为数字金融的一个重要表现形式，亦可能通过影响货币需求函数从而影响货币政策。周光友和施怡波通过将电子货币引入货币需求模型，实证检验了电子货币与预防性需求的相关性。研究发现电子货币减少了预防性货币需求，与此同时预防性货币需求还受到转化成本、流动性成本和流动性比率的影响。[2] 从数字金融这一角度出发，战明华等运用条件脉冲响应 IVAR 的方法测算了数字金融发展对货币政策传导的渠道效应差异，研究发现数字金融通过放大产出关于政策冲击的脉冲响应幅度，来提高货币政策的效应。其中，利率渠道产生的放大效应强于信贷渠道产生的弱化效应。[3]

（三）关于数字金融发展影响货币政策效应传导渠道的研究

从数字金融发展影响货币政策的不同渠道来看，以往研究主要从信贷渠道和利率渠道两个方面考察货币政策的作用效应。从信贷渠道来看，姚余栋和李宏瑾通过融资结构证明了中国货币政策信贷传导渠道显著存在，其存在的必要条件是金融市场的信息不完全；通过融资溢价分析得出，中国信贷市场的一个重要特征是信贷配给。[4] 货币政策信贷传导亦存在微观证据，有学者指出银行信贷与商业信用之间的互动关系受到货币政策变化的影响。货币政策紧缩时期，为了弥补资金供给不足以及较大的信贷缺口，非国有企业使用商业信用代替银行信贷融资。[5] Hou 等指出，互联网金融加强了资本市场纪律，在银行风险度量与存款增长呈现负相关的背景下，互联网金融降低了这种负相关的程度。[6] 对于银行信贷渠道的效应，

---

① 姜松、黄庆华：《互联网金融发展与经济增长的关系——非参数格兰杰检验》，《金融论坛》2018 年第 3 期，第 6～23 页。

② 周光友、施怡波：《互联网金融发展、电子货币替代与预防性货币需求》，《金融研究》2015 年第 5 期，第 67～82 页。

③ 战明华、汤颜菲、李帅：《数字金融发展、渠道效应差异和货币政策传导效果》，《经济研究》2020 年第 6 期，第 22～38 页。

④ 姚余栋、李宏瑾：《中国货币政策传导信贷渠道的经验研究：总量融资结构的新证据》，《世界经济》2013 年第 3 期，第 3～32 页。

⑤ 饶品贵、姜国华：《货币政策对银行信贷与商业信用互动关系影响研究》，《经济研究》2013 年第 1 期，第 68～82 页。

⑥ Hou，X.，Gao，Z. & Wang，Q.，"Internet Finance Development and Banking Market Discipline：Evidence from China," *Journal of Financial Stability* 22（2016）：88－100.

张娜基于银行微观经济学理论，发现银行的微观竞争水平会影响货币政策信贷渠道的传导效应。[①]

随着数字金融的出现，原本相对稳定的货币需求受到了较大冲击，因此利率渠道变得至关重要。许月丽等运用调整门限回归模型和 ARDL 协整突变检验考察了数字金融对中国货币需求的影响，研究发现，数字金融显著影响了货币需求的全局和边际稳定性，其中主要影响的是货币的交易需求。[②] 这说明货币供需均衡将变得困难，货币政策的利率传导机制将更加重要，以利率作为货币政策的中介目标也成了提高宏观调控效应的内生性要求。还有学者认为数字金融的发展使市场提高了对利率的敏感度，从而提升了价格型货币政策的有效性。[③] 战明华和李欢在研究金融市场化进程对货币政策不同传导渠道效应的影响时发现，利率市场化尽管在一定程度上弱化了货币政策的信贷渠道传导效应，但是却强化了利率渠道的效应。[④] 与数字金融类似的互联网金融，则是通过降低金融市场的摩擦弱化了货币政策的银行信贷渠道效应。同时，银行负债结构、证券市场流动性和企业融资结构等共同作用了互联网金融对货币政策的影响。

二 数字金融发展影响货币政策效应的理论分析

（一）数字金融发展对货币政策效应的影响分析

1. 理论模型构建

现有研究在货币政策的传导存在信贷渠道和利率渠道这一问题上已有较多共识。战明华等在对这两个渠道分别进行研究时发现，数字金融强化

---

① 张娜：《货币政策银行信贷渠道传导效应分析——基于银行微观竞争水平的视角》，《国际金融研究》2019 年第 2 期，第 54～65 页。
② 许月丽、李帅、刘志媛：《数字金融影响了货币需求函数的稳定性吗?》，《南开经济研究》2020 年第 5 期，第 130～149 页。
③ 刘澜飚、齐炎龙、张靖佳：《互联网金融对货币政策有效性的影响——基于微观银行学框架的经济学分析》，《财贸经济》2016 年第 1 期，第 61～73 页。
④ 战明华、李欢：《金融市场化进程是否改变了中国货币政策不同传导渠道的相对效应?》，《金融研究》2018 年第 5 期，第 20～36 页。

了利率传导渠道，而弱化了信贷传导渠道。[1] 也有学者重点研究了数字金融影响货币政策信贷渠道传导的机制[2]，但目前还未有文献考察数字金融发展影响货币政策利率传导渠道的效应和相应的中介机制。

为研究数字金融发展影响货币政策利率传导这一问题，本部分参考徐璋勇的研究思路，在传统的 IS－LM 模型中加入数字金融发展这一因素，对原模型进行拓展补充，构建数字金融发展之下的 IS－LM 模型，接着对该模型进行理论分析，并根据分析结果提出相应的研究假说。[3]

（1）IS 曲线

传统的 IS－LM 模型中，IS 曲线反映商品市场的均衡。假定市场是一个封闭的经济体，则产出等于消费、投资和政府支出之和。现将数字金融发展这一变量加入原有的 IS－LM 模型中。随着数字金融的发展，居民可使用的消费类金融产品更加丰富，使用更加便捷，因此居民的消费意愿也得以提升，即边际消费倾向增加。对企业而言，数字金融的发展使得利率传导渠道更加畅通，因此可以假定企业对利率的敏感程度与数字金融的发展正相关。根据以上分析可得：

$$Y = C + I + G = aY + (b - ci) + G, \left(0 < a < 1, \frac{da}{dx} > 0, b > 0, c > 0, \frac{dc}{dx} > 0\right) \quad (4-1)$$

其中，Y 为产出，C 为消费，I 为投资，G 为政府支出，a 为边际消费倾向，x 为数字金融发展程度，b 为常数，i 为利率。i 的系数为 $-c$，表示投资是利率的减函数。根据上文假设，数字金融的发展可以提高居民消费意愿，因此 $\frac{da}{dx} > 0$，同时数字金融发展会提高企业对利率变化的敏感度，因此 $\frac{dc}{dx} > 0$。

① 战明华、汤颜菲、李帅：《数字金融发展、渠道效应差异和货币政策传导效果》，《经济研究》2020 年第 6 期，第 22～38 页。
② 何剑、魏涛、刘炳荣：《数字金融、银行信贷渠道与货币政策传导》，《金融发展研究》2021 年第 2 期，第 3～13 页。
③ 徐璋勇：《虚拟资本市场发展对货币政策的冲击效应》，《经济学家》2006 年第 2 期，第 109～115 页。

（2）LM 曲线

LM 曲线反映了货币市场的均衡。一般认为货币供给由央行决定，而货币需求分为交易性需求和投机性需求。随着数字金融的发展，居民使用消费类金融产品的便捷性提高，因此居民因交易而持有的货币量减少。即可以假定居民对货币的交易性需求与数字金融的发展呈负相关关系。对投机性需求而言，数字金融的发展使得许多原本接触不到银行等大型金融机构金融服务的长尾群体也能更加方便地获得金融服务，拓宽了金融服务的覆盖人群。同时数字金融的发展还提高了居民的金融意识和金融素养，使得居民比原来更加关注诸如利率等货币政策指标。因此可以假定数字金融的发展使得居民的投机性货币需求对利率的敏感度提升。基于以上分析可得：

$$\frac{M}{P} = mY - ni, \quad \left(m > 0, \ n > 0, \ \frac{\mathrm{d}m}{\mathrm{d}x} < 0, \ \frac{\mathrm{d}n}{\mathrm{d}x} > 0 \right) \tag{4-2}$$

其中，M 代表央行的货币供给量，P 代表价格水平，mY 代表货币的交易性需求，$-ni$ 代表货币的投机性需求，与利率呈反比关系，x 代表数字金融发展程度。根据上文假设，货币的交易性需求与数字金融呈现负相关关系，因此 $\frac{\mathrm{d}m}{\mathrm{d}x} < 0$，同时数字金融发展使得居民对利率的敏感程度提升，因此 $\frac{\mathrm{d}n}{\mathrm{d}x} > 0$。

2. **理论模型分析**

以上分别分析了数字金融发展的背景之下，商品市场和货币市场的均衡以及对应的 IS 和 LM 曲线。对两个市场的模型进行变形可得：

$$\text{IS 曲线：} i = \frac{a-1}{c}Y + \frac{1}{c}(b+G) \tag{4-3}$$

$$\text{LM 曲线：} i = \frac{m}{n}Y - \frac{1}{n}\frac{M}{P} \tag{4-4}$$

可以看出，IS 曲线的斜率为 $\frac{a-1}{c}$，LM 曲线的斜率为 $\frac{m}{n}$。接着对商品市场和货币市场同时达到均衡时的情况进行分析。假设数字金融的发展程度（x）提升，根据上文分析有 $\frac{\mathrm{d}a}{\mathrm{d}x} > 0$、$\frac{\mathrm{d}c}{\mathrm{d}x} > 0$、$\frac{\mathrm{d}m}{\mathrm{d}x} < 0$、$\frac{\mathrm{d}n}{\mathrm{d}x} > 0$，因此 IS 曲

线的斜率的绝对值 $\dfrac{1-a(x)}{c(x)}$ 下降，IS 曲线将从 IS_1 移动至 IS_2。同时，LM 曲线的斜率的绝对值 $\dfrac{m(x)}{n(x)}$ 也下降，LM 曲线将由 LM_1 移动至 LM_2，如图 4 - 1 所示。

　　由图 4 - 1 可得，随着数字金融的发展，IS 曲线变得更为平缓，因此在其他条件不变的情况下，货币政策将更加有效，且货币政策效果主要是通过利率渠道的传导产生。

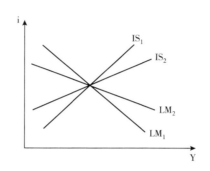

图 4 - 1　数字金融发展下的 IS - LM 模型

根据以上分析，本章提出如下假说。

假说 1：数字金融的发展提升了货币政策利率渠道传导的有效性。

（二）数字金融发展影响货币政策效应的中介机制分析

　　数字金融发展对货币政策的利率传导效应有促进作用，这一作用主要是通过企业负债水平提高、居民消费水平提高及市场化程度增加这三个机制实现的，具体见图 4 - 2。

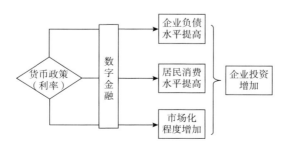

图 4 - 2　数字金融发展的中介效应传导过程

从企业负债水平提高这一机制来看，其传导过程主要为：政策利率下降与数字金融发展二者协同—企业负债水平提高—企业投资增加。随着数字金融的发展，当货币政策的利率水平降低时，政策利率可以很快地传导至市场利率，使得企业面临的融资成本降低，无论是财务费用还是时间成本都会在数字技术的助力之下得以显著减少，故企业的负债意愿将会提升，实际的负债水平也会随之上升。当企业加大负债力度并获得更多融资支持后，为了弥补资金的占用成本，理性的企业不会将资金闲置，而会将资金投入回报率更高的地方，由此引致企业投资水平的上升。

从居民消费水平提高这一机制来看，其传导过程主要为：政策利率下降与数字金融发展二者协同—居民消费水平提高（企业营业收入增加）—企业投资增加。当数字金融的发展水平越来越高时，政策利率水平的下降也会更加高效地传导至居民，使得居民面临更低的市场借贷利率。此时居民不但有借贷消费意愿的提升，而且相较于股票和债券，其也更愿意以现金的形式持有货币，从而导致消费潜能增大。这一系列过程对应了当下快速发展的消费金融行业。当居民消费水平随着政策利率的降低而提高时，企业的营业收入额将会增加，市场整体的成交额同样会提高。企业由于面临一个更大规模的市场，将有动力进行更多的投资。故可以认为，数字金融发展与政策利率下降的协同作用会带来居民消费水平的提升即企业营业收入的增加，从而激发企业投资的进一步扩张。

从市场化程度增加这一机制来看，其传导过程主要为：政策利率下降与数字金融发展二者协同—市场化程度提升—企业投资增加。首先政策利率的降低和数字金融的发展二者共同作用，将使得利率的市场化程度提升，利率的本质是货币的价格，当价格更多地由市场供需调整时，金融资源的配置效率也将随之提升。同时，市场化程度高的经济体的市场竞争更为充分，企业受到垄断等的影响也更小，使得企业家对市场的预期更为乐观，从而会提高其投资水平，以期获得更高的收益。

基于以上分析，本章提出如下假说。

假说2：数字金融发展提高货币政策的利率传导效应主要通过企业负债水平提高、居民消费水平提高及市场化程度增加这三条机制实现。

三　变量选择与模型构建

（一）变量选择与说明

1. 被解释变量

企业投资（$lnass$）。以往研究通常采用企业新增固定资产或固定资产、存货净额、在建工程和工程物资等的合计来衡量企业投资。考虑到以上指标可能存在因企业投资现状反映不完全导致的遗漏变量问题，故此处采用企业资产存量的对数值来衡量企业投资情况。

2. 核心解释变量

数字金融与市场利率交乘项（$lnidx \times r1$）。交乘项的设计可以用来度量利率在数字金融的作用之下对企业投资产生的作用，即数字金融在货币政策利率传导渠道中起到的作用。

3. 解释变量

数字金融（$lnidx$）。采用北京大学数字金融研究中心构造的数字普惠金融指数中的数字金融使用深度来衡量数字金融在各个省（区、市）的应用情况[①]，并将其与所在省（区、市）的上市公司进行匹配，以得到各个公司的数字金融的发展程度这一数据。

市场利率（$r1$）。由于我国并未公布政策利率，已有利率体系便是以上海银行间同业拆放利率（Shibor）为短期市场基准利率且以国债收益率为中长期市场基准利率建立起来的。故采用上海银行间同业拆放利率（1年利率）作为价格型货币政策的代理变量。

4. 控制变量

控制变量包括宏观层面的金融机构贷款（$lnloan$）、经济增长（$lngdp$）和消费者物价（$lncpi$）及企业托宾 Q 值（$lnq1$）和企业利润（$lnpro2$）。

各变量的具体说明见表 4 - 1。

---

① 郭峰、王靖一、王芳等：《测度中国数字普惠金融发展：指数编制与空间特征》，《经济学》（季刊）2020 年第 4 期，第 1401 ~ 1418 页。

表 4 - 1　变量说明

变量类型	变量名称	变量符号	变量说明
被解释变量	企业投资	lnass	企业资产存量的对数值
核心解释变量	数字金融与市场利率交乘项	lnidx × r1	数字金融×市场利率
解释变量	数字金融	lnidx	数字金融发展程度的对数值
	市场利率	r1	上海银行间同业拆放利率
控制变量	金融机构贷款	lnloan	金融机构人民币贷款的对数值
	经济增长	lngdp	国内生产总值的对数值
	消费者物价	lncpi	消费者物价指数的对数值
	企业托宾 Q 值	lnq1	企业托宾 Q 值的对数值，企业托宾 Q 值的计算公式为（股权市值 + 净债务市值）/期末总资产，其中非流通股权市值用净资产代替计算
	企业利润	lnpro2	企业净利润的对数值

（二）实证模型构建

参考战明华等人的研究思路，假定企业投资存量是货币政策变动的函数，在实证模型中加入数字金融与货币政策变动的交互项，以探究数字金融通过利率渠道对货币政策效应产生的影响。[1] 本章构建的基准双向固定效应模型如下：

$$\ln ass_{it} = \beta_0 + \beta_1 \ln idx_{it} + \beta_2 r1_{it} + \beta_3 \ln idx_{it} \times r1_{it} + \beta_4 Control_{it} + Year_t + \mu_i + \varepsilon_{it} \quad (4-5)$$

其中，被解释变量为企业投资（lnass）；核心解释变量为数字金融（lnidx）与市场利率（r1）的交乘项；Control 为控制变量，用于控制宏观经济周期性因素以及企业内部的各种变量对企业投资产生的影响，其中包括宏观层面的金融机构贷款（lnloan）、经济增长（lngdp）、消费者物价（lncpi）及微观层面的企业托宾 Q 值（lnq1）和企业利润（lnpro2）；$Year_t$ 为时间固定效应，μ_i 为个体固定效应，ε_{it} 为残差项。

---

[1]　战明华、汤颜菲、李帅：《数字金融发展、渠道效应差异和货币政策传导效果》，《经济研究》2020 年第 6 期，第 22 ~ 38 页。

（三）样本选择与数据来源

本章所使用的数据来自 A 股上市公司的近 1000 家企业，样本时间为 2011～2020 年。所用指标包括微观经济指标和宏观经济指标，微观经济指标如企业净利润和企业托宾 Q 值主要来自国泰安 CSMAR 数据库，宏观经济指标包括经济增长和消费者物价等来自 Wind 数据库，核心解释变量来自《北京大学数字普惠金融指数（2011—2020 年)》。为保证企业微观数据的有效性和精确性，本章对样本数据做了如下处理：剔除金融类型及 ST 型的上市公司；剔除主要变量存在缺失的样本。经过上述处理，最终筛选得到 873 家上市公司的观测值。

四　数字金融发展影响货币政策效应的实证检验

（一）基准模型回归分析

表 4-2 报告了数字金融发展对货币政策利率传导渠道的固定效应模型的回归结果，其中列（1）是模型的基准回归结果，所有回归均加入了宏观层面和微观层面的控制变量，且控制了个体和时间效应。从列（1）可以看出，模型中解释变量 $lnidx$ 的系数为 2.009 且在 1% 的水平下显著，表明数字金融的发展和企业投资存在显著的正向关系，即数字金融的发展可以促进企业投资。从货币政策有效性的方面来看，解释变量 $r1$ 的系数为 1.674 且在 1% 的水平下显著，证明了同一期代表货币政策的利率水平与企业投资之间存在显著的正向关系，即货币政策完全无效。考虑到这一结果可能是由于货币政策存在时滞性所致，故对货币政策滞后两期后再次进行检验，结果见表 4-2 的列（2），可以看出列（2）滞后两期的利率水平 $r1l2$ 的系数为 -0.389，表明宽松的货币政策在经历两个时期之后，对企业投资开始产生促进作用。

本章关注的主要问题为，数字金融发展与本期货币政策的搭配与协调对企业投资带来的影响，故主要的分析对象依然为表 4-2 列（1）中的核心解释变量即交乘项 $lnidx \times r1$ 的系数，可以看出系数值为 -0.275 且在

1% 的水平下显著。这说明，数字金融的发展程度越高，央行于同期采取宽松的货币政策，即降息政策时，企业投资水平也越高，也就是说数字金融发展增强了货币政策利率传导渠道的效应。

表 4-2　基准回归结果

变量	(1)	(2)
	lnass	lnass
lnidx	2.009 ***	0.929
	(3.70)	(1.37)
r1	1.674 ***	
	(4.02)	
r1l2		-0.389 *
		(-1.73)
lnidx × r1	-0.275 ***	-0.138
	(-3.57)	(-1.48)
lnloan	1.577 **	-1.654
	(2.58)	(-0.09)
lngdp	-3.847 ***	0.969
	(-4.00)	(0.03)
lncpi	-5.641 *	-67.889
	(-1.92)	(-0.47)
lnq1	-0.364 ***	-0.398 ***
	(-13.96)	(-13.13)
lnpro2	0.226 ***	0.189 ***
	(18.11)	(13.85)
常数项	54.813 ***	345.941
	(6.14)	(0.66)
观测值	4792	3293
企业数量	872	715
R²	0.747	0.694
控制个体和时间效应	YES	YES

注：***、**、* 分别表示在 1%、5%、10% 的水平下显著。

（二）稳健性检验与内生性处理

为了提高上述回归结果的准确性，下面从四个方面分别进行稳健性检验。表 4 - 3 报告了稳健性检验的回归结果。

1. 核心解释变量滞后一期

考虑到基准回归模型中可能存在反向因果关系，即货币政策的利率传导渠道越通畅，数字金融的发展程度也相应越高。若这一情况存在，则会引起模型中的内生性问题，从而导致估计结果存在偏误。为了解决这一问题，本章对解释变量数字金融及数字金融与市场利率交乘项中的数字金融均进行滞后一期的处理。即将原来的解释变量 lnidx 替换为 laglnidx，并将 lnidx × r1 替换为 laglnidx × r1，然后再对更新后的基准回归模型进行估计，估计结果见表 4 - 3 的列（1）。可以看出，列（1）中核心解释变量的系数为负的 0.192，且这一结果通过了 1% 的显著性检验。这说明滞后一期的数字金融发展依然能够提高货币政策利率传导渠道的有效性。也就是说，如果上期的数字金融发展程度较高，则本期随着利率水平的降低，企业投资的水平将提高。这一结果说明，假说 1 提出的结论依然成立。

2. 将被解释变量替换为固定资产和在建工程之和的自然对数值

前文考虑的主要是企业的整体投资水平，其中包括实体经济投资和虚拟经济投资两个方面，故前文的被解释变量采用企业资产存量的对数值来衡量。然而我们希望货币政策对经济产生的作用更多体现在实体经济中，故此处将研究的重点转变为实体经济投资，考虑到固定资产和在建工程更能从固定资产的角度衡量企业的实体投资水平，故采用固定资产与在建工程之和的自然对数值（lnassy1）来替换原被解释变量（lnass），并对原模型重新进行估计，回归结果见表 4 - 3 的列（2）。由表 4 - 3 的列（2）可知，数字金融与市场利率交乘项的系数为负的 0.268 且在 5% 的水平下显著。这说明，当把被解释变量换成衡量实体经济投资的固定资产和在建工程之和的自然对数时，原有的结论依然成立。同时可以看出，本次回归在仅考虑实体经济投资的情况下得到的数字金融与市场利率交乘项系数的绝对值为 0.268，相较于表 4 - 2 列（1）中原始基准回归模型中数字金融与市场利率交乘项系数的绝对值 0.275，二者非常接近，这说明随着数字金融发展程度的提高，利率下降使得企业对总投资的增加和对实体经济投资的增加基本相同。这更加验证了假说1结论的稳健性。

3. 将原有样本缩小至由财务费用较低的企业构成的小样本

因为利率这一指标直接关乎企业所面临的融资成本（即财务费用）的高低，所以财务费用较高的企业对货币政策中利率水平的变动情况更为敏感，其在回归模型估计中的结果也更好。为了排除这类企业的特殊性，此处剔除掉财务费用较高的企业。具体的做法是，先计算出样本中全部企业的财务费用占营业收入的比例（$exp1$），再对这些比例的中位数进行求解，剔除财务费用占营业收入比例高于其中位数的企业，即可留下财务费用占营业收入比例低的企业，共计684家企业。对缩小后的样本重新进行估计，结果见表4-3的列（3）。从估计结果可以看出，数字金融与市场利率交乘项的系数为负的0.279且依然在1%的水平下显著成立。这说明随着数字金融发展程度的提高，利率下降会同样促使财务费用较低的企业加大其投资力度，从而说明假说1的结论具有强稳定性。

表4-3 稳健性检验回归结果

变量	（1）lnass	（2）lnassy1	（3）lnass
laglnidx	1.341*** (2.91)		
lagln$idx \times r1$	-0.192*** (-2.96)		
lnidx		2.027** (2.20)	2.042*** (2.72)
$r1$	1.146*** (3.32)	1.361* (1.94)	1.939*** (3.45)
ln$idx \times r1$		-0.268** (-2.08)	-0.279*** (-2.65)
ln$loan$	3.179*** (6.31)	4.618*** (4.50)	1.735*** (2.70)

变量	（1）	（2）	（3）
	ln*ass*	ln*assy*1	ln*ass*
ln*gdp*	－ 6. 240 ***	－ 9. 418 ***	－ 1. 027
	（ － 7. 56）	（ － 5. 82）	（ － 1. 20）
ln*cpi*	1. 085	35. 672 ***	－ 20. 610 ***
	（0. 46）	（6. 89）	（ － 6. 69）
ln*q*1	－ 0. 404 ***	－ 0. 105 **	－ 0. 246 ***
	（ － 14. 40）	（ － 2. 52）	（ － 7. 85）
ln*pro*2	0. 212 ***	0. 090 ***	0. 208 ***
	（16. 73）	（4. 67）	（11. 26）
常数项	35. 168 ***	－ 110. 245 ***	87. 687 ***
	（4. 46）	（ － 7. 04）	（7. 74）
观测值	4034	4792	2521
企业数量	773	872	684
R^2	0. 729	0. 441	0. 727
控制个体和时间效应	YES	YES	YES

注：***、**、* 分别表示在 1%、5%、10% 的水平下显著。

（三）异质性分析

由于国有企业和非国有企业面临的融资环境有所差异，所以以往的货币政策利率传导有效性在不同体制之下呈现显著差异。非国有企业的借款价格长期处于高位，受到宽松货币政策的影响相对较小。反之，国有企业由于享有融资优待，所以其面临的借款利率可以随着货币政策变化而较快调整。[①] 货币政策影响了企业借款利率，但由于体制外企业的借款价格长期较高，借款利率并不能因宽松的货币政策而显著降低。在国内存在融资歧视的背景之下，发展面向非国有企业的金融机构显得尤为重要和迫切。

僵尸企业出现的高杠杆率是货币政策传导失灵的表现之一。央行会通

---

① 钱雪松、杜立、马文涛：《中国货币政策利率传导有效性研究：中介效应和体制内外差异》，《管理世界》2015 年第 11 期，第 11 ～ 28 页。

过调节资金成本实现货币政策目标，但资金往往被僵尸企业以低利率获得，银行为弥补资金成本，便将正常企业的贷款利率提高，形成信贷成本转嫁，挤出了正常企业的融资。① 信贷资源分配效率的低下，使得货币政策的传导效应远不如预期。杨兴全和尹兴强通过对货币政策收紧时上市公司投资变化的研究得到了类似的结论，即国企受到货币政策调控的影响较弱，而民企则受到了货币政策的有效调控。②

为了探讨数字金融提高货币政策利率传导渠道有效性这一过程的异质性，根据前文的分析与研究设计进行分样本回归，并得到两组分样本的估计结果。

1. 区分不同性质企业的回归结果

首先将样本划分为国有企业和非国有企业（包括民企和外企）两个子样本并分别进行回归，以考察数字金融对货币政策利率传导渠道有效性的提高作用在不同性质企业中的差异性，回归结果见表4-4。其中，第（1）列是基于国有企业子样本的估计结果，第（2）列是基于非国有企业子样本的估计结果。

对表4-4的回归结果进行分析，首先是列（1）中呈现的国企这一子样本的回归结果，可以看出所有的解释变量均不显著。这说明，无论是数字金融和货币政策的代理变量利率这两个变量本身，还是反映数字金融作用下货币政策利率传导有效性的数字金融与市场利率交乘项，均不显著，即数字金融和代表货币政策的利率既不能分别对企业投资产生影响，也无法联合起来对企业投资产生影响。考虑到国企具有预算软约束、国家信用隐形担保及银行提供的融资便利，因此其对利率的变动情况并不敏感，又考虑到国企一般资金都较充裕且内部的优质项目数量多，故其没有足够动力使用数字金融以优化企业的金融资源配置，从而数字金融对货币政策利率传导有效性的提升效应在国有企业中并未凸显出来。

与之相对应的列（2）是以非国有企业为样本的模型估计结果。可

① 刘莉亚、刘冲、陈垠帆、周峰、李明辉：《僵尸企业与货币政策降杠杆》，《经济研究》2019年第9期，第73～89页。
② 杨兴全、尹兴强：《谁受到了货币政策的有效调控？——基于上市公司投资行为的研究》，《会计研究》2017年第4期，第3～11页。

以看出，核心解释变量数字金融与市场利率交乘项的系数为负的 0.255 且在 1% 的水平下显著，这一结果与全样本下的基准模型的回归结果基本一致。这说明对于非国企而言，数字金融的发展可以显著提高货币政策利率传导渠道的效应。也就是说，随着数字金融发展程度的提高，利率下降所导致的非国有企业的投资水平也会相应提高，即假说 1 中的结论在非国有企业中显著成立。

表 4 - 4　不同性质企业的回归结果

变量	（1） 国企 lnass	（2） 非国企 lnass
lnidx	3.467 (1.65)	1.845 *** (3.35)
$r1$	2.248 (1.44)	1.569 *** (3.68)
ln$idx \times r1$	-0.460 (-1.56)	-0.255 *** (-3.24)
ln$loan$	-2.109 (-0.77)	1.444 ** (2.30)
lngdp	4.057 (1.01)	-3.585 *** (-3.63)
lncpi	7.418 (0.90)	-6.244 ** (-2.07)
ln$q1$	-0.295 *** (-3.00)	-0.367 *** (-13.59)
ln$pro2$	0.252 *** (4.55)	0.222 *** (17.37)
常数项	-55.044 (-1.25)	57.207 *** (6.27)
观测值	223	4569
企业数量	66	852
R^2	0.748	0.747
控制个体和时间效应	YES	YES

注：*** 、** 分别表示在 1% 、5% 的水平下显著。

2. 区分不同地区企业的回归结果

按照国家行政区划的标准将样本划分为东部、中部、西部和东北四个子样本，以考察在不同的地区，数字金融对货币政策利率传导渠道的影响。表4-5列出了各个子样本的回归结果。其中，列（1）至列（4）分别代表东部、中部、西部和东北四个地区的回归结果。从表4-5列（1）的结果可以看出，东部地区这一子样本的回归结果与基准回归的结果基本一致，核心解释变量 $\ln idx \times r1$ 的系数为负的0.310且这一结果在1%的水平下显著。这说明，随着东部地区数字金融发展程度的提高，货币政策的利率传导渠道会更加有效，即利率下降会引起企业投资水平显著增加。这是由于东部地区经济更繁荣，且市场化程度更高，经济主体都较为活跃，企业大多创新意识强且有冒险精神，故其对数字金融的发展和货币政策的变动也相应更为敏感。而从表4-5的列（2）、列（3）可以看出，无论是从数字金融和市场利率单独两个方面来看，还是从数字金融和市场利率二者的交乘项来看，其对应的系数值在统计上都不显著。而列（4）的数字金融与市场利率交乘项、数字金融、市场利率系数虽在10%的水平下显著，但其符号不符合经济含义，无法被接受。这说明，数字金融、货币政策以及二者搭配使用时，都未对企业投资产生明显的促进作用。原因在于，中部、西部及东北地区经济和金融的市场化程度不高，货币政策的利率传导渠道本身不够通畅，再加上这些地区的企业更依赖传统的金融机构及其提供的金融服务，导致在现有条件下数字金融发展对货币政策利率传导效应的影响并不明显。

表4-5　不同地区企业的回归结果

变量	（1）东部	（2）中部	（3）西部	（4）东北
	lnass	lnass	lnass	lnass
lnidx	2.188***	0.359	-2.302	-19.269*
	(3.07)	(0.09)	(-0.48)	(-1.78)
r1	1.870***	0.081	-2.458	-15.970*
	(3.22)	(0.03)	(-0.65)	(-1.86)

变量	（1） 东部	（2） 中部	（3） 西部	（4） 东北
	lnass	lnass	lnass	lnass
$\ln idx \times r1$	−0.310***	−0.077	0.345	2.640*
	(−2.89)	(−0.15)	(0.53)	(1.84)
$\ln loan$	1.405*	−0.198	−0.171	2.537
	(1.92)	(−0.14)	(−0.08)	(0.53)
$\ln gdp$	−3.478***	2.013	0.559	−3.724
	(−3.00)	(1.05)	(0.17)	(−0.50)
$\ln cpi$	−7.691**	2.511	13.398	26.680*
	(−2.29)	(0.45)	(1.30)	(1.77)
$\ln q1$	−0.346***	−0.346***	−0.483***	−0.530**
	(−11.75)	(−5.17)	(−3.82)	(−2.86)
$\ln pro2$	0.228***	0.243***	0.196***	0.161***
	(15.86)	(7.43)	(3.99)	(3.43)
常数项	61.135***	−16.225	−32.277	20.876
	(6.36)	(−0.63)	(−0.86)	(0.34)
观测值	3726	589	325	113
企业数量	678	109	65	20
R^2	0.751	0.803	0.621	0.778
控制个体和时间效应	YES	YES	YES	YES

注：***、**、*分别表示在1%、5%、10%的水平下显著。

五 数字金融发展影响货币政策效应的机制分析

（一）中介效应模型设计

在以上分析的基础之上，参考 Baron 和 Kenny 提出的中介效应模型，建立以下模型以对上文提出的中介机制的存在性进行实证检验。[①]

$$\ln ass_{it} = \alpha_0 + \alpha_1 \ln idx_{it} + \alpha_2 r1_{it} + \alpha_3 \ln idx_{it} \times r1_{it} + \alpha_2 Control_{it} + Year_t + u_i + \varepsilon_{it} \quad (4-6)$$

$$Z_{it} = \beta_0 + \beta_1 \ln idx_{it} + \beta_2 r1_{it} + \beta_3 \ln idx_{it} \times r1_{it} + \beta_4 Control_{it} + Year_t + u_i + \varepsilon_{it} \quad (4-7)$$

[①] Baron, R. M. & Kenny, D. A., "The Moderator-Mediator Variable Distinction in Social Psychological Research: Conceptual, Strategic, and Statistical Considerations," *Journal of Personality and Social Psychology* 51 (6) (1986): 1173-1182.

$$\ln ass_{it} = \gamma_0 + \gamma_1 \ln idx_{it} + \gamma_2 Z_{it} + \gamma_3 r1_{it} + \gamma_4 \ln idx_{it} \times r1_{it} + \gamma_5 Control_{it} + Year_t + u_i + \varepsilon_{it}$$

$$(4-8)$$

其中，Z_{it} 是中介变量，在下文中分别代表企业资产负债率、企业营业收入、商品零售额以及市场化进程。下标 i 代表各个研究样本企业，下标 t 代表年份。其余变量含义同模型（4-5）中变量含义。

（二）回归结果分析

前文分析指出，数字金融发展影响货币政策利率传导效应的中介机制包括企业负债水平、居民消费水平及市场化程度三个方面，表 4-6 是企业负债水平提升这一中介机制的模型回归结果。其中，列（1）呈现了利率下降与数字金融发展二者协同对企业资产负债率（debass）产生的影响程度，列（2）中的结果不但包括数字金融发展之下利率下降对企业投资的影响，还包括企业资产负债率对企业投资水平的影响。从列（1）可以看出，数字金融与市场利率交乘项（$\ln idx \times r1$）的系数为负的 0.054，且这一结果在 1% 的水平下显著。这说明，随着数字金融的发展，利率下降能够显著提升企业的负债水平。考虑到宽松的货币政策在数字金融的作用下，会更高效传导至微观部门，使得企业的融资成本显著降低，企业融资意愿会相应增强，因此企业会提升其负债水平，实证检验得到的结果与理论相符。从列（2）可以看出，中介变量企业资产负债率（debass）的系数为 1.104，且这一结果在 1% 的显著性水平下通过检验。这说明，随着企业资产负债率的增加，企业将有能力进一步扩大其投资规模，故其投资水平将显著上升。因此，可以得出结论，在数字金融的发展和宽松的货币政策共同作用之下，企业资产负债率会显著提升，从而提高企业的投资水平。这一结果验证了前文假说 2 中的部分结论。

表 4-6　企业负债水平提升的中介效应模型回归结果

变量	（1）	（2）
	debass	lnass
debass		1. 104 ***
		(12. 98)

续表

变量	（1） *debass*	（2） *lnass*
ln*idx*	0.383 *** (2.70)	1.578 *** (3.14)
*r*1	0.261 ** (2.37)	1.381 *** (3.58)
ln*idx* × *r*1	− 0.054 *** (− 2.65)	− 0.215 *** (− 3.02)
ln*loan*	− 1.674 *** (− 9.39)	3.425 *** (5.54)
ln*gdp*	2.002 *** (7.13)	− 6.057 *** (− 6.35)
ln*cpi*	10.777 *** (12.82)	− 17.527 *** (− 6.35)
ln*q*1	− 0.022 *** (− 3.29)	− 0.339 *** (− 13.89)
ln*pro*2	0.007 ** (2.38)	0.219 *** (18.89)
常数项	− 53.475 *** (− 20.46)	113.816 *** (12.89)
观测值	4791	4791
企业数量	872	872
R^2	0.351	0.773
控制个体和时间效应	YES	YES

注：***、** 分别表示在 1%、5% 的水平下显著。

表 4 - 7 报告了居民消费水平提升这一中介机制的模型回归结果。其中，列（1）代表数字金融和货币政策二者对商品零售额（*mkt*1）影响的回归结果，列（2）代表商品零售额对企业投资水平影响的回归结果。列（3）和列（4）则是将原有中介变量商品零售额改为企业营业收入（ln*icm*）后的回归结果，这一替换后的回归主要是为了验证前述模型的稳

健性。同样地，列（3）代表数字金融和货币政策二者影响企业营业收入的回归结果，列（4）则代表企业营业收入影响企业投资水平的回归结果。首先考察列（1）中数字金融与市场利率交乘项（$lnidx \times r1$）的系数，其值为负的 0.019 且在 1% 的水平下显著。这说明，在宽松的货币政策及数字金融的快速发展这二者的作用之下，市场商品零售额显著提升。这是由于宽松的货币政策在数字金融的助力之下，能更高效地传递至居民部门，使得居民更愿意以现金的形式持有货币并进行更多的借贷消费。因此宏观视角上，商品零售额将显著提升，模型估计结果与理论完全一致。列（2）中 $mkt1$ 的系数为 1.970，且在 1% 的显著性水平下成立。这说明随着商品零售额的增加，企业的投资水平也将提升。商品零售额的提高从企业的视角看是需求量的提高，企业为了满足居民部门快速增长的产品需求，必将加大生产，要加大生产则不可避免地需要进行更多厂房、机器和设备等固定资产的投资甚至包括一些企业战略层面的金融投资。因此，企业投资水平将随着市场零售额的提高而提高。从表 4-7 的回归结果总体来看，宽松的货币政策和数字金融发展二者协同的结果首先是居民消费水平的提升，然后是消费的增加促使企业提升投资水平。这一实证结果验证了前文假说 2 部分结论的成立。

为了对这一结果进行稳健性检验，将商品零售额（$mkt1$）这一中介变量替换为企业营业收入（$lnicm$），并再次进行中介效应回归。回归结果见表 4-7 的列（3）和列（4）。可以看出，列（3）中数字金融与市场利率交乘项（$lnidx \times r1$）的系数为负的 0.246 且在 1% 的水平下显著。这说明宽松的货币政策和数字金融的发展二者确实对企业营业收入的增长起到了正向的作用。与前文的分析一致，宽松的货币政策在数字金融的助力之下，带来了居民消费意愿和消费水平的提升，这一提升表现在企业层面便是营业收入的增加。故实证结果符合预期，证明了前述结论的稳健性。接着，列（4）中 $lnicm$ 的系数为 0.574，且在 1% 的水平下显著。这一结果说明，企业营业收入越高，企业的投资水平也就越高。这是因为，当企业营业收入增加时，其面临的预算约束会相应降低，同时说明市场较为景气与活跃，企业未来的预期收入会较高，因此企业有动力进一步提高其投资水平。综合以上分析不难看出，货币政策和数字金融二者的确是通过影响企业营业收入从而影响企业投资水平的，这一回归结果证明了前一个中介机制检验的结果具有非常强的稳健性。

表 4 - 7 居民消费水平提升的中介效应模型回归结果

变量	（1） mkt1	（2） lnass	（3） lnicm	（4） lnass
lnicm				0.574 *** （21.93）
mkt1		1.970 *** （2.58）		
lnidx	0.124 *** （6.30）	1.582 *** （2.62）	1.761 *** （2.98）	0.998 ** （2.52）
r1	0.090 *** （5.90）	1.576 *** （3.37）	0.965 ** （2.15）	1.120 *** （3.67）
lnidx × r1	- 0.019 *** （- 6.55）	- 0.205 ** （- 2.36）	- 0.246 *** （- 2.95）	- 0.134 ** （- 2.38）
lnloan	2.185 *** （61.77）	- 2.864 （- 1.54）	4.753 *** （6.91）	- 1.152 ** （- 2.33）
lngdp	- 3.551 *** （- 60.94）	4.318 （1.45）	- 8.798 *** （- 8.22）	1.205 （1.55）
lncpi	4.757 *** （26.40）	- 9.973 ** （- 2.11）	27.384 *** （8.38）	- 21.366 *** （- 9.17）
lnpro2	0.001 （1.64）	0.216 *** （15.90）	- 0.185 *** （- 5.66）	- 0.258 *** （- 13.48）
常数项	- 9.833 *** （- 16.20）	37.933 *** （3.17）	0.306 *** （19.06）	0.050 *** （5.20）
观测值	4266	4266	4792	4792
企业数量	771	771	872	872
R²	0.168	0.719	0.722	0.854
控制个体和时间效应	YES	YES	YES	YES

注：*** 、** 分别表示在 1% 、5% 的水平下显著。

表 4 - 8 报告了市场化程度提升这一中介机制模型的回归结果。其中，列（1）展示了货币政策和数字金融二者对市场化进程（mkt2）影响的回

归结果，列（2）展示了市场化进程对企业投资水平影响的回归结果。可以看出，列（1）中核心解释变量数字金融与市场利率交乘项（ln$idx \times r1$）的系数为负的0.059且这一结果在1%的水平下显著，这说明数字金融和货币政策二者的共同作用会使得整个经济体的市场化进程加快。货币政策的目的是促进企业投资从而带来经济增长，而数字金融的发展则使得货币政策在发挥作用时更加市场化，使政策利率更加高效地传导至市场利率，在数字金融的作用下再通过市场利率传导至每一个经济行为主体，可见实证结果与理论预期相符。由列（2）可以看出，数字金融与市场利率交乘项（ln$idx \times r1$）的系数为负的0.214且通过了显著性水平为5%的检验。也就是说，随着市场化进程的加快，企业对市场的信心增加，对未来的预期变好，从而企业会增加投资。从整个传导过程来看，数字金融和货币政策二者首先共同作用于市场化进程，然后再影响企业的投资水平。实证结果验证了前文提出的假说2的部分结论。

表 4 – 8　市场化进程提升的中介效应模型回归结果

变量	（1）	（2）
	$mkt2$	lnass
$mkt2$		0.458 **
		(2.03)
lnidx	0.324 ***	1.677 ***
	(7.38)	(2.77)
$r1$	0.301 ***	1.616 ***
	(8.30)	(3.47)
ln$idx \times r1$	− 0.059 ***	− 0.214 **
	（− 8.86）	（− 2.49）
ln$loan$	− 1.131 ***	1.960 ***
	（− 23.34）	(2.71)
lngdp	1.680 ***	− 3.448 ***
	(20.12)	（− 3.03）
lncpi	− 2.286 ***	0.447
	（− 15.92）	(0.14)

变量	（1）	（2）
	mkt2	lnass
lnpro2	-0.002	0.218***
	（-1.37）	（16.08）
常数项	4.141***	16.660
	（12.10）	（1.62）
观测值	4266	4266
企业数量	771	771
R^2	0.523	0.719
控制个体和时间效应	YES	YES

注：***、**分别表示在1%、5%的水平下显著。

六　研究结论

货币政策作为至关重要的调控经济的政策，历来被众多学者关注和研究。以往文献都是站在传统金融的视角进行研究，而在数字金融这样一种新兴的金融业态出现及广泛应用的背景之下，数字金融对货币政策有效性影响的研究则显得十分必要。基于此，本章从微观企业的视角出发，通过考察数字金融对企业投资的影响来论证其对货币政策利率传导渠道有效性的影响。本章以 A 股上市企业为研究对象，实证考察了 2011～2020 年数字金融的发展对货币政策利率传导有效性的影响及其作用机制。研究的主要结论如下。

第一，理论分析表明，数字金融的发展会通过提高居民消费意愿、增强企业对利率的敏感程度、拓宽金融服务覆盖面、提高居民的金融意识与素养等渠道，提高货币政策利率传导渠道的有效性。

第二，数字金融发展对货币政策的利率传导效应有促进作用，这一过程主要是通过企业负债水平提高、居民消费水平提高及市场化程度增加这三个机制实现的。该实现机制得到了实证检验的支持。

第三，异质性分析表明，数字金融发展对货币政策利率传导机制的效用存在异质性。其中，对货币政策利率传导效应的促进作用在非国有企业以及东部地区更为显著，而在国有企业以及中部、西部、东北地区则不明显。

第四，数字金融发展从总体上提升了货币政策利率传导的有效性，同时数字金融的发展还降低了货币政策的时滞性，使得微观企业能更及时高效地对货币政策做出反应。

第五章　数字金融发展对产业结构升级

产业结构升级是经济高质量发展的动力源，也是实现经济发展由要素驱动转向创新驱动的关键。本章将基于产业结构合理化和产业结构高级化两个维度，对数字金融发展对产业结构升级的影响及其机理进行理论分析，并采用 2011～2019 年中国 31 个省级地区的空间面板数据样本做实证检验。

一　研究文献回顾

（一）产业结构升级的影响因素和衡量方法的研究

1. 产业结构升级的内涵

产业结构升级是指产业结构从低级形态向高级形态转变的过程或趋势，是经济增长方式的转变与经济发展模式的转轨。从微观来看，产业结构升级指企业通过技术升级、管理模式改进、结构改变、产品质量与生产效率提高、产业链升级实现企业整体结构升级，主要表现为各产业结构内部的合理化；从中观来看，产业结构升级指一个产业中主要企业的技术水平、管理模式、产品质量、生产效率、产业链定位、产品附加值全部上升到一个新的层级，从而形成新的、更高级的产业结构，表现为产业结构内部不断合理化直至使产业结构走向更高级；从宏观来看，产业结构升级指一个国家经济增长方式的转变，甚至是新的、更高级的产业业态的产生，主要是指产业结构的高级化进程。

2. 我国现阶段产业结构的基本特征

进入 21 世纪以来，我国产业结构不断优化，第一产业增长相对缓慢，第二产业快速增长，第三产业突破了以贸易、餐饮为主的单一发展格局，金融、保险、研发、咨询等现代服务业迅速发展。总体来看，我国现阶段产业结构呈现如下基本特征：第一，产业发展继续遵循工业化规律，重视市场机制作用，随着近年来国家大力促进产业优化升级政策措施的继续实施，我国三次产业结构持续优化升级，服务业已占国民经济绝对份额并已经成为经济增长的稳定器；第二，新旧动能持续转换，以信息技术、新能源、生物、纳米等领域群体性科学技术突破为引领的新一轮产业变革的新产业、新业态、新模式蓬勃发展，其在国民经济中的产值比例快速提升；第三，随着"一带一路"倡议和京津冀协同发展、长江经济带建设战略的深入实施，在一系列区域政策和宏观政策引导下，地区间产业结构进一步得到协调优化。

3. 产业结构升级的影响因素

姜泽华和白艳认为，社会需求是产业结构升级的市场导向，科技进步是产业结构升级的直接动力，制度安排是产业结构升级的体制保障，资源供给是产业结构升级的物质基础[1]；易信和刘凤良认为，金融发展能通过技术创新"水平效应"与"结构效应"加速产业结构转型与促进经济增长[2]；林春艳和孔凡超研究表明，技术创新和技术引进有利于地区产业结构合理化，这种促进作用不仅取决于变量本身，还与产业结构合理化和高级化发展程度相关，且存在长期空间溢出效应，而模仿创新能够促进产业结构高级化[3]；毛盛志和张一林认为，一国通过技术模仿和自主创新能够提升相对生产力水平，从而实现产业结构升级，但融资约束会抑制产业结构升级[4]；王勋和 Anders Johansson 的研究发现，在有政府干预和偏好工业

① 姜泽华、白艳：《产业结构升级的内涵与影响因素分析》，《当代经济研究》2006 年第 10 期，第 53~56 页。
② 易信、刘凤良：《金融发展、技术创新与产业结构转型——多部门内生增长理论分析框架》，《管理世界》2015 年第 10 期，第 24~39 页。
③ 林春艳、孔凡超：《技术创新、模仿创新及技术引进与产业结构转型升级——基于动态空间 Durbin 模型的研究》，《宏观经济研究》2016 年第 5 期，第 106~118 页。
④ 毛盛志、张一林：《金融发展、产业升级与跨越中等收入陷阱——基于新结构经济学的视角》，《金融研究》2020 年第 12 期，第 1~19 页。

部门的国家，金融抑制是经济结构失衡的重要因素①；张景卫和徐家楠的研究认为，邻近地区和本地区的政府干预、城镇化、金融效率和金融开放均有利于促进本地区的产业结构升级②；范方志和张立军的研究表明，金融结构转变是金融发展的重要途径，也是产业结构升级和经济实现最优增长的必要条件③。

4. 产业结构升级的衡量方法

现有研究文献中衡量产业结构升级的方法主要有三种：第一种是采用产业结构升级指数衡量，公式为 $\sum_{i=1}^{3} q_i \times i$，其中，$q_i$ 为 i 产业产值占经济总产值的比重，采用该方法的有王晶晶和刘喜华④、唐文进等⑤；第二种是通过计算第二和第三产业产值占经济总产值的比重来衡量，如任碧云和刘佳鑫、左文君利用第二产业产值与第三产业产值的比重来衡量⑥，王勋和Anders Johansson 则通过计算服务业产值占工业产值的比重来衡量⑦；第三种是将产业结构升级分成产业结构合理化和产业结构高级化来衡量，如李林汉和田卫民⑧、林春艳和孔凡超⑨。

---

① 王勋、Anders Johansson：《金融抑制与经济结构转型》，《经济研究》2013 年第 1 期，第 54~67 页。

② 张景卫、徐家楠：《科技金融发展对产业结构升级的影响研究》，《南京航空航天大学学报》（社会科学版）2020 年第 1 期，第 62~68 页。

③ 范方志、张立军：《中国地区金融结构转变与产业结构升级研究》，《金融研究》2003 年第 11 期，第 36~48 页。

④ 王晶晶、刘喜华：《数字普惠金融对产业结构升级的影响研究》，《内蒙古农业大学学报》（社会科学版）2020 年第 6 期，第 58~64 页。

⑤ 唐文进、李爽、陶云清：《数字普惠金融发展与产业结构升级——来自 283 个城市的经验证据》，《广东财经大学学报》2019 年第 6 期，第 35~49 页。

⑥ 任碧云、刘佳鑫：《数字普惠金融发展与区域创新水平提升——基于内部供给与外部需求视角的分析》，《西南民族大学学报》（人文社会科学版）2021 年第 2 期，第 99~111 页；左文君：《数字金融助力产业结构升级的经验研究——来自中国省际面板数据的证据》，硕士学位论文，华中师范大学，2020。

⑦ 王勋、Anders Johansson：《金融抑制与经济结构转型》，《经济研究》2013 年第 1 期，第 54~67 页。

⑧ 李林汉、田卫民：《数字金融发展、产业结构转型与地区经济增长——基于空间杜宾模型的实证分析》，《金融理论与实践》2021 年第 2 期，第 8~16 页。

⑨ 林春艳、孔凡超：《技术创新、模仿创新及技术引进与产业结构转型升级——基于动态空间 Durbin 模型的研究》，《宏观经济研究》2016 年第 5 期，第 106~118 页。

（二）数字金融发展对产业结构升级影响的研究

1. 数字金融发展对产业结构升级的直接促进作用

李晓龙和冉光和基于 2011～2018 年中国地级市面板数据，利用双向固定效应模型和中介效应方法，从资本配置效率的视角出发，研究发现，数字金融发展对产业结构升级产生了显著的促进作用，且数字金融覆盖广度的作用明显高于使用深度和数字化程度[1]；李治国等研究发现，数字经济能通过产业转型速度提升、产业结构高度化和产业结构合理化三个维度来促进产业结构升级，并且这种促进作用在东部、中部、西部地区间的异质性特征明显[2]；曹恺燕和周一飞认为，数字普惠金融的发展对产业结构升级具有长期稳定的促进作用，其中覆盖广度的促进作用最大，在区域差异性上，数字金融发展对东部和西部省份的产业升级具有显著促进作用，而对中部地区的作用不甚明显[3]；左文君研究结果显示，数字金融及其三个维度都可以有效地促进产业结构升级，且数字金融具有普惠性[4]。

2. 数字金融发展对产业结构升级的非线性影响

唐文进等采用面板门槛模型发现，数字普惠金融发展与产业结构升级之间存在非线性关系，而且这种非线性效应具有异质性[5]；左文君采用面板门槛模型研究发现，数字金融对产业结构升级的促进作用存在先小后大的非线性作用，并且根据分位数回归发现，在产业结构升级分位点增大时，数字金融对其影响效应增强[6]；葛和平和张立通过建立省级面板数据的静态面板模型和门槛模型发现，数字普惠金融整体上促进了产业结构高

---

① 李晓龙、冉光和：《数字金融发展、资本配置效率与产业结构升级》，《西南民族大学学报》（人文社会科学版）2021 年第 7 期，第 152～162 页。

② 李治国、车帅、王杰：《数字经济发展与产业结构转型升级——基于中国 275 个城市的异质性检验》，《广东财经大学学报》2021 年第 5 期，第 27～40 页。

③ 曹恺燕、周一飞：《数字普惠金融对产业结构升级的影响》，《现代商业》2019 年第 31 期，第 81～84 页。

④ 左文君：《数字金融助力产业结构升级的经验研究——来自中国省际面板数据的证据》，硕士学位论文，华中师范大学，2020。

⑤ 唐文进、李爽、陶云清：《数字普惠金融发展与产业结构升级——来自 283 个城市的经验证据》，《广东财经大学学报》2019 年第 6 期，第 35～49 页。

⑥ 左文君：《数字金融助力产业结构升级的经验研究——来自中国省际面板数据的证据》，硕士学位论文，华中师范大学，2020。

级化和产业结构合理化,数字普惠金融指数与产业结构升级之间呈倒 U 形关系①;张景卫和徐家楠研究发现,科技金融发展对产业结构升级在短期内的直接效应小于间接效应,而在长期内的直接效应大于间接效应,且科技金融发展与产业结构升级呈非线性关系②。

3. 数字金融发展对产业结构升级的中介效应及空间溢出效应

左文君研究结果显示,数字金融促进产业结构升级的机制为,数字金融的发展显著促进了技术创新质量而非数量的提升,从而有助于产业结构升级。③ 刘湘云和吴文洋提出,金融产品的丰富多样化会逐渐满足并刺激居民消费需求,而消费需求的多样化会促进产业结构的转型和升级。④

二　数字金融发展对产业结构升级影响的理论分析

(一) 数字金融发展对产业结构升级的影响路径

产业结构升级是产业结构逐步趋于合理,并不断向更高层级演进的动态过程,这一过程包括产业结构的合理化和产业结构的高级化。产业结构合理化强调在现有技术和资源条件下,充分利用本国的资源和国际分工的好处,使社会生产要素得到合理配置,实现国民经济协调发展和持续稳定增长,同时实现人口、资源、环境与发展的良性循环。产业结构高级化的内涵包括三个方面的内容:一是整个产业结构中产业重点逐渐转移,即第一产业占比的逐渐下降和第二、第三产业占比的逐渐上升;二是在整个产业结构中各种要素密集度依次转移,即劳动密集型产业占比的逐渐下降和资金密集型、技术知识密集型产业占比的逐渐上升;三是在整个产业结构中产品形态依次转移,即制造初级产品的产业占比逐渐下降和制造中间产

---

① 葛和平、张立:《数字普惠金融发展对产业结构升级的影响》,《财会月刊》2021 年第 9 期,第 135 ~ 141 页。

② 张景卫、徐家楠:《科技金融发展对产业结构升级的影响研究》,《南京航空航天大学学报》(社会科学版) 2020 年第 1 期,第 62 ~ 68 页。

③ 左文君:《数字金融助力产业结构升级的经验研究——来自中国省际面板数据的证据》,硕士学位论文,华中师范大学,2020。

④ 刘湘云、吴文洋:《科技金融与高新技术产业协同演化机制及实证检验——源于广东实践》,《广东财经大学学报》2018 年第 3 期,第 20 ~ 32 页。

品、最终产品的产业占比逐渐上升。产业结构合理化是产业结构高级化的基础，产业结构高级化是产业结构合理化的必然结果。

产业结构升级离不开金融的支持。相较于传统金融来说，以大数据、云计算、区块链、人工智能及互联网等前沿技术为基础的数字金融，从以下三个路径推动产业结构升级。

1. 资源配置路径

数字金融依赖大数据、云计算、区块链、人工智能及互联网等前沿技术而发展，它本身具有的普惠性和包容性等特征可以有效缓解中小企业的融资约束，满足长尾群体的需求，使得原先难以获得资金支持的中小企业和行业可以获得所需的金融服务，促进金融资源在企业间和行业间均衡配置，再加上其配置资源的市场化原则，最终保证了金融资源配置的高效率与动态优化，从而对产业结构合理化产生积极的推动作用。

另外，科技型中小微企业本身具有先进性、创新性和高成长性，是推动我国经济持续高速增长的动力源泉，也是实现由"中国制造"走向"中国创造"的最具活力的元素。尤其是一些"小巨人"和"瞪羚"企业，它们是科技成果转化、技术进步和各地 GDP 增长不可或缺的驱动力，在产业结构升级方面发挥着不可替代的作用。但是，据美国《财富》杂志报道，中国中小企业的平均寿命仅为 2.5 年，而 3 年以上科技型中小微企业的存活率不足 10%，资金缺口大、融资困难是科技型企业生命周期短的主要原因之一。数字金融的出现为科技型企业带来了福音，数字金融可以基于大数据的信用评估，有效破解中小微科技型企业缺乏抵押资产而难以融资的困境，使其能够更专心地进行研发和创新，加速资本密集型和技术密集型产业的发展，从而推动产业的高级化进程。

2. 技术推动路径

数字金融是通过互联网信息技术手段与传统金融服务业态相结合的新一代金融服务，它的发展需要前沿技术的支持，数字金融对前沿技术的这种依赖性会推动高新技术及相关产业的发展，其结果必然是产业的不断升级；另外，数字金融发展的过程，也是数字技术应用范围不断拓宽及应用不断加深的过程，技术的应用通过技术扩散效应及外溢效应，推动产业技术不断升级，推动产业不断走向更高级阶段。

3. 需求引致路径

数字金融具备的区块链、云计算等数字分析技术能够快速高效解析金融机构拥有的大数据，在风险管理、内控监管等方面发力；数字金融的发展能够使各金融机构更好地利用日益发展的互联网连接客户，与客户进行交互；人工智能等新型电子服务设备能够帮助金融机构维护客户，更好地服务客户。从金融服务的角度来看，金融机构服务能力的提升能够使金融服务的门槛降低，刺激居民的消费需求，从而引导朝阳产业发展，促进产业结构合理化；同时，在信贷约束日益弱化的背景下，消费也会不断升级，这必然从需求端推动产业向高级化演进。我们将金融机构数字化服务所带来的产业结构升级路径称为数字金融的需求引致路径。

综上分析，数字金融能够通过资源配置路径、技术推动路径、需求引致路径促进产业结构升级。基于此，本章提出如下假设。

假设1：数字金融发展能够促进产业结构升级。

（二）数字金融各细分维度发展对产业结构升级的影响

数字金融包含三个细分维度：覆盖广度、使用深度和数字化程度。对于数字金融来说，覆盖广度是前提，它衡量的是机会的平等，是数字金融发挥作用的第一步；使用深度涉及支付、货币基金、信贷、保险、投资和信用，是数字金融促进产业结构升级的关键；数字化程度反映数字金融服务的低成本和低门槛优势。服务越便利、使用活跃度越高、成本越低，数字金融对产业结构升级的促进作用越强。但由于不同维度的衡量视角不同，其发展对产业结构升级的影响也存在差异。

1. 数字金融的覆盖广度对产业结构升级的影响

数字金融如果可以促进产业结构升级，那数字金融服务触达需求者是它发挥作用的第一步。我们根据数字金融及其三个细分维度的内涵可以知道，数字金融的覆盖广度正是数字金融普惠性的"普"所代表的含义，数字金融的普及能够将各产业更加紧密地联系在一起，增强产业间的联动性，从而加速资源的流动，通过资源配置路径促进产业结构合理化。另外，数字金融的普及是以数字技术的普及为前提，5G、物联网、区块链等技术的使用需要相应技术设施的支撑，所以数字金融覆盖广度的提升也能够通过技术推动路径促进产业结构高级化。同时，技术发展也会加速金融企业服务水平的提升，并通过需求引致路径促进产业结构升级。

2. 数字金融的使用深度对产业结构升级的影响

数字金融可以为产业发展提供其需要的各类服务，建立在覆盖广度的基础上，数字金融的使用深度和数字化程度正是数字金融普惠性的"惠"所代表的含义。支付、货币基金、信贷、保险、投资和信用等各类业务会促进整个社会资源的优化配置，推动国民经济增长，从而促进产业结构合理化。数字金融使用深度不仅会通过前述的技术扩散和技术外溢效应促进产业结构高级化，随着数字金融使用的深化，数字金融发展对前沿技术的要求也会升高，从而在一定程度上会通过需求引致路径促进整个社会产业结构高级化。

3. 数字金融的数字化程度对产业结构升级的影响

数字金融的数字化程度所展现的低成本和低门槛优势会进一步通过促进资源合理配置推动产业结构合理化。其所具有的移动化、实惠化、信用化和便利化优势会通过促进高科技型企业的技术创新推动产业结构高级化，从而使得整个社会的产业结构获得升级。

基于此，本章提出如下假设。

假设2：数字金融的覆盖广度、使用深度和数字化程度均会推动产业结构升级，但是其效果会存在差异。

（三）数字金融发展对产业结构升级影响的地区异质性

自西部大开发战略于1999年实施以来，针对不同区域的实际情况，结合独特的地理结构和区域发展战略，我国逐渐形成了东部率先、中部崛起、西部开发和东北振兴的四大板块区域发展总体战略，四大板块区域内部的产业结构均表现出良好的变化态势。

但从四大板块来看，产业结构的变化趋势依然存在较大的差别。其中，东部地区的产业结构升级成果显著，第一、第二、第三产业产值占比分别从1996年的15.1%、48.7%、36.2%演变到2019年的7.1%、39.0%、53.9%，第一产业占比已经不到8%，第二、三产业创造了约

93%的产值。① 而相比之下，中部、西部和东北地区的产业结构升级速度较为缓慢，尤其是西部和东北地区的第一产业在2019年的占比仍分别高达11.0%和13.2%，产业结构升级的步伐远远落后于全国平均水平。另外，不同区域的企业所有制结构、企业规模结构等均存在较大差异，使得不同区域产业升级的基础存在较大差异。如东北地区属于我国历史上的老工业基地，以传统产业为主的国有企业占比较高；西部地区由于历史原因，基于国家安全考虑，以航天航空等为主的国防军工企业占有一定比例；东部地区则是在市场化环境下形成的中小非国有企业占主体。

从数字金融的发展来看，地区之间也存在较大差异。这种差异具体体现为：一是互联网、云计算、人工智能、大数据等数字金融发展技术及基础设施在不同区域间差异较大，直接导致不同区域在数字金融供给端存在巨大差距；二是不同区域间经济发展水平、居民金融素养等的巨大差异，使得不同区域居民对数字金融的接受程度、使用程度等存在差异，这是数字金融发展在需求端上的区域差异；三是不同区域间企业主体的结构差异，使得数字金融的使用深度在区域间也存在巨大差异。

不同区域在产业发展与数字金融发展两个方面存在的巨大差异，使得数字金融对产业升级的促进作用在区域间必然存在差异，由此本章提出如下假设。

假设3：数字金融发展对产业结构升级的促进作用存在地区异质性。

三 模型构建与变量选择

（一）模型构建

1. 基准回归模型

在进行基准的面板数据回归前，需要选择合理的计量方法。本章利用Hausman检验来判断应该使用随机效应模型还是固定效应模型，检验结果如表5-1所示。

---

① 资料来源：1997~2020年《中国统计年鉴》。

表 5 - 1   Hausman 检验结果

	产业结构合理化	产业结构高级化
原假设	随机效应模型	
备择假设	固定效应模型	
P 值	0.0001	0.0400

Hausman 检验的结果显示，以产业结构合理化和产业结构高级化作为被解释变量的基准模型分别在 1% 和 5% 的显著性水平下拒绝原假设。所以基准回归模型应采用固定效应模型。模型的具体形式为：

$$Y_{i,t} = \alpha_0 + \alpha_1 X_{i,t} + \beta_1 LAB_{i,t} + \beta_2 K_{i,t} + \beta_3 Gov_{i,t} + \beta_4 FDI_{i,t} + \beta_5 Open_{i,t} + \beta_6 Tec_{i,t} + u_i + \varepsilon_{i,t} \quad (5-1)$$

其中，i 代表省份，t 代表年份；$Y_{i,t}$ 表示产业结构合理化或者产业结构高级化；$X_{i,t}$ 表示数字金融总指数、覆盖广度、使用深度或者数字化程度；$LAB_{i,t}$ 表示人力资源供给；$K_{i,t}$ 表示投资需求；$Gov_{i,t}$ 表示政府干预程度；$FDI_{i,t}$ 表示外商直接投资；$Open_{i,t}$ 表示对外开放程度；$Tec_{i,t}$ 表示技术进步；u_i 表示固定效应；$\varepsilon_{i,t}$ 表示随机扰动项。

2. 面板门限回归模型

根据前文的分析，数字金融发展与产业结构升级可能存在非线性关系。为了验证该假设，此处采用 Hansen[①] 提出的面板门限回归模型进行分析，具体模型如下：

$$Y_{i,t} = \alpha_0 + \alpha_1 X_{i,t} I(q_{i,t} \leq r) + \alpha_2 X_{i,t}(q_{i,t} > r) + \beta_1 LAB_{i,t} + \beta_2 K_{i,t} + \beta_3 Gov_{i,t} +$$
$$\beta_4 FDI_{i,t} + \beta_5 Open_{i,t} + \beta_6 Tec_{i,t} + \mu_i + \varepsilon_{i,t} \quad (5-2)$$

其中，i 代表省份，t 代表年份；$I(\cdot)$ 为示性函数，函数值取决于门槛变量 $q_{i,t}$ 与门槛值 r 之间的大小关系，当 $q_{i,t} \leq r$ 成立时，函数值为 1，否则为 0。其余变量与前文一致。

（二）数据来源

本部分采用 2011~2019 年中国 31 个省级地区的空间面板数据对前文的 3 个理论假设进行验证。实证检验所用到的数据主要来自《中国统计年

---

① Hansen, B. E., "Threshold Effcets in Non - Dynamic Panels: Estimation, Testing, and Inference," *Journal of Econometrics* 93 (2) (1999): 345 - 368.

鉴》、《中国科技统计年鉴》、《北京大学数字普惠金融指数（2011—2020年）》和 Wind 数据库。

（三）变量选择

1. 被解释变量

（1）产业结构合理化

产业结构合理化指的是产业间的聚合质量，它一方面是产业之间协调程度的反映，另一方面还应当是资源有效利用程度的反映，也就是说它是要素投入结构和产出结构耦合程度的一种衡量。本章借鉴干春晖等的方法，采用泰尔指数来衡量产业结构升级的合理化[①]，计算公式为：

$$IR = \sum_{i=1}^{3} \frac{Y_i}{Y} \times \ln\left(\frac{Y_i/Y}{L_i/L}\right) \qquad (5-3)$$

其中 IR 为泰尔指数，Y 为三次产业产值之和，Y_i 为第 i 个产业的产值，L 为三次产业就业人数总量，L_i 为第 i 个产业吸收的就业人数。

如果经济处于均衡状态，$IR = 0$。该指数考虑了产业的相对重要性并避免了对绝对值的计算，同时它还保留了结构偏离度的理论基础和经济含义，因此是一个衡量产业结构合理化的较好度量指标。如果泰尔指数不为 0，表明产业结构偏离了均衡状态，产业结构不合理。若为负，则表示产业结构偏离均衡水平的过程受到抑制，即产业结构向合理化演进；若为正，则表示产业结构偏离均衡水平的趋势在加剧，即产业结构的合理化程度在降低。

（2）产业结构高级化

对产业结构高级化的度量同样有多种方法，有根据克拉克定律采用非农业产值比重作为度量指标的[②]，也有使用第三产业产值与第二产业产值比值衡量的[③]，还有使用产业结构层次系数作为产业结构高级化代理指标

---

① 干春晖、郑若谷、余典范：《中国产业结构变迁对经济增长和波动的影响》，《经济研究》2011 年第 5 期，第 4~16 页。

② 程莉：《产业结构的合理化、高级化会否缩小城乡收入差距——基于 1985—2011 年中国省级面板数据的经验分析》，《现代财经》（天津财经大学学报）2014 年第 11 期，第 82~92 页。

③ 干春晖、郑若谷、余典范：《中国产业结构变迁对经济增长和波动的影响》，《经济研究》2011 年第 5 期，第 4~16 页。

比值衡量的[①]，还有使用产业结构层次系数作为产业结构高级化代理指标的。但我们此处采用各地区高新技术企业营业收入占地区 GDP 的比重来衡量产业结构高级化。采用这一指标来衡量，是基于以下几点考虑的。一是中国经历经济高速发展时期后已经进入工业化的后期阶段，农业产值在整个产业产值中的比例早已很低，知识密集型和技术密集型的高新技术企业的带动作用才是整个经济增长的决定性因素，所以采用克拉克定律衡量产业结构高级化程度并不符合当前经济发展的实际状况。二是第三产业产值除以第二产业产值所得的结果其实是对产业结构服务化的度量，但是产业结构服务化仅是产业结构高级化的内容之一，是经济在某个发展阶段的具体表现形式，所以用该指标衡量产业结构高级化会有些片面。三是虽然一般来说，产业结构层次系数更能展示三次产业结构比重的变化，但它不适用于计量分析。四是促进高新技术产业发展、依靠科技进步推动产业结构调整与产业转型升级是我国现阶段发展的重要任务。避免经济"脱实向虚"，大力发展实体经济，增加研发投入，推动劳动密集型产业向知识密集型和技术密集型产业转变是"十四五"发展的重点要求。

2. **解释变量**

核心解释变量是数字金融总指数（Fin），本章使用北京大学数字金融研究中心编制的北京大学数字普惠金融指数代表各地区数字金融发展程度。该指标具体测算方法详见《北京大学数字普惠金融指数（2011—2020 年）》。该指数分别从数字金融服务的覆盖广度、使用深度和数字化程度三方面构建数字金融指标体系。为了缩小数据之间的绝对差异，避免个别极端值的影响，本章用数字金融发展指数及其三个维度的数据分别除以 100 进行实证回归。

3. **控制变量**

（1）人力资源供给

人口红利为改革开放以来中国经济高速增长创造了优越的劳动力要素条件，在促进产业结构升级上做出了突出的贡献。现阶段，我国致力于将产业发展模式从以出口导向的加工制造业向资本和技术密集型行业转变，更加强调人

---

① 干春晖、郑若谷、余典范：《中国产业结构变迁对经济增长和波动的影响》，《经济研究》2011 年第 5 期，第 4～16 页。

才质量对产业发展的带动作用[①]，所以人力资本是产业结构升级的重要支撑因素。具体来说，人力资本可以从两个方面促进产业结构升级。一方面，人力资本不断积累，可以拉大不同产业部门的利润率差距，加速生产要素在产业部门之间重新配置，促进新产业结构形成[②]；另一方面，人力资本具有较强的外部性，能提高研发部门的效率，加快人力资本积累，改变动态比较优势，不断催生更先进的产业，实现产业结构升级[③]。因此，本章将人力资源供给作为控制变量之一，采用高等普通本科在校生数与总人口的比值来反映。

（2）投资需求（资本投入）

消费、投资和出口是拉动经济增长的三驾马车，其中投资对产业结构的影响是多维的。任何现有的产业结构都是由过去的投资形成的，而未来的产业结构又是由现在的投资结构所决定的，产业结构的高级化离不开产业投资结构的优化和调整。[④] 因此，本章将投资需求作为控制变量之一，采用各地区固定资产投资总额与地区 GDP 的比值来反映。

（3）政府干预程度

在政府主导经济运行的模式下，产业结构调整是政府经济管理职能题中应有之义。然而，理论与实践的结果均表明，政府的干预政策对产业结构的调整具有双重作用。马莹莹研究发现，在经济"新常态"下，地方政府的各项干预措施对产业结构合理化和产业结构高级化具有不同的作用。[⑤] 因此，本章将政府干预程度作为控制变量之一，采用各地区财政支出与地区 GDP 的比值来反映。

（4）外商直接投资

外商直接投资在我国经济飞速发展的过程中扮演了重要的角色。外资引入的先进技术有助于我国充分利用后发优势，不仅使我国实现对发达国家技术与

---

① 楚明钦：《产业发展、要素投入与我国供给侧改革》，《求实》2016 年第 6 期，第 33～39 页。
② 牛旻昱、崔建华、颜玮：《论人力资本对产业结构变迁的影响机制——对广东地区相关数据实证研究》，《经济问题》2013 年第 6 期，第 10～16 页。
③ 王健、李佳：《人力资本推动产业结构升级：我国二次人口红利获取之解》，《现代财经》（天津财经大学学报）2013 年第 6 期，第 35～44 页。
④ 陈婧：《我国投资结构对产业结构的影响研究》，硕士学位论文，吉林大学，2007。
⑤ 马莹莹：《经济"新常态"下地方政府干预对产业结构调整的影响——基于省际面板数据分析》，硕士学位论文，兰州大学，2017。

经济上的追赶，也使我国的劳动力资源得以充分利用，带动了国内制造业的发展；外资先进的管理经验与治理结构为本土企业的规范化发展提供了参考，实现了中外双方在微观层面上的相互交流与学习。[①] 因此，本章将外商直接投资作为控制变量之一，采用各地区外商直接投资额与地区 GDP 的比值来反映。

（5）对外开放程度

改革开放对我国产业结构升级的贡献有目共睹。因此，本章将对外开放程度作为控制变量之一。采用各地区进出口总额与地区 GDP 的比值来反映。

（6）技术进步

现阶段，我国经济发展步入"新常态"，非常重视经济结构的战略性调整，提出创新驱动发展战略，旨在依托技术进步带动产业结构升级。鲍莫尔理论认为，不同部门因技术进步率不同而产出增长率不同，如果部门间的生产要素是可替代的，就会出现生产要素从技术进步率高的部门向技术进步率低的部门转移，因而会出现产业结构变迁。因此，本章将技术进步作为控制变量之一，采用各地区专利授权数与全国专利授权总数的比值来反映。

各变量的定性描述和描述性统计见表 5-2、表 5-3。

表 5-2　各变量的定性描述

变量类型	符号	含义	度量指标	预期符号
被解释 变量	*IR*	产业结构合理化	泰尔指数	−
	IS	产业结构高级化	各地区高新技术企业营业收入/地区 GDP	+
解释 变量	*Fin*	数字金融总指数	北京大学数字金融研究中心发布的数字 普惠金融指数	+
	Breadth	覆盖广度		+
	Depth	使用深度		+
	Digital	数字化程度		+
控制 变量	*LAB*	人力资源供给	各地区高等普通本科在校生数/总人口	+
	K	投资需求	各地区固定资产投资总额/地区 GDP	+
	Gov	政府干预度	各地区财政支出/地区 GDP	−
	FDI	外商直接投资	各地区外商直接投资额/地区 GDP	+
	Open	对外开放程度	各地区进出口总额/地区 GDP	+
	Tec	技术进步	各地区专利授权数/全国专利总授权数	+

[①] 廖宝志：《我国外商直接投资的现状、问题及对策》，《经济研究导刊》2021 年第 9 期，第 132～134 页。

表 5 - 3　各变量的描述性统计

变量	观测值	均值	中位数	标准差	最小值	最大值
IR	279	0.202	0.179	0.126	0.017	0.653
IS	279	0.126	0.103	0.109	0.002	0.468
Fin	279	2.023	2.124	0.916	0.162	4.103
Breadth	279	1.823	1.893	0.905	0.020	3.847
Depth	279	1.970	1.898	0.915	0.068	4.399
Digital	279	2.784	3.136	1.177	0.076	4.622
LAB	279	0.192	0.186	0.051	0.080	0.345
K	279	0.857	0.871	0.292	0.211	1.597
Gov	279	0.297	0.238	0.212	0.120	1.354
FDI	279	0.567	0.551	0.131	0.227	0.896
Open	279	0.024	0.020	0.022	0	0.127
Tec	279	0.032	0.018	0.045	0	0.232

四　数字金融发展对产业结构升级影响的实证检验

（一）基准回归分析

1. 数字金融发展对产业结构升级的影响

基准回归的结果如表 5 - 4 所示。数字金融对产业结构合理化的影响系数为 - 0.012，且在 1% 的水平下通过显著性检验，这表明数字金融发展对产业结构偏离合理方向起到了显著的抑制作用，即促进了产业结构的合理化；数字金融总指数上升 1%，产业结构合理化程度会提升 1.2%。这种效应源于数字金融的普惠性能够改善当下经济中存在的信贷资源错配现象，且其发展依赖的大数据、云计算等技术能够降低企业的信息搜集成本和风险识别成本，使得各产业内部存在的信息不对称问题得到缓解，资源得到合理配置，进而实现产业结构的合理化。数字金融发展对产业结构高级化的影响系数为 0.007，且通过了 10% 的显著性水平检验，表明数字金融发展对产业结构高级化具有显著的影响，数字金融总指数上升 1%，产业结构高级化提升 0.7%。这种效应源于数字金融的发展可以更好地服务传统金融覆盖不足的尾部群体，拓宽中小企业的融资渠道，使得那些需要大量资金的高新技术企业可以加大研发投入，进而使企业的创新能力得到提高，生产效率大幅提高。除此之外，得益于数字技术的快速发展，金融业的信息透明度越来越高，消费者对于服务质量的要求也在快速上升，为了能够第一时间获得信息，维护客户，各个企业的业务也呈现个性化、多元化的发展趋势，产业之间的联系越来越紧密，界限也越来越模糊，这最终必将推动产业结构向高级化演变。因此，总体而言，数字金融能够从产业结构合理化和产业结构高级化两个维度共同促进产业结构升级。这与我们的理论分析一致。

表 5-4　数字金融总指数对产业结构合理化和产业结构高级化的回归结果

变量	(1)	(2)
	产业结构合理化（IR）	产业结构高级化（IS）
Fin	-0.012 ***	0.007 *
	(0.005)	(0.004)
LAB	-0.836 ***	-0.006
	(0.215)	(0.182)
K	-0.041 ***	0.032 ***
	(0.013)	(0.011)
Gov	-0.231 **	0.011
	(0.093)	(0.079)
FDI	0.026	0.495 ***
	(0.164)	(0.138)
Open	-0.011	0.125 ***
	(0.027)	(0.023)
Tec	-0.053	0.601 ***
	(0.206)	(0.174)
常数项	0.496 ***	0.013
	(0.046)	(0.039)
N	279.000	279.000
R^2	0.438	0.294

注：*** 、** 、* 分别表示在 1%、5%、10% 的水平下显著。

我们注意到，数字金融对产业结构合理化和产业结构高级化的回归系数的绝对值分别为 0.012 和 0.007，可以看出数字金融对产业结构合理化的促进作用强于对产业结构高级化的促进作用，而产业结构合理化是产业结构高级化的基础。这说明相较于促进产业结构高级化，数字金融的基础性效应更强。

考察其他控制变量的回归结果。人力资源供给的增加和政府干预程度的提高主要通过产业结构合理化促进产业结构升级；投资需求对产业结构的升级具有双重促进作用，其增加不仅能够使得现有的企业获得发展，还能够催生许多创新型的高新技术企业，所以它能够从产业结构合理化和产业结构高级化两个方向共同促进产业结构升级；外商直接投资的增加、对外开放程度提高和技术进步都能够通过提高产业结构高级化程度对产业结构升级发挥作用。

2. **数字金融的分维度发展对产业结构升级的影响**

数字金融三个子维度发展对产业结构升级影响的回归分析结果见表 5 - 5。可以看出，数字金融发展的三个维度对产业结构合理化的影响系数分别为 - 0.014、- 0.008 和 - 0.006，且分别在 1%、10% 和 5% 的显著性水平下通过检验，这表明数字金融发展的三个维度对产业结构合理化均起到了积极的推动作用。这种作用源于数字金融的普惠性和共享性能将更多的金融服务送达需求者，优化产业内部资源的合理配置，提高资源配置效率，实现产业结构的动态优化。在产业结构高级化方面，只有数字化程度对其影响效应系数为 0.010，且通过了 1% 水平下的显著性检验，而其他两个维度的影响效应并不显著。

表 5 - 5　数字金融分维度指数对产业结构合理化和产业结构高级化的回归结果

变量	(1) 产业结构合理化（IR）	(2) 产业结构高级化（IS）	(3) 产业结构合理化（IR）	(4) 产业结构高级化（IS）	(5) 产业结构合理化（IR）	(6) 产业结构高级化（IS）
Breadth	- 0.014 *** (0.005)	0.006 (0.004)				
Depth			- 0.008 * (0.004)	0.002 (0.003)		

续表

变量	(1) 产业结构 合理化（*IR*）	(2) 产业结构 高级化（*IS*）	(3) 产业结构 合理化（*IR*）	(4) 产业结构 高级化（*IS*）	(5) 产业结构 合理化（*IR*）	(6) 产业结构 高级化（*IS*）
Digital					-0.006 ** (0.003)	0.010 *** (0.002)
LAB	-0.743 *** (0.225)	0.021 (0.191)	-1.039 *** (0.191)	0.217 (0.161)	-1.053 *** (0.180)	-0.111 (0.148)
K	-0.043 *** (0.013)	0.034 *** (0.011)	-0.045 *** (0.013)	0.035 *** (0.011)	-0.037 *** (0.014)	0.021 * (0.012)
Gov	-0.229 ** (0.093)	0.017 (0.079)	-0.263 *** (0.093)	0.036 (0.078)	-0.227 ** (0.096)	-0.042 (0.079)
FDI	0.029 (0.162)	0.478 *** (0.138)	0.073 (0.163)	0.446 *** (0.138)	0.034 (0.167)	0.578 *** (0.137)
Open	-0.015 (0.026)	0.120 *** (0.023)	0.007 (0.026)	0.103 *** (0.022)	0.006 (0.025)	0.142 *** (0.021)
Tec	-0.058 (0.205)	0.596 *** (0.174)	-0.026 (0.207)	0.577 *** (0.175)	-0.044 (0.207)	0.633 *** (0.170)
常数项	0.481 *** (0.047)	0.010 (0.040)	0.530 *** (0.042)	-0.020 (0.036)	0.519 *** (0.044)	0.039 (0.036)
N	279.000	279.000	279.000	279.000	279.000	279.000
R^2	0.442	0.291	0.429	0.284	0.431	0.325

注：***、**、* 分别表示在 1%、5%、10% 的水平下显著。

（二）面板门限回归分析

1. 数字金融发展对产业结构升级的门槛效应

为验证假设 2，我们以产业结构合理化和产业结构高级化为被解释变量，以数字金融总指数为核心解释变量，并以核心解释变量 *Fin* 作为门槛变量，运用面板门槛模型对数字金融发展与产业结构升级之间的关系进行实证研究。

门槛效应检验的结果见表 5－6。由表 5－6 可知，数字金融发展对产业结构合理化的促进作用不存在门槛效应，但是对产业结构高级化存在显著的双门槛效应。这与我们的基本认知不谋而合。数字金融最大的特征就是它的高度普惠性，它能够通过数字技术很好地解决传统金融服务成本高、服务群体窄的弊端，为融资难、融资贵的长尾企业带来福音，所以数字金融对于产业结构合理化的促进作用不存在门槛是由它本身的特性所决定的。相对而言，产业结构高级化的演进需要各产业协调推进，需要整个社会经济效率的提高，而不单单是某一个产业或企业得到发展就能实现。从某种程度上讲，产业结构高级化是产业内部结构合理化积累到一定程度产生质变的结果，而且随着产业结构高级化的不断提升，数字金融对产业结构迈向更高层级的促进作用也会越来越弱，即存在效应递减现象。

表 5-6　数字金融发展门槛效应的检验结果

门槛个数	产业结构合理化			产业结构高级化		
	F 统计量	P 值	门槛值	F 统计量	P 值	门槛值
单一门槛	19.63	0.2433	0.1884	54.77	0.0100	2.4925 **
双重门槛	—	—	—	19.73	0.0733	2.4925 ** 3.2000 *
三重门槛	—	—	—	7.65	0.4400	2.4925 ** 3.2000 * 3.2289

注：** 、 * 分别表示在 5% 、10% 的水平下显著。

具体来说，数字金融发展对产业结构升级的影响由非常显著到比较显著，促进作用呈现由强变弱的非线性变化过程。数字金融发展存在瓶颈，具有门槛效应，当数字金融发展水平处于较低阶段时，数字金融发展对产业结构高级化具有显著的强促进作用；当数字金融发展水平处于较高阶段时，数字金融发展对产业结构高级化的促进作用减弱（见表 5-7）。

产业结构合理化是资源不断优化组合的结果，产业结构合理化积累到一定程度才能发生产业结构高级化，所以数字金融对产业结构合理化的促进作用是缓慢而持续的。相对地，数字金融对产业结构高级化的促进作用存在双门槛效应。这说明，数字金融在发展初期能够为中小微企业和高新技术企业提供适当资金，促进整个社会的创新和生产效率的提升，但是当数字金融总指数分别越过相应的两个阈值后，这种作用在逐渐减小（见表5－7）。此时产业结构高级化已经达到比较高的状态，若想要再得到提高，就必须提升整个金融系统的效率，所需的条件更多也更加严苛，不再是简单地发展数字金融就能实现。

表5－7　数字金融总指数对产业结构高级化的门槛效应回归结果

变量	产业结构高级化（IS）
$Fin \leqslant 2.4925$	0.027***
	(0.004)
$2.4925 < Fin \leqslant 3.2000$	0.015***
	(0.004)
$Fin > 3.2000$	0.008**
	(0.004)
LAB	-0.011
	(0.164)
K	-0.008
	(0.011)
Gov	-0.091
	(0.072)
FDI	0.784***
	(0.129)
Open	0.104***
	(0.021)
Tec	0.493**
	(0.156)
常数项	0.055
	(0.035)
N	279.000
R^2	0.6887

注：***、**分别表示在1%、5%的水平下显著。

2. 数字金融的分维度发展对产业结构升级的门槛效应

数字金融总指数由覆盖广度指数、使用深度指数和数字化程度指数构成，用它们表征数字金融发展水平的内涵更加具体。各维度内涵的侧重点不同，因此有必要深入探讨数字金融各维度发展与产业结构升级的关系，以使研究结论更具实践指导意义。以产业结构合理化和产业结构高级化为被解释变量，以数字金融各维度指数为核心解释变量，同时分别选取 *Breadth*、*Depth*、*Digital* 作为门槛变量，运用面板门槛模型对数字金融各维度发展与产业结构升级之间的关系进行实证研究，实证结果见表 5 – 8。由表 5 – 8 可以看出，数字金融各维度对产业结构合理化的促进作用不存在门槛效应，这也进一步验证了数字金融总指数对产业结构合理化的影响不存在门槛效应这一结论。但是，数字金融的覆盖广度和数字化程度均对产业结构高级化的影响存在单门槛效应，数字金融的使用深度对产业结构高级化的影响存在双门槛效应。

表 5 – 8　数字金融发展子维度门槛效应的检验结果

子维度	门槛个数	产业结构合理化			产业结构高级化		
		F 统计量	P 值	门槛值	F 统计量	P 值	门槛值
Breadth	单一门槛	19.63	0.1567	0.0499	54.75	0.0000	2.4950 ***
	双重门槛	—	—	—	14.10	0.1800	2.2252 2.9440
Depth	单一门槛	16.61	0.2433	0.2751	50.77	0.0100	2.5308 ***
	双重门槛	—	—	—	10.90	0.0633	2.3341 *** 3.1758 *
	三重门槛	—	—	—	17.20	0.3833	2.3341 *** 3.1758 * 3.1854
Digital	单一门槛	10.14	0.5000	3.7301	32.09	0.0167	3.7754 **
	双重门槛	—	—	—	8.14	0.6467	0.3667 3.7754 **

注：*** 、** 、* 分别表示在 1% 、5% 、10% 的水平下显著。

　　表 5 – 9 是数字金融的三个子维度对产业结构高级化影响的门槛效应回归结果。结果显示，随着数字金融三个子维度的发展，它们对产业结构高级化的促进作用均逐渐减弱，这也与前面得到的数字金融总指数对产业结构高级化的促进作用逐渐减弱的结果相吻合。

表 5 - 9　数字金融子维度指数对产业结构高级化的门槛效应回归结果

变量	产业结构高级化（IS）		
$Breadth \leqslant 2.4950$	0.022 ***		
	(0.004)		
$Breadth > 2.4950$	0.009 **		
	(0.004)		
$Depth \leqslant 2.3341$		0.027 ***	
		(0.004)	
$2.3341 < Depth \leqslant 3.1758$		0.014 ***	
		(0.003)	
$Depth > 3.1758$		0.006 *	
		(0.003)	
$Digital \leqslant 3.7754$			0.0160 ***
			(0.003)
$Digital > 3.7754$			0.010 ***
			(0.002)
LAB	0.054	0.062	- 0.138
	(0.176)	(0.147)	(0.140)
K	0.002	0.015	0.016
	(0.011)	(0.010)	(0.011)
Gov	- 0.067	- 0.107	- 0.043
	(0.074)	(0.072)	(0.075)
FDI	0.669 ***	0.643 ***	0.641 ***
	(0.130)	(0.125)	(0.130)
Open	0.103 ***	0.086 ***	0.152 ***
	(0.021)	(0.020)	(0.020)
Tec	0.524 ***	0.469 *	0.642 ***
	(0.161)	(0.157)	(0.161)
常数项	0.041	0.041	0.031
	(0.037)	(0.033)	(0.034)
N	279.000	279.000	279.000
R^2	0.6936	0.6815	0.6645

注：*** 、** 、* 分别表示在 1% 、5% 、10% 的水平下显著。

（三）地区异质性分析

1. 基准回归分析

为了检验数字金融发展对产业结构升级的影响是否存在区域差异，本章将31个省（区、市）划分为东部、中部、西部、东北四大区域，并将样本根据四大区域划分为4个子样本。分别对4个子样本的数字金融总指数与产业结构升级进行回归分析，其结果见表5-10。

表5-10　数字金融总指数对产业结构升级影响的分区域基准回归结果

变量	东部地区		中部地区		西部地区		东北地区	
	产业结构合理化（IR）	产业结构高级化（IS）	产业结构合理化（IR）	产业结构高级化（IS）	产业结构合理化（IR）	产业结构高级化（IS）	产业结构合理化（IR）	产业结构高级化（IS）
Fin	-0.002	-0.017*	-0.023***	0.014**	-0.015	0.007*	-0.019	0.006
	(0.003)	(0.009)	(0.005)	(0.005)	(0.009)	(0.004)	(0.015)	(0.021)
LAB	-0.367**	-0.222	0.676**	-0.557*	-1.255***	-0.109	0.385	-1.768*
	(0.162)	(0.553)	(0.334)	(0.324)	(0.364)	(0.147)	(0.678)	(0.982)
K	-0.043***	0.131**	-0.021	-0.007	-0.037	0.013	-0.043	0.100**
	(0.016)	(0.053)	(0.025)	(0.024)	(0.024)	(0.010)	(0.027)	(0.039)
Gov	0.202**	0.481*	-0.773**	0.762***	-0.244	-0.029	0.147	-0.039
	(0.078)	(0.268)	(0.288)	(0.279)	(0.149)	(0.060)	(0.313)	(0.453)
FDI	-0.003	0.762***	-1.010	1.884	-1.279	-1.153***	-0.724*	-0.552
	(0.060)	(0.206)	(1.425)	(1.379)	(0.927)	(0.375)	(0.394)	(0.570)
Open	0.026**	0.054	0.398*	-0.162	0.262***	0.103***	0.444***	-0.044
	(0.013)	(0.043)	(0.200)	(0.194)	(0.093)	(0.038)	(0.147)	(0.213)
Tec	-0.074	0.170	-0.114	1.648	-0.648	2.947***	9.840***	0.723
	(0.064)	(0.219)	(1.018)	(0.985)	(2.140)	(0.865)	(2.816)	(4.077)
常数项	0.143***	0.048	0.294***	-0.024	0.670***	0.044	-0.100	0.397*
	(0.030)	(0.104)	(0.088)	(0.085)	(0.092)	(0.037)	(0.150)	(0.217)
N	90.000	90.000	54.000	54.000	108.000	108.000	27.000	27.000
R²	0.479	0.524	0.727	0.600	0.562	0.442	0.886	0.499

注：***、**、*分别表示在1%、5%、10%的水平下显著。

从表 5 - 10 可以看出，数字金融发展对产业结构升级的影响存在区域异质性。在东部地区，数字金融发展对东部地区产业结构合理化的促进效应不显著，但对产业结构高级化的影响系数为 - 0.017，且在 10% 的显著性水平下通过检验。这表明东部地区数字金融发展对产业结构高级化起抑制作用。在中部地区，数字金融发展对于产业结构合理化与高级化均起着显著的促进作用，数字金融总指数每提高 1%，对产业结构偏离合理化的抑制程度为 2.3%，对产业结构高级化的影响程度为 1.4%。这表明在中部地区，数字金融发展同时推动了产业结构的合理化与高级化。在西部地区，数字金融发展对产业结构合理化的影响效应不显著，而对产业结构高级化的影响系数为 0.007，且通过了 10% 的显著性水平检验。在东北地区，数字金融发展对其产业结构合理化及高级化的影响均不显著。

近年来，我国数字金融飞速发展，东部地区更是引领了我国数字金融发展的浪潮，是我国提供数字金融服务的先行者。但是东部地区数字金融在飞速发展的同时出现了许多问题，如 P2P 平台的不断爆雷直至全部关闭、一些金融机构不良贷款率持续上升等现象相继出现，这些都反映出数字金融的发展还有很多需要完善和规范的地方。另外，东部地区市场体系发达且信息透明度高，市场信息不对称程度较低，数字金融发展的信息优势并不能很好地得到发挥，而且其产业结构本身已处于高位，产业结构高级化的提升空间较小。因此，东部地区的产业结构要想获得进一步升级，仅发展数字金融是不够的，还需要各行业协同共进。随着国家政策对中部和西部地区的不断引导，中部和西部地区在数字金融发展中扮演着学习者的角色，通过不断学习改进其发展模式，再加上中部地区存在较多的生产制造业，所以数字金融发展对该地区产业结构升级的影响呈现显著的促进性；受制于先天地理位置的缺陷，西部地区数字技术的发展速度整体相较于其他地区慢，所以数字金融发展对该地区产业结构合理化的促进效应并不显著，但由于西部地区存在许多重要的装备制造、天然气化工、军工、材料等新兴工业集聚群，且这些集聚群中的重要企业自身的发展基础较为坚实，在国家西部大开发政策的导向和数字金融的助力下得到了一定的发展，因此数字金融发展对西部地区产业结构高级化的影响表现为显著的促进作用。在东北地区，数字金融对其产业结构升级的影响效应虽然存在，但都未通过显著性检验。究其原因，一是东北地区数字金融的发展程度远低于其他地区，其对产业结构升级的影响力较弱。二是东北地区的市场化程度低，产业结构不仅层次低，而且缺乏弹性，从而使得数字金融发展对产业结构升级的影响效应较小。

2. 分区域的门槛效应分析

分区域门槛效应检验的结果见表 5 – 11。可以看出，数字金融发展对东部和东北地区的产业结构合理化和高级化均不存在门槛效应，对中部和西部地区的产业结构合理化的促进作用不存在门槛效应，但对产业结构高级化存在单门槛效应。

表 5 – 11 数字金融发展的分区域门槛效应检验

地区	门槛个数	产业结构合理化			产业结构高级化		
		F 统计量	P 值	门槛值	F 统计量	P 值	门槛值
东部地区	单一门槛	7.00	0.5733	0.6058	10.88	0.2867	0.7941
中部地区	单一门槛	11.50	0.2900	0.3286	23.78	0.1000	2.8365 *
	双重门槛	—	—	—	8.91	0.3167	2.7160 * 2.2878
西部地区	单一门槛	11.93	0.3933	0.3268	30.07	0.0633	2.2891 *
	双重门槛	—	—	—	6.31	0.7900	2.1720 * 2.6718
东北地区	单一门槛	12.04	0.1733	2.9095	24.49	0.1133	2.1707
	双重门槛	—	—	—	6.12	0.3933	2.2189 2.7474

注：* 表示在 10% 的水平下显著。

门槛效应回归结果见表 5 – 12。从中可以看出，数字金融对西部地区产业结构高级化的促进作用随数字金融发展呈现显著的减弱趋势，这与数字金融对产业结构升级的促进作用随着数字金融的发展逐渐减弱的实证结果相吻合。

表5－12　数字金融总指数对产业结构高级化分区域的门槛效应回归结果

变量	中部地区	西部地区
	产业结构高级化（IS）	产业结构高级化（IS）
$Fin \leqslant 2.8365$	0.0352	
	(0.0055)	
$Fin > 2.8365$	0.0265	
	(0.0048)	
$Fin \leqslant 2.2891$		0.040***
		(0.007)
$Fin > 2.2891$		0.024***
		(0.005)
LAB	-0.3063	-0.777**
	(0.2499)	(0.313)
K	-0.0423	0.006
	(0.0199)	(0.019)
Gov	0.2154	0.094
	(0.2324)	(0.186)
FDI	2.0584	0.195
	(1.0933)	(0.270)
$Open$	-0.0756	0.283**
	(0.1478)	(0.106)
Tec	1.931	2.609**
	(0.7477)	(0.940)
常数项	0.054	0.079
	(0.042)	(0.061)
N	54	81
R^2	0.7813	0.0428

注：***、**分别表示在1%、5%的水平下显著。

五 研究结论

本章基于产业结构合理化和产业结构高级化两个维度衡量产业结构升级，首先界定了产业结构升级的内涵，并对相关的文献进行了梳理学习，其次对数字金融发展对产业结构升级的影响及其门槛效应做出理论分析，最后采用 2011～2019 年中国 31 个省级地区的空间面板数据进行实证检验，并分析了数字金融发展对产业结构升级影响的区域异质性，得到如下结论。

第一，数字金融发展能够从产业结构合理化和产业结构高级化两个维度共同促进产业结构升级，且对产业结构高级化的促进作用出现递减的非线性特征。

第二，数字金融的覆盖广度和使用深度仅能通过显著促进产业结构合理化进而促进产业结构升级，对产业结构高级化的影响不显著。数字金融的数字化程度能够通过产业结构合理化和产业结构高级化双渠道促进产业结构升级。

第三，数字金融发展及其子维度对产业结构合理化的促进作用不存在门槛效应，对产业结构高级化的促进作用均存在门槛效应。具体来说，随着数字金融的发展，各子维度对产业结构高级化的促进作用逐渐减弱。

第四，数字金融发展对产业结构升级的促进作用存在地区异质性。数字金融发展对中部地区的产业结构升级存在显著的促进作用；对东部地区产业结构合理化的促进作用不显著，但对该地区产业结构高级化存在抑制作用；对西部地区产业结构高级化存在显著的促进作用，但是对产业结构合理化的促进作用不显著；对东北地区产业结构升级的促进作用不显著。数字金融对于产业结构高级化的促进作用在中部和西部地区存在门槛效应，而在东部和东北地区不存在门槛效应。

第三篇

数字金融发展
对企业发展

本篇包括第六~八章。主要从企业发展的视角，在文献梳理的基础上，分别对数字金融发展对企业成长、企业创新以及中小企业融资约束的影响机理进行了理论分析，并采用 2011~2020 年企业数据进行了实证检验。

第六章　数字金融发展对企业成长

企业作为国民经济的细胞，在经济发展过程中发挥着重要作用，但中小企业由于自身规模小、可抵押担保资产缺乏以及信息不对称等问题面临融资难、融资贵的困境。因此，缓解企业的融资约束从而实现企业成长具有重要意义。本章将对数字金融发展对企业成长的影响及其机制进行理论分析，并采用 2011~2020 年创业板上市公司数据对其影响进行实证检验。

一　研究文献回顾

（一）关于数字金融发展与企业融资约束的关系研究

融资约束这一概念最早由 Fazzari 等人于 1988 年提出，其观点是：资本市场的摩擦使得企业的外部资本成本受到影响，当企业的资本成本较高使得企业无法筹措到充足的资金进行项目投资时，企业就面临一种融资约束的状况。[①] 关于融资约束的理论，Kaplan 和 Zingales 指出，学术界普遍认为当企业内部资金已无法维持正常运转，企业被迫转向融资成本更高的外部融资，而通过外部融资也无法获得足够资金时，企业就面临融资约束问题。对于造成融资约束的原因，Kaplan 和 Zingales 提出，银企信息不对称是中小企业面临融资约束的重要原因，即大企业更容易获得政府的背书，且政府与银行之间的合作关系使得大企业更容易获得银行的信贷支持，从

---

① Fazzari, S. M., Hubbard, R. G. & Petersen, B. C., "Financing Constraints and Corporate Investment," in *Bookings Papers on Economic Activity* (Brooking Institution Press, 1988), pp. 141 – 206.

而使中小企业面临信贷歧视，更难获得所需资金。[1] 国外学者 Garcia - Tabuenca 和 Crespo - Espert 虽然选取的企业样本不同，但对于融资约束有着较为一致的看法，认为企业的融资约束是企业自身的财务信息不完善、征信担保体系不健全，从而无法通过信贷审批，最终无法获得自身所需资金造成的。[2]

国内学者认为中小企业产生融资约束的原因，大体可以分为两类：一类是微观层面原因，即企业自身和银行等金融机构存在的问题；另一类是宏观层面原因，即我国金融环境和金融体制的局限。在微观层面，冯建丽从企业和银行的角度分析了中小企业融资难的原因，认为中小企业财务制度不健全、信用水平低、缺乏资本金等是其融资难的原因。[3] 张红克等认为银企信息不对称是造成民营中小企业融资约束的重要原因，而企业信用不健全、缺乏担保，导致银行对其存在信贷歧视。[4] 在宏观层面，尚蔚和李肖林通过实证分析检验出金融抑制是造成中小企业融资难的重要原因。我国金融市场体系不健全、金融体制扭曲导致金融抑制的出现。因此提出深化金融体制改革、放开管制的建议。[5] 也有学者认为宏观经济政策也是影响企业融资约束的因素，如王建斌通过实证研究货币政策对企业融资约束的影响，发现宽松的货币政策可以减轻企业的融资约束，且这种影响在非国有企业中更为显著。[6]

国外学者对于数字金融发展与企业融资约束关系的研究较少。Claessens 和 Laeven 的研究提出，金融自由化改革比如放松对利率汇率的管制、

① Kaplan, S. N. & Zingales, L., "Do Investment - Cash Flow Sensitivities Provide Useful Measures of Financiny Constraints?" *The Quarterly Journal of Economics* (112) (1997): 169 - 215.

② Garcia - Tabuenca, A. & Crespo - Espert, J. L., "Credit Guarantees and SME Efficiency," *Small Business Economics* 35 (2010): 113 - 128.

③ 冯建丽：《我国中小企业融资问题分析及对策》，《金融经济》2017 年第 22 期，第 29 ~ 30 页。

④ 张红克、李辉、孙德营：《民营中小企业融资难的破解之道——以河南省济源市为例》，载《第十二届"中部崛起法治论坛"论文汇编集》，河南省法学会，2019，第 247 ~ 254 页。

⑤ 尚蔚、李肖林：《金融抑制对我国中小企业融资的影响及对策》，《上海经济研究》2015 年第 10 期，第 49 ~ 54 页。

⑥ 王建斌：《货币政策对我国上市公司融资约束的差异性影响研究》，《经济问题》2019 年第 12 期，第 44 ~ 51 页。

普惠金融等的发展有利于改善企业的融资约束问题。[①] Mocetti 等研究发现，银行通过使用数字金融的一些手段，比如信息和通信技术等，扩大其信贷决策范围，使企业获取贷款更加便利，从而对部分企业的融资约束有所缓解。[②] Gomber 等研究提出，数字技术的发展使金融更具普惠性。[③]

近年来，国内学者对于数字金融对中小企业融资的支持作用也进行了诸多研究。如黄子健和王囊在破解小微企业融资问题时发现，借助金融科技，互联网金融能够针对中小企业自身资本不足和抵押担保不足的问题创造"信用资本"和"信用抵押"，从而增加中小企业的信贷配给。[④] 在两者关系的影响机制上，何剑等研究发现，数字金融缓解中小企业的融资约束主要通过两个渠道：一是提高信贷可得性，二是降低融资成本。[⑤] 梁琦和林爱杰在研究数字金融对小微企业融资约束的影响时，以中国小微企业调查（CMES）数据库中的小微企业为研究对象，发现小微企业使用数字金融能够缓解融资约束，且数字金融对欠发达地区和成长期的小微企业影响更大。[⑥] 万佳彧等研究发现，数字普惠金融及其三个分指标对企业的融资约束具有缓解作用。[⑦]

（二）关于企业融资约束与企业成长的关系研究

1. 关于企业成长的研究

关于企业成长问题，大多数学者从企业成长的内涵、企业成长性评价

① Claessens, S. & Laeven, L., "Financial Development, Property Rights, and Growth," *Journal of Finance* 58 （2003）：2401 – 2436.

② Mocetti, S., Pagnini, M. & Sette, E., "Information Technology and Banking Organization," *Journal of Financial Services Research* 51 （2017）：313 – 338.

③ Gomber, P., Koch, J. A. & Siering, M., "Digital Finance and FinTech: Current Research and Future Research Directions," *Journal of Business Economics* 87 （2017）：537 – 580.

④ 黄子健、王囊：《大数据、互联网金融与信用资本：破解小微企业融资悖论》，《金融经济学研究》2015 年第 1 期，第 55～67 页。

⑤ 何剑、魏涛、倪超军：《数字金融何以纾解中小企业融资之困?》，《武汉金融》2021 年第 3 期，第 29～36 页。

⑥ 梁琦、林爱杰：《数字金融对小微企业融资约束与杠杆率的影响研究》，《中山大学学报》（社会科学版）2020 年第 6 期，第 191～201 页。

⑦ 万佳彧、周勤、肖义：《数字金融、融资约束与企业创新》，《经济评论》2020 年第 1 期，第 71～83 页。

指标的选取与构建以及评价方法等方面进行研究。关于企业成长的内涵会在下文提及，此处仅对企业成长性评价指标的研究予以梳理。

企业成长性评价指标可以分为两类，一类是单一的评价指标，比如单一的财务或市场指标——托宾 Q[①]、销售增长率[②]、主营业务收入增长率[③]等；另一类是综合性的评价指标。由于单一指标很难全面衡量企业成长，因此越来越多的学者从多个方面选取指标构建企业成长综合评价指标体系。大部分学者对于企业成长综合评价指标体系的构建，是在盈利能力、发展能力、营运能力与偿债能力四个维度基础上进行，然后根据企业特有的性质增加其他方面的评价指标。如李延喜等以沪深两市的上市公司为研究样本，采用因子分析法，在前面四个指标的基础上增加了投资报酬能力指标，构建了 5 因素的企业成长综合评价指标体系来衡量上市企业的成长性。[④] 陈爱成在研究创业板上市公司成长性时，鉴于创业板具有高成长、高科技、高风险的特点，在前面四个指标的基础上增加了现金流量能力、创新能力、成本控制能力和人力资源能力四个指标，构建了 8 因素的企业成长综合评价指标体系。[⑤]

2. 关于融资约束与企业成长关系的研究

对于融资约束与企业成长之间的关系，目前学术界普遍认为融资约束抑制了企业成长。因此在研究融资约束与企业成长的关系时，融资约束多在研究某个因素对企业成长的影响时被作为中介变量，或多是被作为研究缓解融资约束对企业成长的负向影响时的调节变量。

自融资约束问题被提出后，关于融资约束影响企业投资效率进而影响

---

① Hart, M. & McGuinness, S., "Small Firm Growth in the UK Regions 1994 – 1997: Towards an Explanatory Framework," *Regional Studies* 37 (2003): 109 – 122.

② Perry, C., Meredith, G. G. & Cunnington, H. J., "Relationship between Small Business Growth and Personal Characteristics of Ownership/Managers in Australia," *Journal of Small Business Management* 26 (1988): 76 – 79.

③ 余泳泽、郭梦华、胡山：《社会失信环境与民营企业成长——来自城市失信人的经验证据》，《中国工业经济》2020 年第 9 期，第 137 ~ 155 页。

④ 李延喜、巴雪冰、薛光：《企业成长性综合评价方法的实证研究》，《大连理工大学学报》（社会科学版）2006 年第 3 期，第 1 ~ 6 页。

⑤ 陈爱成：《创业板上市公司成长性评价体系研究》，《求索》2015 年第 12 期，第 69 ~ 74 页。

企业绩效的研究受到学术界以及企业管理者的关注。传统的融资约束理论指出，随着融资约束程度的提高，企业不能做出最优的投资决策，从而影响了企业的投资效率，对企业的成长和发展产生了负面影响。国外学者Myers 和 Majluf 研究发现，企业由于受到融资约束的限制而难以实现其最优投资，而高的投资效率是企业实现成长的重要动力，因此融资约束的存在对企业的成长产生了负面影响。[1] 国内学者中，李延喜等通过研究发现，融资约束限制了企业的投资和企业成长。[2] 赵驰等以长三角工业企业为对象进行研究，发现中小企业出于自身理性选择，通常会做出追逐短期金融回报的行为，从而导致其信用缺失，而信用的缺失又进一步增加了企业融资的困难，最终抑制了企业的成长。初创期的科技型企业需要更多的资金，对于外部融资的依赖性较大，但其融资渠道较少，因而面临更加严重的融资约束。[3] 刘素荣和刘玉洁基于创业板科技型企业数据进行实证分析，发现融资约束抑制了初创期科技型企业的成长，细分来看，企业的利息保障倍数、权益净利率和资产负债率与企业成长分别是负相关、正相关、负相关的关系。[4] 马红和王元月以战略性新兴产业为研究对象，同样得出了融资约束抑制企业成长的结论。另外，政府补贴对企业成长的正向促进作用在一定程度上可以缓解融资约束对企业成长的负面影响，而这种缓解作用在市场化程度更低地区的企业和非国有企业中更加明显。[5]

（三）关于数字金融发展与企业成长的关系研究

在数字普惠金融与企业绩效或企业价值关系的研究中，国外学者

① Myers, S. C. & Majluf, N. S., "Corporate Financing and Investment Decisions When Firms Have Information that Investors Do Not Have," *Journal of Financial Economics* 13 (1984): 187 – 221.
② 李延喜、杜瑞、高锐、李宁：《上市公司投资支出与融资约束敏感性研究》，《管理科学》2007 年第 1 期，第 82 ~ 88 页。
③ 赵驰、周勤、汪建：《信用倾向、融资约束与中小企业成长——基于长三角工业企业的实证》，《中国工业经济》2012 年第 9 期，第 77 ~ 88 页。
④ 刘素荣、刘玉洁：《融资约束对企业成长的影响——基于创业板科技型企业数据》，《工业技术经济》2015 年第 4 期，第 13 ~ 19 页。
⑤ 马红、王元月：《融资约束、政府补贴和公司成长性——基于我国战略性新兴产业的实证研究》，《中国管理科学》2015 年第 S1 期，第 630 ~ 636 页。

Rajan 和 Zingales 以及 Claessens 和 Laeven 通过研究发现，金融发展水平的提高能够降低企业的外部融资成本，缓解企业的融资约束，从而促进企业成长。[①] Sylla 通过研究发现，数字金融的发展能够优化企业资源配置，实现资源配置效率最大化，从而缓解企业的融资约束，实现企业价值的增长。[②]

国内学者关于数字金融发展与企业成长关系的研究中，李小玲等通过理论机制分析和实证检验，得出结论：数字金融可以通过优化金融结构、提高企业信息披露质量来提升企业价值。[③] 汪洋等通过实证检验发现，金融科技发展可显著驱动企业成长，而银行竞争在金融科技和企业成长之间作为调节变量，正向调节金融科技对企业成长的促进作用。而且在非国有企业、东部地区企业、轻资产和服务业企业中，金融科技和银行竞争的交互作用发挥得更加明显。[④]

二　数字金融发展对企业成长影响的理论分析

（一）企业成长的界定与衡量

1. 企业成长的界定

国内外经济学家和学者对于企业成长的界定由于时代的差异以及理论分析的不同而有所不同，因此对于企业成长的界定尚无统一的说法。亚当·斯密最先提出有关企业成长的问题，随后越来越多的学者对于企业成长的界定做出不同的解释，丰富和发展了企业成长的内涵。首先，亚当·斯密认为，企业成长的内涵包括两个方面：一是一定市场范围内企业规模

---

① Rajan, R. & Zingales, L., "Financial Dependence and Growth," *American Economic Review* 88 (1998): 559 – 587; Claessens, S. & Laeven, L., "Financial Development, Property Right and Growth," *Journal of Finance* (55) (2003): 2401 – 2436.

② Sylla, R., "Financial Systems and Economic Modernization," *Journal of Economics History* 62 (2002): 277 – 292.

③ 李小玲、崔淑琳、赖晓冰：《数字金融能否提升上市企业价值？——理论机制分析与实证检验》，《现代财经》（天津财经大学学报）2020 年第 9 期，第 83 ~ 95 页。

④ 汪洋、何红渠、常春华：《金融科技、银行竞争与企业成长》，《财经理论与实践》2020 年第 5 期，第 20 ~ 27 页。

的扩大，二是企业数量的增加。后来马歇尔在1925年提出了企业内部成长理论，他认为企业内部不同职能部门存在的分工差异，使得知识和技能不断增加和积累，从而推动了企业的进化。之后，随机成长理论指出，企业成长受到各种因素的影响，因此企业成长是一个随机过程。以伊迪丝·彭罗斯为代表的企业成长内生性理论认为，企业成长是一个综合性的概念，不仅包括一些硬性指标，比如企业规模的扩大和企业资产的增加，还包括一些柔性指标，比如企业的管理能力与创新能力等，是一个不断挖掘自身未利用资源、提升资源利用效率的过程。[①] 艾尔弗雷德·D.钱德勒首次针对企业成长性进行实证研究，认为企业成长不仅指企业内部组织能力的提升，还包括企业外部市场边界的扩大。[②]

　　国内学者杨杜从持续性、增长性与变革性三个角度，指出企业成长具有"量"和"质"两种成长状态，这一看法与国外部分学者的观点一致。[③] 吴世农等认为企业成长是企业的经营管理能力和未来发展趋势以及其他因素相互融合的结果，并从企业的经营绩效角度提出，上市公司成长是指净利润同比增长且ROE高于加权平均资本成本；他们还将企业成长根据成长的动力来源，分为依靠内部管理的内力型成长和依靠外部扩张的外力型成长。[④] 宋正刚和牛芳通过对有关企业成长文献的梳理，将企业成长分为基于效率的成长和基于效能的成长两大类。他们认为基于效率的成长是指企业只注重内部的投入与产出的效率，是独立于外部环境的，这种只注重短期结果的经济行为是不可取的；而基于效能的成长更强调过程而非结果，更注重价值创造，能够从更深层次上揭露企业成长的内涵，是更具有长远性的，并据此提出了企业成长的二维评价模型，认为传统企业不应只关注单一的考核指标，更应注意企业的战略发

---

① 〔英〕伊迪丝·彭罗斯：《企业成长理论》，赵晓译，上海三联书店、上海人民出版社，2007。

② 〔美〕艾尔弗雷德·D.钱德勒：《战略与结构：美国工商企业成长的若干篇章》，北京天则经济研究所、北京江南天慧经济研究有限公司选译，云南人民出版社，2002。

③ 杨杜：《企业成长论》，中国人民大学出版社，1996。

④ 吴世农、李常青、余玮：《我国上市公司成长性的判定分析和实证研究》，《南开管理评论》1999年第4期，第49~57页。

展与引导。[①]

在之前学者研究的基础之上，从企业成长的理论出发，我们将企业成长界定为企业规模扩大和企业综合能力增强这两方面的综合结果。其中，企业综合能力包含企业盈利能力、营运能力、偿债能力和发展能力四个方面。

2. 企业成长的衡量

（1）衡量指标

企业成长是一个复杂的过程，大部分学者从企业的财务指标入手，从盈利能力、营运能力、偿债能力和发展能力四个方面构建企业成长综合评价指标体系来衡量企业成长。也有部分学者在此基础上根据企业性质等其他因素添加了其他指标，比如企业的创新能力、现金流量、企业环境、无形资源等。

在借鉴其他学者研究成果的基础上，基于指标选取的可得性、可量化性、典型性、可比性和相关性，从企业成长的内涵出发，我们从企业规模、盈利能力、营运能力、偿债能力和发展能力五个方面选取 5 个代表性指标来构建企业成长综合评价指标体系，具体指标含义见表6-1。

表6-1 企业成长综合评价指标

一级指标	二级指标	计算公式
企业规模	总资产增长率 A1	本年总资产增长额/年初资产总额
盈利能力	净资产收益率 B1	净利润/平均净资产
营运能力	总资产周转率 C1	营业收入/平均资产总额
偿债能力	资产负债率 D1	负债总额/资产总额
发展能力	可持续增长率 E1	（净利润/所有者权益期末余额）×（净利润本期值/实收资本本期期末值）/（1-分子）

注：分子的含义：（净利润/所有者权益期末余额）×净利润本期值/实收资本本期期末值。

① 宋正刚、牛芳：《企业成长性的界定及其评价研究述评》，《现代管理科学》2015 年第6期，第 109~111 页。

（2）衡量方法

对于企业成长的评价方法，目前文献中常用的主要有主成分分析法[①]、因子分析法[②]、突变级数法[③]、灰色关联度分析法[④]、熵值法[⑤]、VIKOR法[⑥]、层次分析法[⑦]以及基于大数据技术的方法[⑧]等。在这些方法中，因子分析法是寻找潜在的起支配作用的因子模型的方法，可以以最少的信息丢失，用少数的几个变量（因子）来综合反映原始变量（因子）的主要信息。因子分析法根据变量之间的相关性大小将变量分组，使得同组内的变量之间相关性较高，不同组之间的变量相关性较低，消除了多重共线性。相对于主成分分析法、聚类分析法等其他多元统计方法，其优点在于通过因子旋转增强了因子变量的可解释性，使命名清晰性更高。因此，本章选取代表企业成长的 5 个指标，采用因子分析法来构建企业成长综合评价指标。

（二）数字金融发展对企业成长影响的机理与研究假设

1. 数字金融发展对企业融资约束的影响

对于大多数企业而言，融资约束是阻碍其成长的首要因素。因此，融

---

① 慕静、韩文秀、李全生：《基于主成分分析法的中小企业成长性评价模型及其应用》，《系统工程理论方法应用》2005 年第 4 期，第 369 ~ 371 页；李延喜、巴雪冰、薛光：《企业成长性综合评价方法的实证研究》，《大连理工大学学报》（社会科学版）2006 年第 3 期，第 1 ~ 6 页。

② 吕涛、潘丽：《中国新能源上市公司成长性评价研究》，《工业技术经济》2017 年第 2 期，第 118 ~ 125 页。

③ 陈晓红、余坚、邹湘娟：《中小上市公司成长性评价方法比较研究》，《科研管理》2006 年第 1 期，第 145 ~ 151 页；谢赤、樊明雪、胡扬斌：《创新型企业成长性、企业价值及其关系研究》，《湖南大学学报》（社会科学版）2018 年第 5 期，第 58 ~ 64 页。

④ 龚光明、张柳亮：《基于 GRA 的高新技术上市公司成长性研究》，《科技进步与对策》2013 年第 7 期，第 118 ~ 122 页。

⑤ 张振鹏、朱政：《新三板文化企业成长性评价》，《华侨大学学报》（哲学社会科学版）2019 年第 5 期，第 40 ~ 51 页。

⑥ 尹夏楠、朱莲美、鲍新中：《基于 VIKOR 方法的高新技术企业成长性评价》，《财会通讯》2015 年第 34 期，第 38 ~ 41 页。

⑦ 陈爱成：《创业板上市公司成长性评价体系研究》，《求索》2015 年第 12 期，第 69 ~ 74 页。

⑧ 乔晗、蔡高远、赵志伟：《基于大数据技术的中小企业成长性评价方法研究》，《统计与信息论坛》2019 年第 7 期，第 123 ~ 128 页。

资约束是企业成长需要解决的首要问题。融资约束产生的原因在于信息的不对称以及资本市场的不完善。

首先，从信息不对称方面来看。信息不对称问题主要发生在企业与银行等金融机构之间，即银企信息不对称。通常来讲，相比中小企业，银行更倾向贷款给大企业，因为大企业抵押担保品充足、财务制度健全、信息披露较为完整、信用好，甚至还可以获得政府的信用背书，使得银行贷款给大企业的风险更低。而中小企业由于自身财产实力不足、缺少抵押担保品、信用较低等，通常无法获得银行的贷款。另外，传统的银行贷款审核主要依靠单一的财务指标以及抵押担保指标，且贷款审批流程烦琐、冗长，使得中小企业无法及时获得贷款，被迫转向融资成本更高的其他融资方式，进一步加剧了企业的融资约束。

数字金融通过互联网平台留下的"数据足迹"积累信息，又通过运用大数据等数字技术完成对海量数据信息的搜集和处理，使"多、小、散"的企业信息能够积累起来形成对企业信用的完整评价，从而能够为企业从银行获得贷款提供信用支持。另外，数字金融的发展，使得银行运用数字技术通过多维度的信息对企业资质进行判断，简化了信贷审批流程，降低了信贷审批费用，企业也能够及时获得所需资金，降低其融资成本，从而可以有效缓解企业的融资约束。

其次，从资本市场发展来看。我国资本市场发育不成熟使得企业外源融资成本高于内源融资成本，当企业自身没有足够的资金来支持企业发展时，企业只能通过融资成本更高的外源融资来获得资金，这意味着企业融资成本的增加，甚至当企业通过外源融资都无法获得资金时，企业发展将陷入困境。在我国以银行间接融资为主的传统金融体系下，资金需求者与资金供给者无法直接沟通交流，而是通过中介进行信息传递，这会造成信息不透明，而信息的不透明又会造成借贷成本的增加。另外，融资成本的增加还体现在银行的信贷审查过程中，银行对信用较低的中小企业进行贷前审查与贷后追踪的成本更高，这会进一步增加企业的融资成本，从而使企业面临的融资约束问题更为突出。

数字金融依靠互联网平台可以跨越时空的局限，直接将资金需求者与资金供给者相匹配，并让他们进行直接的沟通交流；数字金融通过互联网平台，可以直接进行数据信息的匹配，企业可以找到适合自身融资需求的金融产品，供需双方都可以进行自由选择，从而使得企业的融资成本降低；数字金融利用大数据技术进行数据的搜集，运用数据信息对企业进行追踪，并以此建立起征信体系和风控体系，这种体系相对于传统的只利用企业财务数据建立起来的风控体系更加全面、更加精准。数字金融不仅能够降低银行监督企业的成本，还能够降低信息不对称和企业信用风险，为后期贷款的追踪提供了有利条件，从而可以更好地实现风险控制，使监管成本进一步降低，企业的融资成本也随之下降。

最后，从中小企业自身的局限性来看。中小企业资金实力有限、核心竞争力低、抗风险能力弱、组织结构不合理、缺乏系统的管理体系等，都使中小企业很难通过银行获得贷款；另外，中小企业由于自身信用较低，社会影响力较弱，无论是股权融资还是债务融资都很难实行，只能通过借贷成本更高的民间融资等获得资金，这无疑使其面临更高的融资成本和更严重的融资约束。

数字金融依托互联网平台和数字技术，突破了传统金融发展的时间和空间的限制，使得中小企业等长尾群体也能够获得更多以及更低成本的金融服务。数字金融的发展，使得线上融资比如互联网银行、P2P网贷等为中小企业提供了新的融资方式和融资平台，拓宽了融资渠道，扩大了中小企业的资金来源。另外，数字金融的发展能够为企业提供适合其融资特点的金融服务和产品，企业也能够根据自身需求进行个性化定制，需求的精准对接进一步降低了企业的融资成本，缓解了企业的融资约束。基于以上分析，本章提出如下假设。

假设1：数字金融发展能够缓解中小企业的融资约束。

2. 数字金融发展对企业成长的影响

首先，大数据、云计算、人工智能等前沿技术的发展及其在金融机构的不断应用，使得金融机构特别是银行与企业之间的信息不对称程度大幅度降低。一方面，数字金融的发展，使得金融机构对企业的风险监控以及投资者对企业的投资不再仅仅依靠传统的财务数据，而是希望对企业有一个全方位多维度的认识，这就倒逼企业必须强化信息披露，提升信息披露质量，使企业在规范中成长。另一方面，数字技术的发展为整合市场信息和金融资源提供了便利的条件，银行可以通过更多的"软信息"来了解企业，对企业进行贷前审查，并在贷款过程中与企业进行直接的沟通交流，在贷款后期还可以运用大数据技术对企业进行追踪，增强市场透明度，减少信息不对称带来的逆向选择和道德风险问题，从而能够有效地进行风险控制，并发现企业价值，促进企业成长。

其次，从企业的融资需求看，数字金融的发展为企业提供了更多的融资渠道和融资平台，提高了金融服务的触达性；并且数字金融相较于传统金融，摆脱了物理网点的限制，能够以更低的成本开展金融服务，使中小企业的融资成本进一步降低；同时，数字金融的发展能够更好地将资金供求双方进行匹配，为融资需求规模小、频率高的中小企业提供适合其融资特点的金融产品和服务，进而满足企业多样化的融资需求，从而为企业发展与成长提供条件。

最后，数字金融的发展覆盖了更多的长尾群体，能够将分散的金融资源整合到一起并且转化为高效供给，改善金融环境。数字金融不仅能够为中小企业提供更低成本的金融产品和服务，而且促使企业为适应环境而改善自身的组织体系，提升自身的管理能力和核心竞争力，提高信息披露的质量以提高信用水平，从而有利于企业实现高质量发展。基于此，本章提出假设2。

假设2：数字金融发展能够促进企业成长，且融资约束的缓解在其中起中介作用。

3. 数字金融发展影响企业成长的异质性

（1）因企业的性质带来的异质性

长期以来，我国非国有企业信贷歧视现象非常普遍。一方面，国有企业通常有政府背书，且自身财务经济实力比较强，内部管理控制制度等也比较健全，而非国有企业由于财产实力不足且经营不规范等，企业信用不足，使得银行对非国有企业的贷前审查和贷后监管成本相比国有企业来说都更高。因此，银行出于贷款的安全性原则，同等条件下会优先选择国有企业作为贷款对象，而非国有企业则往往被排斥在外。另一方面，国有企业除了实现自身盈利的目标，还与政府相关联，背负着一定的政治使命和责任。因此，相比非国有企业来讲，国有企业本身的资金实力较为雄厚，再加上政府与银行的青睐，其发展所需资金的可获得性往往较高，数字金融的发展对其影响相对有限。而对于非国有企业来说，数字金融运用数字技术降低了银企之间的信息不对称程度，使非国有企业的外部融资成本降低；并且数字金融的发展为非国有企业提供了除银行以外的更多的融资渠道和平台，从而缓解了非国有企业的融资困境，实现了企业成长。因此，在当前的金融环境下，数字金融的发展对非国有企业与国有企业成长的助力作用肯定存在差异。基于此，本章提出假设3。

假设3：数字金融的发展对非国有企业成长的促进作用较国有企业更加明显。

（2）因企业所处地区市场化水平带来的异质性

根据之前学者的研究，一个地区的制度环境、市场化水平、法制化水平等也会在一定程度上对企业的融资约束以及数字金融作用的发挥产生影响。在市场化水平高的地区，制度和体系更加健全，金融市场环境更好，信息不对称程度更低，更能够为企业提供范围更广、成本更低的金融服务和产品，也有利于数字金融更好地发挥作用，从而对企业成长的促进作用也更显著。比如东部沿海地区的市场化水平更高，其数字金融发展程度也更高，所以企业受融资约束的影响较小；而中部和西部地区由于市场化水平较低，各种金融资源相对匮乏，数字金融的发展程度较低，所以企业面临的金融排斥现象较严重，企业无法获得所需的金融服务，从而阻碍了企业的成长。基于此，本章提出假设4。

假设4：数字金融发展对企业成长的促进作用在市场化水平较高的地区更明显。

（3）因企业规模差异带来的异质性

融资约束是阻碍企业成长的重要因素，当企业面临融资约束时便无法获得资金来支持企业成长和发展。相对来说，规模较大的企业不仅内部资金相对充足，抵抗风险的能力也相对较强；规模较小的企业由于自身经济实力不足、管理不规范、组织体系不健全等面临"融资难、融资贵"的问题。数字金融通过运用数字技术能够降低信息不对称程度，降低中小企业的外部融资成本，并且能够通过互联网平台为中小企业提供更多的融资渠道和融资平台，缓解其融资约束，为其提供成长迫切所需的资金，从而有利于其潜力的发挥，更好地实现成长。基于此，本章提出假设 5。

假设 5：数字金融发展对规模更小的企业的成长促进作用更显著。

三 变量选择与模型构建

（一）变量选择

1. 被解释变量

被解释变量是企业成长。企业成长指标的选取通常有两种方法：一是采用单一的财务指标或市场指标；二是构建企业成长综合评价指标。

衡量企业成长的单一财务指标通常有总资产增长率、主营业务收入增长率、营业利润率、净资产收益率等。财务指标主要是对企业过去一段时间内经营情况的反映，很难全面反映企业的成长性。而基于市场绩效的一些指标比如托宾 Q 值、市场价值、经济增加值等，是市场对企业未来成长情况的一个预期，并不代表企业的真正成长，再加上目前我国资本市场体系尚不完善，因此基于市场绩效的单一市场指标可能不能充分反映企业的成长性。

由于单一的指标无法全面衡量企业的成长性，我们采用因子分析法来构建企业成长综合评价指标，用 *Growth* 表示。该综合评价指标从企业规模扩大以及能力增强两个方面出发，包括企业规模、盈利能力、营运能力、偿债能力和发展能力 5 个指标，其中后 4 个指标反映企业能力；另外，采用总资产增长率作为企业成长的替代变量进行稳健性检验，用 *Rtag* 来表示。

2. 解释变量

解释变量是数字金融，采用省级层面的数字普惠金融指数衡量，并对该指数进行对数化处理，用 *DigFin* 表示。该指数由北京大学数字金融研究中心和蚂蚁集团研究院的研究团队共同编制。

3. 中介变量

中介变量是融资约束。融资约束是企业成长的首要限制因素。目前关于融资约束的度量大致有三类：一是采用单一指标来衡量融资约束，如资产规模、现金余额、利息保障倍数、股利支付率等；二是多变量构建指数，如 KZ 指数、WW 指数等；三是使用量化模型，如现金－现金流敏感性模型、投资－现金流敏感性模型。多变量构建指数法假设条件严格，且可能无法适用于我国企业；量化模型无法真实反映企业面临的融资约束情况；而企业内部的现金余额作为企业内源融资的重要来源，可以直接反映上市公司的经营活动，并且该指标已被众多学者采纳，是一个相对成熟的应用指标。因此，此处我们采用企业的现金余额来衡量企业融资约束情况，用 FC 来表示。企业现金余额越多，说明企业面临的融资约束越小。

4. 控制变量

影响企业成长的因素很多，但都可以被归纳为影响企业成长的外部宏观因素和内部微观因素两个方面。宏观层面，选取人均 GDP 增长率（$AveGDP$）和市场化水平（$Market$），微观层面选取企业创新（$Innov$）和薪酬激励（$IncC$），同时控制住年份和个体的影响。

（1）人均 GDP 增长率

首先，企业作为为社会提供产品与服务的主体，其生存和发展自然受到经济发展水平的直接影响。其次，企业所在地区的经济发展状况也会影响企业的发展方向和发展战略。一般来讲，经济发展水平高的地区，能够为企业提供获得更多市场和资源的机会与条件，进而有利于企业成长。因此，本章将人均 GDP 增长率作为影响企业成长的外部控制变量之一，记为 $AveGDP$。

（2）市场化水平

一个地区的市场化水平越高，意味着政府对该地区企业的管控越少，企业内部治理等受到的约束就会越低，从而越有利于企业选择适合自己的内部治理结构并进行优化和改善，有利于企业市场能力的提升。另外，市场化水平高的地区，由于政府在资源配置过程中的影响力较小，更有利于营造企业之间公平竞争的环境，再加上非国有企业面临更少的代理问题，更利于企业内部资源的整合，从而有利于提高企业的盈利能力和经营效率，有助于企业的成长和发展。因此，本章将市场化水平作为影响企业成长的外部控制变量之一，记为 *Market*。数据借用樊纲等编制的市场化指数。[①]

（3）企业创新

企业创新可以体现在多个方面，比如技术创新、商业模式创新等。一方面，企业通过创新可以进行产品的优化升级、拓展产品的销售渠道等，从而能够提升企业的开发与经营能力，实现企业成长。另一方面，创新具有一定的风险性，若企业在创新过程中过度增加对研发的资金投入，可能使企业对其他方面的资金投入不足，甚至因研发失败而给其成长带来负面影响。因此，企业创新对企业成长的影响具有不确定性。但不管企业创新的结果如何，其始终是影响企业成长的重要因素。此处选择无形资产比例作为企业创新的代理指标，记为 *Innov*。

（4）薪酬激励

依据激励理论，如果公司股东对管理者实施有效的激励措施，那么会增强管理者的积极性，激发其内在动力，使其目标与股东的利益趋同，从而促进企业成长。但是管理者会通过分析其完成项目的成本和收益，做出有利于自身利益的选择。当完成任务的成本大于收益时，管理者完成任务的积极性会降低，此时的薪酬激励会产生负面影响；但若完成任务的收益大于成本，管理者则会全力完成任务。因此适当的薪酬激励制度是重要的。此处将董事、监事及高管年薪总额取对数作为薪酬激励的代理指标，用 *IncC* 表示。

除在从宏观和微观两个层面选取了以上四个控制变量外，为了控制年份和个体对企业成长的影响，本章引入了年度虚拟变量和个体虚拟变量。以上各变量的名称、符号和计算方法见表 6 - 2。

表 6 - 2 变量名称及计算方法

变量类型	变量名称	变量符号	计算方法
被解释变量	企业成长	*Growth*	因子分析法构建
解释变量	数字金融	*DigFin*	北京大学数字普惠金融指数取对数

[①] 樊纲、王小鲁、张立文：《中国各地区市场化进程报告》，《中国市场》2001 年第 6 期，第 58 ~ 61 页。

续表

变量类型	变量名称	变量符号	计算方法
中介变量	融资约束	*FC*	期末现金余额取对数
控制变量	人均 GDP 增长率	*AveGDP*	［（本年各省 GDP/各省人数 - 上年各省 GDP/各省人数）/（上年各省 GDP/各省人数）］×100%
	市场化水平	*Market*	樊纲等编制的市场化指数
	企业创新	*Innov*	无形资产比例
	薪酬激励	*IncC*	董事、监事及高管年薪总额取对数
	时间固定效应	*Year*	虚拟变量
	个体固定效应	*Firm*	虚拟变量

（二）模型构建

1. 验证数字金融发展对企业成长的影响

以企业成长（*Growth*）为被解释变量，以数字金融（*DigFin*）为解释变量，并加入控制变量，同时控制年度和个体对企业成长的影响，最终建立模型（6-1）：

$$Growth_{i,t} = \alpha_0 + \alpha_1 DigFin_{i,t} + \alpha_2 Control_{i,t} + Year_t + Firm_i + \varepsilon_{i,j} \qquad (6-1)$$

在式（6-1）中，$Growth_{i,t}$代表 i 企业在 t 年的成长性；$DigFin$ 表示数字金融；$Control$ 代表所有的控制变量；$Year$ 和 $Firm$ 分别为控制年份的时间固定效应和控制企业的个体固定效应；$\varepsilon_{i,j}$ 表示扰动项。

2. 验证数字金融发展对融资约束的影响

将融资约束作为中介变量检验解释变量与中介变量之间的关系，同样加入控制变量，同时控制年度和个体对企业成长的影响，建立模型（6-2）：

$$FC_{i,t} = \beta_0 + \beta_1 DigFin_{i,t} + \beta_2 Control_{i,t} + Year_t + Firm_i + \varepsilon_{i,j} \qquad (6-2)$$

式（6-2）中，$FC_{i,t}$ 代表 i 企业在 t 年度的期末现金余额，用于反映企业面临的融资约束状况。

3. 验证融资约束在数字金融对企业成长影响过程中的中介效应

在被解释变量与解释变量、解释变量与中介变量有关系的前提下，进一步检验解释变量、中介变量与被解释变量三者之间的关系，以此来检验融资约束在其中是否产生中介效应。因此在模型（6-1）的基础上加入融资约束这一中介变量，构建模型（6-3）：

$$Growth_{i,t} = \alpha_0 + \alpha_1 DigFin_{i,t} + \alpha_2 FC_{i,t} + \alpha_3 Control_{i,t} + Year_t + Firm_i + \varepsilon_{i,j} \quad (6-3)$$

实证检验的过程如下：首先，对解释变量（数字金融）与被解释变量（企业成长）所构建的模型（6-1）进行回归分析，若显著则进行下一步，不显著则终止中介效应检验；其次，对中介变量（融资约束）与解释变量（数字金融）所构建的模型（6-2）进行回归分析，若回归系数显著且为正，则说明数字金融发展能够缓解融资约束，若不显著则需要进行 Sobel 检验判断中介效应是否显著；最后对解释变量（数字金融）、中介变量（融资约束）和被解释变量（企业成长）三者所构建的模型（6-3）进行回归分析，若 α_1 显著，α_2 不显著，则说明存在完全中介效应；若 α_1 和 α_2 的系数都显著为正，则说明存在部分中介效应。

四 数字金融发展对企业成长影响的实证检验

（一）样本选择与数据来源

解释变量——数字金融，选取北京大学数字金融研究中心发布的北京大学数字普惠金融指数衡量。该指标包含省级、市级、县级三个层面共计 33 个具体指标，此处采用省级层面的数字普惠金融指数，时间区间为 2011～2020 年。

被解释变量——企业成长，是通过前文选取的企业规模、盈利能力、营运能力、偿债能力和发展能力 5 个指标，采用层次分析法得出。5 个原始指标值来源于在 2011 年及以前上市并且在 2020 年仍然存续的创业板企业，并进行了以下筛选：①剔除样本区间内 ST、*ST、PT 类公司；②剔除金融行业公司；③剔除数据异常以及财务数据缺失的公司。经过以上筛选，对留存企业数据进行 1% 的缩尾处理后，得到 198 家企业共计 1980 个观测值，数据来源于国泰安 CSMAR 数据库和 Wind 数据库。另外，控制变量中的人均 GDP 增长率计算所需数据来自 2012～2021 年的《中国统计年鉴》；市场化水平数据来自樊纲等编制的市场化指数[①]。

（二）　变量描述性统计

根据企业产权性质将企业分为国有企业和非国有企业，并对其进行分类描述性统计，结果见表 6-3。

表 6-3　变量描述性统计

变量	非国有企业					国有企业				
	样本数	平均值	标准差	最小值	最大值	样本数	平均值	标准差	最小值	最大值
Growth	1887	0.223	0.157	-0.123	0.765	93	0.184	0.121	-0.233	0.526
Rtag	1861	0.361	0.674	-0.624	3.517	93	0.395	0.674	-0.537	3.517
DigFin	1887	5.514	0.422	4.123	6.068	93	5.453	0.451	4.123	6.035
FC	1887	19.66	0.915	17.30	21.82	93	19.92	0.927	17.84	21.82
AveGDP	1887	0.081	0.036	0.012	0.222	93	0.085	0.047	0.012	0.222
Market	1887	8.734	1.523	4.390	11.24	93	7.569	1.633	4.390	11.24
IncC	1887	14.24	0.626	12.47	17.12	93	14.25	0.622	12.42	15.45
Innov	1887	17.95	1.378	13.45	21.14	93	18.08	0.898	16.17	20.71

通过对变量的分类描述性统计可以看出，在 1980 个有效样本中，非国有企业占据绝大部分，国有企业占比较小。样本中非国有企业成长（*Growth*）均值为 0.223，国有企业成长（*Growth*）均值为 0.184，平均来看国有企业的成长低于非国有企业的成长。非国有企业成长最小值与最大值分别为 -0.123 和 0.765，而国有企业成长的最小值与最大值分别为 -0.233 和 0.526，无论是非国有企业还是国有企业，不同类型企业的成长都存在较大的差异。从企业成长的替代指标——总资产增长率的统计来

① 樊纲、王小鲁、张立文：《中国各地区市场化进程报告》，《中国市场》2001 年第 6 期，第 58～61 页。

看，非国有企业和国有企业的企业成长也存在较大的差异。在数字金融发展程度方面，非国有企业数字金融最小值与最大值分别为 4.123 与 6.068，这一指标反映了数字金融发展的区域差异。关于融资约束（*FC*），非国有企业融资约束的最小值与最大值分别为 17.30 和 21.82，说明不同企业面临不同程度的融资约束。在企业创新方面，非国有企业的创新代表指标最小值为 13.45，最大值为 21.14；国有企业的创新代表指标最小值为 16.17，最大值为 20.71，非国有企业比国有企业在企业创新方面表现出更大的差异性。在企业薪酬激励方面，非国有企业最小值为 12.47，最大值为 17.12。在市场化水平方面，非国有企业最小值为 4.390，最大值为 11.24，反映出不同地区市场化水平具有较大的差异。同样地，人均 GDP 增长率所反映的经济发展水平在不同地区也有所不同，对企业成长产生的影响也不同。

（三）实证结果及分析

表 6-4 为数字金融发展对企业成长的影响、数字金融发展对融资约束的影响以及融资约束的中介效应的实证检验结果。其中，第二列为模型（6-1）的回归结果，检验的是数字金融发展对企业成长的总影响，该结果是在同时控制时间变量和个体变量以及其他控制变量的情况下得出的；第三列为模型（6-2）的回归结果，检验的是中介变量（融资约束）与解释变量（数字金融）之间的关系；第四列为模型（6-3）的回归结果，检验的是在融资约束中介效应下，数字金融发展对企业成长的影响。

表 6-4　数字金融发展对企业成长影响的实证结果

变量	模型（6-1）Growth	模型（6-2）FC	模型（6-3）Growth
FC			0.0359 *** (5.1733)
DigFin	0.2471 *** (6.4908)	0.6848 *** (2.7010)	0.2225 *** (5.6134)

变量	模型（6-1）	模型（6-2）	模型（6-3）
	Growth	*FC*	*Growth*
AvedGDP	0.0268	0.8741	-0.0046
	(0.1433)	(0.9420)	(-0.0255)
Market	0.0205***	0.0220	0.0197***
	(2.8089)	(0.4232)	(2.7301)
Innov	-0.0143**	0.1541***	-0.0198***
	(-2.1549)	(5.6777)	(-3.0434)
IncC	0.0391***	0.2422***	0.0304**
	(3.2552)	(3.8200)	(2.5709)
常数项	-1.2710***	10.4873***	-1.6473***
	(-5.2615)	(6.8646)	(-6.8286)
N	1980	1980	1980
R^2	0.205	0.119	0.227
企业数	198	198	198
Year	控制	控制	控制
Firm	控制	控制	控制

注：**、***分别表示5%、1%的显著性水平；括号内为 t 统计量。

　　由表6-4中的模型（6-1）的结果可知，在控制时间和个体效应后，数字金融发展对企业成长的影响系数为0.2471，且在1%的显著性水平下通过检验，说明数字金融发展对企业成长具有明显的促进作用，数字金融发展水平每增加1个单位，对企业成长就会产生0.2471个单位的正向推动作用。其他各控制变量与企业成长也显著相关：市场化水平对企业成长的影响系数为0.0205，在1%的水平下显著为正；企业创新对企业成长的影响系数为-0.0143，在5%的水平下显著为负；薪酬激励对企业成长的影响系数为0.0391，在1%的显著性水平下为正。以上结论验证了前文提出的假设2的前半部分。

　　由表6-4中的模型（6-2）的结果可知，数字金融发展对融资约束的影响系数为0.6848，且在1%的显著性水平下通过检验，说明数字金融发展水平每提升 1 个单位，企业的融资约束就得到 0.6848 个单位的缓解，数字金融发展能够显著增加企业的现金余额，进而缓解企业的融资约束。回归结果验证了前文的假设 1。

由表 6-4 中的模型（6-3）的结果可知，在双向固定效应模型全样本下，数字金融发展对企业成长的影响系数为 0.2225，且在 1% 的显著性水平下通过检验，表明在融资约束中介作用下，数字金融发展对企业成长的促进作用依旧存在且显著；并且融资约束的反向指标现金余额与企业成长的关系系数为 0.0359，且在 1% 的显著性水平下通过检验，说明企业现金余额的增加（即企业融资约束程度的降低）会促进企业成长。综合来看，模型（6-1）中数字金融发展对企业成长的影响系数、模型（6-2）中数字金融发展对融资约束的反向指标现金余额的影响系数以及模型（6-3）中融资约束的反向指标现金余额对企业成长的影响系数均显著为正，说明融资约束在数字金融发展对企业成长影响过程中的中介效应是部分中介效应且显著。这表明数字金融发展对企业成长不仅具有正向的促进作用，且这种促进作用是通过缓解融资约束实现的，这验证了假设 2。

（四）异质性检验

1. 不同企业性质的异质性检验

将所选样本企业按照企业性质进行分类，划分为国有企业和非国有企业两类，并分别对其进行回归分析，检验结果见表 6-5。

表 6-5　异质性检验：按企业性质分类

变量	非国有企业	国有企业
FC	0.0367 ***	0.0466 **
	(6.8544)	(2.2800)
$DigFin$	0.2216 ***	0.1221
	(6.3658)	(0.6848)
$AveGDP$	-0.0535	0.8551
	(-0.3299)	(1.5209)
$Market$	0.0185 ***	0.0475
	(3.2568)	(1.4860)

变量	非国有企业	国有企业
Innov	− 0.0193 ***	− 0.0333
	(− 4.3875)	(− 1.0143)
IncC	0.0294 ***	0.0477
	(2.9586)	(1.1928)
常数项	− 1.6336 ***	− 1.8013 *
	(− 7.2941)	(− 1.7454)
Year	控 制	控 制

注：*、**、*** 分别表示10%、5%、1%的显著性水平；括号内为 t 统计量。

由表6-5可以看出，数字金融发展对非国有企业成长的影响系数为 0.2216，且在1%的显著性水平下通过检验；非国有企业融资约束的反向指标现金余额对企业成长的回归系数为0.0367，且在1%的显著性水平下通过检验；而数字金融发展对国有企业成长的回归系数虽然为0.1221，但并没有通过显著性检验。这表明数字金融发展对不同所有权性质企业成长的促进效应存在显著差异。其中，对非国有企业成长的促进效应显著而对国有企业不显著。该结果验证了前文的假设3。

2. 不同市场化水平地区的异质性检验

采用樊纲等编制的市场化指数①来代表市场化水平，将位于中位数以上的记为市场化水平较高的地区，表示为 *Market* = 1；而位于中位数以下的记为市场化水平较低的地区，表示为 *Market* = 0。对其进行分组回归，结果见表6-6。

表6-6　异质性检验：按市场化水平分类

变量	*Market* = 0	*Market* = 1
FC	0.0560 **	0.0338 ***
	(2.5084)	(6.3504)

① 樊纲、王小鲁、张立文：《中国各地区市场化进程报告》，《中国市场》2001年第6期，第58~61页。

变量	Market = 0	Market = 1
DigFin	0.0288	0.2398 ***
	(0.2161)	(6.8288)
AveGDP	−0.2506	0.0391
	(−0.3962)	(0.2463)
Market	0.0303	0.0203 ***
	(1.1766)	(3.4958)
Innov	−0.0265	−0.0183 ***
	(−1.3491)	(−4.0861)
IncC	−0.0858 **	0.0436 ***
	(−2.2061)	(4.3603)
常数项	0.4939	−1.9028 ***
	(0.5727)	(−8.3952)
Year	控制	控制

注：** 、*** 分别表示 5% 、1% 的显著性水平；括号内为 t 统计量。

由表 6 - 6 可以看出，数字金融发展对处于市场化水平较高地区企业成长的回归系数为 0.2398，且在 1% 的显著性水平下通过检验；而对处于市场化水平较低地区企业成长的回归系数为 0.0288，但没有通过显著性检验，表明数字金融发展对处于市场化水平较高地区企业成长的促进作用更为显著。另外，融资约束对处于市场化水平较高地区的企业成长的影响系数为 0.0338，且在 1% 的显著性水平下通过检验，而对处于市场化水平较低地区企业成长的影响系数为 0.0560，通过了 5% 的显著性水平检验。这说明无论市场化程度是高还是低，融资约束的缓解对于企业成长的促进效应都是显著的，这也从另一个侧面反映出现阶段我国企业融资约束问题的严重性。该结果验证了前文的假设 4。

3. 不同企业规模的异质性检验

按总资产中位数进行企业规模的划分，将总资产位于中位数以上的企业认定为大企业，总资产位于中位数以下的企业认定为小企业。对其进行异质性检验，结果见表 6 - 7。

表 6 - 7　异质性检验：按企业规模分类

变量	小企业	大企业
FC	0.0244 ***	0.0439 ***
	（2.7564）	（3.9620）
DigFin	0.2094 ***	0.0912
	（7.1240）	（1.0069）
AveGDP	- 0.2908 ***	0.1494
	（- 6.5549）	（0.4228）
Market	0.0274 ***	0.0166
	（2.5919）	（1.1148）
Innov	- 0.0110 *	- 0.0171 *
	（- 1.7921）	（- 1.7356）
IncC	0.0342 *	0.0315
	（1.8959）	（1.5819）
常数项	- 1.5454 ***	- 1.2812 **
	（- 4.7797）	（- 2.3641）
Year	控制	控制

注：*、**、*** 分别表示 10%、5%、1% 的显著性水平；括号内为 t 统计量。

由表 6 - 7 可以看出，数字金融发展对小企业成长的影响系数为 0.2094，且在 1% 的显著性水平下通过检验，而对大企业成长的促进作用并不显著。说明数字金融发展更能促进小企业的成长。这一结果验证了前文的假设 5。

（五）稳健性检验

为了更精确地检验数字金融发展对企业成长的影响，采用替换关键指标的方法进行稳健性检验。我们将衡量企业成长的综合指标替换为总资产增长率，实证检验结果见表 6 - 8。

表 6 - 8　稳健性检验

变量	（1）	（2）
	Rtag	Growth
FC	0.1133 ***	0.0429 ***
	（5.4122）	（5.2572）
DigFin	0.8915 ***	0.1247 ***
	（7.5883）	（3.7165）
AveGDP	- 1.2495 ***	- 0.1967 ***
	（- 7.0223）	（- 4.2337）
Market	0.0266	0.0214 **
	（1.3048）	（2.5282）
Innov	- 0.0293	- 0.0250 ***
	（- 0.9625）	（- 3.1621）
IncC	- 0.0637 *	0.0338 **
	（- 1.6941）	（2.5996）
常数项	- 4.0775 ***	- 1.2699 ***
	（- 5.1263）	（- 5.0745）
Year	控制	控制
N	1980	1980
R^2	0.282	0.149
企业数	198	198

注：*、**、***分别表示10%、5%、1%的显著性水平；括号内为 t 统计量。

由表 6 - 8 可知，第（1）列为将衡量企业成长的综合指标换为总资产增长率后数字金融发展对其影响的回归分析，回归系数为 0.8915，且在 1% 的显著性水平下通过检验；融资约束对企业成长的回归系数为 0.1133，也在 1% 的显著性水平下通过检验。这表明数字金融发展对企业成长的促进作用依然存在，且融资约束在该过程中依然产生显著的中介效应。这进一步验证了数字金融发展缓解了企业的融资约束，进而促进了企业成长这一结论。

五　研究结论

本章在对数字金融发展对企业成长的影响机理以及融资约束在其中的中介作用和因企业性质、市场化水平、规模差异引起的效应异质性进行理论分析的基础上，采用经筛选后的创业板的 198 家企业 2011～2020 年的数据，对数字金融发展对企业成长的影响进行了实证检验，得到以下结论。

第一，数字金融的发展能够显著促进中小企业成长。数字金融依托大数据、云计算、区块链等数字技术的发展，利用互联网平台留下的"数据足迹"为中小企业积累信用，降低中小企业的融资成本；数字金融的发展还提高了市场的信息透明度，提升了中小企业信息披露的质量；数字金融还能够为中小企业提供符合其融资需求的金融产品和服务，缓解了企业的融资约束情况，促进了企业的成长和发展。

第二，数字金融发展能够缓解中小企业的融资约束，且融资约束在数字金融发展对企业成长影响的过程中起到中介作用。数字金融的发展拓宽了中小企业的融资渠道，使得中小企业不再依赖银行贷款这一传统的融资途径，且能够降低中小企业的融资成本，提高中小企业融资效率，从而促进企业成长。

第三，数字金融发展对不同所有制企业、不同市场化水平的区域内企业以及不同规模企业成长的促进作用存在较大差异。其中对非国有企业、市场化水平较高区域内企业以及规模较小的中小企业成长的促进作用更为显著。

第七章 数字金融发展对企业创新

创新是推动社会进步与经济发展的持久动力，创新的主体是企业，而企业创新投入的增加又是企业创新的基础。本章将对数字金融发展对企业创新投入的影响及其机制进行理论分析，并采用 2011～2020 年中国 A 股上市公司的数据对其影响进行实证检验。

一　研究文献回顾

随着资源约束的日益强化，实现经济增长由高速增长模式转向高质量发展模式变得尤为迫切，创新与技术进步也显得比以往任何时候都要重要。正因如此，党的十九大报告明确提出，"创新是引领发展的第一动力，是建设现代化经济体系的战略支撑"，并指出创新发展必须"建立以企业为主体、市场为导向、产学研深度融合的技术创新体系"。但现实问题是，创新投入不足是制约我国企业创新能力的关键因素之一。客观地说，企业创新投入不足的原因主要有两个方面：一是创新项目的高风险、长周期及其结果对企业未来财务状况影响的高度不确定性，这使企业在进行创新决策时存在后顾之忧；二是我国金融发展中长期存在的金融要素扭曲，金融要素扭曲通过融资约束对企业技术创新产生抑制作用[①]。如果说前一个原因影响企业创新的动力与积极性，那么后一个原因则是从金融制度方面制约企业创新愿望的实现。因此，企业创新投入不足问题的有效解决，一是

---

① 李晓龙、冉光和、郑威：《金融要素扭曲如何影响企业创新投资——基于融资约束的视角》，《国际金融研究》2017 年第 12 期，第 25～35 页。

需要降低企业创新对其财务状况影响的不确定性，以增强企业创新动力与积极性；二是需要通过相关的金融制度改革，有效缓解企业融资约束，以保证企业可以高效且低成本地获得稳定、充足的金融资源。

（一）关于企业创新动力的研究

近年来，学术界对如何增强企业创新动力问题予以了高度关注。研究者的视角通常聚焦于宏观与微观两大方面。宏观层面的已有研究发现，企业创新水平往往受到国家产业政策[①]、制度环境[②]和银行信贷强度[③]等因素的影响；而在微观层面，企业杠杆率[④]、管理层或股东持股水平[⑤]、企业金融投资行为[⑥]等因素均对企业创新产生影响。

（二）关于金融发展对企业创新影响的研究

关于金融要素带给企业创新的影响，学者们首先从金融发展的视角考察，研究的思路多为金融发展—企业创新—经济增长。King 和 Levine 在研究经济增长问题时，发现金融发展可以促进企业创新从而带动经济增长。[⑦]国内也有学者指出创新是金融发展引致经济增长的重要渠道之一。[⑧] 可以说，金融发展能够促进企业提高创新投入是学者们的共识。[⑨] 随后王昱等

---

① 余明桂、范蕊、钟慧洁：《中国产业政策与企业技术创新》，《中国工业经济》2016 年第 12 期，第 5～22 页。

② 龙小宁、易巍、林志帆：《知识产权保护的价值有多大？——来自中国上市公司专利数据的经验证据》，《金融研究》2018 年第 8 期，第 120～136 页。

③ 徐飞：《银行信贷与企业创新困境》，《中国工业经济》2019 年第 1 期，第 119～136 页。

④ 王玉泽、罗能生、刘文彬：《什么样的杠杆率有利于企业创新》，《中国工业经济》2019 年第 3 期，第 138～155 页。

⑤ 鲁桐、党印：《公司治理与技术创新：分行业比较》，《经济研究》2014 年第 6 期，第 115～128 页。

⑥ 段军山、庄旭东：《金融投资行为与企业技术创新——动机分析与经验证据》，《中国工业经济》2021 年第 1 期，第 155～173 页。

⑦ King, R. G. & Levine, R., "Finance, Entrepreneurship and Growth," *Journal of Monetary Economics* 32（3）（1993）：513－542.

⑧ 贾俊生、伦晓波、林树：《金融发展、微观企业创新产出与经济增长——基于上市公司专利视角的实证分析》，《金融研究》2017 年第 1 期，第 99～113 页。

⑨ 解维敏、方红星：《金融发展、融资约束与企业研发投入》，《金融研究》2011 年第 5 期，第 171～183 页；李苗苗、肖洪钧、赵爽：《金融发展、技术创新与经济增长的关系研究——基于中国的省市面板数据》，《中国管理科学》2015 年第 2 期，第 162～169 页。

将金融发展这一变量细化为金融发展规模和金融发展效率两个维度,发现金融规模扩张不足或者扩张过度都会导致金融发展过程偏离企业创新投资,而金融效率水平的提高会促进企业创新投资。[①] 金融资源错配也得到学者们的重视,有学者运用世界银行的企业调查数据考察了金融资源错配对企业创新的影响,得出金融要素扭曲抑制企业研发投入和产出的结论。[②]

(三) 关于金融结构对企业创新影响的研究

关于金融结构对企业创新的影响问题,学者们主要从债务融资、股权融资和银行信贷等角度进行了研究。传统的优序融资理论认为,当内部资金不足以支持创新投资时,企业应该首先考虑债务融资而非股权融资。然而,由于创新型企业的创新项目几乎都具有高风险特征,在项目背景及发展前景等方面,债权人与创新型企业之间存在严重的信息不对称。因此,债权人在向企业提供资金时,会收取部分信息租金[③],从而导致企业融资成本上升,融资更加困难[④]。然而由于资本市场的运行过程中存在较为严格的信息披露要求,债务融资中的信息不对称问题能够得到一定程度的缓解[⑤],因此股权导向的金融市场对企业创新活动的监管和助力更为有效[⑥]。Brown 等通过考察 30 多个国家的 5300 家公司的近 20 年的数据发现,股市融资会带来更高的研发投资。[⑦] 还有学者发现,相较于股票市场带给企业

① 王昱、成力为、安贝:《金融发展对企业创新投资的边界影响——基于 HECKIT 模型的规模与效率门槛研究》,《科学学研究》2017 年第 1 期,第 110~124 页。

② 汪伟、潘孝挺:《金融要素扭曲与企业创新活动》,《统计研究》2015 年第 5 期,第 26~31 页。

③ Rajan, R. G., "Insiders and Outsiders: The Choice between Informed and Arm's - Length Debt," *Journal of Finance* 47 (4) (2012): 1367 - 1400.

④ Freel, M. S., "Are Small Innovators Credit Rationed?" *Small Business Economics* 28 (1) (2007): 23 - 35.

⑤ Pástor, L. & Veronesi, P., "Technological Revolutions and Stock Prices," *American Economic Review* 99 (2009): 1451 - 1483.

⑥ Lim, D. S. K., Morse, E. A. & Mitchell, R. K., "Institutional Environment and Entrepreneurial Cognitions: A Comparative Business Systems Perspective," *Entrepreneurship Theory & Practice* 34 (2010): 491 - 516.

⑦ Brown, J. R., Martinsson, G. & Petersen, B. C., "Law, Stock Markets, and Innovation," *The Journal of Finance* 68 (4) (2013): 1517 - 1549.

创新的促进作用，银行信贷则起到相反的阻碍作用。[1] 钟腾和汪昌云分别探究了股票市场规模、银行业规模和银行业市场化对企业创新的影响，同样发现股票市场比银行业更有利于促进企业创新。[2] 余明桂等的研究也发现，相较于股票市场规模扩张以及股票市场融资效率提升对企业创新能力的促进作用，银行信贷扩张和银行融资效率的提升并未对企业创新产生明显作用。[3] 从金融中介本身的创新这一视角出发，潘敏和袁歌骋运用 25 个 OECD 国家的数据考察了金融中介创新对企业创新的影响，研究发现二者之间存在倒 U 形的非线性关系。[4] 以上研究说明金融中介带给企业创新的影响存在结构性差异。

（四）关于金融发展引致企业创新的机制研究

更进一步地，学者们开始关注金融发展引致企业创新这一过程的传导机制，这一研究逻辑主要从金融发展的功能观出发。早期研究主要关注金融的风险管理功能，认为金融发展可以有效降低流动性风险及非系统性风险，以缓解金融交易中的道德风险和逆向选择等问题。[5] 金融的契约功能可以创造激励，从而缓解委托代理关系，减少这一过程中的管理成本及代理人成本。[6] Chowdhury 和 Maung 则认为，金融发展过程中存在干中学效应和知识溢出效应，从而可以降低信息搜集成本，提高发现高质量创新项目

[1] Hsu, P. H., Tian, X. & Xu, Y., "Financial Development and Innovation: Cross - Country Evidence," *Journal of Financial Economics* 112 (1) (2014): 116 - 135.

[2] 钟腾、汪昌云：《金融发展与企业创新产出——基于不同融资模式对比视角》，《金融研究》2017 年第 12 期，第 127～142 页。

[3] 余明桂、钟慧洁、范蕊：《民营化、融资约束与企业创新——来自中国工业企业的证据》，《金融研究》2019 年第 4 期，第 75～91 页。

[4] 潘敏、袁歌骋：《金融中介创新对企业技术创新的影响》，《中国工业经济》2019 年第 6 期，第 117～135 页。

[5] King, R. G. & Levine, R., "Finance, Entrepreneurship and Growth," *Journal of Monetary Economics* 32 (1993): 513 - 542; Hall, B. H. & Ziedonis, R. H., "The Patent Paradox Revisited: An Empirical Study of Patenting in the US Semiconductor Industry, 1979 - 1995," *RAND Journal of Economics* 32 (1) (2001): 101 - 128.

[6] Morales, M. F., "Financial Intermediation in a Model of Growth Through Creative Destruction," *Macroeconomic Dynamics* 7 (2003): 363 - 393.

的概率①；国内有学者指出金融发展通过提高储蓄转化率、缓解信息不对称以及降低企业融资成本这三个方面的功能促进了企业研发投入的增加②。

(五) 文献简评

从以上的文献梳理中可以看出，学者们对金融发展的关注经历了从规模到结构再到功能的过程。当经济发展水平较低时，金融主要发挥了动员储蓄的作用，在经济中处于核心地位。然而，随着金融危机的发生，金融市场出现供给过度、低效和无序等问题，此时金融结构的优化对企业创新的作用变得重要。在经济发展水平较高的当代，实现金融市场高效率运转的金融功能则成为关键，而新兴的数字金融这一金融业态本身便是金融发展演化的产物。然而对于数字金融如何影响企业创新这一问题仍缺乏完整的理论分析和实证检验。基于此，本章对数字金融发展对企业创新投入的影响进行研究，一方面为数字金融发展的效应研究做补充；另一方面为通过数字金融发展促进企业创新提供政策依据。

二 数字金融发展对企业创新影响的理论分析

针对数字金融发展对企业创新的影响，本章主要从基本理论和中介机制两个方面进行分析，并提出相应的假说。

(一) 数字金融发展对企业创新的影响分析

根据《中国高技术产业统计年鉴 2018》数据，2017 年中国企业创新投资中 90.2%的资金来自企业自身，8%来自政府资助，1.8%来自金融机构贷款。由此可以看出，高科技企业创新投资高度依赖内源融资，而来自

---

① Chowdhury, R. H. & Maung, M., "Financial Market Development and the Effectiveness of R&D Investment: Evidence from Developed and Emerging Countries," *Research in International Business and Finance* 26 (2) (2012): 258 – 272.

② 庄毓敏、储青青、马勇：《金融发展、企业创新与经济增长》，《金融研究》2020 年第 4 期，第 11～30 页。

外部的资金极其稀少，尤其是来自金融机构的信贷资金。已有研究表明，金融要素扭曲加剧了融资约束，从而抑制了高科技企业技术创新，这种抑制效应的程度与金融要素扭曲程度呈正相关关系。[①] 此外，中国企业面临的投资与经营环境往往存在信贷寻租，在这种情况下，融资约束对企业创新活动的抑制作用会更加明显。[②] 企业融资成本高往往是由信息不对称这一金融业的内生特征引致，而数字金融在大数据和人工智能等技术的支持下，能够高效处理借款人非标准化的海量数据[③]，使得资金供给方在交易过程中除了依赖传统意义上的"硬信息"，还能通过资金需求者日常经济交易活动中形成的"软信息"来对其进行信用评估。这种信用评估方式极大地缓解了金融机构和借款者之间在交易过程中的信息不对称问题，使得金融机构可以将金融资源与企业创新项目的风险特征相匹配，从而有效降低信贷风险，避免了传统金融市场容易出现的道德风险和逆向选择等问题[④]，提升了金融交易过程中的高效性和安全性。数字金融在有效降低信贷风险的同时，使企业面临的融资成本也相应降低。[⑤] 不仅如此，数字金融还衍生出了诸如智能投顾、消费金融和供应链金融等新型的融资渠道，这些丰富多样的融资方式在为企业的各类创新项目提供资金的同时，还提供了优质的信息技术分析工具，助力企业在创新项目中进行最优决策，提高资金使用效率，降低项目运营成本。[⑥]

　　除了依靠大数据技术缓解融资约束，发展迅猛的数字金融的在线支付

---

① 李晓龙、冉光和、郑威：《金融要素扭曲如何影响企业创新投资——基于融资约束的视角》，《国际金融研究》2017 年第 12 期，第 25～35 页。

② 张璇、刘贝贝、汪婷、李春涛：《信贷寻租、融资约束与企业创新》，《经济研究》2017 年第 5 期，第 161～174 页。

③ Gomber, P., Kauffman, R. J. & Parker, C., "On the Fintech Revolution: Interpreting the Forces of Innovation, Disruption and Transformation in Financial Services," *Journal of Management Information Systems* 35 (2018): 220–265.

④ Demertzis, M., Merler, S. & Wolff, G. B., "Capital Markets Union and the Fintech Opportunity," *Journal of Financial Regulation* 4 (2018): 157–165.

⑤ Chen, H. & Yoon, S. S., "Does Technology Innovation in Finance Alleviate Financing Constraints and Reduce Debt – Financing Costs? *Evidence from China*," *Asia Pacific Business Review* (2012): 1–26.

⑥ 唐松、伍旭川、祝佳：《数字金融与企业技术创新——结构特征、机制识别与金融监管下的效应差异》，《管理世界》2020 年第 5 期，第 52～66 页。

服务同样对其有缓解作用。由于数字金融在消费者和商户中的普及，扫码支付代替了信用卡和现金支付，居民消费过程中的支付便利性大大提高，明显缩短了购物时间，降低了购物过程中的边际成本。更进一步地，数字金融为居民提供的诸如花呗和借呗等服务还缓解了居民消费过程中面临的流动性约束，激发了居民的消费欲望。[①] 再者，在线支付还实现了线上线下商务的有机结合，推动了电子商务的迅猛发展，使得消费者的购物需求进一步增加。如易行健和周利以及张勋等分别建立消费者效用函数及一般均衡理论模型，并通过实证研究均验证了数字金融可以通过提高支付便利性来促进居民消费。[②] 随着居民消费的增加，产品市场规模也会扩大，一方面，市场规模扩大会诱发企业创新。因为企业为了在竞争激烈的市场中长期保持优势，需要对市场需求有敏锐的反应。这就促使企业必须适时地增加其研发投入，生产新产品，提高研发产出以匹配市场需求。[③] 另一方面，市场规模的扩大使得企业创新的预期收益增加，这会分散企业创新过程中面临的市场风险，降低创新对企业自身财务影响的不确定性，从而缓解企业创新决策的后顾之忧，激发其创新积极性和创新动力。

基于以上分析，本章提出以下假说。

假说1：数字金融发展会促进企业创新投入的增加。

假说2：数字金融发展促进企业创新投入增加的机制效应主要来自两个方面：一是融资约束缓解效应；二是市场规模扩大引致的财务风险分散效应。

（二）数字金融发展对企业创新影响的异质性分析

除融资约束等企业外部因素之外，企业创新动力也是影响企业创新行为的关键性因素，而且创新动力与企业自身特征紧密相关。首先，从股权

---

① 张勋、杨桐、汪晨、万广华：《数字金融发展与居民消费增长：理论与中国实践》，《管理世界》2020年第11期，第48~63页。

② 易行健、周利：《数字普惠金融发展是否显著影响了居民消费——来自中国家庭的微观证据》，《金融研究》2018年第11期，第47~67页；张勋、杨桐、汪晨、万广华：《数字金融发展与居民消费增长：理论与中国实践》，《管理世界》2020年第11期，第48~63页。

③ 吕铁、黄娅娜：《消费需求引致的企业创新——来自中国家电行业的证据》，《经济管理》2021年第7期，第25~43页。

性质的角度来看，不同股权性质的企业受到数字金融的影响具有较大差异。国有企业由于规模大、可抵押担保的资产多、借款有隐性担保和政府信用背书等，通常能够以较低的价格从银行等大型金融机构获得充裕的资金，因此其面临的融资约束往往较小，数字金融对其融资方面的影响不大。与此同时，国企存在机会主义等问题，高管任期短且具有不确定性，因此高管在进行决策时，短期性甚至急功近利特点更为明显。在这种环境下，企业并没有很强的动力投入大量人力和物力去进行周期长且风险高的研发活动[①]，从而导致国有企业的创新投入低，创新能力弱。然而非国有企业在当下存在金融抑制的环境中却经常会遭遇融资歧视等。[②] 随着数字金融的蓬勃发展，其强大的风险识别和风控技术使其有意愿且有能力对非国有企业提供资金支持。另外，非国有企业相较于国有企业规模较小，且营业收入来源和业绩状况不如国企稳定，经营状况受到市场规模变动等的影响较大。非国有企业为了在竞争性市场上占据一定的市场份额，其创新的动力相应更强；数字金融发展的融资约束缓解效应，为其突破自身资金瓶颈和加大研发投入提供了便利。

其次，从对技术的依赖程度来看，企业所处行业的技术特征也将显著影响企业的创新投入强度。高科技行业属于知识和技术密集型行业，其产品的更新迭代速度快，面临的市场需求处于持续的动态变化中，企业为了立于不败之地，必须不断地进行研发创新。另外，高科技企业由于其创新项目往往风险高且周期长，银行等传统金融机构为其提供资金的意愿较低。在这种情况下，数字金融的发展使得高科技企业的融资约束得到缓解，这会相应促进高科技企业的研发投入。与此相对应的非高科技行业，如农林牧渔及批发零售等行业，因市场相对成熟且需求相对稳定，企业对技术的依赖度较低，无须进行创新研发活动也能够持续经营[③]，并且技术创新对企业的经营活动和未来发展影响很小，因此其进行创新研发的动力

① 陈仕华、卢昌崇、姜广省、王雅茹：《国企高管政治晋升对企业并购行为的影响——基于企业成长压力理论的实证研究》，《管理世界》2015 年第 9 期，第 125 ~ 136 页。

② 刘瑞明：《金融压抑、所有制歧视与增长拖累——国有企业效率损失再考察》，《经济学》（季刊）2011 年第 2 期，第 603 ~ 618 页。

③ 袁建国、后青松、程晨：《企业政治资源的诅咒效应——基于政治关联与企业技术创新的考察》，《管理世界》2015 年第 1 期，第 139 ~ 155 页。

不足。这类企业即使在数字金融的作用下缓解了融资约束，也很少将其融入资金投入研发，而是将资金用于满足企业其他经营活动的需求。

基于以上分析，本章提出如下假说。

假说 3：数字金融对非国有企业及高科技行业的企业创新投入的影响更大。

三　变量选择与模型构建

本节的主要内容是研究设计，说明本章实证研究的基本思路。本章拟采用面板双向固定效应模型来对前文提出的研究假说进行实证检验。

（一）样本选择与数据来源

本章选取 2011 ~ 2020 年中国创业板公司作为研究的初始样本，由于本章研究对象涉及数字金融，故剔除了金融类的公司，并剔除了 ST 型的公司。最终，用于研究的创业板公司共有 951 家，共计 85590 个观测值。关于上市公司的研发投入及财务指标等数据均来自国泰安 CSMAR 数据库。本章采用的数字金融指数来自北京大学数字普惠金融指数。[1] 为减小极端值带来的影响，本章对所有连续变量的 1% 和 99% 百分位进行缩尾处理。

（二）变量选取与说明

1. 被解释变量

企业创新投入（inx）。企业创新投入一般包括人员投入和资金投入[2]，二者缺一不可。故本章对企业创新投入采用研发人员占企业人数的比例和研发资金占营业收入的比例按 50% 的权重加权求和后的值来衡量。

---

[1]　郭峰、王靖一、王芳等：《测度中国数字普惠金融发展：指数编制与空间特征》，《经济学》（季刊）2020 年第 4 期，第 1401 ~ 1418 页。

[2]　段军山、庄旭东：《金融投资行为与企业技术创新——动机分析与经验证据》，《中国工业经济》2021 年第 1 期，第 155 ~ 173 页。

2. 核心解释变量

数字金融 (*index*)。本章采用北京大学数字金融研究中心编制的数字普惠金融指数衡量数字金融发展。该指数分别从覆盖广度、使用深度和数字化程度三个维度测算了中国全部省级、市级、县级的数字普惠金融发展情况，并最终合成了综合指数。[①] 本章采用企业所在省份的数字金融发展指数作为单个企业数字金融使用程度的代理变量。

3. 控制变量

为了消除其他变量带来的影响，本章在模型中引入了企业微观层面的多个变量。参考段军山和庄旭东关于企业创新的研究[②]，本章引入 5 个可能影响企业创新的控制变量。

企业规模 (lnass)。企业的创新活动受到其规模大小的影响。规模越大的企业进行研发投入的能力越强，研发意愿越高，对于研发失败的风险承担能力也越强，其进行研发投入的强度也越高。本章采用企业总资产来衡量企业规模大小。

企业成长性 (*incor*)。企业成长能够显著影响企业创新。如果一个企业的成长性较好，那么其将拥有良好的市场预期，以及较大的增长潜力。但在快速成长的过程中企业也可能面临较大的资金压力，使得其创新项目的推进受阻。因此，企业成长性对企业创新的影响方向并不确定。本章拟采用企业营业收入增长率来衡量企业成长状况。

股权集中度 (*shr*)。一个公司的股权越集中，董事会及管理层做出决策的效率越高，但其决策也可能由于股权过于集中而缺乏纠错能力。此时，公司是否进行研发投入更多地取决于大股东的决策。故股权集中度对企业创新的影响难以确定。本章采用第一大股东持股比例来衡量公司的股权集中度。

企业杠杆率 (*debass*)。企业杠杆率可以反映企业目前所面临的债务约束，能够反映企业的还款能力。由于企业创新活动需要的资金量大、周期

[①] 郭峰、王靖一、王芳等：《测度中国数字普惠金融发展：指数编制与空间特征》，《经济学》（季刊）2020 年第 4 期，第 1401～1418 页。

[②] 段军山、庄旭东：《金融投资行为与企业技术创新——动机分析与经验证据》，《中国工业经济》2021 年第 1 期，第 155～173 页。

长、风险高，所以高杠杆率企业的创新动力可能不足。故企业的高杠杆率可能会抑制企业创新行为。本章采用企业的资产负债率来衡量企业杠杆率。

地区经济增长（lngdp）。一个地区的经济发展水平从宏观层面上来说同样影响企业创新，经济发展水平越高及增长越快，人们的消费水平和企业的投资水平就越高，在这种情况下企业就越有创新的动力。故本章加入地区经济增长作为控制变量，以各省 GDP 增长率来衡量，并将其匹配至各个微观企业。

本章所有变量及其说明见表 7-1。

表 7-1 变量说明

变量类型	变量名称	变量符号	变量说明
被解释变量	企业创新投入	inx	研发人员占企业人数的比例和研发资金占营业收入的比例按 50% 加权平均
核心解释变量	数字金融	$index$	数字普惠金融指数
控制变量	企业规模	$lnass$	企业总资产
	企业成长性	$incor$	企业营业收入增长率
	股权集中度	shr	第一大股东持股比例
	企业杠杆率	$debass$	资产负债率
	地区经济增长	$lngdp$	各省 GDP 增长率

4. 变量的描述性统计

表 7-2 报告了主要变量的基本统计特征。从中可以看出，数字金融的最大值和最小值之间相差较大，说明地区之间数字金融发展存在较为明显的不平衡现象。另外，在对所有解释变量和控制变量做了多重共线性检验后，发现变量之间不存在严重的多重共线性问题。

表 7-2 变量的描述性统计

变量	观测值	平均值	标准差	最大值	最小值
inx	5532	10.92	19.74	40.30	0
$index$	5531	276.15	90.50	417.88	69.48

变量	观测值	平均值	标准差	最大值	最小值
lnass	5530	21.29	0.85	25.92	18.83
debass	5530	0.31	0.17	0.77	0.40
incor	5532	0.45	8.86	614.49	-2.73
shr	5532	26.69	14.21	47.86	0
lngdp	5530	8.38	0.64	9.21	4.9

（三）基准回归模型设计

为了研究数字金融发展对企业创新的具体影响，参考 Nanda 和 Rhodes -
Kropf 的做法[①]，本章根据研究假说，构建了计量模型（7-1）：

$$inx_{it} = \alpha_0 + \alpha_1 index_{it} + \alpha_2 control_{it} + year_t + company_i + \varepsilon_{it} \qquad (7-1)$$

其中，企业创新投入（ inx ）是被解释变量，数字金融（ $index$ ）是核
心解释变量。下标 i 代表各个研究样本企业，下标 t 代表年份。$control$ 代表
上文列示的全部控制变量，$year$ 代表时间固定效应，$company$ 代表个体固
定效应，ε 为残差项。核心解释变量 $index$ 的系数表示数字金融的发展对企
业创新的影响程度。

另外，考虑到数字金融的发展对企业创新带来的影响可能存在异质
性，本章对样本进行如下划分。①从企业股权性质角度出发，将样本划分
为国有企业和非国有企业（其中包括外资企业、非国有企业等）。②从企
业对技术的依赖度来看，按照国家统计局对高科技企业的分类标准，高科
技企业包括电信、广播电视和卫星传输服务业，互联网和相关服务业，软
件和信息技术服务业，计算机、通信和其他电子设备制造业，生态保护和
环境治理业，铁路、船舶、航空航天和其他运输设备制造业，仪器仪表制
造业，医药制造业，专业技术服务业9类企业，其余则归为非高科技企业。
下文将按照以上的样本划分方式分别进行检验。

---

① Nanda, R., & Rhodes - Kropf, M., "Investment Cycles and Start up Innovation," *Journal of
Financial Economics* 110 （2）（2013）：403 - 418.

四 数字金融发展对企业创新影响的实证检验

本节的主要内容是实证分析与检验,主要运用实证分析的方法分别进行基准模型回归、稳健性检验、异质性分析,以对第二节提出的假说进行验证。

(一) 基准模型回归分析

表7-3报告了数字金融的发展对企业创新投入影响的固定效应模型的回归结果。其中列(1)是未加入控制变量时的回归结果,列(2)是加入控制变量后的回归结果。由列(1)可知,数字金融($index$)对企业创新投入(inx)影响的回归系数为0.025,在5%的水平下显著为正,这说明数字金融的发展对企业创新投入具有显著的促进作用;由列(2)可以看出,核心解释变量的系数增加至0.026,且通过了5%的显著性检验。这说明,无论是否加入控制变量,数字金融的发展均会对企业创新投入起到显著的正向作用,以上实证结果验证了前文提出的假说1。

表7-3 基准模型:数字金融发展与企业创新投入

变量	(1)	(2)
$index$	0.025 **	0.026 **
	(2.37)	(2.43)
lnass		0.899 **
		(2.45)
debass		- 4.656 ***
		(- 3.74)
shr		0.143 ***
		(8.65)
incor		0.197
		(1.21)
lngdp		1.193
		(0.64)

续表

变量	（1）	（2）
常数项	1.576* (1.80)	-30.865* (-1.89)
个体固定效应	控制	控制
时间固定效应	控制	控制
N	5531	5527
企业数	923	922
R²	0.464	0.487

注：括号内为 t 统计量；*** 、** 、* 分别表示在 1%、5%、10% 的水平下显著；下文同。

（二）稳健性检验与内生性处理

本章共采用三种方法对原有模型进行稳健性检验与内生性处理，实证分析的结果见表 7-4。其中列（1）、列（2）和列（3）是替换核心解释变量的回归结果，列（4）和列（5）分别是控制行业固定效应以及将核心解释变量滞后一期的回归结果。下文对这三种情况下的实证结果分别予以说明。

1. 替换解释变量的模型估计

由于本章研究的重点在于数字金融发展对企业创新投入的影响，故原基准模型采用数字金融作为核心解释变量。然而，考虑到数字金融发展的三个子维度，即覆盖广度、使用深度和数字化程度对企业创新投入的影响可能存在差异，所以采用数字金融覆盖广度（index1）、使用深度（index2）和数字化程度（index3）三个子指数替换原核心解释变量 index 进行实证分析，结果见表 7-4 列（1）、列（2）、列（3）。结果显示，数字金融覆盖广度（index1）对企业创新投入的效应系数为 0.021，且在 10% 的显著性水平下成立；使用深度（index2）的系数为 0.013，且在 5% 的显著性水平下成立；数字化程度（index3）的系数为 0.007，且在 10% 的显著性水平下成立。以上结果表明，数字金融的三个子维度均对企业创新投入产生正向作用，且作用从大到小依次为数字金融覆盖广度（index1）、使用深度（index2）和数字化程度（index3）。这表明在现阶段，数字金融发展在地区和行业层面的普及程度及在企业层面的使用深度对企业创新投入增加具有更为突出的促进效应。

2. 控制行业固定效应

本章在基准回归固定效应的控制方面采用的是控制个体和时间，考虑到行业之间也可能存在共性，故在稳健性检验方面加入对行业的控制，将原本的回归模型改为同时控制个体、时间和行业的模型，即同时控制了随着行业变化的那部分不可观测因素。对新的回归模型进行估计之后的结果见表 7 - 4 列 （4），此时数字金融发展对企业创新的影响效应为 0.025，且在 5% 的显著性水平下通过检验，也就是说即使在原有模型中加入对行业效应的控制，假说 1 的结论依然成立。

3. 内生性处理：反向因果关系

为避免模型中出现反向因果关系，即数字金融发展促进企业创新投入的同时，企业创新投入反过来影响数字金融的发展，带来内生性偏误，故本章采用解释变量滞后一期的方法来处理。对数字金融这一核心解释变量进行一阶滞后处理，形成滞后一期的数字金融（lagindex）并对其进行回归模型估计，结果见表 7 - 4 列 （5）。滞后一期的数字金融对企业创新投入的影响系数为 0.015，且在 10% 的显著性水平下通过检验。这说明在解释变量滞后一期的情况下，数字金融发展仍对企业创新投入具有显著的正向促进作用。也就是说，数字金融发展不仅会增加企业当期创新投入，而且会提升企业下一期的创新投入。这一结论排除了原模型中存在反向因果关系带来误差的可能，表明假说 1 的结论具有稳定性。

表 7 - 4 稳健性检验

变量	（1）覆盖广度	（2）使用深度	（3）数字化程度	（4）行业效应	（5）滞后一期
lagindex					0.015 * (1.69)
index				0.025 ** (2.40)	
index3			0.007 * (1.86)		

变量	（1） 覆盖广度	（2） 使用深度	（3） 数字化程度	（4） 行业效应	（5） 滞后一期
index2		0.013 **			
		（2.50）			
index1	0.021 *				
	（1.77）				
lnass	0.918 **	0.902 **	0.919 **	0.906 **	0.856 **
	（2.49）	（2.46）	（2.50）	（2.46）	（2.29）
debass	−4.656 ***	−4.647 ***	−4.595 ***	−4.469 ***	−3.799 ***
	（−3.74）	（−3.74）	（−3.70）	（−3.61）	（−2.82）
shr	0.143 ***	0.142 ***	0.143 ***	0.146 ***	0.154 ***
	（8.64）	（8.63）	（8.66）	（8.81）	（9.09）
incor	0.199	0.188	0.197	0.171	0.157
	（1.22）	（1.16）	（1.21）	（1.06）	（0.88）
lngdp	1.415	1.227	1.467	0.739	1.052
	（0.76）	（0.66）	（0.80）	（0.40）	（0.50）
常数项	−32.664 **	−30.364 *	−31.912 **	−20.594	−27.818
	（−2.00）	（−1.86）	（−1.99）	（−1.25）	（−1.50）
个体固定效应	控制	控制	控制	控制	控制
时间固定效应	控制	控制	控制	控制	控制
行业固定效应	不控制	不控制	不控制	控制	控制
N	5527	5527	5527	5527	4607
企业数	922	922	922	922	776
R^2	0.486	0.487	0.486	0.499	0.472

（三）异质性分析

为探究数字金融发展对企业创新投入的异质性影响，本节根据前文的研究假说 3 进行了两次分样本回归，两次分样本回归的估计结果见表 7 − 5。

1. **按照所有权性质划分：国企与非国企**

按照企业所有权性质将样本划分为国企与非国企两种类型，并分别对其进行实证检验，以探究数字金融对不同所有权性质企业创新投入的影响，回归结果见表7-5中的列（1）和列（2）。由结果可以看出，数字金融发展对非国企创新投入的影响系数为0.027，且在5%的水平下显著，而对国企创新投入的影响不显著。原因在于，国企在资本市场上具有融资优势，加上银行贷款的偏好，国企受到的资金约束相较于非国企而言较小。因此数字金融作为缓解企业融资约束的工具，对国企的影响不大。而非国企面临较大的融资约束，数字金融的使用可以缓解其资金压力，从而有利于其增加创新投入。

2. **按照对技术的依赖程度划分：高科技企业与非高科技企业**

考虑到不同行业尤其是对技术依赖度不同的行业，受数字金融发展的影响可能不同。故本节按照企业所属行业是否为高科技行业进行分样本回归，回归结果见表7-5中的列（3）和列（4）。结果显示，在高科技样本组中，数字金融对企业创新投入的影响呈现显著的正向作用，核心解释变量的系数为0.043，并通过了1%的显著性检验。而在非高科技组，数字金融与企业创新投入之间无明显关系。这说明高科技企业在数字金融工具的辅助之下，会更倾向于加大研发投入，而非高科技企业对数字金融发展的敏感度不高，其创新投入并未受到数字金融发展的显著影响。

表7-5　异质性检验

变量	(1)	(2)	(3)	(4)
	国企	非国企	高科技	非高科技
index	0.021	0.027 **	0.043 ***	0.014
	(0.57)	(2.46)	(2.66)	(1.09)
lnass	-3.342	1.075 ***	0.890	0.771 **
	(-1.53)	(2.96)	(1.33)	(2.02)
debass	-3.544	-4.671 ***	-7.234 ***	-2.996 **
	(-0.46)	(-3.85)	(-3.00)	(-2.46)

续表

变量	（1）	（2）	（3）	（4）
	国企	非国企	高科技	非高科技
shr	0.185 *	0.139 ***	0.201 ***	0.115 ***
	（1.87）	（8.03）	（6.24）	（6.44）
incor	0.536	0.199	0.576 **	0.032
	（1.04）	（1.19）	（1.99）	（0.18）
ln*gdp*	3.020 *	1.320	3.442 *	− 2.134
	（1.73）	（0.58）	（1.69）	（− 1.08）
常数项	39.161	− 35.313 *	− 50.542 **	− 1.362
	（0.91）	（− 1.83）	（− 2.37）	（− 0.08）
时间固定效应	控制	控制	控制	控制
个体固定效应	控制	控制	控制	控制
N	264	5263	2332	3195
企业数	73	904	413	554
R^2	0.611	0.488	0.519	0.520

五　数字金融发展对企业创新影响的中介机制检验

本节主要根据前文的影响机制分析来设计相应的回归模型，以检验第二节提出的中介机制的存在性。

（一）中介效应模型设计

依据前文分析，数字金融的发展对企业创新投入的影响效应是通过融资约束缓解和市场规模扩大引致的财务风险降低两条机制实现的。此处对假说2中的这两条效应机制进行实证检验。

数字金融发展促进企业创新投入的融资约束缓解机制表现为：数字金融的发展能够缓解企业在创新过程中遇到的融资能力不足、融资效果差、资金短缺等问题，帮助企业融资，提升企业资金流动性，从而为企业创新活动提供资金支持。基于以上分析，本章引入筹资活动产生的现金流量净额（fd）来衡量企业的融资水平，并将其作为中介变量进行检验。

数字金融发展促进企业创新投入的市场规模扩大引致财务风险降低机制表现为：数字金融的发展通过提升支付便捷性促进居民消费，市场需求规模随即扩大，提高了企业创新的预期收益，降低了创新的财务风险，激发了企业创新投入的增加。基于以上分析，本节引入地区零售成交额（mkt）来衡量地区消费规模的变化，并将其作为中介变量进行检验。为保证原有结论的稳健性，本节再引入企业内部财务风险（rk）来进行稳健性检验，该指标用经营活动产生的现金流量净额与负债总额的比值衡量，这一指标越大说明企业面临的财务风险越小。本节拟采用该指标作为中介变量再次检验市场规模扩大这一中介效应是否成立。若中介效应成立，则预期结果为数字金融的发展使得企业面临的财务风险降低，从而促使企业增加创新投入。

基于以上有关中介效应的理论分析和变量选取，本节在 Baron 和 Kenny 提出的中介效应模型的基础上[①]，设定以下递归方程进行检验：

$$inx_{it} = \alpha_0 + \alpha_1 index_{it} + \alpha_2 control_{it} + year_t + company_i + \varepsilon_{it} \qquad (7-2)$$

$$z_{it} = \beta_0 + \beta_1 index_{it} + \beta_2 control_{it} + year_t + company_i + \varepsilon_{it} \qquad (7-3)$$

$$inx_{it} = \gamma_0 + \gamma_1 index_{it} + \gamma_2 z_{it} + \gamma_3 control_{it} + year_t + company_i + \varepsilon_{it} \qquad (7-4)$$

其中，z_{it} 表示中介变量，在本章中代表现金流量净额（fd）和地区零售成交额（mkt）。

（二）回归结果分析

表 7-6 报告了数字金融发展对企业创新投入影响的中介效应的回归结果。其中，列（1）和列（2）是融资约束缓解机制的回归结果，列（3）和列（4）是市场规模扩大机制的回归结果，列（5）和列（6）是对市场规模扩大这一机制进行稳健性检验的回归结果，即采用企业内部财务风险作为中介变量进行的机制检验。表 7-6 的列（1）显示，数字金融发展对

[①] Baron, R. M. & Kenny, D. A., "The Moderator – Mediator Variable Distinction in Social Psychological Research: Conceptual, Strategic, and Statistical Considerations," *Journal of Personality and Social Psychology* 51 (6) (1986): 1173–1182.

筹资活动产生的现金流量净额（fd）具有正向影响，回归系数为 0.003 且在 1% 的水平下显著。表 7-6 的列（2）显示，企业筹资活动产生的现金流量净额对企业创新投入具有显著的正向影响，回归系数为 0.444 且在 1% 的水平下显著。由此我们可以得出结论：数字金融通过缓解企业的融资约束，提升企业的创新投入水平。企业在创新的过程中会面临较大的融资约束，而数字金融为企业提供了融资便利，从而使得企业有能力在创新研发方面加大投入力度。这一回归分析结果，验证了假说 2 中数字金融发展对企业创新影响的融资约束缓解机制的存在。

表 7-6 中列（3）和列（4）报告了市场规模扩大在数字金融发展促进企业创新投入过程中的中介效应。从列（3）我们可以看出，随着数字金融的发展，地区零售成交额显著增加，回归系数为 0.504 且在 1% 的显著性水平下通过检验。这说明，数字金融发展会促使市场规模扩大。与此同时，列（4）显示，地区零售成交额和企业创新投入之间呈现显著的正向促进关系，回归系数为 0.011 且在 10% 的显著性水平下通过检验。这说明，随着市场规模的扩大，消费者的需求增加，企业为了获得足够的市场竞争力，必然会加大创新投入的力度，从而验证了假说 2 中市场规模扩大机制的存在。

表 7-6 中介机制检验

变量	（1） 融资约束 fd	（2） 企业创新 inx	（3） 市场规模 mkt	（4） 企业创新 inx	（5） 财务风险 rk	（6） 企业创新 inx
fd		0.444 *** (2.93)				
mkt				0.011 * (1.66)		
rk						0.528 *** (3.62)
index	0.003 *** (6.73)	0.049 *** (17.52)	0.504 *** (2.62)	0.107 (1.06)	0.001 *** (3.73)	0.049 *** (23.39)

变量	（1）融资约束 fd	（2）企业创新 inx	（3）市场规模 mkt	（4）企业创新 inx	（5）财务风险 rk	（6）企业创新 inx
$lnass$	0.854 ***	0.131	21.176 **	39.925 ***	−0.002	0.286
	（19.60）	（0.42）	（2.03）	（4.23）	（−0.09）	（1.35）
$debass$	−1.592 ***	−8.298 ***	28.508	21.724 *	−4.404 ***	−13.925 ***
	（−7.41）	（−5.87）	（0.91）	（1.94）	（−39.24）	（−11.78）
shr	0.001	0.071 ***	0.772	0.437 **	0.004 ***	0.098 ***
	（0.33）	（4.84）	（0.99）	（2.30）	（3.26）	（9.35）
$incor$	0.079	−0.951 ***	−0.314	−0.001	−0.095 ***	0.087
	（1.42）	（−2.63）	（−0.97）	（−0.01）	（−3.45）	（0.35）
$lngdp$	0.782	−5.035	239.525 *	−3.762	0.089 ***	−0.881 ***
	（0.77）	（−0.77）	（1.79）	（−0.43）	（2.95）	（−3.31）
N	1827	1827	4603	4603	3670	3670
R^2	0.178	0.164	0.118	0.184	0.339	0.152

从表 7 - 6 的列（5）可以看出，数字金融对企业内部财务风险影响的系数为正的 0.001，且这一结果在 1% 的显著性水平下通过检验。这说明数字金融发展会带来企业内部财务风险的显著降低。另外，从列（6）可以看出，企业内部财务风险对企业创新投入的影响系数为 0.528 且在 1% 的水平下显著。这表明随着企业内部财务风险的降低，企业创新投入的强度会相应增大。由此可以看出，数字金融发展带来的市场规模扩大效应可以显著降低企业内部财务风险。这说明假说 2 中的市场规模扩大机制的相关结论具有稳健性。

六　研究结论

在中国经济由高速增长转向高质量发展的进程中，互联网、大数据、云计算、人工智能等相关领域的发展已成为新的发展突破口。数字金融作为一种依托新兴技术产生的金融业态，在匹配国家"大众创业，万众创新"的战略方面具有不容小觑的作用。基于此，本章以 2011～2020 年创业板公司的面板数据作为研究样本，实证检验数字金融发展对企业创新投入产生的影响及其作用机制，研究结论如下。

第一，数字金融发展会促进企业创新投入的增加。这种促进作用主要通过两个方面的机制效应实现：一是融资约束缓解效应；二是市场规模扩大引致的财务风险分散效应。该结论得到了实证检验的支持。

第二，总体来看，虽然数字金融发展对企业创新投入的影响呈现显著的正向效应，但数字金融发展三个维度对企业创新投入的正效应大小存在差异性，其中数字金融覆盖广度产生的正向效应最为突出。

第三，数字金融发展对企业创新投入的影响在国企与非国企、高科技企业与非高科技企业之间存在显著的差异性，其对非国企、高科技企业创新投入增加的影响效应更为显著。

第四，上述研究结论表明，数字金融发展与国家创新驱动发展战略是匹配的，它实现了金融科技发展与企业创新提升的互补和共赢。

第八章 数字金融发展对中小企业融资约束

中小企业由于信息不对称、制度环境不完善、自身特征等原因，常存在融资约束问题。数字金融的发展为解决这一问题提供了新的途径。本章选取 2011~2020 年中小企业板上市公司部分数据以及同期北京大学数字普惠金融指数，验证数字金融发展能否缓解中小企业融资约束。

一 研究文献回顾

近年来，关于数字金融发展与中小企业融资的问题，学术界进行了多角度的研究，本章在此基础上对以往研究做了必要的梳理。

（一）关于中小企业融资约束问题的研究

企业融资约束这一问题，最早是由 Fazzari 等于 1988 年提出。[1] 关于融资约束，Kaplan 和 Zingales 指出，学术界普遍认为，当企业内部资金已无法正常维持运转，企业被迫转向融资成本更高的外部融资，而通过外部融资也无法获得足够资金时，企业就面临融资约束问题。[2] 围绕中小企业融资问题，近年来学术界主要从企业自身特征、金融发展和银企关系等视角进行分析。现有文献在讨论中小企业面临的融资约束时，一般认为其原因

---

[1] Fazzari, S. M., Hubbard, R. G. & Petersen, B. C., "Financing Constraints and Corporate Investment," in *Brookings Papers on Economic Activity* (Brookings Institution Press, 1988), pp. 141 – 206.

[2] Kaplan, S. N. & Zingales, L., "Do Investment – Cash Flow Sensitivities Provide Useful Measures of Financing Constraints?" *The Quarterly Journal of Economics* (112) (1997): 169 – 215.

是大多数中小企业内源性资金不足，难以维持其正常经营[①]，而外部融资受到信息不对称和财务报表不规范、抵押品不足、经营能力较差等诸多因素的限制[②]。除了企业内部因素，宏观环境中的金融市场化、法律制度、产品市场等，都会对中小企业融资产生影响。王建斌通过实证研究货币政策对企业融资约束的影响，发现当货币政策宽松时可以减轻企业的融资约束，且这种影响在非国有企业中更为显著。[③] 从银企关系视角出发，林毅夫等认为金融服务供给方是问题的关键，大型金融机构更愿意为大公司提供贷款。[④] 金融机构的结构也会影响中小企业融资约束，金融机构规模越大、组织结构越复杂，越不利于缓解中小企业融资约束。[⑤]

关于缓解中小企业融资约束的途径，经验研究表明，良好的制度和发达的金融市场可以帮助企业解决"逆向选择"和"道德风险"问题，进而降低企业融资成本。[⑥] 企业的外部融资受制于政府制度安排，而整体的宏观环境可以对企业起到促进融资的作用，减轻企业融资约束。[⑦] 金融发展也能够通过完善金融市场来缓解企业面临的融资约束[⑧]，金融机构竞争对中小企业借贷成本有显著的负向影响，并且随着企业规模的扩大，金融机构竞争程度的提高会进一步缓解中小企业融资约束[⑨]。数字普惠金融凭借

---

① 张伟斌、刘可：《供应链金融发展能降低中小企业融资约束吗？——基于中小上市公司的实证分析》，《经济科学》2012 年第 3 期，第 108～118 页。

② Mathis, F. J. & Cavinato, J., "Financing the Global Supply Chain: Growing Need for Management Action," *Thunderbird International Business Review* (6) (2010): 467-474.

③ 王建斌：《货币政策对我国上市公司融资约束的差异性影响研究》，《经济问题》2019 年第 12 期，第 44～51 页。

④ 林毅夫、孙希芳、姜烨：《经济发展中的最优金融结构理论初探》，《经济研究》2009 年第 8 期，第 4～17 页。

⑤ 尹志超、钱龙、吴雨：《银企关系、银行业竞争与中小企业借贷成本》，《金融研究》2015 年第 1 期，第 134～149 页。

⑥ Kaplan, S. N. & Zingales, L., "Do Investment - Cash Flow Sensitivities Provide Useful Measures of Financing Constraints?" *The Quarterly Journal of Economics* (112) (1997): 169-215.

⑦ 张虎龄：《对企业融资约束宏观环境因素的实证分析》，《学习与实践》2015 年第 12 期，第 22～29 页。

⑧ Henry, P. B., "Do Stock Market Liberalizations Cause Investment Booms?" *Journal of Financial Economics* (1) (2000): 301-334.

⑨ 张金清、阙细兵：《银行业竞争能缓解中小企业融资约束吗？》，《经济与管理研究》2018 年第 4 期，第 42～54 页。

其技术优势在一定程度上拓展了金融服务供给方的外延，提高了金融服务的效率，降低了服务成本，缓解了信息不对称，使得原先那些获取金融服务不足或被排除在金融体系之外的企业能够通过数字普惠金融渠道获取服务。[①]

（二）关于数字金融发展与中小企业融资约束关系的研究

数字金融的发展为中小企业融资约束问题提供了新的解决方案，数字金融具有促进金融普惠的显著特征，能够全方位、高效地为公众提供相关金融服务[②]，使外部融资趋于普惠化、多样化和边界化[③]，打破传统金融业"嫌贫爱富"的借贷惯性从而更偏向中小企业，并以此提高中小企业从正规金融机构获取金融服务的可能性。传统的金融行业，一是难以获得客户，二是难以控制风险，削弱了国家对小微企业的帮扶力度，而数字金融的提出解决了这两个技术难题。邹伟和凌江怀对比传统金融和数字金融与融资约束的关系后发现，数字普惠金融是缓解中小微企业融资约束的重要途径，同时经济发展水平和法律制度环境是制约数字普惠金融缓解中小微企业融资约束的重要因素。[④] 万佳彧等研究发现，数字普惠金融及其三个分指标对企业的融资约束具有缓解作用。[⑤] 喻平和豆俊霞同样验证了数字普惠金融的发展有助于缓解中小企业融资约束。[⑥] 在两者之间关系的影响机制上，何剑等研究发现，数字金融主要通过两个渠道缓解中小企业的融资约束：一是提高信贷可得性；二是降低融资成本。[⑦]

---

① Agarwal, S. & Hauswald, R., "Distance and Private Information in Lending," *Review of Financial Studies* 23 (7) (2010): 2757 – 2788.

② 黄益平、黄卓：《中国的数字金融发展：现在与未来》，《经济学》（季刊）2018 年第 4 期，第 1489~1502 页。

③ 李春涛、闫续文、宋敏、杨威：《金融科技与企业创新——新三板上市公司的证据》，《中国工业经济》2020 年第 1 期，第 81~98 页。

④ 邹伟、凌江怀：《普惠金融与中小微企业融资约束——来自中国中小微企业的经验证据》，《财经论丛》2018 年第 6 期，第 34~45 页。

⑤ 万佳彧、周勤、肖义：《数字金融、融资约束与企业创新》，《经济评论》2020 年第 1 期，第 71~83 页。

⑥ 喻平、豆俊霞：《数字普惠金融、企业异质性与中小微企业创新》，《当代经济管理》2020 年第 12 期，第 79~87 页。

⑦ 何剑、魏涛、倪超军：《数字金融何以纾解中小企业融资之困？》，《武汉金融》2021 年第 3 期，第 29~36 页。

从不同的环境制度来看，数字金融能大幅度消除地域性带来的融资约束问题。不同地区有着不同的制度环境，制度环境较好，意味着金融服务体系较完善，有利于企业进行融资，企业融资约束就会较小；反之，企业的融资约束就会较大。① 不同的地区会有不同的制度环境，良好的制度和发达的金融市场可以帮助企业解决"逆向选择"和"道德风险"问题，进而降低企业融资成本。② 制度环境不够健全的地区，其金融市场是不发达的。而且对产权缺乏重视，也会影响数字金融的发展，造成市场交易的成本较高。另外，法制环境的健全与否也会影响企业的贷款信用。不够完善的制度和缺乏力度的执法会使企业的贷款风险增加，从而降低银行对企业的贷款支持力度。③ 在制度环境较为健全的地区，数字普惠金融可以在健全的金融市场上得以发展，并可以拥有良好的制度条件。④ 总体来说，数字金融可被金融机构用来提高企业的信息披露质量，减少企业与金融机构之间的信息不对称，再加上良好的制度环境和法制环境，金融行业的监管可以有所保障，从而促进企业获得信贷支持，化解融资约束，降低融资成本。因此，良好的制度环境是数字普惠金融服务中小企业的重要前提。在制度环境较好的地区，数字普惠金融的发展更有利于缓解中小企业融资约束。数字金融发展质量对中小企业融资效率的影响效果逐渐提高。

二　数字金融发展对中小企业融资约束影响的理论分析

数字金融是将数字技术与传统金融结合起来，为有需求的客户提供便捷的金融服务的一种金融业态。利用数字技术，数字金融可以打破时间与

---

① 姚耀军、董钢锋：《中小企业融资约束缓解：金融发展水平重要抑或金融结构重要？——来自中小企业板上市公司的经验证据》，《金融研究》2015 年第 4 期，第 148 ~ 161 页。
② Kaplan, S. N. & Zingales, L., "Do Investment – Cash Flow Sensitivities Provide Useful Measures of Financing Constraints?" *The Quarterly Journal of Economics* (112) (1997): 169 – 215.
③ 邓可斌、曾海舰：《中国企业的融资约束：特征现象与成因检验》，《经济研究》2014 年第 2 期，第 47 ~ 60 页。
④ 黄锐、赖晓冰、唐松：《金融科技如何影响企业融资约束？——动态效应、异质性特征与宏微观机制检验》，《国际金融研究》2020 年第 6 期，第 25 ~ 33 页。

空间的限制，覆盖更多的长尾客户，并且囊括更多的资金借贷渠道，提高资金利用的效率，解决中小企业融资难、融资贵的问题。

（一）数字金融对中小企业融资约束的影响分析

数字金融作为传统金融和数字技术的融合创新，能够有效地解决传统金融服务实体经济过程中存在的"成本高、服务失衡、效率低"的难题。移动互联网的普及使得金融机构的客户目标从线下向线上转移，降低了金融机构的获客成本；数字技术的发展打破了地域上的限制，扩大了金融机构的服务范围，促使金融机构兼顾长尾客户群体；大数据技术能够大幅提高数据搜集和处理的能力，完善对客户的信用评估，降低信息不对称，为客户开展定制化金融服务，提升金融服务效率；云计算具有极强的扩展性，能够整合海量资源，提高金融服务的效率；区块链作为一个共享数据库，存储于其中的数据或信息具有不可伪造、全程留痕、可以追溯、公开透明、集体维护等特征，从而使资金提供者可以对贷款用途进行溯源，有助于对企业的风险监控。具体的影响机制如图8-1所示。

图8-1 数字金融对中小企业融资约束的影响机制

1. 数字金融能够降低中小企业融资成本

根据帕累托法则，金融机构进入市场，一般关注盈利状况前20%的客户，如果服务好这些头部客户则可以把握80%左右的市场份额，而当继续扩大服务范围时，所带来的边际收益可能越来越小，这是传统金融机构无法避免的商业可持续性问题。[①] 因此，尽管国际上早在2005年就由联合国

---

① 黄益平、黄卓：《中国的数字金融发展：现在与未来》，《经济学》（季刊）2018年第4期，第1489~1502页。

率先提出普惠金融的概念，中国也响应号召相继出台一系列政策推动普惠金融发展，但效果都十分有限。而对于这个问题，数字技术可以为其提供可能的解决方案。我国金融市场中存在显著的长尾效应，即市场中存在大量分散的小规模投资者，他们自有资金较少、抗风险能力较差且地理位置分散。[①] 数字金融可以通过互联网平台连接数以亿计的用户并通过大数据技术收集信息，不必像传统金融机构那样依赖服务网点和大量人工来提供金融服务，减少了信息收集过程中的资源消耗[②]，大大降低了获客成本和服务成本，而这些成本往往都会通过信贷利率转嫁给企业。交易成本的减少有助于企业减少融资成本，从而缓解融资约束。

　　2. **数字金融能够拓宽中小企业融资渠道**

　　我国中小企业数量庞大、成长性高、创新性强，但受限于规模较小、抵押担保品不足以及财务与信用数据不完善不透明等因素，往往很难得到金融机构的青睐，被排斥在金融服务的门槛之外，从而构成了金融服务需求的"尾部"市场。相比于传统金融，普惠金融能够以可负担的成本为包含中小企业在内的弱势群体提供适当、有效的金融服务。以传统普惠金融为基础，数字金融更加注重数字技术和产品服务创新，并通过大数据、云计算、人工智能等技术提高了金融服务的触达能力，降低了中小企业获得金融服务的门槛。数字金融打破了传统金融的诸多限制特别是空间限制，促进了资金供求双方的信息交流，扩大了金融服务的范围，提高了金融服务的触达性，并且通过互联网、大数据、云计算等新兴科技创新传统金融产品，带动了诸如P2P网贷、第三方支付、众筹融资等新型融资平台及融资模式的产生[③]，提高了金融服务的可获得性，为企业寻求融资机会扩展了渠道，进而缓解了企业融资约束。

　　3. **数字金融能够提高金融资源配置效率**

　　根据金融加速器理论，商业银行依据抵押资产特别是房产的价值放宽

---

①　万佳彧、周勤、肖义：《数字金融、融资约束与企业创新》，《经济评论》2020年第1期，第71~83页。

②　包钧、谢霏、许霞红：《中国普惠金融发展与企业融资约束》，《上海金融》2018年第7期，第34~39页。

③　喻平、豆俊霞：《数字普惠金融发展缓解了中小企业融资约束吗》，《财会月刊》2020年第3期，第140~146页。

或紧缩信贷供给的行为会加剧实体经济的波动。而数字金融凭借大数据技术不仅可以获取市场上公开的财务信息，而且可以获取连续的甚至是没有边界的数字足迹，其中包括作为征信数据的比财务数据更具稳定性和真实性的行为特征和社会关系数据①，在缓解信贷过程中信息不对称困境的同时，减少了金融机构在信贷判断时对抵押资产的依赖，使信用贷款与房价的关系减弱，这意味着金融市场的稳定性可能会增强，资源配置效率可能会提高。同时，征信体系的完善可以简化信贷审查程序，缩短信贷审核时间，提高融资效率②，从而缓解企业融资约束。

由以上分析可提出本章的假设1：当其他条件保持不变时，数字金融发展能够缓解中小企业的融资约束。

（二）数字金融发展缓解中小企业融资约束的异质性分析

1. 数字金融发展缓解中小企业融资约束的产权性质异质性分析

由于我国特殊的制度背景，企业的产权性质在其融资时发挥了重要作用。国有企业因具有明显的政府信用背书，在融资时易受到银行等金融机构的青睐，而非国有企业则受到银行的"信贷歧视"，存在较大的融资约束。产权性质差异使得国有企业长期占用大量金融资源，对非国有企业形成"挤出效应"，进而导致非国有企业陷入融资困境。与传统金融服务模式相比，数字金融对于不同产权性质中小企业融资约束的作用机制和缓解效果也不一致。一方面，信息不对称是导致企业融资约束的原因之一，相较于国有中小企业，非国有中小企业的财务信息不透明，可信度低。传统金融机构"偏爱"与国有中小企业保持紧密联系，更加了解国有中小企业的信息状况，而与非国有中小企业的业务交集则较为缺乏。因此，非国有中小企业的信息不对称问题相比国有中小企业更加严重。数字普惠金融基于大数据、云计算等数字技术，能够迅速收集、整理数据，完善客户画像，提高中小企业信息透明度，有效降低信息不对称程度。因此，

---

① 黄益平、黄卓：《中国的数字金融发展：现在与未来》，《经济学》（季刊）2018年第4期，第1489~1502页。

② 梁榜、张建华：《中国普惠金融创新能否缓解中小企业的融资约束》，《中国科技论坛》2018年第11期，第94~105页。

数字金融更加有利于缓解非国有中小企业的融资约束。另一方面，从融资意愿上看，非国有中小企业由于不具备国有中小企业的融资优势，很难从正规金融机构获得信贷支持，这使其从数字普惠金融渠道获得融资的意愿更加强烈。因此，数字普惠金融能够为非国有中小企业提供更多的资金支持，从而对其融资约束的缓解更加有效。此外，在传统的融资过程中，国有中小企业能够利用其产权性质和政府关系作为信用补偿获得金融机构的信贷倾斜，但是数字普惠金融的创新模式会对这种信用替代机制产生影响，国有中小企业由于机制上不够灵活、管理上缺乏弹性、意识上缺乏创新动力难以适应传统融资模式的变化，这导致数字普惠金融对国有中小企业融资约束的缓解效果相对较弱。

由此提出本章的假设 2：当其他条件保持不变时，数字金融发展对非国有中小企业融资约束的缓解效应大于国有中小企业。

2. 数字金融发展缓解中小企业融资约束的制度环境异质性分析

宏观经济环境、法律环境、金融市场结构以及产权制度等因素会影响数字普惠金融作用的发挥，较差的制度环境会导致融资成本增加。研究发现，在制度环境较差的地区，数字普惠金融的发展不利于缓解中小企业融资约束。一方面，金融市场的不发达及产权的弱保护会影响数字普惠金融的发展和融资契约的达成，造成市场交易成本的提高；另一方面，相关部门执法力度不强、企业的破产制度不够完善，会使金融机构对中小企业的贷款信用风险增加，造成中小企业获得的信贷支持减少[①]。而在制度环境较好的地区，发达的金融体系为发展数字普惠金融提供了良好的制度条件，相关机构会利用大数据、云计算等新兴技术加强企业信息披露，尽可能减少银企之间的信息不对称，并通过完善的法律保护和监管体系为信息披露质量提供保障，从而有利于中小企业获得信贷支持。因此，良好的制度环境是数字普惠金融服务中小企业的重要前提，在制度环境较好的地区，数字普惠金融的发展更有利于缓解中小企业融资约束。

由此本章提出假设 3：当其他条件保持不变时，对于制度环境好的地

[①] 邹伟、凌江怀：《普惠金融与中小微企业融资约束——来自中国中小微企业的经验证据》，《财经论丛》2018 年第 6 期，第 34～45 页。

区，数字金融发挥的作用更显著，即数字金融发展更有利于缓解制度环境较好地区中小企业的融资约束。

三　变量选择与模型构建

（一）变量选取与说明

1. 被解释变量

中小企业融资约束。以现金持有量变动（$\Delta Cash$）作为代理变量，用企业现金及现金等价物的变化额来表示。现金 – 现金流敏感性模型中假设企业会对经营活动的现金流进行一定比例的留存以应对未来可能的资金需求，留存比例的大小反映了不同的融资约束程度，如果不存在外部融资约束，那就没有必要进行现金留存。

2. 解释变量

数字金融（$DIFI$）。本章选取了北京大学数字金融研究中心 2011 ~ 2020 年省级层面的数字普惠金融指数，以及其三个次级指标：覆盖广度（$Coverage$）、使用深度（$Depth$）和数字化程度（$Digitization$）。

企业现金流量（CF）。一般企业自由现金流越多，表明企业可用的现金越多，流动性越强，所受的融资约束也越小。

3. 控制变量

本章借鉴包钧等的做法[①]，纳入以下变量作为控制变量。

（1）短期债务变动（ΔSD）

短期债务变动反映企业偿债能力，通常该指标越小表明企业偿债能力越强，越能够从金融机构获得贷款支持从而缓解融资约束。

（2）净营运资本变动（ΔNWC）

净营运资本变动反映企业的营运能力，该指标越高表示企业资产运营效率越高，企业的创收能力也越强。

---

① 包钧、谢霏、许霞红：《中国普惠金融发展与企业融资约束》，《上海金融》2018 年第 7 期，第 34 ~ 39 页。

（3）长期资本支出（*Expend*）

长期资本支出用购买固定资产、无形资产和其他长期资产支付的现金与期初总资产的比值来表示，反映企业现金持有量的减少。

（4）企业成长性（*Growth*）

企业成长性用主营业务收入增长率来表示，反映企业的发展能力，通常该指标越高表示企业的发展能力越强，越能够获得更多的资金供其未来发展。

（5）企业规模（*Size*）

企业规模用企业资产总额表示，该指标越高表示企业的规模越大，越容易获得外部资金。

在研究地区制度环境水平时，引入了金融市场化程度（*FM*）、金融生态环境（*LE*）与经济发展水平（*ED*）作为虚拟变量对样本进行分组回归。其中，以《中国分省份市场化指数报告（2016）》[①] 中"金融业的市场化"作为划分金融市场化程度的指标；以《中国地区金融生态环境评价（2013~2014）》[②] 中各项综合得分作为划分金融生态环境的标准，我国金融生态环境中囊括了金融发展水平、制度与诚信文化等指标，所以以各项综合得分作为划分标准更为合适。各变量选择及其含义如表8-1所示。

表8-1　主要变量的描述

变量类型	变量符号	变量含义	计算方法
被解释变量	$\Delta Cash$	现金持有量变动	现金及现金等价物增加额/期初总资产
解释变量	*DIFI*	数字金融	来自北京大学数字金融研究中心
	Coverage	覆盖广度	来自北京大学数字金融研究中心
	Depth	使用深度	来自北京大学数字金融研究中心
	Digitization	数字化程度	来自北京大学数字金融研究中心
	CF	企业现金流量	经营活动产生的现金流/期初总资产

[①] 王小鲁、樊纲、余静文：《中国分省份市场化指数报告（2016）》，社会科学文献出版社，2017。

[②] 王国刚、冯光华主编《中国地区金融生态环境评价（2013~2014）》，社会科学文献出版社，2015。

变量类型	变量符号	变量含义	计算方法
控制变量	ΔNWC	净营运资本变动	净营运资本增加额/期初总资产
	Expend	长期资本支出	购买固定资产、无形资产和其他长期资产的现金/期初总资产
	Size	企业规模	对期末总资产取自然对数
	ΔSD	短期债务变动	流动负债增加额/期初总资产
	Growth	企业成长性	主营业务收入增长率
企业层面分组的控制变量	PR	产权性质	国有企业为1，非国有企业为0
制度环境分组的控制变量	FM	金融市场化程度	以《中国分省份市场化指数报告（2016）》中"金融业的市场化"作为划分金融市场化程度的指标
	LE	金融生态环境	以《中国地区金融生态环境评价（2013~2014）》中各项综合得分作为划分标准
	ED	经济发展水平	企业所在省份人均GDP

（二）模型构建

1. 基准模型：现金－现金流敏感性模型

综合国内外文献，衡量企业融资约束程度的主要指标和模型有 KZ 指数、ZFC 指数、WW 指数、SA 指数、投资－现金流敏感性模型、现金－现金流敏感性模型。其中，两类敏感性模型常被用作度量企业外部融资约束。投资－现金流敏感性模型判断外部融资约束的依据是投资与现金流的正相关性，但已有研究发现投资－现金流敏感性模型可能存在托宾 Q 值衡量偏误和代理问题。现金－现金流敏感性模型是 Almeida 等提出的，当企业外部融资有困难时，为了给将来可能出现的投资机会积累资金，企业会适当留存来自经营活动的现金流，因此现金流对现金持有量产生正向影响[1]，经验研究表明此模型是考察中国上市公司融资约束问题的有效工具。

---

[1] Almeida, H., Campello, M. & Weisbach, M. S., "The Cash Flow Sensitivity of Cash," *The Journal of Finance* 59 (4) (2004): 1777-1804.

本章借鉴现金 – 现金流敏感性模型，衡量融资约束的基准模型如式（8 – 1）所示：

$$
\Delta Cash_{it} = \beta_0 + \beta_1 CF_{it} + \beta_2 Expend_{it} + \beta_3 Size_{it} + \beta_4 Growth_{it} + \beta_5 \Delta NWC_{it} +
$$
$$
\beta_6 \Delta SD_{it} + \delta_i + \gamma_t + \varepsilon_{it} \qquad (8-1)
$$

其中，变量代表的含义如表 8 – 1 所示。δ_i 和 γ_t 代表了个体和时间固定效应，i、t 分别代表企业和时间，ε_{it} 是误差项。

2. 扩展模型：数字金融与中小企业融资约束

为解决指标值过大的问题，将数字金融除以 100 再与 CF 相乘作为交互项纳入模型中，得到扩展模型（8 – 2）。数字金融的发展是多维度的，为进一步进行探究，本章将数字金融的 3 个二级指标覆盖广度（Coverage）、使用深度（Depth）、数字化程度（Digitization）分别除以 100，再将处理过的 $Coverage \times CF$、$Depth \times CF$、$Digitization \times CF$ 分别作为交互项纳入模型中，得到模型（8 – 2）~（8 – 5）。通过 $DIFI \times CF$ 的 β 值显著性来判断融资约束的存在，若显著为负，说明企业并未留存较多现金，即数字金融发展是对企业融资有益的。如果 $DIFI \times CF$ 的 β 值呈现正值，那么可以认为假设 1 是不正确的，即推翻假设 1。

$$
\Delta Cash_{it} = \beta_0 + \beta_1 CF_{it} + \beta_2 Expend_{it} + \beta_3 Size_{it} + \beta_4 Growth_{it} + \beta_5 \Delta NWC_{it} +
$$
$$
\beta_6 \Delta SD_{it} + \beta_7 DIFI_{it} \times CF_{it} + \delta_i + \gamma_t + \varepsilon_{it} \qquad (8-2)
$$

$$
\Delta Cash_{it} = \beta_0 + \beta_1 CF_{it} + \beta_2 Expend_{it} + \beta_3 Size_{it} + \beta_4 Growth_{it} + \beta_5 \Delta NWC_{it} +
$$
$$
\beta_6 \Delta SD_{it} + \beta_7 Coverage_{it} \times CF_{it} + \delta_i + \gamma_t + \varepsilon_{it} \qquad (8-3)
$$

$$
\Delta Cash_{it} = \beta_0 + \beta_1 CF_{it} + \beta_2 Expend_{it} + \beta_3 Size_{it} + \beta_4 Growth_{it} + \beta_5 \Delta NWC_{it} +
$$
$$
\beta_6 \Delta SD_{it} + \beta_7 Depth_{it} \times CF_{it} + \delta_i + \gamma_t + \varepsilon_{it} \qquad (8-4)
$$

$$
\Delta Cash_{it} = \beta_0 + \beta_1 CF_{it} + \beta_2 Expend_{it} + \beta_3 Size_{it} + \beta_4 Growth_{it} + \beta_5 \Delta NWC_{it} +
$$
$$
\beta_6 \Delta SD_{it} + \beta_7 Digitization_{it} \times CF_{it} + \delta_i + \gamma_t + \varepsilon_{it} \qquad (8-5)
$$

3. 企业产权性质异质性分组

基于以上研究，按照产权性质对样本进行分组，若为国有企业则记为 1，反之为 0。再将金融市场化程度（FM）、金融生态环境（LE）、经济发展水平（ED）按照大小进行排序，若样本企业所处地区指标数值大于其中位数，则记为 1，反之为 0。得到模型（8-6）~（8-9）：

$$\Delta Cash_{it} = \beta_0 + \beta_1 CF_{it} + \beta_2 Expend_{it} + \beta_3 Size_{it} + \beta_4 Growth_{it} + \beta_5 \Delta NWC_{it} + \\ \beta_6 \Delta SD_{it} + \beta_7 DIFI_{it} \times CF_{it} + PR + \delta_i + \gamma_t + \varepsilon_{it} \quad (8-6)$$

$$\Delta Cash_{it} = \beta_0 + \beta_1 CF_{it} + \beta_2 Expend_{it} + \beta_3 Size_{it} + \beta_4 Growth_{it} + \beta_5 \Delta NWC_{it} + \\ \beta_6 \Delta SD_{it} + \beta_7 DIFI_{it} \times CF_{it} + FM + \delta_i + \gamma_t + \varepsilon_{it} \quad (8-7)$$

$$\Delta Cash_{it} = \beta_0 + \beta_1 CF_{it} + \beta_2 Expend_{it} + \beta_3 Size_{it} + \beta_4 Growth_{it} + \beta_5 \Delta NWC_{it} + \\ \beta_6 \Delta SD_{it} + \beta_7 DIFI_{it} \times CF_{it} + LE + \delta_i + \gamma_t + \varepsilon_{it} \quad (8-8)$$

$$\Delta Cash_{it} = \beta_0 + \beta_1 CF_{it} + \beta_2 Expend_{it} + \beta_3 Size_{it} + \beta_4 Growth_{it} + \beta_5 \Delta NWC_{it} + \\ \beta_6 \Delta SD_{it} + \beta_7 DIFI_{it} \times CF_{it} + ED + \delta_i + \gamma_t + \varepsilon_{it} \quad (8-9)$$

（三）数据说明与变量描述性统计

本章数字金融的数据来自《北京大学数字普惠金融指数（2011—2020 年)》，外部制度环境数据来自中经网统计数据库、《中国分省份市场化指数报告（2016)》以及《中国地区金融生态环境评价（2013~2014)》。中小企业板上市公司的财务报表数据来自国泰安数据库，以其 2011~2020 年的年度数据为初始样本，并按照以下原则对样本进行筛选：①剔除金融类和被特殊处理（ST）的公司；②剔除财务数据中的缺失值和异常值；③考虑到极端值的影响，对公司层面的主要连续变量进行 Winsorize 处理。

从表 8-2 变量的描述性统计结果得出，企业现金流量的平均值是 0.0535，整体偏低，并且存在负值，说明有部分中小企业净现金流入量为负值，存在入不敷出的现象；净营运资本变动的均值为 0.0176，说明大部分中小企业的净营运资本在不断增长；企业规模与企业成长性指标均值分别为 21.8220 和 0.1784，说明中小企业发展较为迅猛，扩张力度较强，这也是其特点之一；企业现金持有量变动指标的均值为 0.0123，说明在生产经营活动中，留有现金对中小企业十分重要；数字金融的平均值为 0.1199，标准偏差为 0.1830，这说明各省份数字金融发展水平差异较大。

表 8 - 2　主要变量描述性统计

变量	平均值	中位数	标准偏差	方差	最小值	最大值	观测个数
CF	0.0535	0.0516	0.0792	0.0060	− 0.1852	0.2863	4943
Expend	0.0727	0.0520	0.0679	0.0050	0.0011	0.3513	4943
ΔNWC	0.0176	0.0144	0.1245	0.0160	− 0.3243	0.4823	4943
Size	21.8220	21.7305	0.8997	0.8100	20.0930	24.4664	4943
Growth	0.1784	0.1563	0.2848	0.0810	− 0.4091	1.5595	4943
ΔSD	0.0689	0.0610	0.1215	0.0150	− 0.2006	0.6170	4943
ΔCash	0.0123	0.0101	0.1054	0.0110	− 0.2933	0.4179	4943
DIFI	0.1199	0.0983	0.1830	0.0330	− 0.6827	1.0233	4943
Coverage	0.1093	0.0882	0.1691	0.0290	− 0.6555	0.9452	4943
Depth	0.1222	0.1018	0.1865	0.0350	− 0.6891	1.0649	4943
Digitization	0.1503	0.1186	0.2320	0.0540	− 0.7800	1.2054	4943

四　数字金融发展对中小企业融资约束影响的实证检验

(一) 基准回归分析

1. 相关性检验

对主要变量进行相关性检验，结果见表 8 - 3。从表 8 - 3 中可以看出，现金持有量变动（ΔCash）与企业现金流量（CF）、企业成长性（Growth）、企业规模（Size）、净营运资本变动（ΔNWC）、短期债务变动（ΔSD）之间是同向变动的，并且各变量间的相关系数数值较低，可以认为变量之间不会有严重的多重共线性，可以进行后续的研究。

表 8 - 3　变量相关性检验

变量	CF	ΔCash	Expend	Growth	ΔNWC	Size	ΔSD
CF	1	0.159 **	0.128 **	0.018	0.044 **	0.004	− 0.066 **
ΔCash	0.159 **	1	0.017	0.172 **	0.379 **	0.096 **	0.179 **
Expend	0.128 **	0.017	1	0.113 **	− 0.102 **	− 0.018	0.209 **

变量	*CF*	*ΔCash*	*Expend*	*Growth*	*ΔNWC*	*Size*	*ΔSD*
Growth	0.018	0.172 **	0.113 **	1	0.160 **	0.161 **	0.338 **
ΔNWC	0.044 **	0.379 **	-0.102 **	0.160 **	1	0.051 **	-0.185 **
Size	0.004	0.096 **	-0.018	0.161 **	0.051 **	1	0.201 **
ΔSD	-0.066 **	0.179 **	0.209 **	0.338 **	-0.185 **	0.201 **	1

注：** 表示 5% 的显著性水平。

首先对模型进行 F 检验，通过观察是否存在个体效应，以确定选择固定效应模型还是混合效应模型。检验结果在 5% 的水平下显著，即选择固定效应模型。其次对模型进行 Hausman 检验，表 8-4 中表示了检验结果，Hausman 检验结果显示其统计量为 87.09，而其 P 值为 0.00，说明在此情况下拒绝采用随机效应模型，因此本章将采用面板固定效应的回归模型。

表 8-4 Hausman 检验结果

Hausman 检验	检验结果
卡方值	87.089735
P 值	0.0000

2. 全样本回归结果

首先进行全样本回归，回归过程中添加年份、行业虚拟变量，同时还考虑利用数字金融 3 个二级指标覆盖广度、使用深度、数字化程度对模型进行估计，作为初步的稳健性检验，结果如表 8-5 所示。其中模型（8-1）和模型（8-2）分别对应企业融资约束基准模型和加入数字金融后的扩展模型；模型（8-3）~（8-5）分别是基准模型加入数字金融二级指标覆盖广度、使用深度、数字化程度的回归结果。

表 8-5 全样本回归结果

变量	模型（8-1）	模型（8-2）	模型（8-3）	模型（8-4）	模型（8-5）
CF	0.267 ***	0.187 ***	0.191 ***	0.209 ***	0.186 ***
	(0.0205)	(0.0425)	(0.0409)	(0.0431)	(0.0381)

续表

变量	模型（8-1）	模型（8-2）	模型（8-3）	模型（8-4）	模型（8-5）
ΔNWC	0.481 ***	0.481 ***	0.481 ***	0.481 ***	0.481 ***
	(0.0112)	(0.0112)	(0.0112)	(0.0112)	(0.0112)
$Expend$	-0.035	-0.031	-0.031	-0.033	-0.030
	(0.0247)	(0.0248)	(0.0248)	(0.0248)	(0.0248)
$Growth$	-0.025 ***	-0.025 **	-0.025 **	-0.025 **	-0.025 **
	(0.0053)	(0.0053)	(0.0053)	(0.0053)	(0.0053)
ΔSD	0.288 ***	0.288 ***	0.288 ***	0.289 ***	0.288 ***
	(0.0132)	(0.0132)	(0.0132)	(0.0132)	(0.0132)
$Size$	0.012 ***	0.009 ***	0.009 ***	0.010 ***	0.009 ***
	(0.0027)	(0.0028)	(0.0029)	(0.0029)	(0.0029)
$DIFI$ $\times CF$		-0.039 *			
		(0.0185)			
$Coverage$ $\times CF$			-0.041 *		
			(0.0192)		
$Depth$ $\times CF$				-0.028 *	
				(0.0189)	
$Digitization$ $\times CF$					-0.032 *
					(0.0623)
常数项	-0.272 ***	-0.225 ***	-0.226 ***	-0.240 ***	-0.224 ***
	(0.0594)	(0.0633)	(0.0632)	(0.0629)	(0.0623)
样本数	4943	4943	4943	4943	4943
时间固定效应	控制	控制	控制	控制	控制
个体固定效应	控制	控制	控制	控制	控制
R^2	0.5335	0.5342	0.5352	0.5338	0.5344

注：*、**、*** 分别表示 10%、5%、1% 的显著性水平，括号内值为标准差。

从表8-5中的模型（8-1）中可以看出，企业现金流量（CF）的系数为 0.267，并且在 1% 的水平下显著，即中小企业确实存在融资约束问题。从模型（8-2）中可以看出数字金融与企业现金流量的交互项（$DIFI \times CF$）系数为 -0.039，且在 10% 的水平下显著，说明数字金融发展能够缓解企业融资约束。

从表 8 - 5 中模型 （8 - 3）~（8 - 5）可以看出，数字金融的 3 个二级指标覆盖广度、使用深度、数字化程度与企业现金流量的交互项（Coverage × CF、Depth × CF 和 Digitization × CF）系数也显著为负，表明数字金融的覆盖广度、使用深度、数字化程度均能显著缓解中小企业融资约束。在 3 个二级指标中，数字金融覆盖广度与企业现金流量的交互项（Coverage × CF）系数最小，为 - 0.041，且在 10% 的水平下显著，这说明数字金融的覆盖广度对中小企业融资约束的缓解作用最大。以上结论验证了假设 1。

从控制变量上看，企业自身的一些特征也会影响中小企业融资约束。其中，短期债务变动（ΔSD）与净营运资本变动（ΔNWC）的系数值显著为正，即短期债务的波动与净营运资本波动都会加大企业的融资压力，不利于缓解中小企业融资约束。而数字金融能够依托数字技术对大量数据进行整合处理，一些中小企业资金的流动去向、物流信息和用户数据均可覆盖，这使得企业生产经营状况更加透明，与金融机构之间的信息不对称得到缓和。

（二）中小企业融资约束缓解的异质性检验

1. 基于产权性质分组的异质性检验

为探究在不同产权性质下数字金融发展对中小企业融资约束是否具有异质性，针对假设 2，本节将 4943 个观测值按照企业产权性质划分成两部分。其中，国有企业为 1，非国有企业为 0，分别进行回归得到表 8 - 6 的结果。

表 8 - 6　基于产权性质分组回归结果

变量	国有企业（PR = 1）	非国有企业（PR = 0）
CF	0.121 * （0.0866）	0.200 *** （0.0486）
ΔNWC	0.472 *** （0.0242）	0.483 *** （0.0280）

续表

变量	国有企业（$PR=1$）	非国有企业（$PR=0$）
Expend	-0.015^{*}	-0.032
	(0.0525)	(0.0280)
Growth	-0.021^{*}	-0.026^{***}
	(0.0279)	(0.0059)
ΔSD	0.289^{***}	0.288^{***}
	(0.0278)	(0.0149)
Size	0.003^{**}	0.010^{**}
	(0.0067)	(0.0032)
$DIFI \times CF$	-0.017^{**}	-0.126^{*}
	(0.0386)	(0.0210)
常数项	-0.105^{*}	-0.245^{***}
	(0.1480)	(0.0699)
个体固定效应	控制	控制
时间固定效应	控制	控制
样本数	870	4073
R^2	0.5877	0.5251

注：$*$、$**$、$***$分别表示10%、5%、1%的显著性水平，括号内值为标准差。

从表8-6的回归结果可以看出，非国有中小企业中数字金融与企业现金流量交互项（$DIFI \times CF$）的系数值为 -0.126，且在10%的水平下显著，而国有中小企业中数字金融与企业现金流量交互项（$DIFI \times CF$）的系数值为 -0.017，且在5%的水平下显著。这说明相比国有中小企业来说，数字金融发展对缓解非国有中小企业融资约束的效果更明显。对此可能的解释是，数字金融的发展拓宽了非国有中小企业融资渠道，降低了非国有中小企业与金融机构之间的信息不对称，使其获得了更多的信贷支持，进而对其融资约束的缓解作用更有效。而国有企业由于其体制带来的融资优势，数字金融发展导致的替代融资机制作用不大，从而使得数字金融对其融资约束的缓解效果较非国有中小企业较小。

2. 基于地区制度环境分组的异质性检验

为了探究在不同地区制度环境的影响下，数字金融发展对中小企业融资约束是否具有异质性，针对假设 3，将样本划分为金融市场化程度、金融生态环境、经济发展水平三种制度环境，每一种制度环境下又分为组一和组二进行回归。其中，组一是位于制度环境较好地区的企业组成的样本，组二是制度环境较差的地区的企业组成的样本，实证结果见表 8 - 7。

表 8 - 7　基于制度环境分组回归结果

变量	金融市场化程度		金融生态环境		经济发展水平	
	组一	组二	组一	组二	组一	组二
CF	0.177 ***	0.253 *	0.179 ***	0.204 *	0.179 ***	0.243 **
	(0.0465)	(0.1025)	(0.0484)	(0.0901)	(0.0455)	(0.1194)
ΔNWC	0.474 ***	0.562 ***	0.472 **	0.525 ***	0.476 ***	0.538 ***
	(0.0120)	(0.0309)	(0.0124)	(0.0253)	(0.0117)	(0.0368)
$Expend$	- 0.022	- 0.117 *	- 0.036	- 0.030	- 0.015	- 0.190 **
	(0.0266)	(0.0671)	(0.0276)	(0.0569)	(0.0260)	(0.0809)
$Growth$	- 0.022 ***	- 0.046 ***	- 0.023 ***	- 0.034 ***	- 0.022 ***	- 0.046 ***
	(0.0057)	(0.0139)	(0.0059)	(0.0117)	(0.0056)	(0.0158)
ΔSD	0.270 ***	0.475 ***	0.268 ***	0.380 ***	0.268 ***	0.488 ***
	(0.0140)	(0.0394)	(0.0146)	(0.0310)	(0.0138)	(0.0442)
$Size$	0.009 ***	0.007	0.009 ***	0.006	0.009 **	0.008
	(0.0030)	(0.0087)	(0.0031)	(0.0069)	(0.0030)	(0.0097)
$DIFI \times CF$	- 0.141 **	- 0.044 *	- 0.138 *	- 0.058 *	- 0.139 **	- 0.043 *
	(0.0198)	(0.0513)	(0.0204)	(0.0466)	(0.0195)	(0.0594)
常数项	- 0.224 ***	- 0.187	- 0.234 ***	- 0.158 *	- 0.224 ***	- 0.189
	(0.0671)	(0.1894)	(0.0697)	(0.1512)	(0.0661)	(0.0213)
个体固定效应	控制	控制	控制	控制	控制	控制
时间固定效应	控制	控制	控制	控制	控制	控制
样本数	4403	540	4072	871	4429	514
R^2	0.525	0.634	0.524	0.589	0.532	0.583

注：*、**、***分别表示10%、5%、1%的显著性水平，括号内值为标准差。

从表 8 - 7 中可以看出，在金融市场化程度分组中，在金融市场化程度较高的地区，数字金融与企业现金流量交互项（$DIFI \times CF$）的系数为 -0.141，且在 5% 的水平下显著，而在金融市场化程度较低的地区，数字金融与企业现金流量交互项（$DIFI \times CF$）的系数仅为 -0.044。这说明数字金融发展在市场化程度较高的地区发挥的作用更大，地区金融市场化程度越高，数字金融对缓解当地中小企业融资约束的作用越强。在金融生态环境分组中，组一金融生态环境卓越的地区，数字金融与企业现金流量交互项（$DIFI \times CF$）的系数为 -0.138，且在 10% 的水平下显著，与组二金融生态环境较差的地区相比，数字金融在金融生态环境卓越地区对中小企业融资约束的缓解作用更显著。在经济发展水平分组中，组一经济发展水平较高的地区，数字金融与企业现金流量交互项（$DIFI \times CF$）的系数为 -0.139，且在 5% 的水平下显著，与组二经济发展水平相对较差的地区相比，数字金融在经济发展水平较好的地区更能缓解当地中小企业融资约束。

以上结论表明，制度环境状况不同数字金融对中小企业融资约束会产生不同影响，良好的制度环境有利于金融业的发展和对金融秩序的维护，也会降低银行的信贷风险。另外，制度环境好的地区，信用水平也较高，可以更好依托互联网技术实现资金融通，从而为中小企业提供多样化的金融产品，拓宽中小企业融资渠道。

（三）稳健性检验

在基准模型中，解释变量企业现金流量（CF）与企业成长性（$Growth$）之间可能存在内生性问题，所以去掉企业成长性变量，改为纳入托宾 Q 值（TQ），重新进行回归，结果见表8 - 8。从回归结果可以看出，各项变量的系数依旧保持显著，数字金融与企业现金流量交互项（$DIFI \times CF$）的系数为 -0.035，且在 10% 的水平下显著，数字金融 3 个二级指标与企业现金流量的交互项（$Coverage \times CF$、$Depth \times CF$ 和 $Digitization \times CF$）系数也显著为负。可以看出，无论是数值还是正负性都与原回归结果差别不大，这表明原模型的结果是稳健的。

表 8 - 8　稳健性检验

变量	模型（8 - 1）	模型（8 - 2）	模型（8 - 3）	模型（8 - 4）	模型（8 - 5）
CF	0.252 ***	0.181 ***	0.185 ***	0.195 ***	0.187 ***
	(0.0207)	(0.0426)	(0.0409)	(0.0433)	(0.0383)
ΔNWC	0.463 ***	0.464 ***	0.464 ***	0.464 ***	0.464 ***
	(0.0109)	(0.0109)	(0.0109)	(0.0109)	(0.0109)
$Expend$	− 0.033 *	− 0.030 *	− 0.029 *	− 0.031 *	− 0.029 *
	(0.0248)	(0.0249)	(0.0249)	(0.0248)	(0.0248)
TQ	0.0037 ***	0.0036 ***	0.0036 **	0.0037 ***	0.0034 ***
	(0.0010)	(0.0011)	(0.0010)	(0.0010)	(0.0010)
ΔSD	0.261 ***	0.262 ***	0.262 ***	0.262 ***	0.262 *** ·
	(0.0121)	(0.0121)	(0.0121)	(0.0121)	(0.0122)
$Size$	0.012 ***	0.009 ***	0.010 ***	0.010 ***	0.010 ***
	(0.0027)	(0.0028)	(0.0029)	(0.0029)	(0.0029)
$DIFI$ $\times CF$		− 0.035 *			
		(0.0185)			
$Coverage$ $\times CF$			− 0.037 *		
			(0.0193)		
$Depth$ $\times CF$				− 0.028 *	
				(0.0185)	
$Digitization$ $\times CF$					− 0.0259 *
					(0.0130)
常数项	− 0.294 ***	− 0.251 ***	− 0.251 ***	− 0.263 ***	− 0.251 ***
	(0.0607)	(0.0649)	(0.0648)	(0.0642)	(0.0645)
样本数	4943	4943	4943	4943	4943
时间固定效应	控制	控制	控制	控制	控制
个体固定效应	控制	控制	控制	控制	控制
R^2	0.5323	0.5327	0.5327	0.5326	0.5328

注：*、**、***分别表示10%、5%、1%的显著性水平，括号内值为标准差。

五　研究结论

本章选取 2011～2020 年中小企业板上市公司数据以及同期北京大学数字普惠金融指数，在 Almeida 等提出的现金－现金流敏感性模型的基础上进行一定的延伸拓展[①]，纳入数字普惠金融指数与企业现金流量的交互项，考察数字金融发展对我国中小企业融资约束的影响，并将样本从企业产权性质以及外部制度环境两个层面进行分组研究，得到如下结论。

第一，数字金融有利于缓解中小企业的融资约束，且在数字金融的二级指标中，覆盖广度的缓解作用最强。数字金融借助数字化手段提升金融服务的效率，扩大金融服务的覆盖范围，进而减少信息不对称，降低中小企业融资成本，提高中小企业融资效率，拓宽中小企业融资渠道，从而缓解中小企业融资约束。

第二，数字金融发展对缓解中小企业融资约束存在企业产权异质性。数字金融发展对非国有中小企业融资约束的缓解作用强于国有中小企业。非国有中小企业通常面临更高的经营风险和信用风险，使得金融机构不愿意向其提供贷款，而数字金融凭借新兴技术支持，增强了金融服务的可获得性，进而有利于非国有中小企业融资。

第三，数字金融发展对中小企业融资约束缓解存在地区制度环境异质性。对于金融市场化程度高、金融生态环境好、经济发展更好的地区，数字金融在缓解中小企业融资约束上发挥的作用更明显。其原因在于，在制度环境较好的地区，金融资源更为丰富，法律保障机制更为完善，可以为解决中小企业融资难问题提供更有力的数字技术支持和制度保障。

---

① Almeida, H., Campello, M. & Weisbach, M. S., "The Cash Flow Sensitivity of Cash," *The Journal of Finance* 59 (4) (2004): 1777－1804.

第四篇

数字金融发展对商业银行运营

本篇包括第九～十一章。从商业银行运营视角，在文献梳理的基础上，分别对数字金融发展对商业银行运营效率、商业银行净利差以及商业银行信用风险的影响机理进行了理论分析，并采用 2011～2020 年商业银行数据进行了实证检验。

第九章　数字金融发展对商业银行运营效率

提升商业银行运营效率是金融高质量发展的重要内容。本章依据我国包括上市银行在内的 40 家银行 2011 ~ 2020 年的数据资料，与经过加权后得到的全国性数字普惠金融指数进行匹配，分析数字金融发展对商业银行运营效率的影响。

一　研究文献回顾

（一）关于商业银行运营效率的研究

当下中国经济正处于从高速发展阶段向高质量发展阶段过渡的关键时期，在供给侧结构性改革不断深入推进的背景下，金融体系也面临转型升级的压力。商业银行作为金融体系的一部分，其运营效率的高低对金融业的生存和高质量发展起着至关重要的作用。目前，学术界对于商业银行运营效率的概念尚无明确的定论。Koopmans 提出，商业银行运营效率有两个层次：第一个是金融资源的配置效率，即是否将有限的金融资源合理分配到各个领域中以实现资源的最佳利用；第二个是操作效率，即是否将金融资源使用在最佳时期。[①] 魏煜和王丽认为，运营效率主要是通过企业成本收益来进行评估。[②] 总体来说，商业银行运营效率就是商业银行金融资源

---

① Koopmans, T. C., *Three Essays on the State of Economic Science* (New York: McGraw – Hill, 1957).

② 魏煜、王丽：《中国商业银行效率研究：一种非参数的分析》，《金融研究》2000 年第 3 期，第 88 ~ 96 页。

运用的过程和结果，运营效率的高低体现了商业银行的资源配置能力和经营获利能力的大小。商业银行可以通过对运营效率进行分析来发现问题，从而进行整改和优化，提升综合实力，而金融消费者也可以通过这一指标来衡量商业银行的经营管理能力，从而选择竞争力强、管理能力优的商业银行进行金融交易活动。因此，对于商业银行运营效率的测度就变得尤为重要。

关于商业银行运营效率的测度，国内外学者采用了许多不同的方法和技术。研究机构测度效率大多使用数据包络分析（Data Envelopment Analysis，DEA）方法，DEA 方法是基于多投入多产出的情况，根据多项投入指标和多项产出指标，利用线性规划的方法来测算同类型决策单元相对效率的数据分析方法，它是一种非参数的分析方法。DEA 方法及其模型是由 Charnes 等于 1978 年提出来的。[1] 随后 Stiglitz 和 Weiss 在对比土耳其数家银行的运营效率时采用了 DEA 方法进行了效率评估。[2] Barr 等则在此基础上正式开始将 DEA 方法运用到商业银行效率研究上。[3] Sherman 和 Gold 是最早在银行分支机构中运用 DEA 方法评价其效率的。[4] Berger 和 Humphrey 通过 DEA 方法研究了美国规模大小不同银行的运营效率，并证明了并非规模越大的银行运行效率越好，反而中型规模的银行效率表现得最好。[5] 此外还有众多研究者采用 DEA 方法进行效率测评，而这些都属于单阶段 DEA 方法。Fried 等发现 DEA 方法受环境变化的影响较大，当环境发生变化时，银行运营效率的测度结果就会产生较大不同，随后他提出了利用多阶段

[1] Charnes, A., Cooper, W. W. & Rhodes, E., "Measuring the Efficiency of Decision Making Units," *European Journal of Operational Research* (2) (1978): 429–444.
[2] Stiglitz, J. E. & Weiss, A., "Credit Rationing in Markets with Imperfect Information," *American Economic Review* 71 (3) (1981): 393–410.
[3] Barr, R. S., Killgo, K. A., Siems, T. F. & Zimmel, S., "Evaluating the Productive Efficiency and Performance of US Commercial Banks," *Managerial Finance* 28 (8) (2002): 3–25.
[4] Sherman, H. D. & Gold, F., "Bank Branch Operating Efficiency: Evaluation with Data Envelopment Analysis," *Journal of Banking & Finance* 9 (2) (1985): 297–315.
[5] Berger, A. N. & Humphrey, D. B., "Bank Scale Economies, Mergers, Concentration, and Efficiency: The US Experience," The Wharton Financial Institutions Center Working Paper, 1994.

DEA 方法来进行银行效率的测度。[①] 周泽昆和陈珽最早于 20 世纪 80 年代在《评价管理效率的一种方法》中介绍和使用了 DEA 方法。[②] 此后，DEA 方法成为国内许多学者在进行效率测度时的首选，并且有很多学者从不同的角度运用 DEA 方法进行效率测度与评估。谢朝华和卿杨使用 DEA 方法对我国商业银行 X - 效率进行了研究[③]；崔治文和徐芳通过 DEA 方法对我国股份制银行和国有商业银行的运行效率进行对比，并得出股份制银行的效率高于国有商业银行的结论[④]；韩松和王二明基于具有中间投入和中间产出的网络 DEA 模型对我国商业银行的整体效率进行了研究。[⑤] 在此过程中许多学者也对传统的 DEA 模型进行了改进，如张健华最早采用将 DEA 方法与 Malmquist 指数相结合的方式来测度我国商业银行在 1997～2001 年的效率。[⑥] 郭柯娜也采用 DEA 方法与 Malmquist 指数相结合的方式探究了绿色信贷对商业银行效率的影响。[⑦] 传统的 DEA 模型都是对效率进行静态分析，也就是说只能横向进行比较，利用 Malmquist 指数则可以动态地测度效率，将 DEA 方法与 Malmquist 指数相结合能更全面地对商业银行运行效率进行测度。

（二）关于数字金融发展对商业银行运营效率影响的研究

关于数字金融发展对商业银行运营效率的影响，许多学者持有不同的观点。一部分学者认为，数字金融的发展给商业银行带来了有利的影响，促进了商业银行效率的提高。Raza 和 Hanif 发现，商业银行利用数字金融

---

① Fried, H. O., Schmidt, S. S. & Yaisawarng, S., "Incorporating the Operating Environment into a Nonparametric Measure of Technical Efficiency," *Journal of Productivity Analysis* 12 (3) (1999): 249 – 267.

② 周泽昆、陈珽：《评价管理效率的一种新方法》，《系统工程》1986 年第 4 期，第 42～49 页。

③ 谢朝华、卿杨：《我国商业银行的 X - 效率及其影响因素的实证研究：2001～2009 年》，《财经理论与实践》2011 年第 5 期，第 15～19 页。

④ 崔治文、徐芳：《基于 DEA 方法的商业银行效率评价》，《区域金融研究》2015 年第 5 期，第 4～8 页。

⑤ 韩松、王二明：《中国商业银行整体效率研究——基于具有中间投入和中间产出的综合网络 DEA 模型》，《经济理论与经济管理》2015 年第 8 期，第 81～91 页。

⑥ 张健华：《我国商业银行效率研究的 DEA 方法及 1997—2001 年效率的实证分析》，《金融研究》2003 年第 3 期，第 11～25 页。

⑦ 郭柯娜：《绿色信贷对商业银行效率的影响——基于 14 家商业银行的实证研究》，《甘肃金融》2019 年第 2 期，第 25～29 + 34 页。

在很大程度上提高了其服务效率，有助于其降低运营成本、挖掘更多的潜在用户。[①] 沈悦和郭品发现，互联网金融的发展有效地推动了商业银行全要素生产率的增长。[②] 付争和王皓研究认为，数字金融的发展为商业银行的支付结算、信贷资质审核、投融资业务等提供了重大技术支持，能够有效降低运营成本、提高运营效率。[③] 杨望等指出，数字技术的运用导致商业银行间的竞争加剧从而提高了商业银行的负债成本，商业银行为弥补损失而去选择高风险资产从而改善了其经营效率。[④] 王诗卉和谢绚丽认为，数字金融的发展使商业银行利用大数据和人工智能等数字技术手段，对其传统业务类别、产品种类、服务方式以及内部组织管理进行全方位、多领域的创新，从而提升了金融体系的效率。[⑤]

另一部分学者则认为，数字金融的发展给商业银行带来了较大的冲击。Acharya 和 Kagan 研究发现，数字金融虽在一定程度上扩大了银行的经营规模，但同时也增加了商业银行的科技成本、加剧了商业银行之间的竞争。[⑥] 张庆君和刘靖认为，数字金融提高了金融的普惠程度，降低了普通百姓进入金融领域的门槛，在一定程度上加大了商业银行的工作量和识别风险的难度，增加了商业银行面临的信用风险。[⑦] 郭百红研究指出，数字金融的发展使资金供求双方能够直接面对面地进行资金融通，许多商业银行的资金来源受到了限制，这对商业银行的生存和发展产生了很大的威

---

① Raza, S. A. & Hanif, N., "Factors Affecting Internet Banking Adoption among Internal and External Customers: A Case of Pakistan," *Journal of Electronic Finance* 7 (1) (2013): 82 – 96.

② 沈悦、郭品：《互联网金融、技术溢出与商业银行全要素生产率》，《金融研究》2015 年第 3 期，第 160 ~ 175 页。

③ 付争、王皓：《竞争还是竞合：数字金融赋能下金融包容与银行体系发展》，《国际金融研究》2021 年第 1 期，第 65 ~ 75 页。

④ 杨望、徐慧琳、谭小芬、薛翔宇：《金融科技与商业银行效率——基于 DEA – Malmquist 模型的实证研究》，《国际金融研究》2020 年第 7 期，第 56 ~ 65 页。

⑤ 王诗卉、谢绚丽：《经济压力还是社会压力：数字金融发展与商业银行数字化创新》，《经济学家》2021 年第 1 期，第 100 ~ 108 页。

⑥ Acharya, R. N. & Kagan, A., "Community Banks and Internet Commerce," *Journal of Internet Commerce* 3 (1) (2004): 23 – 30.

⑦ 张庆君、刘靖：《互联网金融提升了商业银行资本配置效率吗？——基于中国上市银行的经验证据》，《金融论坛》2017 年第 7 期，第 27 ~ 38 页。

胁。① 封思贤和郭仁静指出，数字金融的发展进一步推动了金融业的"脱媒"，加剧了商业银行的竞争，虽然其在一定程度上降低了商业银行的运营成本，但同时也对商业银行的收益产生了一定的不利影响。②

从上述研究可以看出，目前国内外学术界关于数字金融发展与商业银行运营效率之间关系的研究较少且主要停留在理论层面。其中，关于数字金融发展的研究主要集中在数字金融发展对宏观经济的影响上，如经济发展、居民消费、技术创新，关于商业银行效率的研究主要集中在互联网金融和金融科技对商业银行效率的影响上，而对于数字金融发展对商业银行运营效率的影响的实证研究则较少。相较于互联网金融和金融科技，数字金融作为金融的创新和金融的科技发展方向，更加强调金融机构对大数据、云计算和人工智能等数字技术的应用，具有更丰富的内涵，其发展必然会对作为金融业支柱之一的商业银行产生重要影响。而商业银行以营利为目标，对于经济金融发展变化的影响最为敏感，因此研究数字金融发展对商业银行运营效率的影响极具现实意义。

二　数字金融发展对商业银行运营效率影响的理论分析

本节将对商业银行运营效率的概念进行界定，并通过四大效应，即鲇鱼效应、技术溢出效应、规模经济效应、金融中介效应对数字金融发展对商业银行运营效率影响的机理进行分析。

（一）商业银行运营效率的界定及其分类

1. 商业银行运营效率的界定

从经济学的角度来讲，如果一项经济活动无法再使任何人的经济福利增多，那么此时这项经济活动就被认为是有效率的。而在管理学中，效率是指在一定的时间里组织的投入与最终产出之间的比率关系，它与投入成

---

① 郭百红：《互联网金融对中小企业融资的影响分析——兼与传统金融的比较》，《现代管理科学》2017年第9期，第52~54页。
② 封思贤、郭仁静：《数字金融、银行竞争与银行效率》，《改革》2019年第11期，第75~89页。

反比，与产出成正比。管理大师彼得·德鲁克在其著作《有效的主管》中指出："效率是以正确的方式做事，来得到最好的结果。"可以看到，效率是使用的资源和达到的结果之间的关系。由此可见，商业银行运营效率就是研究商业银行经营过程中的效率问题，是指商业银行利用其投入的资产产生经济效益的能力。

2. 商业银行运营效率的分类

按照商业银行投入要素与产出组合的不同，商业银行运营效率可分为不同类别。

（1）技术进步效率

技术进步效率是指商业银行通过新技术的引进来提高其业务水平、创新其金融产品和服务的能力。

（2）纯技术效率

纯技术效率是在规模报酬不变的假定下，实际生产点与生产可能性曲线差距的测度。它主要反映了商业银行内部管理水平的高低，主要由治理水平、风险控制能力、业务创新性等构成。

（3）规模效率

规模效率是用来描述商业银行规模变动与成本变动之间的关系的，是指由于商业银行的规模扩大导致平均成本降低、效率提高的情况。如果商业银行的规模扩大使其产出的增加量高于其成本的增加量，则表明商业银行具备了规模效率。相反，如果商业银行产出的增加量低于成本的增加量，则表明商业银行规模无效率。若商业银行产出的增加量等于成本的增加量，则表明商业银行规模效率不变。

（4）全要素生产率

全要素生产率是在各种生产要素（包括人力、物力和财力）投入水平既定的条件下，所能够达到的额外的生产效率。全要素生产率可以用来反映除投入要素之外其他因素对商业银行产出的影响，如技术水平的提升、管理能力的提高、生产规模的扩大等。全要素生产率并不是指所有的要素的生产率，所谓"全"是指生产效率增长中无法归到相关有形生产要素（人力、物力、财力）引致的增长的部分。目前，全要素生产率是学者们在研究银行效率问题中使用最为广泛的指标，它主要由技术进步效率、纯技术效率和规模效率组成。

（二）数字金融发展对商业银行运营效率影响的机理

基于大数据、信息技术、互联网、区块链等技术支撑的数字金融，其发展对商业银行运营效率的影响机理可归纳为以下几个方面。

1. 鲇鱼效应

鲇鱼效应是指鲇鱼在搅动小鱼生存环境的同时，激活了小鱼的求生能力。在经济学中，鲇鱼效应通常是指引进新的竞争者从而刺激一些企业活跃起来以积极的姿态投入市场中参与竞争的现象。

商业银行作为我国最早出现的金融中介机构，在我国金融业中的作用举足轻重，并且有着极高的准入门槛和严格的监管政策。一些国有大行由于成立早、受国家保护、消费者认可度高等原因处于"半垄断"状态，这些商业银行在市场竞争中一直处于强势地位，甚至掌握市场定价权，这就导致其创新力不足。数字金融作为一种新的金融业态，其出现改变了这些商业银行长期以来的垄断地位，一些新兴的互联网金融平台大量涌入金融市场，它们凭借对互联网、通信技术的应用，大大提高了金融的便捷和开放程度，迅速降低了金融参与的门槛和成本。许多曾经被商业银行所"遗弃"的小微非国有企业有了新的融资渠道，有效改善了小微非国有企业的融资难、融资贵、融资无门的问题。另外，数字金融凭借其独有的便捷性特征吸引了许多受制于商业银行冗杂程序的客户群体，使融资者能够便捷、高效地进行资金的借贷而无须进行复杂的流程办理，只需要一部手机或一台电脑就能足不出户参与金融交易。而商业银行的业务量和客户资源因此受到了极大的影响，使其不得不通过创新金融产品、调整市场定价、降低贷款利率等方式参与市场竞争。

因此，数字金融的出现就如同鲇鱼一般激起了商业银行市场的竞争，为金融市场带来了正向效应，倒逼商业银行体系进行改革。

2. 技术溢出效应

技术溢出是指在贸易或者其他经济行为中，技术先驱者非自愿地向其他主体转让或传播自己的技术和知识，从而使原本技术落后的企业受到其影响而得到技术和效率的提高，产生正的外部效应的过程。数字金融依托互联网、通信技术来开展金融活动，存在显著的技术溢出特点，其技术溢出效应主要通过以下三个机制来实现。

（1）示范机制

数字金融发展所催生的金融科技公司和互联网金融平台相较于传统商业银行，所掌握的核心技术更加先进、前沿。商业银行可以通过学习金融科技公司和互联网金融平台既往的探索经验来提高自身的技术水平、扩宽思维眼界。数字金融发展最早所带动的一部分金融企业通过自身的探索也为商业银行提供了大量可供参考的案例，能够帮助商业银行提前避免典型错误，找到更适合自己的路径。

（2）竞争机制

技术溢出的竞争效应同鲇鱼效应的原理相同，主要是数字金融的发展为金融市场的参与者提供了更多的投融资渠道和方法，从而加大了金融市场的竞争。商业银行作为金融市场最大的金融中介机构，由于技术水平落后、创新能力低下而面临极大的压力。面对激烈的竞争，商业银行迫于业务量和客户资源骤减的压力不得不提高其技术水平，从而提高了竞争效率。

（3）联系机制

联系机制是指商业银行在与金融科技公司、互联网金融平台等数字化金融企业竞争时，会通过合作学习对方的技术、模式、思维从而弥补自身的缺点，实现共赢。

3. 规模经济效应

规模经济理论认为企业存在一个最优规模，在未达到此规模前企业规模扩张会使生产单位产品的成本逐渐降低，呈现规模经济。当企业规模为最优规模时，其生产单位产品的成本最低，处于最经济状态。此时若继续扩张企业规模不但无法继续降低单位产品成本，反而会使成本增加，呈现规模不经济。数字金融的出现，使商业银行可以利用大数据、人工智能得到更加精准的客户画像，从而有效权衡成本投入和规模扩张，以达到最优规模，防止出现大水漫灌。

4. 金融中介效应

商业银行作为最典型的金融中介机构，其金融中介功能在金融市场运行过程中起着不可替代的作用。数字金融的发展使商业银行的数字化、信息化程度提升，提高了商业银行搜集信息和匹配信息的能力，有效降低了信息不对称，提高了风险管理水平，促进了产品的创新，提升了商业银行经营管理能力和服务水平，这在一定程度上增强了商业银行的金融中介功能，提高了商业银行的运营效率。

（三）研究假设

通过以上的理论分析可知，数字金融的发展催生了金融科技公司和互联网金融平台等新型金融机构，这些机构掌握了最前沿的互联网技术、通信技术，具备高效、开放、低成本的优势，吸引了大量客户，打破了银行业原有的"二元结构"，促进了金融供需双方的直接交易，在短期内对商业银行的客户资源和盈利水平造成了不利的影响，商业银行的规模会因此下降并偏离其最优规模，导致规模效率降低。但长期来看，商业银行为阻止客户流失、避免利润遭到挤压不得不以更加积极的姿态参与市场竞争，这种竞争会使商业银行提高其服务水平和管理能力；技术的溢出也会通过示范、竞争、联系机制来帮助商业银行了解和学习先进技术，提高其技术水平，降低其边际成本，从而提高其规模效率。因此数字金融的发展促使商业银行提高技术水平、创新金融工具和经营模式，拓展了商业银行的金融服务业务领域，在一定程度上扩大了商业银行的规模。总体来看，数字金融的发展通过促进商业银行技术进步，提高了商业银行纯技术效率和规模效率从而促进了其全要素生产率即运营效率的提高。

另外，不同类型商业银行由于发展历程、地理位置、客户群体、经营模式的区别受数字金融发展的影响程度略有不同。其中，大型国有商业银行由于起步早、受金融当局保护程度高，所以有较大的资产规模与较好的优惠政策和客户基础，可能在面对市场竞争时会存在反应滞后、学习创新动力较弱的问题。股份制商业银行由于发展模式较新、市场竞争参与度高、产权关系明了、内部制度健全，在面对市场竞争时能有效利用技术溢出效应提升自身技术水平和盈利能力。城市商业银行凭借其在区位上的"天然"优势、优质客户群体以及对于数字化信息的敏锐度能够有效通过竞争和技术溢出提升自身技术水平，提高规模效率。而农村商业银行由于起步晚、发展慢、客户群体的金融素养较低，可能在面对数字金融冲击时会反应滞后。

基于以上分析，可以提出以下 5 个研究假设。

假设 1：数字金融的发展提高了商业银行的技术进步效率。

假设 2：数字金融的发展提高了商业银行的纯技术效率。

假设 3：数字金融的发展提高了商业银行的规模效率。

假设 4：数字金融的发展提高了商业银行的运营效率。

假设 5：数字金融发展对不同类型商业银行运营效率的影响程度不同。

三　我国商业银行运营效率的现状描述

(一) 商业银行运营效率测度方法选择

现有研究中对商业银行效率进行测度的常用方法是财务指标法和前沿分析法。其中，财务指标法是指根据银行经营管理"三性原则"（流动性、安全性、营利性）来选取能够反映银行财务和经营成果的指标，并通过对所选取指标进行总结和评价来测度商业银行运行效率的方法，选取的指标通常包括偿债能力指标、运营能力指标、盈利能力指标等，如杜邦分析法。这些指标计算简便、容易获取、能够直观地反映近期银行的运营成果和盈利水平，但由于财务数据的编制和统计受会计政策和人员核算等多方面影响，无法做到准确无误，并且部分财务数据是静态的财务结果，存在一定的时滞，缺乏灵活性，所以它们并不能准确地、及时地反映银行真实的运营效率，也无法测度出银行的长期效率，对于实际工作的参考作用有限。因此，财务指标法逐渐被前沿分析法所取代。

前沿分析法是在相同条件下通过测算某一银行和效率最高的银行之间的差距从而测度其效率水平的一种标注经营单位相对绩效的方法。根据是否需要设定前沿生产函数将前沿分析法分为参数法和非参数法。相较于参数法，非参数法无须提前设定函数形式，可以在一定程度上避免计算误差；另外，参数法仅在单输出单输入的情况下适用，而非参数法则在多投入多产出的情况下更加适用。因此，本章对银行效率进行测度时选用非参数法。

非参数法是通过线性规划的方法来对不同假设的效率前沿面进行测算，根据假设不同可以将非参数法分为数据包络分析法和自由排列法。而自由排列法的模型估计结果与数据包络分析法的模型估计结果相近但其方法更加复杂。因此，学者们多采用数据包络分析法作为银行效率的测度方法。传统的 DEA 模型只能对银行进行静态比较，而引入 Malmquist 指数可以构建出动态分析框架，并对全要素生产率的变化值进行分解，能够有效弥补传统 DEA 模型的缺陷。鉴于此，本章将采用非参数 DEA – Malmquist 模型来对商业银行效率进行测度。

1. 数据包络分析法简介

DEA 模型是由美国著名的运筹学家 Charnes 等于 1978 年提出来的线性规划模型。[①] DEA 模型能够将某一特定单元的效率与另一相同条件和服务的单元的效率进行比较。DEA 能够把多项投入与产出换算为效率比率从而可以有效规避对于每一项服务标准成本的计算。DEA 方法是从技术和生产的角度来对银行效率进行测度的，相对来说更具客观性。

静态的 DEA 模型有两种，即 CCR 模型和 BCC 模型。CCR 模型是 1978 年 Charnes 等同时使用多个投入变量和多个产出变量对效率进行分析时所构建的规模报酬不变的理论模型，它能够计算综合技术效率，适用于达到最优生产的企业。BCC 模型则是 Banker 等在原有 CCR 模型的基础上，将原本的规模报酬不变的假设条件改成规模报酬可变的假设条件所构建的模型，它适用于未达到最优生产的企业。[②] 规模报酬不变的 CCR 模型和规模报酬可变的 BCC 模型可以通过分析不同商业银行在同一时间段的横截面数据来对银行效率进行测度并进行效率比较，但是它们不能同时对多个银行随时间变动的整体效率情况进行分析，即无法进行生产前沿线移动分析。DEA – Malmquist 指数模型则可以较好地弥补这一缺陷。

---

① Charnes, A., Cooper, W. W. & Rhodes, E., "Measuring the Efficiency of Decision Making Units," *European Journal of Operational Research* (2) (1978): 429 – 444.

② Banker, R. D., Charness, A. & Cooper, W. W., "Some Models for Estimating Technical and Scale Inefficiencies in Data Envelopment Analysis," *Management Science* 30 (9) (1984): 1078 – 1092.

2. Malmquist 指数模型

1953 年 Malmquist 提出了 Malmquist 指数模型，它是基于数据包络分析法提出来的生产率指数模型，能够测度全要素生产率的变化，属于动态模型。不同于只能进行纵向对比分析的规模报酬不变的 CCR 模型和规模报酬可变的 BCC 模型，Malmquist 指数模型能够测度各家商业银行在不同时间段的效率，进行横向对比分析，并且能够通过对指数进行分解来分析生产率的影响因素。

设 x 为投入，y 为产出，Malmquist 指数模型的构建如下：

$$M(x^{t+1}, y^{t+1}, x^t, y^t) = \sqrt{\left[\frac{D_C^t(x^{t+1}, y^{t+1})}{D_C^t(x^t, y^t)}\right] \times \left[\frac{D_C^{t+1}(x^{t+1}, y^{t+1})}{D_C^{t+1}(x^t, y^t)}\right]}$$

其中，(x^t, y^t) 表示第 t 期商业银行的投入和产出量；(x^{t+1}, y^{t+1}) 表示第 $t+1$ 期商业银行的投入和产出量；D^t 表示第 t 期技术水平的决策单元的相对效率；D^{t+1} 则表示第 $t+1$ 期技术水平的决策单元的相对效率；M 就是 Malmquist 生产率指数，它表示第 t 期到第 $t+1$ 期的效率变化。

Malmquist 生产率指数受到综合技术效率和技术进步的共同作用，可以将其分解为技术效率变动指数（TEC）和技术进步效率指数（techch），即全要素生产率 = 技术效率变动指数 × 技术进步效率指数 = TEC × techch，而技术效率变动指数可以进一步分解为纯技术效率指数（pech）和规模效率指数（sech），即技术效率变动指数 = 纯技术效率指数 × 规模效率指数 = pech × sech。

具体分解形式为：

$$M(x^{t+1}, y^{t+1}, x^t, y^t) = \sqrt{\left[\frac{D_C^t(x^{t+1}, y^{t+1})}{D_C^{t+1}(x^{t+1}, y^{t+1})}\right] \times \left[\frac{D_C^t(x^t, y^t)}{D_C^{t+1}(x^t, y^t)}\right]} \times \frac{D_V^{t+1}(x^{t+1}, y^{t+1})}{D_V^t(x^t, y^t)} \times$$

$$\frac{\dfrac{D_C^{t+1}(x^{t+1}, y^{t+1})}{D_V^{t+1}(x^{t+1}, y^{t+1})}}{\dfrac{D_C^t(x^t, y^t)}{D_V^t(x^t, y^t)}} = techch \times pech \times sech$$

Malmquist 生产率指数（tfpch）的变化含义：当 tfpch > 1 时，表示第 t 期到第 $t+1$ 期全要素生产率提高，商业银行运营效率提高；当 tfpch < 1 时，表示第 t 期到第 $t+1$ 期全要素生产率下降，商业银行运营效率有所下

降；当 $tfpch = 1$ 时，表示第 t 期到第 $t + 1$ 期全要素生产率不变，商业银行运营效率没有发生变化，效率是停滞的。

技术进步效率指数（$techch$）的变化含义：当 $techch > 1$ 时，表示第 t 期到第 $t + 1$ 期生产前沿向外移动，生产技术水平有所进步；当 $techch < 1$ 时，表示第 t 期到第 $t + 1$ 期生产前沿向原点处移动，生产技术水平有所衰退；当 $techch = 1$ 时，表示第 t 期到第 $t + 1$ 期生产前沿保持不变，生产技术保持原有水平。

纯技术效率指数（$pech$）的变化含义：当 $pech > 1$ 时，表示第 t 期到第 $t + 1$ 期技术效率有所提高；当 $pech < 1$ 时，表示第 t 期到第 $t + 1$ 期技术效率降低；当 $pech = 1$ 时，表示第 t 期到第 $t + 1$ 期技术效率保持原有水平。

规模效率指数（$sech$）的变化含义：当 $sech > 1$ 时，表示第 t 期到第 $t + 1$ 期规模效率提高；当 $sech < 1$ 时，表示第 t 期到第 $t + 1$ 期规模效率降低；当 $sech = 1$ 时，表示第 t 期到第 $t + 1$ 期规模效率保持原有水平。

（二）指标选取和数据说明

1. 投入产出指标选取

运用 DEA – Malmquist 指数模型对商业银行运营效率进行测度，首先要选择适当的投入和产出指标。在选择投入和产出变量时，既往文献主要采用三种方法：生产法、中介法、资产法。

在生产法中，银行同大部分企业一样需要生产产品和提供服务，不同的是银行生产的是金融产品，提供的是金融服务，Benstion 认为生产法要更加注重银行所投入的实物资产和劳动力以及所获得的账户数量[①]。因此，生产法格外注重银行的成本投入情况和得到的业务数量。

在中介法中，银行作为金融体系的信用中介，主要功能是帮助资金供给者和资金需求者融通资金，使金融资源得到合理有效的配置。银行所投

---

① Benstion, G. J., "Branch Banking and Economies of Scale," *Journal of Finance* 20（2）（1965）：312 – 331.

入的不仅有实物资产和劳动力，而且有存款和贷款资本以及其他资本，产出的主要是利润。

在资产法中，银行作为金融中介，其产出应该是资产负债表中所列出的科目，通常将贷款量和投资量用作产出指标。

由于我国现阶段的融资方式以间接融资为主，商业银行在金融体系中主要扮演着信用中介的角色，因此，此处选用中介法来确定投入和产出指标。我们将投入变量定为：资产总额、营业总成本、存款总额（不含应付利息）、贷款总额（不含应付利息）。将产出变量定为：利润总额、利息净收入。指标选取见表9-1。

表9-1 投入、产出指标选取

变量类型	变量名称	变量说明
投入变量	资产总额	年末资产总额
	营业总成本	费用＋税金＋用户存款利息＋贷款回收成本
	存款总额	年末吸收存款＋同业存放
	贷款总额	年末贷款及垫款
产出变量	利润总额	反映银行整体获利能力
	利息净收入	反映银行利息收入水平

2. 样本选择和数据来源

为了兼顾全面性和可得性，研究样本选择了大型国有控股商业银行（6家）、全国性股份制商业银行（11家）、城市商业银行（16家）和农村商业银行（7家）四类共计40家银行。[①] 时间期限为2011~2020年；样本数据来源于 Wind 数据库、国泰安数据库以及各商业银行年报。

3. 我国商业银行全要素生产率指数及其分解效率指数测度结果及统计分析

应用 DEAP 2.1 软件对 2011~2020 年我国上述40家商业银行的 DEA-

---

① 大型国有控股商业银行有中国工商银行、中国建设银行、中国农业银行、中国银行、中国交通银行、中国邮政储蓄银行；全国性股份制商业银行有招商银行、中国民生银行、中信银行、浦发银行、兴业银行、中国光大银行、华夏银行、平安银行、浙商银行、广发银行、渤海银行；城市商业银行有北京银行、江苏银行、上海银行、宁波银行、杭州银行、南京银行、成都银行、长沙银行、贵阳银行、西安银行、徽商银行、天津银行、广州银行、湖北银行、河北银行、吉林银行；农村商业银行有重庆农村商业银行、上海农村商业银行、广州农村商业银行、成都农村商业银行、江苏江南农村商业银行、天津农村商业银行、杭州余杭农村商业银行。

Malmquist 指数进行测度和分解，得出其技术进步效率指数（*techch*）、纯技术效率指数（*pech*）、规模效率指数（*sech*）、全要素生产率指数（*tfpch*），见表 9－2。

表 9－2　2011～2020 年我国商业银行全要素生产率指数及其分解效率指数测度结果

年份	技术进步效率指数 *techch*	纯技术效率指数 *pech*	规模效率指数 *sech*	全要素生产率指数 *tfpch*
2011～2012	0.677	1.115	1.027	0.775
2012～2013	1.408	0.855	0.908	1.094
2013～2014	1.010	1.083	0.962	1.052
2014～2015	0.956	1.068	1.068	1.091
2015～2016	0.807	0.988	1.080	0.861
2016～2017	0.964	1.002	0.921	0.889
2017～2018	1.131	1.028	1.060	1.233
2018～2019	0.898	1.064	1.028	0.982
2019～2020	1.428	0.928	1.007	1.334
均值	1.031	1.015	1.007	1.035

　　根据表 9－2 的结果可以看出，2011～2020 年我国商业银行的全要素生产率的年均值大于 1，说明其运营效率总体呈提升趋势。其中，2012～2013 年全要素生产率上升了 9.4%，2017～2018 年全要素生产率上升了 23.3%，2019～2020 年全要素生产率上升了 33.4%。这三次大幅度的提升还伴随较高的技术进步效率的变动，分别提高了 40.8%、13.1% 以及 42.8%，这主要源于数字通信和互联网技术等的引入和使用，这说明随着技术的进步，商业银行运营效率有很大的提升。而 2015～2017 年商业银行的全要素生产率有明显的下降趋势，这主要是因为国家宏观经济增长速度逐渐趋于平稳和互联网金融平台利用数字金融技术迅速崛起给传统商业银行带来了一定的冲击，商业银行的业务增长受到了一定的限制，盈利能力也受到了影响，再加上国际经济和金融环境等多方面的影响，商业银行运营效率有所降低。

　　另外，从 2011～2020 年我国商业银行全要素生产率的构成来看，技术进步效率、纯技术效率以及规模效率均有所提高。其中，技术进步效率年均提升 3.1%，变化幅度最明显，且基本上与全要素生产率呈同步变动趋势，这充分说明了商业银行全要素生产率上升的主要原因是技术进步。纯技术效率年均提升 1.5%，但年度之间波动较大，其中 2012~2013 年还下降了 14.5%。规模效率虽然提升了 0.7%，但总体上基本稳定。因此，2011~2020 年商业银行全要素生产率的提升，主要是技术进步推动的结果。

4. 我国四类商业银行全要素生产率指数及其分解效率指数的测度结果和统计分析

为了分析四类商业银行全要素生产率的差异性，我们以四类商业银行为样本，分别测算其 DEA - Malmquist 指数。

表 9 - 3 是我国 2011~2020 年大型国有控股商业银行全要素生产率指数及其分解效率指数的测度结果。

表 9 - 3　2011~2020 年大型国有控股商业银行全要素生产率指数
及其分解效率指数测度结果

年份	技术进步效率指数 techch	纯技术效率指数 pech	规模效率指数 sech	全要素生产率指数 tfpch
2011~2012	0.629	1	0.977	0.614
2012~2013	0.878	1	1.028	0.903
2013~2014	1.317	1	0.976	1.286
2014~2015	0.808	1	1.024	0.827
2015~2016	1.887	1	1.000	1.887
2016~2017	0.672	1	0.983	0.660
2017~2018	0.882	1	1.011	0.891
2018~2019	1.629	1	1.007	1.640
2019~2020	1.655	1	0.920	1.523
均值	1.150	1	0.992	1.137

由表 9 - 3 可知，2011~2020 年我国大型国有控股商业银行的全要素生产率指数均值大于 1，总体呈现上升趋势，处于进步状态。其中，技术进步效率指数的年均值达到 1.150，且 2016 年的技术进步效率最大，提升

了 88.7%，这可能是因为 2015 年数字金融开启高速发展，而大型国有控股商业银行由于体量和规模大、资金实力强，可以通过投入大量的资金来引入数字技术和智能设备，从而使技术进步效率指数大幅提升。就纯技术效率的变动来看，2011～2020 年我国大型国有控股商业银行的纯技术效率指数始终为 1，这主要是因为大型国有控股商业银行成立年限长、发展模式较为固定，导致其内部管理和制度较为僵化，经营管理水平提升的效果有限。就规模效率的变动来看，2011～2020 年我国大型国有控股商业银行的规模效率指数的年均值小于 1，但波动不大，这可能是因为大型国有控股商业银行在引入新技术后，搜集信息的成本降低，引起了一定的规模效率提高，但随着新技术的广泛应用，边际效用开始递减，从而规模效率变低。总体来看，我国大型国有控股商业银行的全要素生产率保持上升趋势主要是因为技术进步效率的上升，即我国大型国有控股商业银行运营效率的上升主要是因为技术进步。

表 9-4 是我国 2011～2020 年全国性股份制商业银行全要素生产率指数及其分解效率指数的测度结果。

表 9-4　2011～2020 年全国性股份制商业银行全要素生产率指数及其
分解效率指数测度结果

年份	技术进步效率指数 techch	纯技术效率指数 pech	规模效率指数 sech	全要素生产率指数 tfpch
2011～2012	0.777	0.988	0.980	0.752
2012～2013	1.580	1.011	0.891	1.424
2013～2014	0.967	0.968	1.081	1.013
2014～2015	1.017	1.005	1.007	1.029
2015～2016	0.982	1.010	1.010	1.002
2016～2017	0.837	0.962	0.990	0.797
2017～2018	1.281	0.981	0.994	1.249
2018～2019	1.128	1.048	0.964	1.141
2019～2020	1.142	1.004	0.929	1.066
均值	1.079	0.997	0.983	1.053

由表 9-4 可知，2011～2020 年我国全国性股份制商业银行的全要素

生产率指数均值大于 1，总体呈现上升趋势，处于进步状态。其中，技术
进步效率指数的年均值最大，为 1.079，平均每年技术进步效率上升
7.9%，说明全国性股份制商业银行通过积极加大技术投入，有效促进了
技术进步效率的提高。而纯技术效率指数和规模效率指数却在 2011～2020
年平均每年分别下降了 0.3% 和 1.7%。这可能与数字金融发展所带来的溢
出效应逐渐显现及 2015 年起我国金融管理当局开始实施强监管的政策有
关，这种强监管政策导致了全国性股份制商业银行的业务拓展受到一定限
制，规模效率指数降低。总体来看，我国全国性股份制商业银行的全要素
生产率呈上升趋势主要是因为技术进步效率指数的上升，即我国全国性股
份制商业银行运营效率的上升主要是因为技术进步。

表 9 - 5 是我国 2011～2020 年城市商业银行全要素生产率指数及其分
解效率指数的测度结果。

表 9 - 5　2011～2020 年城市商业银行全要素生产率指数及其分解效率指数测度结果

年份	技术进步效率指数 *techch*	纯技术效率指数 *pech*	规模效率指数 *sech*	全要素生产率指数 *tfpch*
2011～2012	0.872	0.991	0.987	0.853
2012～2013	0.994	1.012	0.992	0.997
2013～2014	1.100	0.933	1.039	1.066
2014～2015	1.206	1.054	0.927	1.179
2015～2016	0.730	1.014	1.052	0.779
2016～2017	1.023	1.004	0.941	0.966
2017～2018	0.928	0.989	1.065	0.977
2018～2019	1.034	0.963	0.999	0.994
2019～2020	1.372	0.993	0.929	1.266
均值	1.029	0.995	0.992	1.009

由表 9 - 5 可知，2011～2020 年我国城市商业银行的全要素生产率指
数均值大于 1，总体呈现上升趋势，处于进步状态。其中，技术进步效率
指数的年均值最大，为 1.029，即平均每年技术进步效率上升 2.9%，并且
自 2016 年后，城市商业银行的技术进步效率指数快速上升，说明随着数字

金融发展逐渐走向成熟，城市商业银行开始逐渐加大技术投入，有效促进了技术进步效率的提高。而纯技术效率指数和规模效率指数依然存在较大的提升空间。这说明我国城市商业银行在内部管理上依然存在较大的提升空间。总体来看，我国城市商业银行的全要素生产率保持上升趋势的主要原因在于技术进步效率指数的上升，即我国城市商业银行运营效率的上升主要是因为技术进步。

表9-6是我国2011～2020年农村商业银行全要素生产率指数及其分解效率指数的测度结果。

表9-6　2011～2020年农村商业银行全要素生产率指数及其分解效率指数测度结果

年份	技术进步效率指数 techch	纯技术效率指数 pech	规模效率指数 sech	全要素生产率指数 tfpch
2011～2012	0.790	1.289	1.140	1.160
2012～2013	1.104	0.911	0.792	0.797
2013～2014	0.987	1.098	1.263	1.369
2014～2015	1.228	0.883	0.878	0.952
2015～2016	0.804	1.116	1.134	1.017
2016～2017	0.896	1.015	0.976	0.887
2017～2018	1.167	0.947	1.026	1.134
2018～2019	1.220	1.025	1.000	1.251
2019～2020	1.315	1.030	0.949	1.284
均值	1.057	1.035	1.018	1.095

由表9-6可知，2011～2020年我国农村商业银行的技术进步效率指数、纯技术效率指数、规模效率指数、全要素生产率指数均值均大于1，表明总体均呈现上升趋势，处于进步状态。其中，技术进步效率增长趋势最明显，年均增长5.7%。这主要是因为农村商业银行受其规模和目标客户群体性质的限制，早前对于技术引入并不重视，但随着技术力量的投入，农村商业银行的技术进步效率立即出现大幅上升。农村商业银行的纯技术效率年均增长3.5%，可能与近年来国家大力推进金融服务乡村振兴、支持农村商业银行改革有关。规模效率年均增长1.8%，主要是因为农村

商业银行受地理区位和客户群体性质的限制，本身的规模较小，而通过技术和人才的引入能够迅速利用数字金融开辟新的产品和市场，能够很好地打开长尾客户市场，从而提升其规模效率。总体来看，我国农村商业银行的全要素生产率总体保持上升趋势是技术进步效率、纯技术效率、规模效率上升的共同作用。

四　变量选择与模型构建

（一）变量选择与数据来源

1. 被解释变量

商业银行全要素生产率指数（*tfpch*）、技术进步效率指数（*techch*）、纯技术效率指数（*pech*）、规模效率指数（*sech*），数据来自前文计算的结果。

2. 核心解释变量

数字普惠金融指数（*dfiic*），是由北京大学数字金融研究中心和蚂蚁集团所构建的数字普惠金融指数。

3. 控制变量

商业银行运营效率既与微观层面的商业银行自身因素有关，也与宏观层面的经济运行状况有关。从微观层面选择的控制变量有商业银行不良贷款率（*npl*）、贷存比（*slr*）、资本充足率（*car*）以及风险加权资产与总资产的比率（*rta*）；从宏观层面选择的控制变量有人均 GDP 增长率（*gdpg*）和广义货币 M2 增长率（*m2g*）。

所有变量的名称及含义见表 9 - 7；数据均来自 Wind 数据库、国泰安数据库以及各商业银行年报。

表 9 - 7　各变量名称与含义

变量类型	变量名称	变量符号	含义
被解释变量	技术进步效率指数	*techch*	商业银行技术进步水平的测算值
	纯技术效率指数	*pech*	商业银行经营管理水平的测算值
	规模效率指数	*sech*	商业银行规模水平的测算值
	全要素生产率指数	*tfpch*	商业银行综合运营效率的测算值

续表

变量类型	变量名称	变量符号	含义
核心解释变量	数字普惠金融指数	*dfiic*	反映全国数字普惠金融发展水平
控制变量	不良贷款率	*npl*	银行不良贷款余额与银行贷款总额的比率
	贷存比	*slr*	银行贷款总额与存款总额的比率
	资本充足率	*car*	资本总额与加权风险资产的比率
	风险加权资产与总资产的比率	*rta*	风险加权资产与总资产的比率
	人均 GDP 增长率	*gdpg*	人均国内生产总值的年增长率
	M2 增长率	*m2g*	广义货币增长率

（二）　变量的统计性描述

表 9 - 8 是基于选取的 40 家商业银行 2011～2020 年的数据资料，对各变量进行的统计描述。

表 9 - 8　各变量描述性统计

变量	变量符号	均值	标准差	最小值	最大值
技术进步效率指数	*techch*	1.103	0.551	0.154	4.101
纯技术效率指数	*pech*	1.072	0.440	0.199	5.244
规模效率指数	*sech*	1.048	0.319	0.324	2.602
全要素生产率指数	*tfpch*	1.236	1.175	0.109	18.070
数字普惠金融指数	*dfiic*	5.443	0.363	4.681	5.869
不良贷款率	*npl*	1.322	0.487	0.030	4.310
存贷比	*slr*	70.770	14.600	26.430	118.900
资本充足率	*car*	12.970	1.544	8.840	17.520
风险加权资产与总资产的比率	*rta*	63.170	8.138	33.000	80.860
人均 GDP 增长率	*gdpg*	6.052	1.547	1.900	7.340
M2 增长率	*m2g*	11.020	2.223	8.100	13.800

（三）　模型构建

参照已有文献关于商业银行效率分析的研究，并考虑每个银行情况不同，可能存在不随时间而变的遗漏变量，再结合选取的面板数据，考虑使用固定效应模型进行实证分析，模型设计如下：

$$techch = \alpha_0 + \beta_1 dfiic_{it} + \beta_2 npl_{it} + \beta_3 slr_{it} + \beta_4 car_{it} + \beta_5 rta_{it} + \\ \beta_6 gdpg_{it} + \beta_7 m2g_{it} + \varepsilon_{it} \tag{9-1}$$

$$pech = \alpha_0 + \beta_1 dfiic_{it} + \beta_2 npl_{it} + \beta_3 slr_{it} + \beta_4 car_{it} + \beta_5 rta_{it} + \\ \beta_6 gdpg_{it} + \beta_7 m2g_{it} + \varepsilon_{it} \tag{9-2}$$

$$sech = \alpha_0 + \beta_1 dfiic_{it} + \beta_2 npl_{it} + \beta_3 slr_{it} + \beta_4 car_{it} + \beta_5 rta_{it} + \\ \beta_6 gdpg_{it} + \beta_7 m2g_{it} + \varepsilon_{it} \tag{9-3}$$

$$tfpch = \alpha_0 + \beta_1 dfiic_{it} + \beta_2 npl_{it} + \beta_3 slr_{it} + \beta_4 car_{it} + \beta_5 rta_{it} + \\ \beta_6 gdpg_{it} + \beta_7 m2g_{it} + \varepsilon_{it} \tag{9-4}$$

由于各商业银行之间存在一定的差异，数字金融对不同类型商业银行运营效率的影响可能存在一定的差异性，为此我们要对各类型商业银行的全要素生产率指数和数字普惠金融指数进行回归，以分析数字金融发展对不同类型商业银行运营效率影响的差异。

五　数字金融发展对商业银行运营效率影响的实证检验

（一）回归分析

表 9 - 9 分别对应上述模型（9 - 1）、模型（9 - 2）、模型（9 - 3）、模型（9 - 4）四个模型的回归结果，并分别用来验证前文提出的假设 1 至假设 4。

表 9 - 9　数字金融对商业银行运营效率的回归结果

变量	模型（9 - 1）	模型（9 - 2）	模型（9 - 3）	模型（9 - 4）
	技术进步效率指数 $techch$	纯技术效率指数 $pech$	规模效率指数 $sech$	全要素生产率指数 $tfpch$
$dfiic$	0. 3382 **	- 0. 1634	0. 1307	0. 7300 ***
	(2. 44)	（- 1. 00）	(1. 26)	(2. 71)
npl	- 0. 1940 *	0. 1113	0. 00523	- 0. 1431
	（- 1. 89）	(1. 52)	(1. 40)	（- 0. 66）

变量	模型（9-1）技术进步效率指数 techch	模型（9-2）纯技术效率指数 pech	模型（9-3）规模效率指数 sech	模型（9-4）全要素生产率指数 tfpch
slr	−0.0060	−0.0036	0.0053 ***	−0.0056
	（−1.62）	（−0.94）	（3.23）	（−0.76）
car	−0.0034	0.0283	0.0010	0.0440
	（−0.08）	（1.18）	（0.06）	（0.69）
rta	0.0135 ***	0.0002	−0.0014	−0.0076
	（2.94）	（0.08）	（−0.45）	（−0.64）
gdpg	−0.0677 **	0.0036	0.0307 **	0.0074
	（−2.41）	（0.27）	（2.18）	（0.17）
m2g	0.0464 **	−0.0122	0.0287 **	0.0409
	（2.67）	（−0.52）	（2.38）	（0.83）
常数项	−0.9655	1.8005	−0.5404	−2.7381 *
	（−0.78）	（1.60）	（−0.69）	（−1.91）
N	360	360	360	360
R^2	0.085	0.016	0.023	0.017
银行数	40	40	40	40

注：*、**、***分别表示10%、5%、1%的显著性水平；括号内为 t 统计量。

由表9-9可知，数字普惠金融指数（dfiic）对商业银行技术进步效率指数（techch）的影响系数为0.3382，且通过5%水平下的显著性检验，表明数字金融发展显著促进了商业银行的技术进步，提高了其技术效率，验证了假设1的成立。这说明商业银行积极利用数字金融发展带来的技术创新，顺应了数字金融发展的潮流，使自身的技术水平得到了提升。控制变量方面，不良贷款率对技术进步效率具有显著负向影响，说明商业银行应努力降低不良贷款率以提升技术进步效率；风险加权资产与总资产的比率对技术进步效率具有显著正向影响，这或是因为风险加权资产与总资产的比率上升迫使商业银行通过加强学习和引进数字技术来降低信息不对称、提高风险管理能力，从而导致风险加权资产与总资产的比率的回归系数为正。人均 GDP 增长率对技术进步效率的影响系数显著为负，可能的原因在于随着我国宏观经济从高速增长阶段过渡到高质量发展阶段，人均 GDP 增长率逐年下降，但宏观经济依旧向好，所以技术进步效率并不会随着人均 GDP 增长率的下降而下降。

M2 增长率对技术进步效率指数的影响系数显著为正，说明当广义货币增长速度较快时，商业银行吸收存款的能力上升，会将部分资金用于技术研发或引进智能设备，从而提高了技术进步效率。

数字普惠金融指数（dfiic）对商业银行的纯技术效率指数（pech）的影响系数为 -0.1634，但没有通过显著性检验，这说明数字金融的发展对商业银行纯技术效率的影响为负，但不显著，否定了前文的假设 2。其原因可能在于纯技术效率衡量的是商业银行内部管理的效率，目前数字金融的发展对于商业银行来说，只是影响了商业银行的市场业务及客户群体，而对商业银行内部管理的影响虽然存在，但其经营管理模式的转型还处于过渡期，还需要一定的时间来适应。可以预想的是，随着数字金融的进一步发展，其对商业银行内部管理的影响会越来越大。

数字普惠金融指数（dfiic）对商业银行规模效率指数（sech）的影响系数为 0.1307，但未通过显著性检验，这表明数字金融发展虽然提高了商业银行的规模效率，但效果并不显著，否定了前文的假设 3。从理论上讲，一方面，数字金融发展过程中所催生的金融科技公司和互联网金融平台会使商业银行的金融资源和业务量在一定程度上受到影响；另一方面，商业银行如果积极引入与拥抱数字技术，对传统的业务流程进行改造，降低服务门槛，必然会拓展其服务领域及服务范围，从而提升其规模效率。控制变量方面，贷存比对规模效率的影响显著为正，这说明商业银行的金融资源配置能力的提高将促使其规模效率大幅提高。人均 GDP 增长率和 M2 增长率均对规模效率的影响显著为正，这说明宽松的经济环境有利于推动商业银行提升规模效率。

数字普惠金融指数（dfiic）对商业银行的全要素生产率指数的影响系数为 0.7300，通过 1% 水平下的显著性检验，表明数字金融发展显著促进了商业银行全要素生产率的提升，验证了假设 4 的成立。

综合上述结论，数字金融的发展对商业银行的整体运营效率提升起到了显著的促进作用。其中，数字金融作用下的技术进步效率提升是商业银行运营效率提高的主要原因。

（二）异质性分析

为检验数字金融发展对不同类型商业银行运营效率影响程度的大小，我们需要对其影响进行异质性分析。由于样本量较少，若直接将商业银行分类型进行回归会导致回归结果不准确、存在误差，因此我们采用识别策略进行处理。将总样本剔除大型国有控股商业银行得到样本1，剔除全国性股份制商业银行得到样本2，剔除城市商业银行得到样本3，剔除农村商业银行得到样本4，再用固定效应模型进行回归，通过不同样本回归结果的比较，探究数字金融对不同类型商业银行运营效率的影响。

（1）数字金融发展对样本1中商业银行运营效率影响的分析

由表9-10可知，在剔除大型国有控股商业银行后，数字普惠金融指数（$dfiic$）对样本1中商业银行全要素生产率指数的影响系数为0.7199，虽然相对于总样本的影响系数0.7300有所降低，但符号为正并通过了5%水平下的显著性检验，这说明数字普惠金融发展对大型国有控股商业银行整体运营效率的提高具有较大的促进作用。其中，数字普惠金融指数（$dfiic$）对样本1中商业银行的技术进步效率指数的影响系数为0.2751，虽然相对于总样本的影响系数0.3382有所下降，但符号为正并且显著性水平由5%变为10%，说明数字普惠金融发展对大型国有控股商业银行技术进步效率的提升具有显著的促进作用；数字普惠金融指数（$dfiic$）对样本1中商业银行的纯技术效率指数的影响系数为-0.1822，相对于总样本的影响系数-0.1634有所下降，系数为负但不显著，说明数字普惠金融的发展对大型国有控股商业银行内部管理水平提升具有较弱的负向作用；数字普惠金融指数（$dfiic$）对样本1中商业银行的规模效率指数的影响系数为0.2111，符号为正且通过10%水平下的显著性检验，相对于总样本的影响系数0.1307有所提升，说明数字普惠金融发展对大型国有控股商业银行规模效率的提升具有一定的促进作用。

表 9 – 10　数字金融发展对样本 1 中商业银行运营效率的回归结果

变量	技术进步效率指数 techch	纯技术效率指数 pech	规模效率指数 sech	全要素生产率指数 tfpch
dfiic	0.2751 *	– 0.1822	0.2111 *	0.7199 **
	(1.87)	(– 0.98)	(1.87)	(2.29)
npl	– 0.1146	0.1049	0.0385	– 0.1066
	(– 1.24)	(1.38)	(0.99)	(– 0.45)
slr	– 0.0044	– 0.0034	0.0058 ***	– 0.0036
	(– 1.18)	(– 0.80)	(3.18)	(– 0.45)
car	0.0126	0.0217	– 0.0079	0.0440
	(0.27)	(0.77)	(– 0.42)	(0.55)
rta	0.0122 ***	0.0003	– 0.0005	– 0.0070
	(2.98)	(0.09)	(– 0.16)	(– 0.49)
gdpg	– 0.0346	0.0017	0.0316 **	0.0366
	(– 1.38)	(0.11)	(2.05)	(0.88)
m2g	0.0428 **	– 0.0184	0.0389 ***	0.0378
	(2.27)	(– 0.68)	(2.89)	(0.63)
常数项	– 1.1562	2.0707	– 1.0492	– 3.0353 *
	(– 0.82)	(1.57)	(– 1.18)	(– 1.87)
N	306	306	306	306
R²	0.053	0.014	0.035	0.012
银行数	34	34	34	34

注：*、**、*** 分别表示 10%、5%、1% 的显著性水平；括号内为 t 统计量。

（2）数字金融发展对样本 2 中商业银行运营效率影响的分析

由表 9 –11 可知，在剔除全国性股份制商业银行后，数字普惠金融指数（dfiic）对样本 2 中商业银行全要素生产率指数的影响系数为 0.6403，虽然相对于总样本的影响系数 0.7300 有所降低，但符号为正且通过了 5% 水平下的显著性检验，说明数字普惠金融发展对全国性股份制商业银行整体运营效率的提高具有显著的促进作用。其中，数字普惠金融指数（dfiic）对样本 2 中商业银行技术进步效率指数的影响系数为 0.1923，相对于总样本的影响系数 0.3382 有所下降，符号虽然为正但显著性由总样本的 5% 水平下显著转变为不显著，这说明数字普惠金融发展对全国性股份制商业银行技术进步效率的提升具有显著的促进作用；数字普惠金融指数（*dfiic*）对样本 2 中商业银行纯技术效率指数的影响系数为 −0. 1085，相对于总样本的影响系数 −0. 1634 有所上升，系数为负但仍不显著，说明数字普惠金融发展对全国性股份制商业银行内部管理水平提升具有较弱的负向影响但不显著；数字普惠金融指数（*dfiic*）对样本 2 中商业银行规模效率指数的影响系数为 0. 1388，相对于总样本的影响系数 0. 1307 有所提升，系数为正但未通过显著性检验，说明数字普惠金融发展对全国性股份制商业银行规模效率的提高具有较弱的促进作用。

表 9 −11　数字金融发展对样本 2 中商业银行运营效率的回归结果

变量	技术进步效率指数 *techch*	纯技术效率指数 *pech*	规模效率指数 *sech*	全要素生产率指数 *tfpch*
dfiic	0. 1923	− 0. 1085	0. 1388	0. 6403 **
	（1. 37）	（− 0. 60）	（1. 09）	（2. 43）
npl	− 0. 0567	0. 0658	0. 0643	− 0. 0626
	（− 0. 58）	（0. 76）	（1. 50）	（− 0. 26）
slr	− 0. 0096 *	− 0. 0053	0. 0075 ***	− 0. 0092
	（− 1. 95）	（− 0. 98）	（2. 92）	（− 0. 85）
car	0. 0425	0. 0270	− 0. 0061	0. 0931
	（0. 84）	（1. 02）	（− 0. 32）	（1. 25）
rta	0. 0095 *	0. 0030	− 0. 0031	− 0. 0120
	（1. 82）	（0. 96）	（− 0. 89）	（− 0. 92）
gdpg	− 0. 1026 ***	0. 0036	0. 0403 **	− 0. 0179
	（− 3. 23）	（0. 30）	（2. 59）	（− 0. 37）
m2g	0. 0396 **	− 0. 0120	0. 0267 *	0. 0264
	（2. 14）	（− 0. 45）	（1. 80）	（0. 43）
常数项	− 0. 2074	1. 4910	− 0. 5437	− 2. 2248
	（− 0. 15）	（1. 24）	（− 0. 57）	（− 1. 50）
N	261	261	261	261
R²	0. 110	0. 010	0. 026	0. 025
银行数	29	29	29	29

注：*、**、*** 分别表示 10%、5%、1% 的显著性水平；括号内为 t 统计量。

（3）数字金融发展对样本 3 中商业银行运营效率影响的分析

由表 9－12 可知，在剔除城市商业银行后，数字普惠金融指数（dfiic）对样本 3 中商业银行全要素生产率指数的影响系数为 1. 2037，相对于总样本的影响系数 0. 7300 有所上升，符号为正且通过了 1% 水平下的显著性检验，说明数字普惠金融发展对城市商业银行整体运营效率的提高具有显著的促进作用。其中，数字普惠金融指数（dfiic）对样本 3 中商业银行技术进步效率指数的影响系数为 0. 7805，相对于总样本的影响系数 0. 3382 显著上升，符号为正且通过了 1% 水平下的显著性检验，说明数字普惠金融发展对城市商业银行技术进步效率的提升具有较为显著的促进作用；数字普惠金融指数（dfiic）对样本 3 银行的纯技术效率指数的影响系数为 － 0. 3630，相对于总样本的影响系数 － 0. 1634 有所下降，符号为负但不显著，说明数字普惠金融发展对城市商业银行内部管理水平的提升具有较弱的负向作用；数字普惠金融指数（dfiic）对样本 3 中商业银行规模效率指数的影响系数为 0. 1345，与总样本的影响系数 0. 1307 差异不大，但未通过显著性检验，说明数字普惠金融发展对城市商业银行规模效率提升具有较弱的促进作用。

表 9－12　数字金融发展对样本 3 中商业银行运营效率的回归结果

变量	技术进步效率指数 techch	纯技术效率指数 pech	规模效率指数 sech	全要素生产率指数 tfpch
dfiic	0. 7805 ***	－ 0. 3630	0. 1345	1. 2037 ***
	（3. 82）	（－ 1. 26）	（0. 83）	（3. 11）
npl	－ 0. 6079 ***	0. 2595 *	0. 0270	－ 0. 5965 *
	（－ 4. 43）	（1. 89）	（0. 44）	（－ 1. 90）
slr	－ 0. 0026	－ 0. 0077	0. 0051 ***	－ 0. 0071
	（－ 0. 57）	（－ 1. 17）	（2. 83）	（－ 0. 63）
car	－ 0. 0414	0. 0688 *	0. 0236	0. 0421
	（－ 0. 57）	（2. 01）	（1. 04）	（0. 46）
rta	0. 0198 **	－ 0. 0016	0. 0033	－ 0. 0140
	（2. 35）	（－ 0. 32）	（0. 78）	（－ 0. 81）

变量	技术进步效率指数 techch	纯技术效率指数 pech	规模效率指数 sech	全要素生产率指数 tfpch
gdpg	- 0. 0339	- 0. 0015	0. 0390 *	0. 0464
	(- 0. 63)	(- 0. 07)	(1. 98)	(0. 62)
m2g	0. 0772 **	- 0. 0314	0. 0398 **	0. 0371
	(2. 74)	(- 0. 74)	(2. 12)	(0. 49)
常数项	- 3. 4358	2. 8398	- 1. 2712	- 4. 2888 **
	(- 1. 58)	(1. 46)	(- 1. 08)	(- 2. 14)
N	216	216	216	216
R²	0. 140	0. 051	0. 029	0. 035
银行数	24	24	24	24

注：* 、** 、*** 分别表示 10% 、5% 、1% 的显著性水平；括号内为 t 统计量。

（4）数字金融发展对样本 4 中商业银行运营效率影响的分析

由表 9 - 13 可知，在剔除农村商业银行后，数字普惠金融指数（dfiic）对样本 4 中商业银行全要素生产率指数的影响系数为 0.4702，相对于总样本的影响系数 0.7300 有所下降，符号为正且显著性水平由 1% 变为 10%，说明数字普惠金融发展显著促进了农村商业银行整体运营效率的提高。其中，数字普惠金融指数（dfiic）对样本 4 中商业银行技术进步效率指数的影响系数为 0.3105，相对于总样本的影响系数 0.3382 有所下降，符号为正且显著性水平由 5% 变为 10%，说明数字普惠金融发展对农村商业银行技术进步效率提升具有明显的促进效应；数字普惠金融指数（dfiic）对样本 4 中商业银行纯技术效率指数的影响系数为 - 0.0847，相对于总样本的影响系数 - 0.1634 有所上升，但没有通过显著性检验，说明数字普惠金融发展对农村商业银行内部管理水平提升具有较弱的负效应；数字普惠金融指数（dfiic）对样本 4 中商业银行规模效率指数的影响系数为 0.0469，相对于总样本的影响系数 0.1307 有明显下降，但未通过显著性检验，说明数字普惠金融发展对农村商业银行规模效率提高具有较弱的促进作用，但不显著。

表 9 – 13　数字金融发展对样本 4 中商业银行运营效率的回归结果

变量	技术进步效率指数 techch	纯技术效率指数 pech	规模效率指数 sech	全要素生产率指数 tfpch
dfiic	0.3105 *	− 0.0847	0.0469	0.4702 *
	(1.86)	(− 0.62)	(0.51)	(1.94)
npl	− 0.2108	0.0866	0.0655	0.0266
	(− 1.61)	(1.57)	(1.67)	(0.19)
slr	− 0.0047	0.0004	0.0046 **	0.0003
	(− 1.05)	(0.17)	(2.63)	(0.05)
car	− 0.0488	0.0039	0.0016	− 0.0181
	(− 1.28)	(0.18)	(0.09)	(− 0.36)
rta	0.0147 ***	− 0.0016	− 0.0046 *	0.0025
	(2.83)	(− 0.42)	(− 1.76)	(0.33)
gdpg	− 0.0881 ***	0.0066	0.0205	− 0.0213
	(− 3.27)	(0.41)	(1.29)	(− 0.52)
m2g	0.0384 **	0.0078	0.0135	0.0690 **
	(2.07)	(0.43)	(1.39)	(2.37)
常数项	− 0.1701	1.2953	0.3608	− 1.9827
	(− 0.17)	(1.18)	(0.51)	(− 1.19)
N	297	297	297	297
R²	0.106	0.016	0.022	0.027
银行数	33	33	33	33

注：*、**、*** 分别表示 10%、5%、1% 的显著性水平；括号内为 t 统计量。

　　综合以上分析，数字普惠金融发展对不同类型商业银行运营效率提升均具有显著的促进作用，但作用程度存在显著差异。从整体运营效率来看，数字普惠金融发展对商业银行全要素生产率提升的促进作用从大到小依次为农村商业银行、全国性股份制商业银行、大型国有控股商业银行和城市商业银行；对商业银行技术进步效率提升的促进作用从大到小依次为全国性股份制商业银行、大型国有控股商业银行、农村商业银行和城市商业银行；对商业银行纯技术效率提升的影响均为负向但都不显著；对商业银行规模效率指数的影响系数均为正，但除在样本 1 中商业银行规模效率指数的影响系数勉强通过10%的显著性水平检验外，其余均未通过显著性检验，这表明数字普惠金融发展对商业银行规模效率的提升存在较弱的促进作用。

（三）稳健性检验

为了保障研究结论的可靠性，需要对前文的实证结果进行稳健性检验。常用的稳健性检验方法包括变量替换法、补充控制变量法、改变样本容量法、调整样本期限法等。考虑到本章的控制变量较少，且仍有变量可能对数字金融发展与商业银行运营效率的回归结果产生影响。因此，采用补充控制变量法进行稳健性检验，增加控制变量不良贷款拨备覆盖率（pc）、流动性比例（lr）、资产负债率（dar）、资产周转率（ato）、贷款拨备率（lpr），回归结果见表 9 - 14。

表 9 - 14　稳健性检验结果

变量	模型（9 - 1）	模型（9 - 2）	模型（9 - 3）	模型（9 - 4）
	$techch$	$pech$	$sech$	$tfpch$
$dfiic$	0.3065 **	− 0.2298	0.1138	0.5722 *
	（2.07）	（− 1.42）	（1.08）	（2.01）
npl	− 0.2630	0.0383	0.0198	− 0.3548
	（− 1.56）	（0.45）	（0.32）	（− 1.10）
slr	− 0.0079 *	− 0.0049	0.0059 ***	− 0.0050
	（− 1.89）	（− 1.12）	（2.82）	（− 0.75）
car	− 0.0027	0.0315	0.0088	0.0685
	（− 0.06）	（1.09）	（0.41）	（0.93）
rta	0.0121 **	0.0008	− 0.0005	− 0.0015
	（2.04）	（0.24）	（− 0.12）	（− 0.14）
$gdpg$	− 0.0642 *	0.0179	0.0292 *	0.0338
	（− 1.93）	（1.19）	（1.69）	（0.58）
$m2g$	0.0486 **	− 0.0025	0.0282 *	0.0672
	（2.40）	（− 0.10）	（1.86）	（1.28）
pc	− 0.0003	− 0.0002	− 0.0001	− 0.0006
	（− 1.06）	（− 0.96）	（− 0.64）	（− 1.27）

续表

变量	模型（9-1）techch	模型（9-2）pech	模型（9-3）sech	模型（9-4）tfpch
lr	-0.0005	0.0036	-0.0016	0.0015
	(-0.19)	(1.16)	(-0.71)	(0.33)
dar	-0.0468	-0.0202	0.0117	0.0075
	(-1.00)	(-0.78)	(0.47)	(0.08)
ato	-6.5091	-5.2861	3.5295	-10.7532
	(-0.90)	(-0.88)	(0.86)	(-0.76)
lpr	-0.0143	0.0275	-0.0101	0.0818
	(-0.38)	(0.58)	(-0.42)	(0.63)
常数项	4.2432	4.0535	-1.4880	-2.8154
	(0.95)	(1.51)	(-0.53)	(-0.28)
N	360	360	360	360
R^2	0.092	0.025	0.029	0.021
银行数	40	40	40	40

注：*、**、*** 分别表示 10%、5%、1% 的显著性水平；括号内为 t 统计量。

从表9-14所显示的回归结果可以看到，增加控制变量后的回归结果和原实证结果基本保持一致，这表明前文的研究结果具有稳健性，即数字金融发展促进了商业银行运营效率的提高。

六　研究结论

在互联网、通信技术飞速发展的背景下，数字金融的发展在一定程度上给传统金融业带来了巨大的变化。商业银行作为传统金融业的一大支柱，其客户资源和盈利水平受到了一定的冲击，但同时数字金融的发展促使商业银行积极参与市场竞争、提高技术水平和管理能力。因此，数字金融发展对于商业银行的影响具有两面性。基于此，本章对数字金融发展对商业银行运营效率影响的机制进行理论分析，并采取 DEA-Malmquist 指数法测度 2011～2020 年我国 40 家商业银行的全要素生产率指数及其分解效率指数，构建使用面板数据的固定效应模型来实证分析数字金融发展对商业银行运营效率的影响，所得结论如下。

第一，数字金融发展提高了商业银行的运营效率。其中，数字金融发展对技术进步效率影响最大，主要是通过鲇鱼效应和技术溢出效应实现；但数字金融发展对商业银行纯技术效率和规模效率的影响并不显著。其主要原因在于纯技术效率反映的是商业银行内部的管理效率，它的变化受商业银行内部体系因素影响较大，且数字金融发展对其产生的影响需要较长的过渡期才能体现；数字金融的发展会对现有商业银行业务规模产生一定的冲击，但在目前阶段，这种冲击的表现总体上还不十分突出。

第二，数字金融发展对不同类型商业银行运营效率的影响存在显著的差异。从影响大小来看，依次为农村商业银行、全国性股份制商业银行、大型国有控股商业银行、城市商业银行。其中就分解效率而言，数字金融发展对全国性股份制商业银行的技术进步效率促进作用最大，其次是大型国有控股商业银行、农村商业银行，最后是城市商业银行。数字金融发展对各类型商业银行纯技术效率存在较弱的负向作用，而对其规模效率存在较弱的正向作用。可见，不同类型商业银行因其异质性而对数字金融这一新的金融业态的反应不同。

第十章　数字金融发展对商业银行净利差

商业银行净利差是商业银行市场竞争力、营运效率、风险控制能力等因素的重要体现，数字金融发展对商业银行的影响必然会在净利差上有所反映。本章在理论分析的基础上，依据 41 家商业银行 2011～2020 年的数据对数字金融发展对商业银行净利差的影响进行实证分析。

一　研究文献回顾

（一）商业银行净利差的研究

商业银行作为间接融资中最重要的资金提供者，其净利差能够在很大程度上代表企业通过银行进行融资的成本。从商业银行自身来看，目前存贷业务是占比最大的业务，净利差作为商业银行经营过程中重要的财务指标，反映了商业银行存贷业务的盈利能力。对于商业银行来说，利差是其主要的收入来源，不仅体现了银行的效率，还反映了银行所处的金融环境和社会资源配置的中介交易成本。[①] 早期学者研究利差时较多采用存贷款利差，随着银行业务的发展，存贷款利差很难反映银行的资金使用成本与收益。所以，近年来的研究通常采用净利差这一指标来衡量银行的利差。

关于净利差，国内商业银行一般采用生息资产收益率减计息负债付息率来计算。净利差的决定模型主要可以分为两种：1981 年 Ho 和 Saunders

---

[①] 周鸿卫、韩忠伟、张蓉：《中国商业银行净利差率影响因素研究——基于 1999—2006 的经验证据》，《金融研究》2008 年第 4 期，第 69～84 页。

提出的做市商模型[①]；1971 年 Klein 提出的银行微观模型[②]。目前的研究多是在这两个模型的基础上进行的。以 Ho 和 Saunders 的做市商模型为基础的净利差决定模型应用更为广泛。Ho 和 Saunders 的做市商模型（下文简写为 H - S 模型）提出，银行的交易面临不确定性，银行为承受这种不确定性需要付出一定的成本，净利差是对这种不确定性的补偿，净利差主要受市场结构、管理者的风险厌恶程度、交易规模和利率波动所影响。

在做市商模型的基础上，国内外学者又加入了更符合市场的假设进行更进一步的研究。Allen 在做市商模型的基础上考虑了不同贷款的异质性，研究表明，不同类型贷款产品之间具有竞争性，在其他条件相同时，这种竞争性会使得商业银行得到的利差有所下降。[③] Angbazo 利用做市商模型的逻辑来分析最优净利差的决定因素，最终研究得出，除了决定净利差的因素，最优净利差还受到信用风险、货币市场利率风险以及两者交叉作用的影响。[④] Maudos 和 De Guevara 将运营成本纳入净利差的决定模型之中，研究得出，即使没有利率风险和信用风险等因素，运营成本的存在也会使净利差存在。[⑤] Valverde 和 Fernández 将银行的传统业务与其他业务进行区分，并且将模型由静态引申到动态，研究发现，其他业务增加了银行的非利息收入，对净利差有负向作用。[⑥] Maudos 和 Solís 研究建立了一个净利差决定的综合模型，该模型也是以做市商模型为基础，并且结合 Valverde 和 Fernández 以及 Maudos 和 De Guevara 的研究得出了较为全面的利差决定模型。这个模型把银行的业务成本、业务分类和银行所面临的市场风险全部考虑在内，研究发现，银行的市场竞争力、非传统业务所占比重、营运成

---

① Ho, T. S. & Saunders, A., "The Determinants of Bank Interest Margins: Theory and Empirical Evidence," *Journal of Financial and Quantitative Analysis* 16 (4) (1981): 581 - 600.

② Klein, M. A., "A Theory of the Banking Firm," *Journal of Money, Credit and Banking* 3 (2) (1971): 205 - 218.

③ Allen, L., "The Determinants of Bank Interest Margins: A Note," *The Journal of Financial and Quantitative Analysis* 23 (2) (1998): 231 - 235.

④ Angbazo, L., "Commercial Bank Net Interest Margins, Default Risk, Interest - Rate Risk, and Off - Balance Sheet Banking," *Journal of Banking and Finance* 21 (1997): 55 - 87.

⑤ Maudos, J. & De Guevara, J. F., "Factors Explaining the Interest Margins in the Banking Sectors of the European Union," *Journal of Banking and Finance* 28 (9) (2004): 2259 - 2281.

⑥ Valverde, S. C. & Fernández, F. R., "The Determinants of Bank Margins in European Banking," *Journal of Banking and Finance* 31 (2007): 2043 - 2063.

本相较于市场风险、信贷等因素会对银行净利差产生更重要的影响，其中市场竞争力主要是由商业银行的垄断程度所决定。[①]

国内对于净利差决定因素的研究中，周开国等利用我国商业银行 1996 ~ 2003 年的面板数据进行了研究，最终发现净利差与市场竞争结构、运营成本、管理者的风险厌恶程度、管理效率等因素有关。[②] 何娜和李泽广通过实证分析研究了中国商业银行的净利差决定因素，认为风险溢价效应对商业银行净利差起主要作用，并且不同商业银行的净利差决定因素是不同的，商业银行应提高自身抗风险能力、经营水平等，并通过建立计量机制建立适度微调自身净利差水平的机制。[③] 郭梅亮和徐璋勇对学界关于净利差的测算以及净利差决定因素模型的文献进行了评述，将净利差的影响因素总结为微观、行业、宏观三类，并提出不同国家或地区的宏微观因素对净利差的影响是不同的，不能将发达国家的净利差决定公式简单套用于发展中国家。[④]

还有一些学者分析了我国金融政策或宏观经济趋势的变化对商业银行净利差的影响。刘乃辉在金融脱媒的背景下，以 2002 ~ 2015 年我国 152 家商业银行的面板数据为基础研究商业银行净利差的变化趋势，发现金融脱媒与商业银行净利差之间存在倒 U 形关系。[⑤] 彭建刚等构建了利率市场化指数，以 H - S 模型研究了利率市场化改革对我国商业银行净利差的影响，结果显示我国商业银行的净利差受到利率市场化的影响，且这种影响不是简单的线性关系，随着利率市场化程度增加商业银行净利差呈现先增加后收窄的变化趋势。[⑥]

① Maudos, J. & Solís, L. , "The Determinants of Net Interest Income in the Mexican Banking System: An Integrated Model," *Journal of Banking and Finance* 33 (2009): 1920 - 1931.

② 周开国、李涛、何兴强：《什么决定了中国商业银行的净利差?》，《经济研究》2008 年第 8 期，第 65 ~ 76 页。

③ 何娜、李泽广：《对中国商业银行净利差决定因素的实证分析》，《金融论坛》2009 年第 8 期，第 36 ~ 42 页。

④ 郭梅亮、徐璋勇：《商业银行净利差决定因素研究的进展与评述》，《国际金融研究》2012 年第 2 期，第 49 ~ 57 页。

⑤ 刘乃辉：《金融脱媒对商业银行利差的影响》，《郑州大学学报》（哲学社会科学版）2018 年第 2 期，第 54 ~ 58 + 159 页。

⑥ 彭建刚、王舒军、关天宇：《利率市场化导致商业银行利差缩窄吗？——来自中国银行业的经验证据》，《金融研究》2016 年第 7 期，第 48 ~ 63 页。

(二) 数字金融发展对商业银行净利差影响的研究

数字金融影响着我们每个人的生活，也必定对传统的商业银行业务产生冲击，这种冲击一方面对银行造成了打击，另一方面又激励着银行进行数字化转型，提升服务效率。数字金融的发展使得金融市场处于一个不断变革的时代，对此许多学者从不同角度进行了研究。

封思贤和郭仁静研究了数字金融发展对银行效率的影响，研究得出数字金融发展使得银行的利润效率有所降低，但成本效率有所提升。除了对效率的影响，数字金融发展还促使了银行间的竞争加剧。[1] 王诗卉和谢绚丽提出，数字金融的发展虽然使传统银行业面临巨大的挑战，但同时也提高了商业银行对所经营产品的数字化创新。[2] 刘孟飞和王琦采用动态系统GMM法研究数字金融对商业银行绩效的影响，得出的结论是，数字金融对商业银行的绩效有先促进后抑制的作用，并且这种作用在大中型商业银行间更为明显。[3]

战明华等利用拓展的 IS – LM – CC 模型，对数字金融发展对货币政策效应的影响进行分析，得出了数字金融的发展提高了货币政策效果的结论。[4] 尹志超等以鲍莫尔 – 托宾模型为理论基础，并且引入移动支付，研究了移动支付对家庭货币需求的影响。研究得出，移动支付的使用减少了家庭不同层次的货币需求。除此之外，他们还通过分位数回归进一步分析移动支付对不同类型货币需求的影响程度，发现移动支付对预防性货币需求的影响最大。[5] 谢平和邹传伟认为，互联网金融模式的信息传播速度、对信息的组织与处理能力与传统的金融模式有很大的区别，这种模式在很

---

① 封思贤、郭仁静：《数字金融、银行竞争与银行效率》，《改革》2019 年第 11 期，第 75 ~ 89 页。

② 王诗卉、谢绚丽：《经济压力还是社会压力：数字金融发展与商业银行数字化创新》，《经济学家》2021 年第 1 期，第 100 ~ 108 页。

③ 刘孟飞、王琦：《互联网金融降低了商业银行盈利能力吗？——基于收入来源与结构的视角》，《北京理工大学学报》（社会科学版）2021 年第 6 期，第 96 ~ 109 页。

④ 战明华、汤颜菲、李帅：《数字金融发展、渠道效应差异和货币政策传导效果》，《经济研究》2020 年第 6 期，第 22 ~ 38 页。

⑤ 尹志超、公雪、潘北啸：《移动支付对家庭货币需求的影响——来自中国家庭金融调查的微观证据》，《金融研究》2019 年第 10 期，第 40 ~ 58 页。

大程度上提高了资源配置效率，降低了交易成本，促进了经济效益的提高。[①] 邱晗等利用我国 200 多家银行 2011 ~ 2015 年的面板数据和北京大学数字普惠金融指数来研究金融科技对银行行为的影响，发现金融科技使得银行负债端更依赖拆借资金，从而促进了我国商业银行的利率市场化进程。[②] 沈悦和郭品指出互联网金融具有技术溢出效应，这种效应使我国商业银行的全要素生产率得到提升，其中股份制商业银行得到的提升最为显著，其次是城市商业银行，大型商业银行得到的提升最少。[③]

二　数字金融发展对商业银行净利差影响的理论分析

（一）净利差决定的理论

在以往的研究中，国内外的学者大多以 H - S 模型为理论基础来研究市场、政策等因素对净利差的影响，之后的研究者还对此模型进行了补充与完善。做市商模型提出的研究假设主要有四点。第一，商业银行在金融市场中扮演着存贷款中介的角色，银行从资金供给者一方吸收存款之后将资金提供给资金需求者，促使了资金的流动。银行在做市商交易中有动机规避风险。第二，银行的存贷款利率在一个经营周期内是保持不变的，这说明这个模型是一个周期决策模型。第三，银行是一个风险厌恶型机构。银行吸收的存款与发放的贷款在多数时间并不能完全匹配。在吸收到存款之后且这部分资金未发放为贷款之前，银行会通过货币市场对这部分资金进行管理和运作。第四，银行面临信用风险，因为贷款不一定可以收回。在此假设条件之下银行的净利差受银行的市场垄断地位、利率风险、运营成本、交易规模、风险厌恶程度等因素的影响，其中银行在市场中的垄断地位是银行净利差的决定性因素。

---

① 谢平、邹传伟：《互联网金融模式研究》，《金融研究》2012 年第 12 期，第 11 ~ 22 页。
② 邱晗、黄益平、纪洋：《金融科技对传统银行行为的影响——基于互联网理财的视角》，《金融研究》2018 年第 11 期，第 17 ~ 29 页。
③ 沈悦、郭品：《互联网金融、技术溢出与商业银行全要素生产率》，《金融研究》2015 年第 3 期，第 160 ~ 175 页。

（二）数字金融影响商业银行净利差的途径

1. 数字金融对商业银行业务的替代效应

商业银行的市场垄断地位体现为商业银行的市场竞争力，而市场竞争力又反映在日常的经营活动中。商业银行的所有经营业务均是基于其强大的资金基础与信息优势。商业银行通过这种基础与优势建立起资金短缺者与资金需求者之间的桥梁，从而赚取交易佣金和费用。

数字技术的发展使得产业之间出现交叉，数字金融正是数字技术与金融业结合所产生的新的金融模式，由于技术的革新与监管的放松，数字金融不断创新并迅速发展。数字金融将大数据、人工智能、区块链以及云计算等技术运用于金融领域，使得信息获取成本降低、效率提高，数字金融还能够提供比商业银行更科学的风险控制模型。这些因素使得互联网金融公司能够以更低的交易成本提供与商业银行相同的金融服务，使得商业银行存在的基础有所动摇，进而对商业银行提供的服务产生了替代效应。

（1）信息整合能力提升

在数字金融这种新型金融模式产生之前，商业银行想要保证资产的质量，必须采用线下人员面对面的实地调查来进行风险评估，这种方式会耗费大量的人力物力且不易形成完整连续的风险控制体系。数字技术使得信息能够被更高效便捷地传输与利用，大数据能够将大量零散的信息转化为可以有效利用的资源；云计算使得数据分析更为准确。与传统商业银行的模式相比，数字金融有着更强大的信息整合能力、更高效的信息流通渠道、更便捷的信息获取途径，这些优势使得金融市场中的信息不对称减少，商业银行的经营根基被动摇。

（2）交易成本降低

在数字金融未得到发展之前，银行利用自身的专业化服务获得了众多的客户。这些专业化服务必然需要耗费一定的成本，包括合约达成之前的风险评估和谈判成本，以及合约达成之后的监督成本。数字金融模式下强大的信息整合与分析能力使得交易成本降低，市场参与者能够享受更低价优质的服务，商业银行的竞争优势下降。

2. 数字金融对商业银行业务的补充效应

数字金融具有更强的普惠性，更注重长尾用户。在金融服务数字化之前，传统商业银行进行信息处理与风险评估的成本较高，因此他们更倾向于向存款较多的"大客户"提供服务。互联网技术应用于金融，使得信息的整合能力迅速提升，解决了信息不对称以及信息收集成本高的问题，满足了中小企业与普通大众的金融需求。

商业银行的业务活动总是遵循"二八定律"，即商业银行更注重资产值在前20%的客户，这是由于其80%的利润是由资产值前20%的客户所带来的，且这些客户交易频率低、交易资金量大，服务成本低。资产值处于后80%的长尾客户，具有交易频率高、交易资金量小的特点，商业银行需要投入更高的成本才能满足这些客户的需求，因此在数字金融出现之前，长尾客户的潜力并未得到开发。数字金融模式具有边际成本低的特性，互联网金融公司能够用较低的成本对客户进行定位，包括客户年龄、所在城市、消费习惯等特征，进而为客户提供最适合的金融服务。因此数字金融在服务长尾客户方面，对传统商业银行业务形成了补充效应。

3. 数字金融对商业银行业务的挤出效应

商业银行的主要业务可以大致归为三类：一是可以在资产负债表中体现的业务即资产负债业务，该业务以存贷款业务为核心，是我国商业银行最主要的业务；二是中间业务又称金融服务类业务，该业务不会形成或有资产与或有负债，包括支付结算、银行卡、代理业务、资金托管和咨询业务；三是表外业务，该业务未被列入资产负债表，但在一定条件下可以转为表内资产负债业务，包括保函、备用信用证等的办理。在国外发展较好的银行中，表外业务可以达到银行总业务量的40%，国内大型商业银行包括国有控股商业银行、全国性股份制商业银行的表外业务约占15%，小型银行的表外业务占比更低。数字金融所提供的服务包括第三方支付、投资、小额基金等对商业银行三类业务都产生了挤出效应。

商业银行资产负债业务以存贷款业务为主。第三方支付的出现，使得本该在商业银行账户的存款滞留于第三方支付平台；花呗、京东白条、借呗依托大数据、云计算等技术进行高效的风险评估，从而快速对客户进行授信，而商业银行风险评估过程较为复杂，个人贷款申请周期较长，所以商业银行的贷款市场规模不断下降。商业银行的代理收付业务也受到了较大冲击，随着互联网技术的发展，商业银行在代发工资等传统代收代付业务的基础上也开发出了一些新的产品，如违章罚款缴纳、医疗挂号服务等。但是互联网金融公司凭借其技术优势和平台优势，拥有较强的产品创新能力和较高的客户黏性，可不断丰富应用场景。在这些方面，商业银行都处于劣势，而且这种情况目前看来还在逐步恶化，商业银行代理收付业务陷入被取代的境地。

数字金融发展对商业银行净利差影响的途径可归纳为图 10 - 1。

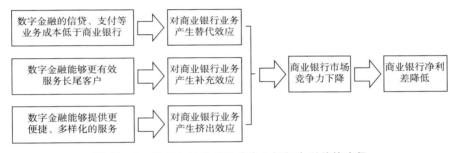

图 10 - 1　数字金融发展影响商业银行净利差的途径

综合以上分析，我们提出如下研究假设：数字金融发展会导致商业银行净利差水平下降。

三　变量选择与模型构建

(一) 样本选择与数据来源

本章选择国内 41 家商业银行为样本，研究数字金融发展对商业银行净利差的影响，其中包括 6 家大型国有控股商业银行、12 家全国性股份制商业银行、16 家城市商业银行以及 7 家农村商业银行。具体情况见表 10 - 1，数据时间为 2011 ~ 2020 年。

表 10 - 1　商业银行样本的选取

商业银行类型	选取的商业银行
大型国有控股商业银行（6 家）	中国银行、中国农业银行、中国工商银行、中国建设银行、中国交通银行、中国邮政储蓄银行
全国性股份制商业银行（12 家）	兴业银行、广发银行、浦发银行、平安银行、招商银行、中信银行、中国光大银行、浙商银行、恒丰银行、渤海银行、华夏银行、中国民生银行
城市商业银行（16 家）	北京银行、上海银行、天津银行、南京银行、广州银行、成都银行、西安银行、徽商银行、湖北银行、河北银行、宁波银行、杭州银行、贵阳银行、江苏银行、吉林银行、长沙银行
农村商业银行（7 家）	重庆农村商业银行、上海农村商业银行、广州农村商业银行、成都农村商业银行、江苏江南农村商业银行、杭州余杭农村商业银行、天津农村商业银行

本章的被解释变量为净利差，数据来自 Wind 数据库；核心解释变量数字金融发展指数来源于北京大学数字金融研究中心 2021 年 4 月发布的数字普惠金融指数；控制变量所需的数据主要来源于国泰安数据库，还有部分来源于银行的年度财务报表，包括资产负债表、利润表以及现金流量表；宏观数据来自《中国统计年鉴 2021》。

（二）变量选择

被解释变量：净利差。用生息资产收益率减计息负债付息率来度量。

核心解释变量：数字金融发展指数。由北京大学数字金融研究中心 2021 年 4 月发布的数字普惠金融指数合成。由于上述指数只有区市县的数字普惠金融指数，而缺乏全国层面的数字普惠金融指数，为此需要利用加权法计算出全国层面的数字普惠金融指数。根据原指数的合成方式可知，各个省（区、市）的普惠金融指数包括覆盖广度、使用深度、数字化程度三个维度，三个维度的权重分别为 54.0%、29.7%、16.3%，因此在合成全国数字普惠金融指数时我们依然保留了原三个维度的权重。全国数字普惠金融指数的计算方式如下。

第一步，计算出各个省（区、市）的三个权重：某省（区、市）城市化比率 = 该省（区、市）城市人口/全国城市人口；某省（区、市）GDP比率 = 该省（区、市）GDP/GDP；某省（区、市）网络端口比率 = 该省（区、市）网络端口数/全国网络端口数。

第二步，计算出全国的数字金融覆盖广度、使用深度、数字化程度的总指标：

全国数字金融覆盖广度指数 = ∑某省（区、市）数字金融覆盖广度指数 × [该省（区、市）城市化比率 + 该省（区、市）GDP比率]/2

全国数字金融使用深度指数 = ∑某省（区、市）数字金融使用深度指数 × [该省（区、市）城市化比率 + 该省（区、市）GDP比率]/2

全国数字金融数字化程度指数 = ∑某省（区、市）数字金融数字化程度指数 × [该省（区、市）网络端口比率 + 该省（区、市）GDP比率]/2

控制变量。其选取主要依据 H – S 的做市商模型以及其扩展模型。其中，宏观层面的控制变量是经济增长，使用 GDP 增长率来计量；银行层面的控制变量有平均运营成本（用业务及管理费/资产总额衡量）、风险偏好程度（用所有者权益总额/资产总额衡量）、信用风险（用不良贷款率衡量）、经营规模（用贷款总量衡量）、机会成本（用持有现金及中央银行存款准备金/资产总额衡量）。

由于各变量的取值之间有较大的量级差距，因此在实证分析之前对被解释变量、核心解释变量以及所有控制变量进行取对数处理。

变量的选取与计量方式如表 10 – 2 所示。

表 10 – 2　变量的选取与计量方式

变量类型	变量名称	变量符号	变量计量方式
被解释变量	净利差	*nim*	生息资产收益率 – 计息负债付息率
核心解释变量	数字金融发展指数	*tiodf*	由北京大学数字普惠金融指数合成
	数字金融覆盖广度	*coverage*	由北京大学数字普惠金融指数合成
	数字金融使用深度	*depth*	由北京大学数字普惠金融指数合成
	数字金融数字化程度	*digital*	由北京大学数字普惠金融指数合成

变量类型	变量名称	变量符号	变量计量方式
控制变量	经济增长	*gdpir*	GDP 增长率
	平均运营成本	*aoc*	业务及管理费/资产总额
	风险偏好程度	*bmra*	所有者权益总额/资产总额
	信用风险	*badloans*	不良贷款率
	经营规模	*ttloan*	贷款总量
	机会成本	*oppcost*	持有现金及中央银行存款准备金/资产总额

（三）实证模型

为了研究数字金融对商业银行净利差的影响，特建立如下的计量模型：

$$nim_{it} = \beta_0 + \beta_1 tiodf_{it} + \beta_2 gdpir_{it} + \beta_3 aoc_{it} + \beta_4 bmra_{it} + \beta_5 badloans_{it} + \\ \beta_6 ttloan_{it} + \beta_7 oppcost_{it} + \mu_t + \varepsilon_{it} \tag{10-1}$$

$$nim_{it} = \beta_0 + \beta_1 coverage_{it} + \beta_2 gdpir_t + \beta_3 aoc_{it} + \beta_4 bmra_{it} + \beta_5 badloans_{it} + \\ \beta_6 ttloan_{it} + \beta_7 oppcost_{it} + \mu_t + \varepsilon_{it} \tag{10-2}$$

$$nim_{it} = \beta_0 + \beta_1 depth_{it} + \beta_2 gdpir_t + \beta_3 aoc_{it} + \beta_4 bmra_{it} + \beta_5 badloans_{it} + \\ \beta_6 ttloan_{it} + \beta_7 oppcost_{it} + \mu_t + \varepsilon_{it} \tag{10-3}$$

$$nim_{it} = \beta_0 + \beta_1 digital_{it} + \beta_2 gdpir_t + \beta_3 aoc_{it} + \beta_4 bmra_{it} + \beta_5 badloans_{it} + \\ \beta_6 ttloan_{it} + \beta_7 oppcost_{it} + \mu_t + \varepsilon_{it} \tag{10-4}$$

其中，μ_t 表示时间固定效应，ε_{it} 为随机扰动项，β_0 为截距项。下标中 i 表示不同的银行，t 代表了不同的年份，如 nim_{it} 表示 i 银行在 t 时期的净利差。

四 数字金融发展对商业银行净利差影响的实证检验

（一）变量的描述性统计

1. 全样本描述性统计

表 10-3 为变量经过取对数处理之后的全样本描述性统计结果。根据

描述性统计结果可知，所选的 41 家商业银行净利差（*nim*）的平均值为
0.793，最小值与最大值分别为 -0.211 和 2.020，这说明不同的商业银行
的净利差存在较大的差异。数字金融发展指数（*tiodf*）是一个全国性的指
标，其平均值为 5.283。平均运营成本与风险偏好程度的标准差较小，表
明不同银行之间平均运营成本与风险偏好差别不大。经营规模标准差较
大，表明不同商业银行的经营规模相差较大。

表 10 - 3　全样本描述性统计结果

变量符号	变量名称	样本数	平均值	标准差	最小值	最大值
nim	净利差	377	0.793	0.266	-0.211	2.020
tiodf	数字金融发展指数	410	5.283	0.589	3.850	5.869
coverage	数字金融覆盖广度	410	5.176	0.615	3.752	5.815
depth	数字金融使用深度	410	5.307	0.526	4.045	5.884
digital	数字金融数字化程度	410	5.514	0.676	3.761	6.004
gdpir	经济增长	410	1.867	0.358	0.853	2.251
aoc	平均运营成本	371	-4.837	0.260	-5.546	-4.072
bmra	风险偏好程度	394	-2.730	0.186	-3.677	-2.347
badloans	信用风险	406	0.151	0.554	-3.507	3.348
ttloan	经营规模	407	27.020	1.586	23.830	30.560
oppcost	机会成本	394	0.120	0.039	0.052	0.307

2. 分样本描述性统计

表 10 - 4 为根据银行的性质分类的分样本统计结果。根据四类银行
总贷款量的均值可知，大型国有控股商业银行的平均经营规模最大，全
国性股份制商业银行次之，农村商业银行最小。从不良贷款率的均值来
看，农村商业银行的信用风险最高，大型国有控股商业银行次之。农村
商业银行净利差的标准差最大，说明不同农村商业银行之间的净利差差
异较大。

表 10 - 4　分样本描述性统计结果

银行类型	变量符号	样本数	平均值	标准差	最小值	最大值
大型国有控股商业银行	nim	60	0.815	0.167	0.329	1.061
	aoc	56	-4.753	0.268	-5.132	-4.072
	bmra	58	-2.680	0.254	-3.677	-2.415
	badloans	58	0.217	0.301	-0.673	0.871
	ttloan	58	29.64	0.597	28.03	30.56
	oppcost	58	0.141	0.035	0.076	0.221
全国性股份制商业银行	nim	119	0.722	0.230	-0.094	1.259
	aoc	114	-4.780	0.215	-5.291	-4.331
	bmra	117	-2.771	0.186	-3.174	-2.359
	badloans	119	0.174	0.610	-1.966	3.348
	ttloan	119	27.82	0.918	25.45	29.25
	oppcost	117	0.104	0.029	0.052	0.163
城市商业银行	nim	133	0.852	0.292	-0.211	2.020
	aoc	143	-4.929	0.275	-5.546	-4.388
	bmra	154	-2.748	0.155	-3.176	-2.347
	badloans	160	0.044	0.616	-3.507	1.461
	ttloan	160	26.03	0.860	24.12	28.08
	oppcost	154	0.118	0.038	0.059	0.217
农村商业银行	nim	65	0.784	0.315	0.010	1.685
	aoc	58	-4.806	0.235	-5.424	-4.421
	bmra	65	-2.660	0.157	-3.131	-2.396
	badloans	69	0.307	0.401	-1.079	0.916
	ttloan	70	25.76	0.770	23.83	27.07
	oppcost	65	0.133	0.047	0.058	0.307

（二）实证回归与结果分析

1. 全样本回归结果及分析

表 10 - 5 为全样本回归结果。其中，列（1）检验了数字金融发展指数对商业银行净利差的影响，列（2）~（4）分别是数字金融覆盖广度、数

字金融使用深度和数字金融数字化程度对商业银行净利差影响的实证检验。

表10－5列（1）的回归结果显示，数字金融发展指数的回归系数为－0.0045，且通过了1%水平下的显著性检验，表明数字金融发展对商业银行净利差具有显著的负向影响，即数字金融发展水平的提高会显著降低商业银行的净利差水平。列（2）~（4）的回归结果显示，数字金融覆盖广度、数字金融使用深度、数字金融数字化程度的回归系数分别为－0.0046、－0.0039、－0.0017，均通过了1%水平下的显著性检验，表明数字金融的覆盖广度、使用深度、数字化程度对商业银行净利差都有不同程度的负性影响。其中，覆盖广度对其影响最大，数字化程度对其影响最小。

根据列（1）中控制变量的回归结果可知，经济增长对商业银行净利差的回归系数为－0.0889，且通过了1%水平下的显著性检验，表明经济增长会使商业银行的净利差下降；机会成本、风险偏好程度对商业银行净利差的回归系数分别为3.7649和18.3852，至少通过了5%水平下的显著性检验，表明机会成本与风险偏好程度的增加有利于商业银行净利差的提升。

表10－5　全样本回归结果

变量	（1）	（2）	（3）	（4）
tiodf	－ 0. 0045 *** （ － 6. 5122 ）			
coverage		－ 0. 0046 *** （ － 6. 2203 ）		
depth			－ 0. 0039 *** （ － 6. 4765 ）	
digital				－ 0. 0017 *** （ － 3. 9909 ）
gdpir	－ 0. 0889 *** （ － 3. 5093 ）	－ 0. 0881 *** （ － 3. 4361 ）	－ 0. 0791 *** （ － 3. 2053 ）	－ 0. 0414 * （ － 1. 6953 ）

变量	（1）	（2）	（3）	（4）
oppcost	3.7649 **	3.8510 **	4.7690 ***	6.7202 ***
	(2.4855)	(2.5091)	(3.3194)	(4.6219)
badloans	−0.0001	−0.0093	−0.0963	−0.0508
	(−0.0013)	(−0.1181)	(−1.3023)	(−0.6073)
aoc	6.8972	6.8256	7.9871	9.1489
	(0.5366)	(0.5282)	(0.6214)	(0.6855)
bmra	18.3852 ***	19.3198 ***	19.6419 ***	14.3633 ***
	(4.9523)	(5.1466)	(5.2497)	(3.7322)
ttloan	0.0000	0.0000	0.0000	0.0000
	(1.2915)	(1.2883)	(1.1720)	(0.5844)
常数项	2.1118 ***	1.9728 ***	1.8338 ***	1.2727 ***
	(4.8849)	(4.6123)	(4.4965)	(3.0319)
N	364	364	364	364
银行数	41	41	41	41
R²	0.366	0.359	0.365	0.315
时间固定效应	控制	控制	控制	控制

注：*、**、*** 分别代表10%、5%、1%的显著性水平；括号内为t统计量。

2. 分样本回归结果及分析

表10-6为分样本回归结果。其中，列（1）~（4）分别检验了数字金融发展对大型国有控股商业银行、全国性股份制商业银行、城市商业银行以及农村商业银行净利差的影响。由回归结果可知，数字金融发展对四类银行净利差均产生了不同程度的负向影响。其中，对大型国有控股商业银行、农村商业银行的影响系数分别为−0.0030和−0.0061，且在5%的显著水平下通过检验；对全国性股份制商业银行和城市商业银行净利差的影响系数分别为−0.0050和−0.0046，且在1%的显著性水平下通过检验。通过对四类银行影响系数大小的比较可知，数字金融发展对农村商业银行净利差的负向影响最大，而对大型国有控股商业银行净利差的负向影响最小。

表 10 - 6　分样本回归结果

变量	(1)	(2)	(3)	(4)
	大型国有控股商业银行	全国性股份制商业银行	城市商业银行	农村商业银行
tiodf	- 0.0030 **	- 0.0050 ***	- 0.0046 ***	- 0.0061 **
	(- 2.6865)	(- 5.4113)	(- 2.8957)	(- 2.3721)
gdpir	- 0.0015	- 0.1226 ***	- 0.0990 *	- 0.0542
	(- 0.0550)	(- 4.3294)	(- 1.9626)	(- 0.5661)
oppcost	0.0978	- 0.8735	0.4317	4.4219
	(0.0348)	(- 0.3190)	(0.1068)	(0.8493)
badloans	- 0.1175	- 0.0315	0.0323	0.7556 **
	(- 0.8735)	(- 0.3146)	(0.2178)	(2.3687)
aoc	234.1506 ***	55.7257	205.0222 ***	- 238.4008 *
	(3.2488)	(1.4886)	(2.6395)	(- 2.0104)
bmra	8.7201	7.3807	22.4854 ***	35.9346 **
	(0.9603)	(1.6018)	(2.8488)	(2.4968)
ttloan	0.0000 ***	0.0000	0.0000	- 0.0000
	(3.0172)	(0.6596)	(1.2264)	(- 0.8859)
常数项	- 0.6849	3.1713 ***	0.9166	2.2694
	(- 0.6644)	(5.8579)	(1.0034)	(1.3551)
N	56	114	116	57
银行数	6	12	16	7
R^2	0.630	0.552	0.475	0.333
时间固定效应	控制	控制	控制	控制

注：*、**、*** 分别表示10%、5%、1%的显著性水平；括号内为t统计量。

（三）稳健性检验

为了确保研究结果的稳健性，本章采用变量替代法进行稳健性检验。将核心解释变量数字金融发展指数替换成互联网端口数（ip）进行回归，得到表10-7的回归结果。根据回归结果可知，核心解释变量对净利差的影响系数为 - 0.0035，并在1%的显著性水平下通过检验。这一结果进一步证实了数字金融发展对商业银行净利差具有显著的负向作用，数字金融发展水平提升，会使得商业银行净利差显著下降。

表 10 – 7　稳健性检验结果

变量	模型（10 – 1）
ip	– 0. 0035 ***
	（ – 5. 1999）
gdpir	– 0. 0515 **
	（ – 2. 1463）
oppcost	2. 1521
	（1. 1032）
badloans	0. 0167
	（0. 1965）
aoc	34. 7853
	（0. 9516）
bmra	19. 9401 ***
	（4. 5350）
ttloan	0. 0000
	（1. 1366）
常数项	1. 6232 ***
	（3. 4434）
N	343
银行数	41
R^2	0. 352
时间固定效应	控制

注：**、***分别表示 5%、1%的显著性水平；括号内为 t 统计量。

五　研究结论

　　数字金融的发展无疑已经引起了金融体系的重大变革，对传统的金融模式产生了巨大的影响。本章以 41 家商业银行为样本，采用其 2011 ~ 2020 年的面板数据来研究数字金融发展对其净利差的影响，并进一步分析了数字金融发展对大型国有控股商业银行、全国性股份制商业银行、城市商业银行、农村商业银行四种不同类型商业银行净利差影响的差异性。得出的主要结论如下。

第一，数字金融发展对商业银行净利差有显著的负向影响。数字金融发展水平上升，商业银行的净利差将显著降低。数字金融的三个维度，即覆盖广度、使用深度、数字化程度都对商业银行净利差产生了显著的负向影响。其主要原因在于数字金融的发展使得商业银行的市场竞争加剧，动摇了商业银行的存在基础。

第二，数字金融发展对不同类型商业银行净利差的影响程度不同。其中，对农村商业银行和全国性股份制商业银行净利差的负向影响最大，而对大型国有控股商业银行净利差的影响最小。其原因在于大型国有控股商业银行资金实力雄厚，以大企业为服务对象，客源比较稳定，在信贷市场中处于绝对的主导地位，数字金融发展难以对其市场地位和盈利模式产生明显冲击。而农村商业银行则不同，其服务对象为"三农"和小微企业，客户分散且单笔服务金额小，数字金融特别是互联网金融的发展对其客户和业务会产生较大冲击，业务成本上升及净利差的缩小是必然结果。而全国性股份制商业银行网点多设于一二线城市，这些城市经济发展快，居民对于金融服务的可获得性较高，其竞争压力更大。像支付宝这类数字金融平台，能够集金融服务、生活服务于一体，更能够满足居民的需求。因此数字金融发展对全国性股份制商业银行的挤出效应更为明显，其净利差受到的负向影响更大就成为必然。

第十一章　数字金融发展对商业银行信用风险

商业银行的运营及发展情况关乎我国整体宏观经济的稳定和安全，而信用风险是商业银行面临的最主要风险，数字金融发展对其产生的影响不容忽视。本章在对数字金融发展对商业银行信用风险水平影响机制进行理论分析的基础上，采用 2011~2020 年中国商业银行的数据资料对其影响做实证检验。

一　研究文献回顾

（一）商业银行信用风险及度量方法的研究

传统意义上的信用风险被认作信贷风险，也就是借款者不能按规定的期限归还债务而给贷款者带来经济损失的风险。Gupton 等认为信用风险是债务方未能按照约定时间履行偿债义务的概率大小。[1] Williams 提出信用风险是与商业银行有借贷关系的个人或组织由于不能按合同履行还款义务而给商业银行带来的风险，为此商业银行需要对风险进行管理以将信用风险控制在可接受的水平之内，而后最大化信贷利息收益。[2] 李月认为信用风险发生的根源在于客户违约事件导致银行信贷业务经营现状与未来的收益预期目标不相符。[3] 如今金融市场环境发生巨大变化，关于金融市场的理

---

[1] Gupton, G., Finger, C. C. & Batia, M., *Credit Metrics Technical Document* (New York: Morgan Guaranty Trust Company, 1997).

[2] Williams, D., "The Future of Credit – Risk – Management Technology," *Commercial Lending Reviews* 15 (1999): 19 – 23.

[3] 李月：《论我国商业银行的信用风险管理》，《经济纵横》2005 年第 10 期，第 36~38 页。

论研究内容也越来越多，传统信用风险的内涵仅从借款人是否履约的角度
来进行概括，未能从债务人自身条件的变化譬如债务人的信用评级或者偿
债能力下降上来考虑信用风险的产生。因此，概括来看，现代信用风险不
仅包括传统信用风险中借款者不能按规定的期限归还债务而给贷款者带来
经济损失的风险，还包括债务人自身信用评级或者偿债能力的变化导致债
务价值下降，而使银行作为债权人遭受损失的风险。Campbell 提出信用风
险是债务人没有履行债务合同约定而给银行带来损失的概率。[①] 这样来看，
信用风险应当同时包含信用违约风险和信用级差风险。由于本章主要考察
商业银行面临的信贷风险，所以本章的信用风险指狭义的信用风险。

在信用风险的衡量方面，早期对信用风险的分析更多的是利用人的主
观判断，通过对借款企业的财务报表数据信息进行指标计算来衡量风险。
1966 年，Beaver 对这种通过分析财务报表进行企业经营优劣判断的方式进
行了深入研究，发现仅通过一些财务指标的计算来得出企业可能给银行带
来的信用风险的方式不够可靠。[②] 1980 年之后，国际金融市场开始对信用
风险的预测和评判加以重视，一时间涌现许多关于信用风险的计量模型和
分析方法，在此期间对信用风险的度量成为金融界研究的热点领域，很多
数理统计的模型和方法被应用到信用风险管理上，其中主要有主成分分析
法、因子分析法、聚类分析法等定性分析方法和 Logistic 回归等定量分析
方法，这些方法都被应用到银行信贷业务和企业信用评价的实践中。曹道
胜和何明升分别从理论基础、模型特点、未来现金流折现值等维度对信用
风险衡量模型进行了评价，认为 KMV 模型在我国银行信用风险度量领域
具有一定的适用性。[③] 皇甫秀颜通过分析 ST 和非 ST 公司的财务报表进行
了不同的模型搭建，最终发现 KMV 模型的准确率要显著高于其他模型，

[①]　Campbell，A.，"Bank Insolvency and the Problem of Nonperforming Loans," *Journal of Banking Regulation* 9 (1) (2007)：25 – 45.

[②]　Beaver，W. H.，"Financial Ratios as Predictors of Failure," *Journal of Accounting Research* 4 (1) (1966)：71 – 111.

[③]　曹道胜、何明升：《商业银行信用风险模型的比较及其借鉴》，《金融研究》2006 年第 10 期，第 90～97 页。

因而更加适用于我国金融市场。[1] 魏国健以银行违约债券作为样本进行研究，得出违约数据库能够帮助 Logistic 模型提高预测准确率，并能够使准确率超过 90%。[2]

（二） 商业银行信用风险的影响因素研究

商业银行信用风险影响因素方面的研究一直是学术界比较关注的话题，目前主要将影响因子归纳为宏观经济、商业银行内部管理、道德风险以及政府干预等方面。

第一，宏观经济。刘晓霏认为，商业银行的信贷风险和宏观经济环境密切相关，通常情况下，宏观经济大环境良好，国民经济呈现良好发展态势时，商业银行面临的违约风险较小。[3] 这是因为，在良好的经济环境中，企业会获得更多的投资从而提高了自身的经营能力，以及偿还银行贷款的能力，最终降低了银行的信用风险。因此，宏观经济和商业银行的信用风险呈负相关。

第二，商业银行内部管理。Sabato 认为，商业银行内部监管体系的完备与否直接影响商业银行信用风险水平的高低。[4] 我国城市商业银行和农村商业银行在对信贷业务进行考察时偏向于对贷款数量进行调查，而非关注贷款质量，以及以非风险管理部门为核心的风险组织体系，间接证明了商业银行的信用风险管理体系存在漏洞，从而对信用风险的管理有或多或少的影响。

第三，道德风险。刘美秀和周月梅提出，道德风险就是信息不对称问题所导致的风险，并且道德风险还会进一步引起信用风险的产生。[5] Stiglitz 和 Weiss 提出，商业银行在获取贷款人风险状况等信息方面处于

---

[1] 皇甫秀颜：《我国商业银行信用风险的识别与评价研究》，博士学位论文，厦门大学，2006。

[2] 魏国健：《基于 KMV－LOGIT 混合模型的信用债券违约风险度量与实证研究》，硕士学位论文，中国科学技术大学，2018。

[3] 刘晓霏：《新常态下我国商业银行信用风险实证研究》，硕士学位论文，浙江大学，2016。

[4] Sabato, G., "Financial Crisis: Where Did Risk Management Fail?" *International Review of Applied Financial Issues and Economics* (2) (2010): 315 – 327.

[5] 刘美秀、周月梅：《我国商业银行信用风险分析》，《宏观经济研究》2012 年第 8 期，第 92～96 页。

劣势地位，贷款人和银行之间存在的信息不对称会产生道德风险，进而演变成信用风险。[①] 银行在向企业贷款时，尤其要考虑道德风险问题，原因是银行在为企业客户办理贷款业务的过程中，调查认定信用状况方面的工作难度更大、内容更烦琐，所以准确性也会较低，道德风险更容易产生。

第四，政府干预。政府的干预对商业银行信用风险的影响不容忽视。霍源源等认为，商业银行是金融行业的命脉所在，政府出台的监管标准会对银行业的风险阈值进行整体的把控，约束各商业银行在金融市场的活动，且对大型国有控股商业银行的干预程度更大，这在一定程度上降低了银行自身风险管理的能力。股份制商业银行受干预程度较小，更多的是受一些宏观因素的影响。[②]

（三）数字金融发展对商业银行信用风险影响的研究

关于数字金融发展对商业银行信用风险的影响，普遍存在两种不同的观点。第一种观点是数字金融的发展对商业银行的信用风险有负向影响。传统金融在数字技术的基础上进行了转型升级，数字金融产品和服务应运而生，但商业银行在金融和数字技术融合的初期，并未找到适合自己的发展点，形成了一定程度的银行业之间相互竞争的局面，对商业银行信用风险的管理产生了消极影响。Hulme 和 Wright 认为，线上金融平台发展的小额借贷业务固然有其低成本和高效率的特性，但其对银行体系的业务有很大的冲击，有可能会取代银行的金融中介作用。[③] 吴诗伟等认为，互联网金融企业主要是影响了商业银行吸收存款的能力，并在电子银行支付业务中直接与商业银行构成竞争关系，提高了商业银行的风险承担。[④] 张庆君

① Stiglitz, J. E. & Weiss, A., "Credit Rationing in Markets with Imperfect Information," *The American Economic Review* 71 (3) (1981): 393–410.
② 霍源源、李江、冯宗宪：《不同股权结构商业银行信用风险分析——基于宏观经济因素视角》，《财贸研究》2016 年第 4 期，第 85~94 页。
③ Hulme, M. K. & Wright, C., "Internet Based Social Lending: Past, Present and Future," *Social Futures Observatory* 11 (2006): 1–115.
④ 吴诗伟、朱业、李拓：《利率市场化、互联网金融与商业银行风险——基于面板数据动态 GMM 方法的实证检验》，《金融经济学研究》2015 年第 6 期，第 29~38 页。

和刘靖认为，线上金融平台与传统商业银行在业务模式上有许多相似之处，对传统商业银行所拥有的市场份额和业务优势造成了负面影响，严重影响了商业银行的资产配置效率和盈利水平。[①] 雷舰提出，P2P 平台依托互联网技术的低成本、高效率、高便捷性等优势分流了商业银行大量客户，对商业银行资产和盈利能力都有很大影响。[②] 还有一些学者认为，互联网金融作为数字金融发展过程中的一个阶段，对商业银行信用风险的影响还可以从利润角度来考虑。Wagner 从商业银行的边际利润角度出发，提出银行业市场份额的收紧势必会影响银行的边际利润，具体表现为商业银行之间通过降低存贷款利差来抢占市场份额，利润水平降低导致银行抵御风险的能力变弱。[③]

第二种观点是数字金融的发展对商业银行信用风险有正向影响。这些学者认为，随着数字金融的发展，无论是从宏观政策、市场导向还是从银行自身发展的角度来看，与科技企业合作或者与数字技术进行深度融合都是商业银行未来提高经营能力和把控信用风险的必然选择。Boyd 和 De Nicolo 认为，商业银行凭借其强大的金融中介地位，在存贷款利率定价上具有主动权，企业承担的高额贷款成本会让其偏好于投资高风险业务，银行面临的道德风险会增加，但银行业竞争程度增加之后，企业获得的贷款利率会有所降低，反过来会降低银行可能面临的信用风险和道德风险。[④] 袁媛从信息不对称的角度来看待数字金融对银行信用风险的影响，她提出数字技术在信息搜集、整合和分析方面的优势可以让银行深入挖掘客户信息，提高了商业银行获取信息的完整性、准确性和及时性，能够很好地缓解交易过程中的信息不对称问题，因而能够在信贷业务中更好地预判客户的信用状况，把控银行的信用风险水平。[⑤] 汪可认为，数字金融在发展初

---

① 张庆君、刘靖：《互联网金融提升了商业银行资本配置效率吗？——基于中国上市银行的经验证据》，《金融论坛》2017 年第 7 期，第 27~38 页。

② 雷舰：《商业银行开展 P2P 网贷业务的模式与实践路径》，《新金融》2018 年第 7 期，第 40~44 页。

③ Wagner, W., "Loan Market Competition and Bank Risk – Taking," *Journal of Financial Services Research* 37 (1) (2010): 71 – 81.

④ Boyd, J. H. & De Nicolo, G., "The Theory of Bank Risk Taking and Competition Revisited," *The Journal of Finance* 60 (3) (2005): 1329 – 1343.

⑤ 袁媛：《金融科技与银行信用风险管理》，《中国金融》2018 年第 9 期，第 67~68 页。

期与商业银行的竞争最激烈，主要表现为挤占银行业的市场份额和利润空间，收紧商业银行的存贷款利差，使商业银行竞争力下降，但在商业银行积极寻求与金融科技企业合作以及加快数字技术在日常经营和风险管理中的应用之后，银行不仅提升了自身的经营能力还提高了抗风险能力。加之，金融监管机构日渐重视对数字金融的监管，弥补监管短板和空白，使得商业银行和数字金融的发展逐步趋于协调，极大地改善了商业银行的风险承担。[①]

二　数字金融发展对商业银行信用风险影响的理论分析

（一）商业银行信用风险的界定与特征

1. 商业银行信用风险的界定

信用风险也被称作违约风险，是借款人未能按照合同约定的还款期限履行还款义务的可能性。这种可能性包括两个方面：一是借款人主观上不愿意或不能够履行还款义务偿付本金和利息的可能性；二是借款人自身信用评级下降或者受客观事宜的影响致使其所承担债务合约的价值发生损失的可能性。

从金融市场参与者的角度来看，信用风险的主要研究对象分为商业银行和企业。与商业银行有借贷或其他业务往来的用户受某些因素的影响不能履行交易约定给商业银行带来损失的风险就是商业银行信用风险。现如今，商业银行已经不仅仅充当金融市场中介这一单一角色，因此信用风险也不仅仅存在于银行的借贷业务之中，在银行的众多业务中都会有信用风险的产生和不断发展。在如此众多的存在商业银行信用风险的业务中对商业银行影响最大的还是传统的信贷业务。因此对于商业银行而言，信用风险不仅关系到其运营的稳定，还会对整个金融系统乃至整个宏观经济体系造成很大影响。

---

① 汪可：《金融科技对商业银行经营影响的理论与实证分析》，博士学位论文，对外经济贸易大学，2019。

2. 商业银行信用风险的特征

（1）系统性

在信贷交易过程中，债务人的履约能力与意愿受到多重因素的影响。对于债务人而言，自身的财务状况是其能否按时还款的首要因素，而其经济实力通常与宏观经济状况有着不可分割的联系，因此信用风险具备明显的系统性特征，体现为商业银行的信用风险水平伴随经济周期的波动而不断发生变化。宏观经济状况较好时，市场投资需求增加，企业盈利情况较好且利润较高，其还本付息能力较强。当经济处于下行周期时，企业的经营效益下降，大量企业的生存受到威胁，企业还款能力下降甚至破产，与此同时其债务担保资产的价值也会发生贬值，造成商业银行所面临的信用风险增加。

（2）客观性

信用风险是不以人的意志为转移的客观存在，只要有信贷活动的发生，信用风险一定会伴随产生。这种客观性源于银行在为客户办理信贷业务时，会事先根据所搜集到的能够反映贷款人财务状况、信用记录和履约能力以及宏观经济政策等方面的信息对贷款申请人进行综合信用评价，但现实中不可避免地存在银行与借款人之间的信息不对称问题。在金融市场中，信息不对称问题一直存在于各类经济业务之中，所以信用风险只能通过一些有效的管控措施进行预测和防范，从而通过降低风险来达到减少损失的目的，但信用风险不可能被消除。

（3）传染性

在市场经济的推动下，现代经济活动之间的联系越来越密切，这也导致风险在不同经济参与主体之间的传染效应进一步增强。当集团性公司由于经营不善等原因陷入资金周转困境时，其所暴露的危机将会直接波及各关联公司。例如2018年初，海南航空被爆出债务缠身并且资金短缺，之后海航系个股集体大跌，海航债务危机愈演愈烈。此外，社会分工的不断细化推动了现代企业之间的合作发展，当经济周期处于萧条或衰退阶段时，企业经营效益低下，一旦资金链出现断裂，其危机将会沿着业务条线蔓延至上下游行业并引发连锁反应，导致整个供应链系统中其他企业相继爆发信用风险，进而扰乱整体信用市场的秩序。

（二）数字金融发展对商业银行信用风险影响的机理

数字金融发展对商业银行信用风险的影响机理可归纳为以下三个方面。

1. 数字金融发展加剧银行间市场存款竞争

随着数字金融的发展，商业银行的传统存贷款业务必然会受到强烈的冲击。以互联网金融平台、金融科技公司以及第三方金融理财机构为代表的新兴金融主体，以较商业银行活期存款更高的利率水平、更便利的存取方式分流商业银行的客户资源，吸收商业银行难以触及的大量闲散资金，使得商业银行能够吸收的存款数量受到严重影响，压缩了商业银行的利润空间，造成银行间市场存款竞争加剧。在此，存在两种效应。

一是风险转移效应。Boyd 和 De Nicolo 认为，当贷款市场竞争激烈时，银行迫于市场竞争的压力会降低贷款利息，这就使得借款人的偿债压力有所减轻，从而逆向选择和道德风险发生的概率也会降低，银行所面临的信用风险水平自然会下降。[①] 风险转移效应解释了银行业竞争影响银行信用风险水平的原因，商业银行贷出资金之后，借款者自身的道德风险因素会对商业银行信用风险造成一定影响，此时若是银行之间贷款业务竞争激烈，贷款利润则会被压缩，贷款价格会有所降低，与此相对应的是借款者还款利息的减少以及道德风险的降低。这种从借款人角度考虑的银行信用风险水平并不高，且银行出于自身信贷管控，会在贷前对借款者进行投资风险评价，做出信贷选择。

二是利润边际效应。Wagner 基于 Boyd 和 De Nicolo 的研究提出了利润边际效应，具体影响机制是，商业银行出于对利润的追逐，会主动降低自己的贷款价格并提高存款利率，存贷款利差缩小，这时银行会积极寻求高风险、高收益的投资以填补利润缺口。[②] 具体表现为，一方面，银行为了提高边际利润，会降低贷款的准入门槛，主动降低贷款客户的资信评级，

---

① Boyd, J. H. & De Nicolo, G., "The Theory of Bank Risk Taking and Competition Revisited," *The Journal of Finance* 60 (3) (2005): 1329 – 1343.

② Wagner, W., "Loan Market Competition and Bank Risk – Taking," *Journal of Financial Services Research* 37 (1) (2010): 71 – 81.

寻求高风险投资以期获得高回报，那么伴随而来的便是巨大的信用风险。另一方面，银行针对原有的借款人，主动扩大对其的贷款规模，致使原有借款人财务成本提高，偿债压力增大，对银行来说信用风险就会增加。

利润边际效应和风险转移效应形成机制如图 11 - 1 所示。

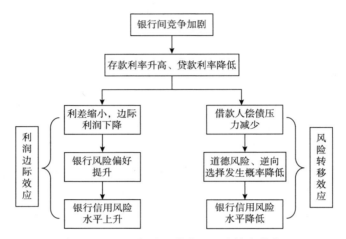

图 11 - 1 利润边际效应和风险转移效应

当市场竞争比较激烈的时候，利润边际效应的影响会超过风险转移效应。Martinez - Miera 和 Repullo 也提出银行利润下降会降低其弥补贷款损失的能力，进而导致信用风险上升。[①]

2. 数字金融发展推动商业银行盈利多元化

面对数字金融强劲的发展势头，商业银行依靠传统存贷款业务带来的利润空间逐渐被收窄。于是，银行开始拓展除传统存贷款业务之外的其他业务来盈利，间接降低由于过度依赖存贷款业务而可能遭受的巨大信用风险。比如商业银行的中间业务，它是指不构成商业银行表内资产、表内负债，形成银行非利息收入的业务，与传统的利息收入相对应。我国银行的中间业务等同广义上的表外业务，它可以被分为两大类：金融服务类业务和表外业务。中间业务相比存贷款业务占用的银行资源少，不影响银行表内资产，与利息收入相比受金融大环境的干扰较小，逐渐成为银行发力的

---

① Martinez - Miera, D. & Repullo, R., "Does Competition Reduce the Risk of Bank Failure?" *The Review of Financial Studies* 23 (10) (2010): 3638 - 3664.

重点业务之一。图 11-2 是大型国有控股商业银行、全国性股份制商业银行、城市商业银行、农村商业银行 2011～2020 年的非息收入占银行总收入的比重在数量上的变化。

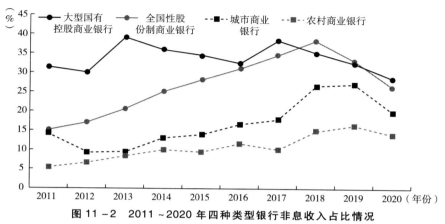

图 11-2 2011～2020 年四种类型银行非息收入占比情况

注：大型国有控股商业银行共 6 家，包括中国银行、中国农业银行、中国工商银行、中国建设银行、中国交通银行、中国邮政储蓄银行；全国性股份制商业银行共 10 家，包括兴业银行、浦发银行、华夏银行、招商银行、平安银行、中国光大银行、中信银行、中国民生银行、浙商银行、齐鲁银行；城市商业银行共 23 家，包括北京银行、上海银行、南京银行、宁波银行、江苏银行、盛京银行、徽商银行、杭州银行、锦州银行、天津银行、哈尔滨银行、中原银行、贵州银行、郑州银行、成都银行、重庆银行、青岛银行、甘肃银行、江西银行、九江银行、长沙银行、西安银行、泸州银行；农村商业银行共 10 家，包括重庆农商行、广州农商行、九台农商行、苏州农商行、无锡农商行、江阴农商行、常熟农商行、张家港农商行、紫金农商行、青岛农商行。

资料来源：根据各商业银行年报计算整理。

从 2011 年开始，除大型国有控股商业银行外，其余三种不同类型商业银行的非息收入占比总体呈上升趋势，其中全国性股份制商业银行的增长趋势最为明显，表明全国性股份制商业银行推进业务结构多元化的力度更大。在过去，我国商业银行将存贷款业务作为市场竞争的重点，导致对其他业务的发展缺乏主动性和创新性，出现商业银行业务结构单一且金融产品种类相似等现象。在数字金融发展的推动下，商业银行在经营中间业务上迎来了新的机遇。一方面，银行纷纷在理财、信托和保险等中间业务上发力以适应银行经营和可持续发展的需要；另一方面，数字金融带来的数字技术能够帮助银行进行业务创新，使其推出新型金融产品和服务。因此，从这个角度来看，数字金融的发展有效地提升了银行多元化经营能力，使银行摆脱了长期以来对存贷款业务的过度依赖，对降低银行信用风险水平起到了很好的效果。

3. 数字技术提升银行风控能力

数字金融的发展推动了商业银行与数字技术的结合，开启了银行业的技术变革。这种数字技术帮助银行在一定程度上提升了信用风险的识别能力。具体表现为，商业银行可以运用大数据搜集更全面、更细化的与客户信用水平相关的数据，并结合人工智能、云计算等新兴技术获取精准的客户画像，从而根据相关数据和客户画像对借款人的信用状况做出精准、全面的评估。数字技术在信用评估领域的应用大大缓解了信息不对称问题，让银行对借款人的信用判断更加精确，最终达到控制信用风险的目的。

此外，银行在对信贷业务做贷后管理的过程中，也可以通过大数据、人工智能以及云计算提升银行对贷款的风险管控效率。在贷后管理中，传统银行面临的最大问题就是信息获取的滞后性，受制于人工执行的数据获取、录入和分析，客户经理不能及时获得借款者的资信变化数据，获取数据之后的录入环节也要耗费许多时间，再加上银行内部部门众多，不同部门的信息共享也受时间的约束。种种情况，导致传统的银行系统无法及时掌握客户信用水平的变化情况。基于新兴技术的贷款业务，实现了从贷前到贷后的全程互联网监控，一方面，信息获取的及时、录入的高效，极大地缩短了从数据获取到数据录入的时间，部门之间的信息共享不存在时滞，增强了不同环节的信息交互，改善了银行系统在贷款之后面临的信息不对称状况，为银行对信用风险的把控争取时间。另一方面，在系统监控到某笔信贷业务可能存在违约风险时会触发报警机制，确保银行能够在第一时间做出有利于银行资金安全的决定。

（三）数字金融对不同类型商业银行的影响

我国商业银行体系复杂，大致可以分为以下几类：大型国有控股商业银行、全国性股份制商业银行、城市商业银行、农村商业银行以及外资银行。大型国有控股商业银行主要是指"中、农、工、建、交、邮"（2019年中国邮政储蓄银行被正式纳入大型国有控股商业银行范围）六大商业银行。不同类型商业银行的特性和发展方向的差异也使得其在面临数字金融的冲击时显露出不同程度的信用风险变化。

首先，从各大商业银行的客户群体来看，大型国有控股商业银行的客户主要是国有企业和存款利率稳定的大型非国有企业，这些企业一般受到国家政策倾斜较多，有国家背景作为担保且资产实力雄厚，与大型银行建立了长期稳定的合作关系。全国性股份制商业银行及其他银行客户群体多为中小微企业和个人，这部分客户较大型国有控股商业银行来说稳定性较差，对存贷款利率的变化更为敏感，所以在数字金融的冲击之下，客户数量可能流失更多。

其次，从各商业银行的业务结构对比来看，近些年大型国有控股商业银行的非息业务占比不断攀升，非息收入也逐年呈递增趋势，同时其积极进行金融产品和服务方面的创新，业务结构有了明显的优化；相较之下，城市商业银行和农村商业银行在业务拓展方面就处于劣势，金融创新不足导致其多元化业务发展欠缺，业务结构不够完善。

再次，从银行风险监管来看，对大型国有控股商业银行的监管、信息披露和各项指标要求一直有着更为严格的标准，所以其管理体系、治理结构以及抗风险能力较其他类型银行更完善、更强，数字金融对其造成的影响更小、时滞更长，但对中小银行来说留给他们反应的时间会更短，造成的冲击也会更大一些。

最后，从银行定位来看，大型国有控股商业银行的经营都是围绕经济发展和金融稳定的社会责任展开，所以在经营模式改革和开拓上受到一定的限制。全国性股份制商业银行则有所不同，他们往往可以抓住改革的机遇，摆脱传统盈利模式的束缚，主动开拓新的业务模式、经营渠道，追求利润的最大化，因此虽然其享受的国家优惠政策较少，在经营方式上却更加灵活，推出的一些金融产品和服务也更受用户青睐。所以不仅维持了自身的盈利水平而且优化了自身的业务结构，塑造了良好的银行品牌形象，促进了自身的可持续发展，对提高自身的抗风险能力有一定的积极作用。

（四）研究假设

通过对数字金融发展对商业银行信用风险影响的作用机制进行分析发

现，数字金融发展对商业银行信用风险的影响主要分为以下两种情况。第一，以互联网金融平台、金融科技公司以及第三方金融理财机构为代表的新兴金融主体分流商业银行的客户资源，使得商业银行能够吸收的存款数量受到严重影响，压缩了银行的利润空间，商业银行迫不得已贷款给信用状况不好的客户，从而提高了商业银行的信用风险。第二，数字金融的发展促进了商业银行与新兴技术的融合发展以及与金融科技公司的合作，各商业银行逐步将大数据、云计算、人工智能等创新技术应用于银行业务。得益于互联网信息技术，商业银行能够对客户的信息掌握得更加全面，改善了商业银行信息获取的劣势地位，并以此提高了对风险的监管和控制能力。此外，新兴金融主体对存贷款业务的分流使得商业银行纷纷重视起中间业务在商业银行可持续发展中的战略作用，积极进行金融产品和服务的创新，并开拓了更多新的业务模式，拓宽了商业银行的获利渠道，使传统存贷业务占比有所降低，不仅优化了银行的业务结构还能更好地控制信用风险。在这两方面的作用之下，数字金融发展会使银行面临的信用风险水平降低。

除此之外，大型国有控股商业银行、全国性股份制商业银行、城市商业银行、农村商业银行在数字金融发展过程中面临的信用风险水平也不尽相同。大型国有控股商业银行在面临数字金融发展的影响时，凭借其庞大的规模和组织体系、强大的客户资源优势以及先进的信息技术优势，受到的数字金融发展的冲击小且迟缓。而全国性股份制商业银行、城市商业银行以及农村商业银行相较于前者而言体量较小，数字技术在风险管理中的应用还不完全，使用也不熟练，竞争格局和信用风险水平受影响较大。因此，数字金融发展对后面三类银行信用风险的负面作用可能更大。

基于以上分析，本章得出以下两点假设。

假设1：数字金融发展对商业银行信用风险水平的影响是双向的，一方面，数字金融发展会加剧银行业竞争，提升银行风险偏好，进而提高商业银行信用风险水平；另一方面，数字金融发展通过提升银行风控技术和管理能力，优化银行业务结构，降低商业银行的信用风险水平。

假设2：数字金融发展对不同类型商业银行的信用风险水平的影响存在异质性，这与银行的资产规模、运营机制的灵活性、风险控制能力及数字技术的应用程度有关。

三　变量选择与模型构建

（一）样本说明和数据来源

本章选用北京大学数字金融研究中心发布的 2011～2020 年数字普惠金融指数来衡量数字金融的发展状况，还选取了 49 家商业银行①的 2011～2020 年的年度面板数据计算银行相关指标。49 家商业银行包括 6 家大型国有控股商业银行、10 家全国性股份制商业银行、23 家城市商业银行、10 家农村商业银行。其中所使用的商业银行财务指标数据来源于 Wind 数据库和商业银行的年度及季度财务报表，国家宏观经济数据来源于国家统计局。

（二）变量选择

1. 被解释变量

度量商业银行信用风险的代理变量很多，主要有 Z 值、股价波动率、不良贷款率、预期违约率等。其中，预期违约率和股价波动率作为衡量商业银行信用风险的代理变量能够很好地反映信用风险水平，但现实情况是我国没有建立违约数据库，导致预期违约率和股价波动率的数据无法被完整准确获取。信贷业务仍是商业银行信用风险主要来源，不良贷款率作为度量信用风险的指标能够直观衡量银行的贷款质量，因此本章选用不良贷款率作为被解释变量。

此外，Z 值作为衡量信贷资产质量的指标可以用来衡量商业银行信用

---

① 大型国有控股商业银行有中国银行、中国农业银行、中国工商银行、中国建设银行、中国交通银行、中国邮政储蓄银行；全国性股份制商业银行有兴业银行、浦发银行、华夏银行、招商银行、平安银行、中国光大银行、中信银行、中国民生银行、浙商银行、齐鲁银行；城市商业银行有北京银行、上海银行、南京银行、宁波银行、江苏银行、盛京银行、徽商银行、杭州银行、锦州银行、天津银行、哈尔滨银行、中原银行、贵阳银行、郑州银行、成都银行、重庆银行、青岛银行、甘肃银行、江西银行、九江银行、长沙银行、西安银行、泸州银行；农村商业银行有重庆农商行、广州农商行、九台农商行、苏州农商行、无锡农商行、江阴农商行、常熟农商行、张家港农商行、紫金农商行、青岛农商行。

风险水平。根据 Laeven 和 Levine 对 Z 值的定义[①]，Z 值的计算公式为 $Z_{it} = \dfrac{ROA_{it} + CAR_{it}}{\sigma_i(ROA_{it})}$，其中 ROA 代表商业银行的资产收益率，CAR 代表资本充足率，$\sigma(ROA)$ 代表商业银行资产收益率的标准差，i 代表商业银行，t 表示年份。Z 值与商业银行的信用风险呈负相关，Z 值越大代表商业银行信用风险水平越低，银行系统越稳定。因为直接使用 Z 值会出现尖峰后尾的情况，从而会影响实证结果，所以本章对 Z 值进行取对数处理。[②]

2. 解释变量

数字金融发展指数。选用北京大学数字金融研究中心所开发的数字普惠金融指数表征数字金融发展程度。

3. 控制变量

资本充足率。资本充足率是商业银行自身资本占加权风险资产的比例，代表了银行用自有资本偿还债务的能力。通常情况下，银行的资本充足率越高，说明银行经营模式越保守谨慎，风险偏好越低，所面临的信用风险水平也就越低；银行的资本充足率越低，说明银行的经营风格越激进，所要承担的信用风险水平越高。[③]

流动性水平。本章选择存贷款比例作为衡量商业银行流动性水平的变量。一般来说，流动性好的银行会有更强的抗风险能力，信用风险水平也就低。

收入多元化。本章选择非息收入占比作为衡量商业银行收入多元化能力的指标。非息收入占比是商业银行非利息收入占商业银行全部业务收入的比例。非息收入占比越高，说明银行对传统的存贷款业务的依赖程度越低，通过其他业务盈利的能力越强，所面临的信用风险越低，银行的业务结构布局越完善。[④]

经营效率。本章选择成本收入比作为衡量商业银行经营效率的指标。成本收入比是银行各项经营业务的成本费用占收入的比例，成本收入比越

① Laeven, L. & Levine, R., "Bank Governance, Regulation and Risk Taking," *Journal of Financial Economics* 93 (2) (2009): 259–275.
② 刘忠璐：《互联网金融对商业银行风险承担的影响研究》，《财贸经济》2016 年第 4 期，第 71~85 页。
③ 张雪兰、何德旭：《货币政策立场与银行风险承担——基于中国银行业的实证研究（2000—2010）》，《经济研究》2012 年第 5 期，第 31~44 页。
④ 张庆君、刘靖：《互联网金融提升了商业银行资本配置效率吗？——基于中国上市银行的经验证据》，《金融论坛》2017 年第 7 期，第 27~38 页。

高,代表银行经营效率越低。从信用风险角度考虑,银行成本收入比与信用风险防控能力呈现正相关,但与风险承担能力呈现负相关。因为风险防控能力与信贷工作中的人力与物力投入有关,而风险承担能力则与银行的盈利能力有关。成本收入比越小,企业经营效率越高,银行承担信用风险的能力就越大,但同时信贷风险发生的可能性也会越大。

宏观经济水平。本章用国内生产总值同比增长率代表宏观经济发展情况。商业银行信用风险受国家经济政策、金融政策以及宏观经济状况影响很大。一般情况下,宏观经济形势较好时,企业经营状况良好、盈利能力提升,发生违约事件的概率会降低,银行信用风险也会降低。

(三)计量模型设定

以前文分析内容为基础,本章设定的被解释变量有两个,分别是不良贷款率和 Z 值,解释变量是数字金融发展指数,设计的回归模型如式(11-1)、式(11-2)所示:

$$NPL_{it} = a_0 + a_1 \ln DFin_{it} + a_2 car_{it} + a_3 ldr_{it} + a_4 div_{it} + a_5 cir_{it} + a_6 gdp_{it} + \varepsilon_t \quad (11-1)$$

$$\ln Z_{it} = a_0 + a_1 \ln DFin_{it} + a_2 car_{it} + a_3 ldr_{it} + a_4 div_{it} + a_5 cir_{it} + a_6 gdp_{it} + \varepsilon_t \quad (11-2)$$

其中,$i = (1, 2, \cdots, 49)$,$t = (2011, 2012, \cdots, 2020)$。模型中主要变量定义如表 11-1 所示。

表 11-1　主要变量定义

变量类型	符号	名称	设计
被解释变量	NPL	不良贷款率	商业银行不良贷款率
	$\ln Z$	Z 值	Z 值的对数
解释变量	$\ln DFin$	数字金融发展指数	北京大学数字普惠金融指数
控制变量	car	资本充足率	商业银行资本充足率
	ldr	流动性水平	商业银行存贷款比例
	div	收入多元化	商业银行非息收入占比
	cir	经营效率	商业银行成本收入比
	gdp	宏观经济水平	国内生产总值同比增长率

四 数字金融发展对商业银行信用风险影响的实证检验

(一) 描述性统计

表 11 - 2 为样本银行各变量数据的描述性统计结果，其中对 Z 值、数字金融发展指数做了取对数处理。

表 11 - 2 变量描述性统计

变量	均值	标准差	最小值	最大值
NPL	1. 3365	0. 7104	0. 24	9. 56
$\ln Z$	4. 3035	0. 5225	2. 8912	5. 8494
$\ln DFin$	5. 2835	0. 5893	3. 8497	5. 8686
car	12. 985	1. 5824	8. 09	18. 79
ldr	13. 0819	14. 0080	26. 43	123. 42
div	18. 6836	10. 7956	0. 109	58. 03
cir	30. 7949	6. 7907	12. 44	66. 47
gdp	6. 8	1. 7499	2. 3	9. 5

根据对样本银行的各变量数据进行描述性统计得出的结果，商业银行的不良贷款率均值为 1.3365%，最大值为 9.56%，最小值为 0.24%，最大值与最小值之间的差异较大。Z 值指标均值为 4.3035，最大值为 5.8494，最小值为 2.8912，不同样本银行的差异较为明显。数字金融发展指数均值为 5.2835，最大值为 5.8686，最小值是 3.8497，说明 2011～2020 年数字金融稳步向前发展。样本银行的资本充足率均值为 12.985%，最大值为 18.79%，最小值为 8.09%，表明样本银行在用自有资本偿债的能力上有较为明显的差异。样本的存贷款比例均值为 13.0819%，最大值为 123.42%，最小值为 26.43%，表明不同样本银行的盈利能力有着很大的差别。样本的非息收入占比均值为 18.6836%，最大值是 58.03%，最小值是 0.109%，说明样本银行在业务结构上存在明显差异，不同样本银行对信贷业务的依赖程度存在较大区别。样本银行的成本收入比均值为 30.7949%，最大值为 66.47%，最小值为 12.44%，表明样本银行经营效

率之间存在差异。国内生产总值同比增长率最高时为 9.5% ，最低时为 2.3% 。

（二）回归模型

本章探讨的是数字金融发展对商业银行信用风险的影响，首先采用 Hausman 进行检验，根据检验结果判断是采用固定效应模型还是随机效应模型进行回归。Hausman 检验结果如表 11 - 3 所示。

表 11 - 3　Hausman 检验结果

变量	模型（11 - 1）		模型（11 - 2）	
	固定效应	随机效应	固定效应	随机效应
lnDFin	0.3322 ***	0.4286 ***	- 0.0064 **	- 0.0065 **
	(4.99)	(6.62)	(- 2.06)	(- 2.05)
car	- 0.0999 ***	- 0.0745 ***	0.0717 ***	0.0716 ***
	(- 5.21)	(- 4.15)	(80.02)	(78.64)
ldr	0.0220 ***	0.0185 ***	- 0.0005 ***	- 0.0005 ***
	(8.33)	(7.64)	(- 4.06)	(- 4.00)
div	0.0077 **	0.0018	- 0.0003 *	- 0.0003 *
	(2.17)	(0.56)	(- 1.85)	(- 1.76)
cir	- 0.0141 **	- 0.0060	- 0.0003	- 0.0003
	(- 2.29)	(- 1.16)	(- 1.09)	(- 1.03)
gdp	0.0441 **	0.0449 **	0.0021 **	0.0021 **
	(2.18)	(2.2)	(2.21)	(2.15)
常数项	- 0.7229	- 1.4330 **	3.4457 ***	3.4109 ***
	(- 1.21)	(- 2.46)	(122.91)	(44.79)
F 检验	0.0000	0.0000	0.0000	0.0000
Hausman 检验	0.0002		0.0001	

注：***、**、*分别表示在 1%、5% 和 10% 的水平下显著，括号内为 t 值。

该检验的原假设是模型（11 - 1）和模型（11 - 2）具有随机效应，由于 Hausman 检验的 P 值分别为 0.0002 和 0.0001，都是在 1% 水平下拒绝原假设，即两个模型不具有随机效应，故都应当采用固定效应回归模型。

（三）回归结果分析

本章探讨的是数字金融发展对商业银行信用风险的影响，以固定效应模型进行回归分析。表 11 - 4 中模型 （11 - 1）和模型 （11 - 2）分别是以不良贷款率和 Z 值作为被解释变量进行回归的结果。

表 11 - 4　模型回归结果

变量	模型 （11 - 1）	模型 （11 - 2）
$\ln DFin$	0. 3322***	- 0. 0064**
	（4. 99）	（- 2. 06）
car	- 0. 0999***	0. 0717***
	（- 5. 21）	（80. 02）
ldr	0. 0220***	- 0. 0005***
	（8. 33）	（- 4. 06）
div	0. 0077**	- 0. 0003*
	（2. 17）	（- 1. 85）
cir	- 0. 0141**	- 0. 0003
	（- 2. 29）	（- 1. 09）
gdp	0. 0441**	0. 0021**
	（2. 18）	（2. 21）
常数项	- 0. 7229	3. 4457***
	（- 1. 21）	（122. 91）
N	403	403
银行数量	49	49
F 值	42. 34***	1190. 84***

注：***、**、* 分别表示在 1%、5% 和 10% 的水平下显著，括号内为 t 值。

由表 11 - 4 可知，模型 （11 - 1）中数字金融发展指数对不良贷款率的影响系数为 0. 3322，且通过了 1% 水平下的显著性检验；模型 （11 - 2）中数字金融发展指数对 Z 值的影响系数为 - 0. 0064，且通过了 5% 水平下的显著性检验。由于模型 （11 - 2）的被解释变量 Z 值是银行信用风险的反向指标，因此，模型 （11 - 1）和模型 （11 - 2）的检验结果都表明数字金融发展与商业银行信用风险水平之间存在显著的正相关关系，即数字金融发展会显著提高商业银行的信用风险水平。该实证结果表明，在我国数字金融发展的现阶段，数字金融与商业银行之间主要表现为竞争关系，即互联网金融企业、金融科技公司分流了商业银行在长尾市场的大量客户，导致商业银行的市场份额被挤占，利润空间被压缩，迫使商业银行主动去承担风险以寻求利润，因而提升了银行的风险水平。而商业银行的数字化转型因刚刚起步，通过对数字化技术应用引致的风险控制效应还没有体现出来。因此，未来商业银行加快向数字化转型是其有效控制与降低信用风险的重要途径。

资本充足率与银行信用风险水平为负向关系，符合银行资本充足率越高，银行所面临的信用风险水平越低的观点。银行的资本充足率越高，其经营模式越保守谨慎，风险偏好就会越低；反之，资本充足率越低的银行经营理念会越激进，所要承担的信用风险水平就会越高。

存贷款比例与银行信用风险水平呈现正相关。本章用的是存贷款比例来表征流动性水平，存贷款比例是银行流动性的反向指标，因此回归结果表明商业银行的流动性越低，银行所承担的信用风险水平就会越高。

收入多元化与银行信用风险水平呈现正相关，不支持银行非息收入占比越大，银行信用风险水平越低的观点。因此有理由说明银行虽然通过拓宽业务渠道增加了多元业务收入，但是在信贷风险把控以及风险管理体系的应用方面还存在明显短板，导致银行的信用风险依旧会增加。此外，非息收入占比较高的银行盈利能力自然也不会弱，鉴于目前我国商业银行的主营业务仍然是存贷款业务，收益高的银行风险也高，银行所承担的信用风险也就高。

经营效率与银行信用风险在模型（11-1）中呈现负向关联，在模型（11-2）中表现不显著。成本收入比是可以反映银行经营效率的指标，对于银行来说，成本收入比越高，经营效率就越低，商业银行的风险承担水平也就越低。

宏观经济水平在模型（11-1）中与信用风险水平呈现正相关，在模型（11-2）中与信用风险水平呈现负相关，说明宏观经济水平对银行信用风险的影响机制比较复杂，所以从实证结果中不能看出实际影响情况。

（四）数字金融发展对银行信用风险的异质性影响

1. 数字金融发展对大型国有控股商业银行信用风险的影响分析

对样本中 6 家大型国有控股商业银行采用固定效应模型进行回归分析，结果如表 11 - 5 所示，其中模型（11 - 1）和模型（11 - 2）分别为以不良贷款率和 Z 值为被解释变量的回归结果。

表 11 - 5　数字金融发展对大型国有控股商业银行影响的实证结果

变量	模型（11 - 1）	模型（11 - 2）
$\ln DFin$	0.2308 **	- 0.0152 **
	(2.56)	(- 2.46)
car	- 0.0170	0.0679 ***
	(- 0.38)	(22.23)
ldr	- 0.0016	0.0020 **
	(- 0.14)	(2.48)
div	0.0220 *	- 0.0018 **
	(1.98)	(- 2.36)
cir	- 0.0060	0.0021 ***
	(- 0.70)	(3.64)
gdp	- 0.0198	0.0042 **
	(- 0.69)	(2.13)
常数项	0.2210	3.7358 ***
	(0.29)	(71.17)
N	58	58
银行数量	6	6
F 值	6.91 ***	344.82 ***

注：***、**、*分别表示在 1%、5% 和 10% 的水平下显著，括号内为 t 值。

从表 11 - 5 能够看出，数字金融发展指数对大型国有控股商业银行不良贷款率与 Z 值的回归系数分别是 0.2308 和 - 0.0152，都在 5% 的置信水平下显著，说明数字金融发展对大型国有控股商业银行的信用风险影响是正向的，即数字金融发展水平越高，大型国有控股商业银行的信用风险水平也越高。

2. 数字金融发展对全国性股份制商业银行信用风险的影响分析

对样本中全国性股份制商业银行采用固定效应模型进行回归分析，结果如表 11 - 6 所示，其中模型（11 - 1）和模型（11 - 2）分别为以不良贷款率和 Z 值为被解释变量的回归结果。

表 11 - 6　数字金融发展对全国性股份制商业银行影响的实证结果

变量	模型（11 - 1）	模型（11 - 2）
$\ln DFin$	0.2388 **	- 0.007
	(2.45)	(- 1.63)
car	- 0.0353	0.0729 ***
	(- 1.37)	(60.19)
ldr	0.0074 **	- 0.0002
	(2.28)	(- 1.59)
div	0.0205 ***	- 0.0001
	(3.73)	(- 0.53)
cir	- 0.0450 ***	- 0.0008 *
	(- 4.81)	(- 1.83)
gdp	0.0272	0.0021 *
	(1.08)	(1.82)
常数项	0.4660	3.6576 ***
	(0.58)	(96.28)
N	87	87
银行数量	10	10
F 值	63.90 ***	1142.58 ***

注：*** 、** 、* 分别表示在 1%、5% 和 10% 的水平下显著，括号内为 t 值。

从表 11 - 6 中模型（11 - 1）的结果可知，数字金融发展指数对不良贷款率的回归系数为 0.2388，且在 5% 的置信水平下显著；模型（11 - 2）中数字金融发展指数与 Z 值呈现负相关关系，但不显著。这表明，虽然全国性股份制商业银行与大型国有控股商业银行相比，具有灵活的运营机制，对金融创新与新技术的接受能力较强，但面对数字金融的快速发展及其带来的冲击，其信用风险水平也在提高。

3. 数字金融发展对城市商业银行信用风险的影响分析

由于城市商业银行和农村商业银行的经营对象和业务都不相同，所以将样本中的城市商业银行和农村商业银行分开进行分析。表 11 - 7 是对样本银行中的 23 家城市商业银行通过固定效应模型进行回归的结果，其中模型（11 - 1）和模型（11 - 2）分别为以不良贷款率和 Z 值为被解释变量的回归结果。

表 11 - 7　数字金融发展对城市商业银行影响的实证结果

变量	模型（11 - 1）	模型（11 - 2）
$\ln DFin$	0.2482 *	- 0.0009
	(1.91)	（ - 0.17）
car	- 0.1520 ***	0.0749 ***
	（ - 4.01）	（47.72）
ldr	0.0262 ***	- 0.0009 ***
	(6.35)	（ - 4.99）
div	0.0099 *	- 0.0007 ***
	(1.73)	（ - 2.99）
cir	- 0.0286 **	- 0.0006
	（ - 2.42）	（ - 1.29）
gdp	0.0267	0.0020
	(0.70)	(1.26)
常数项	0.6099	3.2918 ***
	(0.49)	(64.08)
N	179	179
银行数量	23	23
F 值	20.84 ***	451.61 ***

注：***、**、* 分别表示在 1%、5% 和 10% 的水平下显著，括号内为 t 值。

从表 11 - 7 得出，数字金融发展指数对不良贷款率的回归系数为

0.2482，在10%的置信水平下显著，与Z值呈现负相关关系，但不显著。也就是说，数字金融发展显著提升了城市商业银行的不良贷款率。

4. 数字金融发展对农村商业银行信用风险的影响分析

对样本中的10家农村商业银行通过固定效应模型进行回归，结果如表11-8所示。其中，模型（11-1）和模型（11-2）分别为以不良贷款率和Z值为被解释变量的回归结果。

表11-8　数字金融发展对农村商业银行影响的实证结果

变量	模型（11-1）	模型（11-2）
$\ln DFin$	0.2883 **	-0.0248 ***
	（2.63）	（-3.79）
car	-0.0246	0.0632 ***
	（-0.80）	（34.45）
ldr	0.0043	0.0001
	（0.63）	（0.19）
div	-0.0028	0.0001
	（-0.37）	（0.12）
cir	0.0331 ***	-0.0016 **
	（3.04）	（-2.49）
gdp	0.0524	0.0025
	（1.55）	（1.25）
常数项	-1.4907	3.3755 ***
	（-1.37）	（51.87）
N	79	79
银行数量	10	10
F值	3.86 ***	247.51 ***

注：*** 、** 分别表示在1%、5%的水平下显著，括号内为t值。

从表11-8得出，数字金融发展指数对农村商业银行不良贷款率的回归系数为0.2883，且在5%的置信水平下显著；对Z值的回归系数为-0.0248，且在1%的置信水平下显著。这表明，无论是从不良贷款率，还是从Z值来看，数字金融发展都显著提升了农村商业银行的信用风险水平。

将以上数字金融发展指数对不同类型商业银行不良贷款率的回归系数进行比较，可以看出，数字金融发展对以不良贷款率反映的商业银行信用风险水平起着显著的提升作用，但在提升程度上存在差异。其中，提升最大的是农村商业银行，其影响系数为 0.2883；其次为城市商业银行，其影响系数为 0.2482；再次为全国性股份制商业银行，其影响系数为 0.2388；最后是大型国有控股商业银行，其影响系数为 0.2308。这种提升程度的差异化，显然与不同类型银行的规模、客户群体、风险控制能力、运营机制的灵活性以及数字化转型的程度有很大关系。大型国有控股商业银行，资产规模大，客户群体相对稳定，风险控制能力较强，近几年向数字化转型的步伐较快，面对数字金融发展的冲击，其受到的影响较小；而农村商业银行资产规模较小，客户小而分散且稳定性较差，同时风险控制能力较低，再加上其因技术基础薄弱而向数字化转型滞后，在数字金融快速发展的背景下，其信用风险水平受到的影响就会较大。

五　研究结论

本章在对数字金融发展对商业银行信用风险水平的影响进行理论分析的基础上，以 49 家商业银行 2011～2020 年的数据，采用固定效应模型对其进行了实证分析和异质性检验，主要研究结论如下。

第一，数字金融发展会对商业银行信用风险水平产生双向影响：一方面，数字金融发展会加剧银行业竞争，提升银行风险偏好，进而提高商业银行信用风险水平；另一方面，数字技术的引入及广泛应用，会提升银行风控技术水平和管理能力，优化银行业务结构，从而降低商业银行的信用风险水平。不同类型商业银行因在资产规模、运营机制的灵活性、风险控制能力及数字技术应用程度等方面存在差异，所以信用风险水平受到数字金融发展的影响也会存在差异性。

第二，在我国现阶段，数字金融发展对商业银行的信用风险水平具有显著的提升效应。这表明现阶段数字金融与商业银行之间主要体现为竞争关系，商业银行对数字技术的应用水平还较低，向数字化转型进程滞后。

　　第三，数字金融发展对商业银行信用风险水平的影响呈现对大型国有控股商业银行的影响最小而对农村商业银行影响最大的显著特征。这主要源于大型国有控股商业银行的资产规模较大、运营机制灵活性较高、风险控制能力较强及向数字化转型步伐较快等，而农村商业银行则资产规模较小、风险控制能力较差、向数字化转型滞后。

第五篇

数字金融发展
对居民收入消费

本篇包括第十二～十四章。主要从城乡居民收入消费视角，在对研究文献进行梳理的基础上，分别对数字金融发展对城乡居民收入差距、城乡居民消费水平以及贫困减缓的影响机理进行了理论分析和实证检验。

第十二章 数字金融发展对城乡收入差距

城乡收入差距过大可能会导致社会经济发展陷入"中等收入陷阱"，甚至引发严重的社会问题。因此，缩小城乡收入差距是我国经济社会发展的重要内容与目标。本章在对数字金融发展对城乡收入差距的影响及其机制进行理论分析的基础上，采用 2011～2019 年我国 31 个省（区、市）的面板数据对其影响做实证检验。

一 研究文献回顾

（一）数字金融发展对居民收入增长的影响研究

数字金融发展对居民收入增长的影响是近年来的一个研究热点，其研究结果大多肯定了数字金融发展对居民收入增长具有显著的正向影响。例如张碧琼和吴琬婷的研究结果表明，数字普惠金融对居民收入具有显著的正向影响，且对农村居民的收入影响更大。[①] 陈丹和姚明明发现，数字普惠金融对提升农村居民收入具有显著效应。[②] 在对农村收入影响的进一步研究中，郑家喜等研究发现，我国农村普惠金融发展水平整体呈现"V"字形的变化趋势，而且农村普惠金融发展对农村经营性收入的影响显著为

---

① 张碧琼、吴琬婷：《数字普惠金融、创业与收入分配——基于中国城乡差异视角的实证研究》，《金融评论》2021 年第 2 期，第 31～44 页。
② 陈丹、姚明明：《数字普惠金融对农村居民收入影响的实证分析》，《上海金融》2019 年第 6 期，第 74～77 页。

正。[①]同时刘丹等研究发现，数字普惠金融发展在中国不同省域均对农民非农收入存在正向溢出效应；数字普惠金融的发展不仅对本地区农民非农收入的提高具有显著的促进作用，而且对邻近省份农民非农收入的提高具有正向溢出效应。[②]何宜庆等研究表明，数字普惠金融能够促进农村居民收入增长，"数字红利"显著。同时数字普惠金融的覆盖广度、使用深度和数字支持服务三个子维度对农村居民收入的影响存在差异，覆盖广度是增收效应的主要推动力。[③]

（二）数字金融发展对城乡收入差距的影响研究

现有文献对于数字金融发展对城乡收入差距影响的研究，主要从全国层面与地区层面两个视角展开。

1. 基于全国省域视角的研究

首先，一部分学者认为数字金融发展对城乡收入差距缩小具有显著的正向作用。例如，梁双陆和刘培培研究发现，数字普惠金融对城乡收入差距具有收敛作用，即数字普惠金融可有效缩小城乡收入差距。[④]周利等利用中国数字普惠金融发展指数和中国劳动力动态调查（CLDS）数据进行匹配后研究发现，在控制影响家庭收入的一系列重要因素之后，数字普惠金融的发展能带来"数字红利"，显著缩小城乡收入差距。[⑤]进一步考虑数字金融总指数下的各子维度的影响，李牧辰等研究表明，中国数字普惠金融的发展总体上收敛了城乡收入差距，但主要体现为覆盖广度和使用深度等方面带来的影响，而数字化程度扩大了城乡收入差距。[⑥]然而另一部分

① 郑家喜、杨东、刘亦农：《农村普惠金融发展水平测度及其对农户经营性收入的空间效应研究》，《华中师范大学学报》（自然科学版）2020年第5期，第862~873页。
② 刘丹、方锐、汤颖梅：《数字普惠金融发展对农民非农收入的空间溢出效应》，《金融经济学研究》2019年第3期，第57~66页。
③ 何宜庆、王茂川、李雨纯、李佳欣：《普惠金融数字化是"数字红利"吗？——基于农村居民收入增长的视角》，《南方金融》2020年第12期，第71~84页。
④ 梁双陆、刘培培：《数字普惠金融与城乡收入差距》，《首都经济贸易大学学报》2019年第1期，第33~41页。
⑤ 周利、冯大威、易行健：《数字普惠金融与城乡收入差距："数字红利"还是"数字鸿沟"》，《经济学家》2020年第5期，第99~108页。
⑥ 李牧辰、封思贤、谢星：《数字普惠金融对城乡收入差距的异质性影响研究》，《南京农业大学学报》（社会科学版）2020年第3期，第132~145页。

学者认为，数字金融发展对城乡收入差距的影响方向并不是单一的正向或是负向，而是存在非线性情况。例如梁双陆和刘培培利用省域面板数据，研究发现，数字普惠金融对城乡收入差距的收敛存在门槛效应。[①] 赵丙奇研究表明，在经济发展水平较低时，数字普惠金融的发展会进一步拉大城乡收入差距，而在经济发展水平较高时，数字普惠金融的发展对城乡收入差距缩小起促进作用。[②] 孙继国和赵俊美以城镇化率作为门槛变量，研究发现，与传统普惠金融相比，数字普惠金融可以更显著地缩小城乡收入差距；而且数字普惠金融存在对城镇化率的双重门槛效应。[③] 熊德平和陈昱燃以人均 GDP 为门槛，研究发现，中国东部、中部、西部地区数字普惠金融发展对城乡收入差距的作用存在差异，经济发展水平较高地区，农村居民能从数字普惠金融发展中获益更多，相应的城乡收入差距就会缩小。[④]

其次，一些学者认为数字金融发展对城乡收入差距的影响存在空间效应。张子豪和谭燕芝研究发现，数字普惠金融可以提升低收入群体的福利水平，帮助欠发达地区加速发展，从而对城乡收入差距的缩小具有显著的促进作用。[⑤] 陈啸和陈鑫研究表明，中国城乡收入差距存在显著的正向空间相关性，同时与传统普惠金融相比，数字普惠金融不仅能够改善所在地区的城乡收入差距，短期内还具有全局溢出效应。[⑥] 王永静和李慧以空间杜宾模型分析数字普惠金融与新型城镇化对城乡收入差距的影响及空间效应，研究发现，数字普惠金融和城乡收入差距具有相似的正向空间相关特征，数字普惠金融及其覆盖广度、使用深度和数字化程度与新型城镇化发展对省域城乡收入差距存在负向的空间溢出效应，即在单独促进本省城乡

---

① 梁双陆、刘培培：《数字普惠金融、教育约束与城乡收入收敛效应》，《产经评论》2018年第 2 期，第 128～138 页。

② 赵丙奇：《中国数字普惠金融与城乡收入差距——基于面板门限模型的实证研究》，《社会科学辑刊》2020 年第 1 期，第 196～205 页。

③ 孙继国、赵俊美：《普惠金融是否缩小了城乡收入差距？——基于传统和数字的比较分析》，《福建论坛》（人文社会科学版）2019 年第 10 期，第 179～189 页。

④ 熊德平、陈昱燃：《数字普惠金融发展对城乡收入差距的影响——基于非均衡效应与门槛效应的实证分析》，《长白学刊》2020 年第 5 期，第 99～106 页。

⑤ 张子豪、谭燕芝：《数字普惠金融与中国城乡收入差距——基于空间计量模型的实证分析》，《金融理论与实践》2018 年第 6 期，第 1～7 页。

⑥ 陈啸、陈鑫：《普惠金融数字化对缩小城乡收入差距的空间溢出效应》，《商业研究》2018年第 8 期，第 167～176 页。

收入差距收敛的同时也会收敛相邻省份的城乡收入差距。[1]

2. 基于地区视角的研究

王英姿将长三角地区城市依据经济发展情况由高到低分为Ⅰ、Ⅱ和Ⅲ三类，研究发现，数字普惠金融对缩小Ⅱ类和Ⅲ类城市的城乡收入差距具有显著的作用。其中，金融服务可得性是数字普惠金融影响城乡收入差距的关键因素，金融服务覆盖广度的扩大会拉大Ⅰ类城市的城乡收入差距，有效促进Ⅱ类和Ⅲ类城市缩小城乡收入差距。[2] 郭小卉和冯艳博采用京津冀地区县域面板数据，运用空间杜宾误差模型，实证研究发现，数字普惠金融发展可以有效地收敛城乡收入差距，这一收敛效应主要作用于本地区，对邻近地区没有明显的溢出效应，且在其子维度中，覆盖广度的作用效果最好。[3]

通过对上述相关文献的回顾，可以看出，无论是理论分析还是实证检验，均表明数字金融发展对城乡收入差距的影响是较为积极的。但研究仍主要基于其普惠性方面，且在数字金融发展对城乡收入差距影响的区域异质性方面存在一些不足。基于此，本章从城乡居民可支配收入入手，通过构建省域面板模型，对数字金融发展及其三个维度对城乡居民收入差距的影响进行实证分析。

二 数字金融发展对城乡收入差距影响的理论分析

（一）城乡收入差距的界定与衡量

城乡收入差距作为一种客观存在的经济现象，在改革开放前，其主要源于为实现工业化与经济快速发展，政府通过压低农产品价格、抬高工业品价格以及对农村金融系统进行干预的方式，人为实现资源向城市集聚。

---

[1] 王永静、李慧：《数字普惠金融、新型城镇化与城乡收入差距》，《统计与决策》2021年第6期，第157～161页。

[2] 王英姿：《数字普惠金融对城乡收入差距的效应研究——以中国长三角地区为例》，《山西大学学报》（哲学社会科学版）2020年第6期，第118～126页。

[3] 郭小卉、冯艳博：《数字普惠金融发展的相对贫困减缓效应——基于京津冀县域空间面板数据》，《武汉金融》2021年第2期，第70～80页。

在市场化改革后，虽然政府推动城乡一体化发展，但由于数字鸿沟与知识鸿沟的存在，农村地区在市场竞争中处于劣势地位，加之农村劳动力大量流失、产业升级缓慢以及金融排斥等问题，城乡收入差距进一步扩大。

根据现有文献，城乡收入差距衡量的方式有城乡居民收入差距绝对值、城乡居民收入差距相对值、基尼系数、泰尔指数等。其中，大多数文献选用城乡居民收入差距的相对值，即城镇居民人均可支配收入与农村居民人均可支配收入的比值，作为衡量城乡收入差距大小的指标。该指标的优点在于数据获取方便、计算步骤简单，也有一定的代表性；但其缺陷在于并未考虑人口比例变化对结果的影响。而基尼系数虽有所改进，但其主要针对中产阶级收入研究，代表性不强。[①] 在综合各种衡量城乡收入差距方法的优缺点之后，此处拟采用泰尔指数作为城乡收入差距的度量指标。泰尔指数作为衡量城乡收入差距的指标不但考虑了城镇、农村居民的人均可支配收入，还考虑了人口变动因素。泰尔指数值越小，表明城乡收入差距越小；反之，城乡收入差距越大。其计算公式[②]如式（12-1）所示：

$$GAP_{it} = \sum_{i=1}^{2} \left(\frac{y_{it}}{y_t} \right) \times \ln\left(\frac{y_{it}}{y_t} \Big/ \frac{x_{it}}{x_t} \right) \tag{12-1}$$

其中，$i=1$ 代表城镇，$i=2$ 代表农村；y_{1t} 和 y_{2t} 分别为第 t 年城镇、农村居民可支配收入，y_t 为第 t 年城镇和农村居民可支配总收入，x_{1t} 和 x_{2t} 分别为第 t 年城镇、农村人口数，x_t 为第 t 年总人口数。

（二）数字金融发展对城乡收入差距影响的机理分析

首先，数字金融作为一种新的金融业态，可以通过增加农村居民收入而影响城乡收入差距，具体表现为以下两点。一是数字金融提高了农村居民对金融服务的可得性。金融本身集聚性的特征，使得传统金融表现出一定的排斥性。传统金融服务并不能为较低收入的农村居民提供其所需的帮助，甚至一些用户无法参与到金融活动中。而数字金融借助电脑、手机等

① 宋晓玲：《数字普惠金融缩小城乡收入差距的实证检验》，《财经科学》2017 年第 6 期，第 14～25 页。
② 苑林娅：《中国收入差距不平等状况的泰尔指数分析》，《云南财经大学学报》2008 年第 1 期，第 30～37 页。

以更加便捷的方式弥补了传统金融机构在网点数量、地理位置和从业人员数量等方面的缺陷，使农村居民，特别是偏远地区的农村居民获得金融服务不再像以前那样艰难，从而可以有效缓解农村居民生产发展与生活消费中的资金瓶颈。二是数字金融降低了居民获取金融服务的成本。一方面，相较于传统金融服务，数字金融并不需要完全依赖实体网点，其通过网络以及手机通信等的覆盖即可帮助客户完成许多原本需要在金融机构实体网点完成的业务。各类金融机构无须以较高成本增设网点、聘请相关从业人员。因此，提供金融服务的成本较传统金融大大降低，这对于收入较低的农村居民而言是极大的支持。另一方面，数字金融依赖大数据等手段获取信息，而非依赖机构内部工作人员。所以，对数字金融而言，获取金融市场信息、了解用户信息、捕捉客户诉求等都更加容易，这无疑使数字金融在同等的资源投入下可以服务于更多的客户，使农村居民享受低成本的金融服务成为可能。

其次，数字金融发展通过影响城镇化进程而影响城乡居民收入差距。城镇化是一个集产业结构演变、人口职业变迁、城市地域空间扩展及人的观念意识转变于一体的综合过程。从其效应来讲，城镇化进程可以提高进城农民工的收入水平，缓解农村地区人地矛盾，增加农村居民收入；同时，城镇化进程的加速能够抑制城镇居民工资水平的过快增长，有利于城乡要素报酬的均等化，缩小城乡居民收入差距。① 数字金融的发展可以通过提高金融资源的配置效率和财政透明度来提升地方政府的债务融资规模②，从而支持地方政府扩大城市基础设施投资，加快城镇化进程。另外，中小企业是吸纳进城农民工的主要载体，数字金融发展也可以通过缓解中小企业融资约束，促进中小企业发展，从而对农民收入增加起到积极作用。

最后，数字金融发展通过影响农民创业水平而影响城乡居民收入差距。在农村土地资源极为短缺的背景下，鼓励农民创业，提高农民的创业

---

① 肖尧：《城镇化、房地产价格与城乡收入差距——基于我国省区面板数据的经验分析》，《财经科学》2013 年第 9 期，第 100～107 页。

② 侯世英、宋良荣：《数字金融对地方政府债务融资的影响》，《财政研究》2020 年第 9 期，第 52～64 页。

水平是增加农村居民收入的重要途径，而农民创业面对的约束之一就是资金不足。传统的金融机构要求农民在融资过程中必须有抵押或质押品，这使农民的创业资金难以从传统金融机构获得。而数字金融以大数据为征信评估依据，并不需要借款人有抵押物或质押物，从而可以有效缓解农民创业的融资约束，激发农民的创业意愿，强化农民创业动力，进而提高农村地区居民的收入，缩小城乡居民收入差距。

基于以上的分析可知，数字金融解决了传统金融服务的高门槛问题，为低收入者获得金融服务提供了便利，有助于较低收入者获得金融服务并提高其收入水平，因此对城乡收入差距能起到一定的缩小作用。据此，本章提出如下假设。

假设1：数字金融发展在初期能够有效缩小城乡收入差距。

但需要注意的是，随着数字金融的发展，城乡之间的数字鸿沟效应会变得日益明显，这将使数字金融发展对城乡居民收入差距的影响与假设1不同。表现为，一是随着数字金融的发展，人工智能、大数据、云计算、区块链等前沿技术将成为经济社会发展的重要支撑，从而使得低技能劳动力的就业机会大幅减少，工资水平大幅下降，这无疑使农村居民收入的增加面临新的挑战。二是随着数字金融的发展，城镇产业结构不断升级，产业的数字密集程度不断提升，这使得进城务工人员面临数字鸿沟问题，而数字鸿沟问题又使他们很难在新一轮的第三产业就业扩张中获得更多的就业机会①，从而城镇化对农村居民原有的红利也将逐步消失。可以预想的是，在这种背景下，农村居民的收入增长将会远远低于城镇居民的收入增长。据此，本章提出如下假设。

假设2：数字金融发展与城乡收入差距不是一个简单的线性关系，而是呈现U形关系，即存在一个阈值，在数字金融发展的不同阶段与水平下，数字金融发展对城乡收入差距的影响方向不同。

（三）数字金融发展对城乡收入差距影响的区域异质性

数字金融总指数由使用深度、覆盖广度以及数字化程度三个分维度指

---

① 陈文、吴赢：《数字经济发展、数字鸿沟与城乡居民收入差距》，《南方经济》2021年第11期，第1~17页。

数构成。其中，使用深度指数反映支付、信用以及保险等方面的金融服务，体现金融服务产品的使用程度；覆盖广度指数则主要从账户覆盖率方面反映金融服务的普及率；而数字化程度指数主要以移动化、实惠化等指标来反映金融服务的门槛与成本。三者从不同的方面对城乡收入差距产生影响。

从供给端来讲，一是在数字金融基础设施覆盖广度、使用深度等方面，地区间存在巨大差别；二是相关的控制变量，如经济发展水平、城镇化率、城乡产业条件等在地区间有差异；三是不同地区居民的知识水平、金融素养，特别是对数字金融的认知不同。这就使得不同地区数字金融所发挥的功能效应存在不同。

从需求端来讲，由于经济发展水平的差异，一是不同地区居民对数字金融的需求不同，经济发达地区居民具有较高的认知，对数字金融的需求强烈，而经济相对落后地区对数字金融的需求则较低；二是不同地区居民对数字金融的利用程度不同，在经济较发达地区，数字金融的各项功能都能得到很好的利用与发挥，而经济落后地区对数字金融的利用，更多集中于其信贷融资功能，大数据服务等功能并未被广泛运用；三是对于信贷融资功能，经济较发达地区融来的资金更多用于弥补生产经营资金的不足，满足流动性需要，而经济不发达地区居民更多利用融来的资金满足生活消费需要。基于区域间的这种客观差异，本章提出如下假设。

假设3：数字金融总指数及其分维度指数的发展对城乡收入差距的影响存在区域异质性。

三 变量选择与模型构建

（一）变量选择与数据来源

1. 相关变量的设定

（1）核心解释变量：数字金融总指数（DF）

本章核心解释变量来自北京大学数字金融研究中心联合蚂蚁集团研究院发布的数字普惠金融指数。为保证所有数据在同一量纲上，此处对该数字普惠金融指数取对数作为原始数据。在后续分维度实证回归中，使用深度（UD）、覆盖广度（CB）以及数字化程度（DL）的相关指和也做同样处理。

（2）被解释变量：城乡收入差距（GAP）

本章选择泰尔指数作为衡量城乡收入差距的指标。泰尔指数不但考虑了城镇、农村居民的人均可支配收入，还考虑了人口变动因素。泰尔指数越小，表明城乡收入差距越小；反之，城乡收入差距越大。

（3）控制变量

考虑到除数字金融外，其他因素可能也会对城乡收入差距产生影响，参考国内外数字金融与城乡收入差距相关的文献，本章选取了如下四个变量作为实证模型中的控制变量。

城镇化率。城镇化及劳动力自由流动壁垒等均会对城镇与农村居民人均收入产生影响，导致城乡收入差距扩大，此处选择城镇化率（$Urban$）作为首要控制变量，用某地区城镇人口总数占该地区总人口数的比例来反映。

产业结构。农业产值占比越高，则对应的农业从业人员就越多，则越不利于缩小城乡收入差距。此处选用某地第二、三产业增加值占该地 GDP 的比重作为衡量该地区产业结构（IS）的指标。同时对原始数据进行取对数处理。

政府财政支出比。政府支出对于居民人均收入以及国民收入再分配有着重要影响，同时在基础设施建设等方面，城镇与农村之间存在差距，相对于农村居民，城镇居民可能享有更多的益处，故将财政支出比（FIN）作为一个控制变量，用某地区财政支出占该地区国内生产总值的比例来反映。

互联网宽带接入端口率。数字金融的发展是基于一定的数字化设备的发展，如 ATM 机、手机、网络等。因此选取互联网宽带接入端口率（NET）作为衡量数字化发展的指标，用某地区互联网宽带接入端口数占全国互联网宽带接入端口总数的比例来反映。

各变量的定性描述如表 12 - 1 所示。

表 12 - 1　各变量定义及说明

变量类别	变量符号	变量名称	度量指标
被解释变量	GAP	城乡收入差距	泰尔指数
核心解释变量	DF UD CB DL	数字金融总指数 使用深度 覆盖广度 数字化程度	北京大学数字金融研究中心联合蚂蚁集团研究院发布的数字普惠金融指数
控制变量	Urban IS FIN NET	城镇化率 产业结构 政府财政支出比 互联网宽带接入端口率	某地城镇人口总数占该地总人口数的比例 某地第二、三产业增加值占该地 GDP 的比例 某地财政支出占该地 GDP 的比例 某地互联网宽带接入端口数占全国互联网宽带接入端口总数的比例

2. 数据来源及描述性统计

本章选择的数据来源于《北京大学数字普惠金融指数（2011—2020年）》以及 2012 ~ 2020 年的《中国统计年鉴》。其中，2013 年国家统计局更新了计算城乡居民收入的方法，使用新口径计算居民收入，并将"农村人均纯收入"这一指标与城乡居民人均可支配收入统一，变为"农村人均可支配收入"。梁双陆和刘培培认为二者相差不大，故将 2011 年和 2012 年的"农村人均可支配收入"这一指标用"农村人均纯收入"替代。[①]

表 12 - 2 给出了本章主要变量的描述性统计。表 12 - 2 中数据显示，2011 ~ 2019 年，衡量城镇居民与农村居民人均可支配收入差距的泰尔指数的最小值为 0.0019，而最大值为 0.2510。数字金融总指数及各维度指数的最小值与最大值之间有较大差距，其中覆盖广度（CB）的最小值为 1.9600，与均值 182.30 和最大值 384.70 均有较大差距。这说明不同地区的数字金融发展存在较大差异。

---

① 梁双陆、刘培培：《数字普惠金融与城乡收入差距》，《首都经济贸易大学学报》2019 年第 1 期，第 33 ~ 41 页。

表 12 -2　各变量描述性统计

变量	样本数	均值	标准差	最小值	最大值
GAP	279	0.1020	0.0482	0.0019	0.2510
DF	279	202.30	91.65	16.22	410.30
UD	279	197.00	91.46	6.7600	439.90
CB	279	182.30	90.47	1.9600	384.70
DL	279	278.40	117.70	7.5800	462.20
Urban	279	0.5670	0.1340	0.2220	0.9420
IS	279	0.9580	0.1440	0.7370	1.5390
FIN	279	0.2970	0.2120	0.1200	1.3540
NET	279	0.0323	0.0230	0.0009	0.1080

（二）模型构建

参考现有文献中的模型设定方式，本章最终选定的计量模型如下：

$$GAP_{it} = \alpha_0 + \alpha_1 DF_{it} + \mu X_{it} + \varepsilon_{it} \qquad (12-2)$$

其中，GAP_{it} 为用泰尔指数度量的城乡收入差距，下标 i 表示省份、t 表示时间，ε_{it} 为随机扰动项，α_0、α_1 为系数，μ 为系数变量，DF_{it} 为数字金融总指数，X_{it} 为控制变量。X_{it} 可表示为：

$$X_{it} = \mu_1 Urban_{it} + \mu_2 IS_{it} + \mu_3 FIN_{it} + \mu_4 NET_{it} \qquad (12-3)$$

其中，$Urban_{it}$ 为城镇化率，IS_{it} 为产业结构，FIN_{it} 为政府财政支出比，NET_{it} 为互联网宽带接入端口率。

四　数字金融发展对城乡收入差距影响的实证检验

（一）基准模型回归

1. 回归模型确定

本章采用的是面板数据，故先进行 Hausman 检验以确定回归模型形式，即随机效应模型还是固定效应模型。该检验的原假设为随机效应模型。Hausman 检验结果如表 12 - 3 所示，表中 P 值为 0.0125，小于 0.05，即模型在 5% 的水平下拒绝原假设，因此选用固定效应模型。

表 12 - 3　基准模型 Hausman 检验结果

Hausman 检验	检验结果
卡方值	14.5300
P 值	0.0125

2. 基准回归模型分析

根据计量模型（12 - 2），运用 Stata 软件进行 OLS 最小二乘法估计。回归结果如表 12 - 4 所示。可以看出，数字金融总指数对城乡收入差距的影响系数为 - 0.0086，且在 1% 的水平下显著，表明数字金融发展对城乡居民收入差距的缩小具有显著的正向效应，即数字金融发展可以有效缩小城镇居民与农村居民的收入差距。

表 12 - 4　基准回归结果

变量	DF	Urban	IS	FIN	NET	常数项	N
GAP	- 0.0086 ***	- 0.2807 ***	- 0.0414 **	0.1620 ***	- 0.0064	0.2631 ***	279
	(- 3.26)	(- 5.31)	(- 2.51)	(3.32)	(- 0.76)	(7.46)	

注：** 、*** 分别表示估计系数通过 5% 、1% 的显著性水平检验。

3. 分维度效应检验

在分析数字金融总指数影响的基础之上，进一步对数字金融使用深度、覆盖广度以及数字化程度对城乡居民收入差距的影响进行分析。回归结果见表 12 - 5 的第（1）～（3）列。回归结果显示，数字金融使用深度、覆盖广度、数字化程度对城乡收入差距的影响系数分别为 - 0.0062、- 0.0078 和 - 0.0034，分别通过了 5% 、1% 和 10% 水平下的显著性检验。这表明使用深度、覆盖广度以及数字化程度对城乡收入差距的影响方向同数字金融总指数一样，均能有效缩小城乡收入差距；同时根据系数大小可以看出，数字金融使用深度和数字化程度对城乡收入差距的影响较小，而覆盖广度的影响较大。

表 12 - 5　分维度效应检验结果

变量	(1) GAP	(2) GAP	(3) GAP
UD	- 0.0062 ** (- 2.22)		
CB		- 0.0078 *** (- 3.82)	
DL			- 0.0034 * (- 1.76)
Urban	- 0.3286 *** (- 6.40)	- 0.2689 *** (- 5.34)	- 0.3687 *** (- 8.64)
IS	- 0.0426 ** (- 2.55)	- 0.0407 ** (- 2.49)	- 0.0397 ** (- 2.37)
FIN	0.1477 *** (3.01)	0.1589 *** (3.30)	0.1483 *** (2.99)
NET	- 0.0056 (- 0.66)	- 0.0042 (- 0.51)	- 0.0072 (- 0.84)
常数项	0.2936 *** (8.67)	0.2532 *** (7.34)	- 0.3144 *** (10.35)
N	279	279	279

注：* 、** 、*** 分别表示估计系数通过 10% 、5% 、1% 的显著性水平检验。

（二）U 形作用机制的检验

1. U 形作用检验

前文基准模型实证结果，验证了数字金融总指数及三个分维度指数均能有效缩小城乡收入差距。但数字金融发展与城乡收入差距可能存在非线性关系。其原因在于，数字金融发展对居民对金融服务的可获得性及获取金融服务的成本均有显著的积极影响，而随着数字金融的不断发展，不同居民对金融服务的接受程度及使用程度等客观差异的存在，又使得数字金融发展对城乡收入差距的减缓效应有所不同。因此，在基准模型（12 - 2）的基础之上，有必要对这种非线性关系是否存在进行检验。为此，构建如下计量模型：

$$GAP_{it} = \alpha_0 + \alpha_1 DF_{it} + \alpha_2 DF_{it}^2 + \mu X_{it} + \varepsilon_{it} \qquad (12-4)$$

其中，DF_{it}^2 为数字金融总指数的二次项，其余变量含义与模型（12-2）、模型（12-3）相同。回归结果见表12-6。

表12-6　U形作用机制检验结果

变量	DF	DF^2	$Urban$	IS	FIN	NET	常数项
GAP	-0.0033	0.0083 ***	-0.4178 ***	-0.0377 **	0.1643 ***	0.0012	0.3211 ***
	(-1.15)	(4.10)	(-6.83)	(-2.36)	(3.47)	(0.14)	(8.68)

注：** 、***分别表示估计系数通过5%、1%的显著性水平检验。

由表12-6可知，数字金融总指数的一次项系数为负，而二次项系数为正，且在1%的水平下显著，这说明数字金融发展对城乡收入差距的影响呈现U形效应，即数字金融发展在达到特定临界值前，能够有效缩小城乡收入差距；但当其超过该临界值后，其进一步发展反而使城乡收入差距扩大。

2. 门限模型检验

为进一步确定数字金融发展对城乡收入差距影响的正负效应临界点，需要构建门限模型。首先，利用Stata来初步检验数字金融发展与城乡收入差距之间的门限效应。以数字金融总指数（DF）作为模型中的门限变量，从三门限开始，通过自举法模拟300次后得到结果，以F统计量和P值来判断因变量与自变量之间是否存在门限效应。门限检验结果如表12-7所示。

表12-7　门限效应检验

门限个数	F值	P值	10%	5%	1%	门限值	对应指数值
单门限	33.5900 **	0.0333	23.7459	29.6319	39.6702	0.8343	2.3032
双门限	8.9500	0.3767	16.7225	19.7063	27.4558	—	—
三门限	6.0900	0.5667	14.3156	19.9869	31.9529	—	—

注：**表示估计系数通过5%的显著性水平检验。

根据表12-7，三者的P值分别为0.0333、0.3767、0.5667，仅单门

限效应在 5% 的水平下显著，拒绝原假设，表明数字金融发展对城乡收入差距的影响存在单门限效应。相应地通过 F 统计量的值可以得到相同的结果。据此构建单门限效应的计量模型对数字金融发展与城乡收入差距的关系做进一步分析，建立的单门限模型如式（12 - 5）所示。

$$GAP_{it} = \beta_0 + \delta X_{it} + \beta_1 DF_{it} I(q_{it} \leq \gamma) + \beta_2 DF_{it} I(q_{it} > \gamma) + \varepsilon_{it} \qquad (12-5)$$

其中，$I(\cdot)$ 为示性函数；q_{it} 为门限变量，即用来划分样本的变量，本章选用数字金融总指数；γ 为待估门限值；其余变量设定均与基准模型一致。控制变量仍为城镇化率（$Urban$）、产业结构（IS）、政府财政支出比（FIN）以及互联网宽带接入端口率（NET）。

通过表 12 - 7 可知，单门限对应的指数值为 2.3032。随后，利用设定的单门限模型进行实证分析，回归结果如表 12 - 8 所示。

表 12 - 8　门限模型回归结果

变量	$Urban$	IS	FIN	NET	$I(q \leq \gamma)$	$I(q > \gamma)$	固定效应检验
GAP	- 0.4520 *** (- 7.65)	- 0.0302 * (- 1.92)	0.1829 *** (3.94)	0.0011 (0.14)	- 0.0091 *** (- 3.64)	0.0062 * (1.67)	P 值 > F 值 = 0.0000

注：* 、*** 分别表示估计系数通过 10% 、1% 的显著性水平检验。

从表 12 - 8 的回归结果来看，当数字金融总指数小于等于 2.3032 时，其对城乡收入差距的影响系数为 - 0.0091，并且在 1% 的水平下显著。这表明，此发展水平下的数字金融对于城乡收入差距的缩小具有较为显著的正向作用。但是当数字金融总指数超过 2.3032 时，其对城乡居民收入差距的影响系数为 0.0062，且在 10% 的水平下显著，表明此水平下的数字金融发展对城乡收入差距的影响是正向的，即数字金融的发展会扩大城乡收入差距。这验证了数字金融发展对城乡收入差距的影响存在 U 形效应。该结论验证了前文的假设 2。

另外，在控制变量方面，城镇化率的系数为 - 0.4520，且在 1% 的水平下显著。说明城镇化水平的提高能够有效缩小城乡收入差距；产业结构的系数为 - 0.0302，且在 10% 的水平下显著，表明第二、三产业的发展能够显著缩小城乡收入差距。

3. 分维度检验

在模型（12 - 5）的基础上，利用使用深度、覆盖广度以及数字化程度来进行单门限效应检验，检验结果如表 12 - 9 所示。使用深度与覆盖广度指标存在单门限效应，且在 5% 的水平下显著，其门限估计值对应的指数值分别为 2.3231、2.0774。而数字化程度指标对应的 F 统计量并不显著，则表明其对城乡收入差距的影响是线性的。分维度单门限回归结果如表 12 - 10 所示。表中第 （1）~（3） 列分别为数字金融使用深度、覆盖广度以及数字化程度的回归结果。其中使用深度和覆盖广度系数均在门限值两侧正负号相反，且至少在 5% 的水平下显著，表明使用深度和覆盖广度对于城乡收入差距的影响存在与数字金融总指数一致的 U 形作用。而对于数字化程度而言，其回归系数为 - 0.0034，且在 10% 的水平下显著，表明数字化程度的发展能够有效缩小城乡收入差距。

表 12 - 9　分维度门限效应检验

变量	F 值	P 值	10%	5%	1%	门限值	对应指数值
使用深度	40.1100 **	0.0200	19.1237	25.3271	42.6652	0.8429	2.3231
覆盖广度	29.9100 **	0.0467	22.6255	28.1527	47.5724	0.7311	2.0774
数字化程度	12.0000	0.2633	16.9236	20.2247	25.2918	—	—

注：** 表示估计系数通过 5% 的显著性水平检验。

表 12 - 10　分维度门限回归结果

变量	(1)	(2)	(3)
	GAP	GAP	GAP
Urban	- 0.4691 ***	- 0.4499 ***	- 0.3687 ***
	(- 8.78)	(- 7.59)	(- 8.64)
IS	- 0.0364 **	- 0.0313 **	- 0.0397 **
	(- 2.32)	(- 2.00)	(- 2.37)
FIN	0.1944 ***	0.1775 ***	0.1483 ***
	(4.18)	(3.87)	(2.99)

续表

变量	(1)	(2)	(3)
	GAP	GAP	GAP
NET	0.0009	0.0033	-0.0072
	(0.11)	(0.41)	(-0.84)
$I(q \leqslant \gamma)$	-0.0091***	-0.0073***	-0.0034*
	(-3.44)	(-3.77)	(-1.76)
$I(q > \gamma)$	0.0073**	0.0083**	
	(2.12)	(2.27)	
R²	51.88%	52.11%	46.69%

注：*、**、***分别表示估计系数通过10%、5%、1%的显著性水平检验。

（三）区域异质性检验

根据现行通用的划分，将我国31个省（区、市）划分为东部、中部、西部以及东北四个地区，对不同区域数字金融发展对城乡收入差距的影响进行分析，以探究其影响是否存在区域异质性。

1. 基准模型检验：分地区总指数

分地区门限效应检验结果如表12-11所示，东部、东北以及中部地区均不存在门限效应，应采用线性模型进行回归。这也表明，数字金融的发展对于东部、东北以及中部地区城乡收入差距仅存在线性作用。而对于西部地区其双门限效应的P值为0.09，即拒绝原假设，表明数字金融发展对西部地区城乡收入差距的影响存在双门限效应。

表12-11　分地区门限效应检验

地区	门限个数	F值	P值	10%	5%	1%	门限值	对应指数值
东部	单门限	10.30	0.2933	20.6535	27.7715	45.8439	—	—
	双门限	2.55	0.8333	21.1572	28.7776	37.3125	—	—
东北	单门限	4.11	0.6367	21.0137	27.2023	29.0269	—	—
	双门限	2.05	0.6333	19.0367	35.9182	53.7981	—	—

续表

地区	门限个数	F 值	P 值	10%	5%	1%	门限值	对应指数值
中部	单门限	11.84	0.5333	33.3796	48.3252	70.4064	—	—
	双门限	12.29	0.2400	14.9812	17.6763	25.1191	—	—
西部	单门限	10.16	0.8533	40.4956	47.2702	76.6262	0.6136	0.8245
	双门限	13.18*	0.0900	12.1820	15.2894	20.0705	-0.1930	1.8471

注：*表示估计系数通过10%的显著性水平检验。

分地区回归结果如表12-12所示。根据表12-12可知，东北地区和中部地区数字金融总指数对城乡收入差距的回归系数分别为-0.0336、-0.0145，且均在1%的水平下显著，表明在东北地区和中部地区，数字金融发展能够显著缩小城乡收入差距。而在东部地区，其回归系数为0.0092，且在5%的水平下显著，说明数字金融的发展会导致城乡收入差距的扩大，但控制变量城镇化率、产业结构的系数为负，且至少在5%的水平下显著。原因在于，城镇居民对数字金融的利用程度远远高于农村居民，由此使得数字金融对城镇居民收入增长的促进作用更大，从而对城乡居民收入差距产生了扩大作用。对于西部地区而言，经过上述门限效应检验后，发现其存在双门限效应。对其进行双门限回归，结果表明，当数字金融总指数介于0.8245和1.8471之间时，其回归系数为-0.0337，且在5%的水平下显著；当数字金融总指数小于等于0.8245时，回归系数为-0.0030，大于1.8471时，回归系数为-0.0060，但在统计上都是不显著的。回归结果表明，数字金融发展对西部地区城乡收入差距的影响仍然是负向的，但并非双门限情形。

表12-12 分地区实证回归结果

变量	东部	东北	中部	西部
Urban	-0.1545***	0.6529***	-0.2877***	-0.5214***
	(-3.07)	(2.69)	(-4.62)	(-4.63)
IS	-0.0643**	0.0208	0.0899**	0.0402**
	(-2.48)	(0.62)	(2.30)	(2.09)

续表

变量	东部	东北	中部	西部
FIN	-0.1200 (-1.09)	-0.0950 (-0.72)	-0.2066** (-2.09)	-0.0218 (-0.52)
NET	-0.0148 (-1.54)	-0.0311 (-0.88)	0.0088 (0.63)	0.0284*** (3.05)
$I(q\leqslant\gamma_1)$				-0.0030 (-0.97)
$I(\gamma_1<q\leqslant\gamma_2)$	0.0092** (2.47)	-0.0336*** (-3.52)	-0.0145*** (-2.94)	-0.0337** (-3.67)
$I(q>\gamma_2)$				-0.0060 (-0.65)
常数项	0.2922*** (5.81)	-0.3161** (-2.44)	0.1944*** (3.55)	0.3582*** (6.45)
R^2	51.88%	52.11%	46.69%	82.01%

注：**、***分别表示估计系数通过5%、1%的显著性水平检验。

2. 分地区分维度检验

依据前文分析结论，数字金融总指数对东部、东北以及中部地区城乡收入差距存在线性影响，而对西部地区存在门限效应。此处假设这种效应在各地区数字金融发展三个维度对城乡收入差距的影响上依然存在，依此进行回归分析。

东部地区分维度回归结果见表12-13，其中第（1）~（3）列分别是数字金融使用深度、覆盖广度和数字化程度对城乡收入差距影响的回归结果。结果显示，数字金融使用深度、覆盖广度、数字化程度对东部地区城乡收入差距的影响系数分别为0.0103、0.0077、0.0059，且至少通过了5%的显著性检验。这表明东部地区数字金融发展的三个维度对城乡收入差距的影响方向同数字金融总指数一样，都呈现正向影响，即数字金融发展会导致城乡收入差距的扩大。

东北地区以及中部地区分维度回归结果见表12-14。根据表12-14，东北地区数字金融使用深度、覆盖广度以及数字化程度对城乡收入差距影

表 12 - 13　东部地区分维度实证回归结果

变量	(1)	(2)	(3)
UD	0.0103 ***		
	(2.63)		
CB		0.0077 **	
		(2.03)	
DL			0.0059 ***
			(2.66)
Urban	-0.1561 ***	-0.1529 ***	-0.1204 **
	(-2.91)	(-3.02)	(-2.41)
IS	-0.0651 **	-0.0644 **	-0.0685 ***
	(-2.49)	(-2.47)	(-2.62)
FIN	-0.1019	-0.1086	-0.1108
	(-0.96)	(-0.97)	(-1.03)
NET	-0.0152	-0.0146	-0.0151
	(-1.56)	(-1.49)	(-1.53)
常数项	0.2901 ***	0.2904 ***	0.2735 ***
	(5.69)	(5.65)	(5.53)

注：** 、*** 分别表示估计系数通过 5% 、1% 的显著性水平检验。

响的回归系数分别为 - 0.0294、- 0.0332、- 0.0252，且均通过了 1% 的显著性检验；中部地区数字金融三个分维度对城乡收入差距影响的回归系数分别为 - 0.0159、- 0.0096、- 0.0108，且至少通过 5% 的显著性检验。这表明东北地区和中部地区数字金融发展的三个维度对其区域城乡收入差距的缩小具有显著的促进作用。

表 12 - 14　东北地区和中部地区分维度实证回归结果

变量	东北地区			中部地区		
	(1)	(2)	(3)	(1)	(2)	(3)
UD	-0.0294 ***			-0.0159 ***		
	(-2.91)			(-3.37)		

变量	东北地区			中部地区		
	（1）	（2）	（3）	（1）	（2）	（3）
CB		− 0. 0332 ***			− 0. 0096 **	
		（ − 3. 27）			（ − 2. 18）	
DL			− 0. 0252 ***			− 0. 0108 **
			（ − 3. 46）			（ − 2. 58）
Urban	0. 5090 **	0. 7148 ***	0. 4512 **	− 0. 2986 ***	− 0. 3159 ***	− 0. 3411 ***
	（2. 10）	（2. 62）	（2. 23）	（ − 5. 56）	（ − 4. 68）	（ − 6. 57）
IS	0. 0055	0. 0282	0. 0076	0. 0660	0. 1044 ***	0. 1072 ***
	（0. 16）	（0. 79）	（0. 23）	（1. 64）	（2. 63）	（2. 78）
FIN	− 0. 0510	− 0. 1186	− 0. 0490	− 0. 2367 ***	− 0. 2504 **	− 0. 2235 **
	（ − 0. 37）	（ − 0. 85）	（ − 0. 38）	（ − 2. 67）	（ − 2. 48）	（ − 2. 22）
NET	− 0. 0108	− 0. 0384	− 0. 0109	0. 0027	0. 0025	0. 0033
	（ − 0. 31）	（ − 1. 00）	（ − 0. 34）	（0. 23）	（0. 17）	（0. 24）
常数项	− 0. 2446 *	− 0. 3540 **	− 0. 2029 *	0. 2365 ***	0. 2086 ***	0. 2192 ***
	（ − 1. 87）	（ − 2. 43）	（ − 1. 86）	（5. 48）	（3. 42）	（4. 19）

注：*、**、*** 分别表示估计系数通过 10% 、5% 、1% 的显著性水平检验。

对西部地区分维度做双门限效应检验，检验结果如表 12 − 15 所示。可见，在数字金融发展的三个维度中，仅有数字化程度对城乡收入差距的影响存在双门限效应。据此，选择双门限效应计量模型进一步分析西部地区数字化程度对城乡收入差距的影响，而选择基准线性模型研究使用深度和覆盖广度对西部地区城乡收入差距的影响。回归结果如表 12 − 16 所示。使用深度和覆盖广度对城乡收入差距影响的回归系数分别为 − 0. 0067 和 − 0. 0054，且至少在 5% 的水平下显著，表明使用深度和覆盖广度均能有效缩小西部地区城乡收入差距。而对于数字化程度，当其小于等于 1. 3891 时，系数为 0. 0097 且在 5% 的水平下显著，表明此时数字化程度提高导致了西部地区城乡收入差距的扩大；而当数字化程度介于 1. 3891 和 2. 7690 之间时，回归系数为 − 0. 0274，且在 1% 的水平下显著；当其大于 2. 7690 时，回归系数为 − 0. 0124，且在 1% 的水平下显著。即对西部地区而言，数字化程度在超过 1.3891 而小于等于 2.7690 时，会缩小城乡收入差距；超过 2.7690 后仍然对城乡收入差距起到收敛作用，但是收敛作用有所减小。

表 12 - 15　西部地区分维度门限效应检验

维度	门限个数	F 值	P 值	10%	5%	1%	门槛值	对应指数值
使用深度	单门限	18.90	0.1100	20.0433	24.1062	33.2687	—	—
	双门限	4.76	0.5667	12.8834	16.3427	23.7539	—	—
覆盖广度	单门限	15.81	0.3100	25.0596	31.4722	41.3855	—	—
	双门限	5.61	0.8180	29.0333	38.6995	55.3189	—	—
数字化程度	单门限	15.13	0.4140	27.5011	34.6938	54.9340	0.3287	1.3891
	双门限	28.00***	0.0000	15.8724	18.9720	25.0007	1.0185	2.7690

注：*** 表示估计系数通过 1% 的显著性水平检验。

表 12 - 16　西部地区分维度实证回归结果

变量	使用深度	覆盖广度	数字化程度
Urban	-0.4813***	-0.4611***	-0.5232***
	(-7.67)	(-7.71)	(-8.50)
IS	0.0253	0.0304	0.0400**
	(1.20)	(1.49)	(2.32)
FIN	0.0043	0.0070	-0.0399
	(0.10)	(0.16)	(-1.03)
NET	0.0321***	0.0297	0.0273***
	(3.07)	(2.94)	(3.22)
$I(q \leq \gamma_1)$			0.0097**
			(2.14)
$I(\gamma_1 < q \leq \gamma_2)$	-0.0067**	-0.0054***	-0.0274***
	(-2.14)	(-2.79)	(-6.86)
$I(q > \gamma_2)$			-0.0124***
			(-3.26)
R^2	77.17%	77.91%	84.77%

注：**、*** 分别表示估计系数通过 5%、1% 的显著性水平检验。

五　研究结论

本章在对数字金融发展对城乡居民收入差距的影响机理与机制路径进行分析的基础上，基于 2011～2019 年城镇与农村居民人均可支配收入数据以及北京大学数字金融研究中心联合蚂蚁集团研究院发布的数字普惠金融指数，通过构建实证模型，实证检验了数字金融总指数以及其三个分维度指数——数字金融使用深度、覆盖广度以及数字化程度对城乡收入差距的影响。得出的主要结论如下。

第一，数字金融总指数及其三个分维度指数与城乡居民收入差距之间存在负相关关系，即数字金融的发展能有效缩小城乡收入差距。其中，数字金融覆盖广度对城乡收入差距影响最大，使用深度的影响次之，数字化程度影响最小。

第二，数字金融发展对城乡收入差距的影响呈现先缩小后扩大的趋势，即数字金融总指数对于城乡收入差距的影响呈现 U 形效应，在效应由负转正的过程中存在一个阈值。当数字金融总指数小于等于这一阈值时，数字金融的发展会有效缩小城乡收入差距；而当数字金融总指数超过阈值时，其对城乡收入差距的影响呈现扩大效应。

第三，数字金融总指数对于城乡收入差距的影响存在区域异质性，即不同地区，数字金融发展对城乡收入差距的影响存在差异。在东部地区，数字金融以及其三个分维度发展扩大了城乡收入差距；在东北和中部地区，数字金融以及其三个分维度发展有效缩小了城乡收入差距。对于西部地区，数字金融总指数及数字化程度对城乡收入差距的影响存在双门限效应，而使用深度和覆盖广度均有效缩小了城乡居民收入差距。

第十三章　数字金融发展对城乡居民消费

　　居民消费是经济增长的重要动力，且实现居民消费需求的最大满足也是经济增长的重要目的。数字金融作为一种新的金融业态，其普惠性及服务的广泛性必然对城乡居民消费产生影响。本章将从理论上对数字金融发展对居民消费产生的影响及其机制进行分析，并采用 2013～2019 年全国 31 个省（区、市）的面板数据对其影响做实证检验。

一　研究文献回顾

　　数字金融一方面能够通过为传统金融机构赋能，大幅度提高金融行业的运转效率，推动金融机构经营理念的转变，使金融机构更加注重在智慧高效的创新型业务运营体系方面的资金和技术投入；另一方面也能够使传统金融机构通过技术的迭代和创新，在资金借贷、个人财富管理、企业和个人征信、股权众筹、移动支付、数字货币、互联网保险等领域发展出新产品和新服务。与此同时，数字金融能够突破时间和地理空间的限制，在更广的时空范围内为不同群体提供精准的金融服务，因此其在促进我国居民消费水平升级方面，具有一定的优势和潜力。2020 年，党的十九届五中全会通过的"十四五"规划中明确提出，要加快构建以国内大循环为主体、国内国际双循环相互促进的新发展格局，而构建内外双循环的新发展格局，就必须牢牢把握扩大内需的战略基点，推动城乡居民消费水平稳步提升。在此背景下，数字金融作为一种新的金融业态，其在数字化支付领域、信贷领域、消费金融领域的发展和进步是否能够提高我国居民的消费水平？数字金融对居民消费水平的影响路径又是怎样的？诸如此类的问题自然引起了学术界的广泛关注和研究讨论。

（一）关于传统视角下居民消费水平影响因素的研究

以往关于居民消费水平影响的研究主要是基于货币和财政政策、政府税收、家庭资产配置、互联网发展及应用的视角来展开。其中，家庭资产配置作为影响居民消费水平的主要传递器和反馈环，对居民消费行为的影响更为直观，因此基于该视角的研究成果相对较为丰富。

1. 基于货币和财政政策视角的研究

龙少波等认为，我国货币政策可以直接影响居民消费，并且货币政策在房价波动影响居民消费的过程中发挥着中介作用，但房价本身并不会直接影响居民消费，这意味着房价的波动对居民消费并不会产生显著的财富效应，但扩张的货币政策却会对居民消费产生显著的促进作用。[1] 胡永刚和郭长林认为，财政政策不仅能够通过财富效应影响居民消费，还能根据居民对产出和通货膨胀的预期，来进一步影响居民消费行为。[2] 郭长林则从经验分析和理论分析两个角度来考察财政政策对居民消费的影响，他们认为政府主导的积极财政政策会对居民消费产生抑制作用，并且识别出了金融扭曲使财政政策对居民消费产生不对称影响的重要机制。[3] 武晓利和晁江锋通过将政府消费性支出和转移支付引入家庭部门，将政府投资性支出和服务性支出引入生产部门，来分析政府消费性支出、转移支付、投资性支出和服务性支出对居民消费的影响机制。结果显示，增加政府消费性支出在长期内会挤出居民消费，导致消费率下降，而增加政府转移支付、投资性支出和服务性支出能在长期内提高居民消费率。[4]

2. 基于政府税收视角的研究

王玺和何帅基于 PVAR 模型分析了我国主要税种对居民消费的影响情

---

① 龙少波、陈璋、胡国良：《货币政策、房价波动对居民消费影响的路径研究》，《金融研究》2016 年第 6 期，第 52～66 页。

② 胡永刚、郭长林：《财政政策规则、预期与居民消费——基于经济波动的视角》，《经济研究》2013 年第 3 期，第 96～107 页。

③ 郭长林：《积极财政政策、金融市场扭曲与居民消费》，《世界经济》2016 年第 10 期，第 28～52 页。

④ 武晓利、晁江锋：《财政支出结构对居民消费率影响及传导机制研究——基于三部门动态随机一般均衡模型的模拟分析》，《财经研究》2014 年第 6 期，第 4～15 页。

况，其认为应该实施结构性的减税政策，尤其是应当合理下调增值税和所得税的税率，从而提升居民消费水平。[①] 李香菊和周丽珠则探究了政府税收政策影响居民消费的直接和间接机制，并分别检验了关税、营业税、增值税对居民消费影响的异质性，认为税收政策一方面可以通过收入效应和替代效应来影响居民可支配收入及商品价格，从而对居民消费产生影响；另一方面可以促使更多的资金流入消费市场，并间接推动居民消费水平提升。[②] 刘建民等从城乡收入差距的视角分析了税收政策对居民消费的影响，发现城乡收入分配在税收政策对居民消费的调节中发挥着重要作用，当城乡收入差距达到 4967 元时，税收政策对居民消费的调节效应可以达到最优。[③] 徐润和陈斌开从微观层面研究了个人的工薪收入和个体户经营收入所得税变动对居民消费的影响，发现减税政策在提高工薪阶层的消费水平中发挥着重要的作用，因此降低个人所得税，提高居民收入是刺激消费的良好手段。[④]

3. 基于家庭资产配置视角的研究

Atalay 等基于许多国家总消费增加时，房价却在上涨的现实情况，利用加拿大和澳大利亚的家庭微观数据，研究了这两个国家居民消费和家庭财富之间的关系。实证分析的结果表明，无论是直接的财富效应还是共同的因果因素都不能解释加拿大和澳大利亚的财富与消费之间的相关性。相反地，抵押品质量提升间接导致信贷约束放缓是一个更合理的解释。[⑤] Browning 等使用包括房屋所有权、收入、财富和人口信息在内的丹麦家庭层面的面板数据，来检验房价对消费是否具有财富效应，其模拟了房价预期之外的价格变动对家庭总支出增长率的影响，在控制了与消费相关其他

---

① 王玺、何帅：《结构性减税政策对居民消费的影响——基于 PVAR 模型的分析》，《中国软科学》2016 年第 3 期，第 141～150 页。

② 李香菊、周丽珠：《扩大我国居民消费的税收政策研究——基于税收对消费影响的实证分析》，《财贸经济》2013 年第 2 期，第 18～27 页。

③ 刘建民、毛军、吴金光：《我国税收政策对居民消费的非线性效应——基于城乡收入差距视角的实证分析》，《税务研究》2016 年第 12 期，第 76～79 页。

④ 徐润、陈斌开：《个人所得税改革可以刺激居民消费吗？——来自 2011 年所得税改革的证据》，《金融研究》2015 年第 11 期，第 80～97 页。

⑤ Atalay, K., Whelan, S. & Yates, J., "House Prices, Wealth and Consumption: New Evidence from Australia and Canada," *Review of Income and Wealth* 62 (1) (2016): 69–91.

变量的影响之后，确认了住房对家庭消费总支出存在财富效应。[①]　韩立岩和杜春越分别考察了消费升级、社会保障不完善及地区发展不均衡等因素对居民消费的影响，认为应该加大中西部地区的社会保障体系建设力度，适当放宽其家庭房贷限制。[②]　李涛和陈斌开研究了城镇家庭生产性固定资产和非生产性住房资产对居民消费的财富效应，发现生产性固定资产具有明显的资产效应和财富效应，其财富效应的作用机制是通过降低家庭预防性储蓄动机来释放居民消费潜力。[③]　杜莉和罗俊良基于涵盖购房决策的两阶段家庭最优消费模型，将房价上升对城镇居民消费的财富效应、替代效应以及流动性约束综合纳入理论框架内，发现在房价上升时，无论是租房家庭还是自有房家庭都会倾向于增加当期消费，房屋价格的上升总体上会对城镇居民的消费起促进作用。[④]　李春风等则认为居民对住房属性的不同侧重会对消费产生差异性影响，住房的投资品属性会对消费产生挤出效应。[⑤]　胡永刚和郭长林引入城镇居民的借贷约束和预防性储蓄来检验股市的财富效应、信号传递和不对称效应，发现股票市场对居民消费的影响主要来自经济基本面变化的股价波动而不是投机引起的股价波动。[⑥]

4. 基于互联网发展及应用视角的研究

程名望和张家平构建了城乡二元经济理论模型，研究互联网的发展对城乡居民消费差距的作用效果，发现互联网的发展降低了城乡居民的生存型消费、享受型消费和发展型消费的差距，但是这种改善效应有所下降，存在边际递减的现象。此外，这种降低消费差距的作用机理可以概括为"收入效应"和"消费净效应"，两者分别从"消费得起"和"消费得到"

①　Browning, M., Gortz, M. & Leth-Petersen, S., "Housing Wealth and Consumption: A Micro Panel Study," *The Economic Journal* (568) (2013): 401-428.
②　韩立岩、杜春越：《城镇家庭消费金融效应的地区差异研究》，《经济研究》2011年第S1期，第30~42页。
③　李涛、陈斌开：《家庭固定资产、财富效应与居民消费：来自中国城镇家庭的经验证据》，《经济研究》2014年第3期，第62~75页。
④　杜莉、罗俊良：《房价上升如何影响我国城镇居民消费倾向——基于两阶段家庭最优消费模型的研究》，《财贸经济》2017年第3期，第67~82页。
⑤　李春风、刘建江、陈先意：《房价上涨对我国城镇居民消费的挤出效应研究》，《统计研究》2014年第12期，第32~40页。
⑥　胡永刚、郭长林：《股票财富、信号传递与中国城镇居民消费》，《经济研究》2012年第3期，第115~126页。

的角度促进了农村居民消费。① 邢天才和张夕认为，互联网保险业务对我国城镇居民的消费水平和消费能力有着重要影响，互联网消费金融对居民的休闲娱乐消费具有十分显著的带动作用，但反过来居民消费升级对互联网消费金融的影响却十分微小。从地区来看，互联网消费金融对东部地区居民消费的影响更大，其居民更希望以保险和投资等活动来带动消费，而西部地区对储蓄类的金融活动更为看重。②

（二）关于数字金融发展对居民消费水平影响的研究

近两年学者们在数字金融发展对居民消费水平影响的研究方面，取得了一定的成果。在数字金融发展对农村和城镇居民消费的影响差异上，学者们有着不同的意见，关键和马超从微观角度考察了数字金融发展对家庭消费的影响，认为数字金融对务农家庭和低层级家庭的消费提升具有更加明显的作用，同时数字金融的发展更多的是促进了居民在衣食住行等生存资料方面的消费，其次才是医疗保健等享受型消费。③ 与之相似，李婧的研究结果也表明，在食品、医疗、服装、交通、教育方面，数字金融的发展对我国农村居民的消费影响大于城镇居民，并且从对泰尔熵的分析来看，数字金融发展对东部经济区城乡消费结构的优化作用最强。④ 傅秋子和黄益平则发现，数字金融整体水平的提升能够提高农村消费性正规信贷的需求概率，并且有网络购物习惯、受教育水平较高的群体会被激发出较多的需求，这反映了数字金融提升效率、促进消费的多维度效应。⑤ 但是南永清等却认为，数字金融对中西部地区城镇居民的消费有着明显的促进作用，并且与数字金融的覆盖广度和数字化支持程度相比，

① 程名望、张家平：《新时代背景下互联网发展与城乡居民消费差距》，《数量经济技术经济研究》2019年第7期，第22~41页。
② 邢天才、张夕：《互联网消费金融对城镇居民消费升级与消费倾向变动的影响》，《当代经济研究》2019年第5期，第89~97页。
③ 关键、马超：《数字金融发展与家庭消费异质性——来自CHARLS的经验证据》，《金融经济学研究》2020年第6期，第127~142页。
④ 李婧：《我国数字金融发展与城乡消费结构的协同关系研究》，《商业经济研究》2021年第7期，第171~175页。
⑤ 傅秋子、黄益平：《数字金融对农村金融需求的异质性影响——来自中国家庭金融调查与北京大学数字普惠金融指数的证据》，《金融研究》2018年第11期，第68~84页。

数字金融的使用深度具有更高的消费效应。① 同时，王修华和赵亚雄也认为数字金融发展存在明显的马太效应，非贫困户能够有效利用数字金融功能来平滑生存型消费，进行休闲娱乐，而贫困户在这方面的利用效果则不显著。② 高婧和唐宇宙分别比较分析了数字金融和传统金融对城乡居民消费差距的影响，他们认为传统金融"嫌贫爱富"的本质特征扩大了城乡消费差距，而数字金融则恰恰相反，能够显著地缩小城乡消费差距，并且对高收入地区的作用更加明显。③

此外在数字金融影响居民消费水平的作用机制方面，江红莉和蒋鹏程认为，数字金融对消费水平的影响会因结构化消费水平的高低、数字金融的结构化差异以及消费群体的差异而呈现异质性，并且数字金融主要通过缩小城乡收入差距和优化产业结构来提升居民消费水平。④ 而张勋等构建了一般均衡理论框架，认为数字金融中移动支付的便捷性可以缩短居民购物的时间，从而增加其消费，而流动性约束的缓解并不是数字金融促进居民消费的主要原因。⑤ 易行健和周利则认为，数字金融的支付便利性和流动性缓解作用均能够促进居民消费，并且在对家庭债务收入比进行分样本回归时，发现数字金融仅仅促进了中低债务收入比家庭的消费支出。⑥

综上所述，数字金融的发展为居民消费影响因素的研究提供了崭新的视角，但是现有的文献仅仅从城镇和农村的角度来分析数字金融发展对居民消费的影响，没有探索其对不同消费水平群体影响的异质性，在分析影响路径时也较少关注数字金融存在的空间效应，因此本章在这些方面将进行一定的完善和补充。

---

① 南永清、宋明月、肖浩然：《数字普惠金融与城镇居民消费潜力释放》，《当代经济研究》2020 年第 5 期，第 102～112 页。
② 王修华、赵亚雄：《数字金融发展是否存在马太效应？——贫困户与非贫困户的经验比较》，《金融研究》2020 年第 7 期，第 114～133 页。
③ 高婧、唐宇宙：《服务下沉视角下金融发展与城乡居民消费差距关系探讨——基于数字普惠金融与传统金融的比较分析》，《商业经济研究》2021 年第 7 期，第 176～179 页。
④ 江红莉、蒋鹏程：《数字普惠金融的居民消费水平提升和结构优化效应研究》，《现代财经》（天津财经大学学报）2020 年第 10 期，第 18～32 页。
⑤ 张勋、杨桐、汪晨、万广华：《数字金融发展与居民消费增长：理论与中国实践》，《管理世界》2020 年第 11 期，第 48～63 页。
⑥ 易行健、周利：《数字普惠金融发展是否显著影响了居民消费——来自中国家庭的微观证据》，《金融研究》2018 年第 11 期，第 47～67 页。

二　数字金融发展对城乡居民消费影响的理论分析

在数字技术的影响下，传统金融机构的数字化转型主要体现在支付结算、智能投顾和智能客服、信贷、区块链等方面的技术革新和应用上。因此，数字金融的发展一方面可以通过提供消费信贷服务和移动支付服务来直接促进居民消费水平提升；另一方面可以通过智能投顾、基金投资等服务来促进居民收入增长、改善城乡收入分配，进而间接促进居民消费水平提升。此外，数字金融以互联网技术为依托，能够通过数字支持服务来扩展金融服务的覆盖面，具备一定的普惠性质，因此存在一定的空间溢出效应，从而可以影响相邻地区的消费水平。

（一）数字金融影响居民消费水平的直接路径

数字金融对居民消费水平的直接影响主要是通过两种方式来实现。第一种是向消费者提供定制性质的消费信贷服务、分期小额商贷服务，同时协助政府落实消费刺激政策，其主要作用是缓解消费者的预算约束。第二种是通过移动支付平台为消费者购买线上零售产品提供支付结算便利。线上零售具有产品价格透明度高、经营时间约束小的特点，能促使消费者的消费行为偏好由线下向线上迁移，而移动支付作为消费中的重要环节，对居民消费水平的提高产生了直接的影响。

具体而言，一方面，大数据的发展和应用使得居民的征信和消费痕迹成为一种动态数据。数字金融可以通过数据抓取来寻找消费者在征信体系之外的信息，有效整合消费者的社交数据和财务数据，从而把握消费者在生活场景中的消费轨迹以及可能产生的信用风险，降低信息不对称和信息获取成本。数字金融还可以根据所获得的信息对消费者的金融行为、消费习惯进行立体的刻画，建立智能风控体系，从而为客户提供定制化和个性化的金融服务，极大地缩减了传统消费信贷模式下烦琐冗长的申请流程，提高了资源配置效率且降低了资源匹配成本，并缓解了对资金需求者的初始财富约束，满足了消费者的资金需求。目前这种金融服务主要通过以下几种模式来进行精准营销：一是通过传统金融机构向消费者提供抵押消费贷款和信用卡消费贷款，快速便捷满足消费者的日常消费需求；二是通过持牌消费金融公司向消费者直接发放贷款，或者消费金融公司与商户合作，直接将消费贷款的申请和使用嵌入消费环节中；三是通过互联网分期平台向传统金融服务难以覆盖到的客户群体提供在线分期购物和小额现金贷款服务，满足其消费信贷需求，尤其是对农村受教育程度较高、有机会接触网购的居民来说，数字金融对其消费性信贷增长的促进作用更加强烈。

另一方面，随着我国互联网科技的高速发展，线上零售正逐渐成为我国居民不可或缺的消费渠道，尤其是面对公共卫生安全事件时，线上零售市场凭借安全便捷的独特优势有力地支撑了经济内循环。据国家统计局的数据，2020 年 1~9 月我国网络零售额占社会零售总额的比例达到了29.29%，且其在社会零售总额中的渗透率还在不断提升。与此同时，线上零售通过模式创新、渠道下沉等方式不断激活消费者的感性消费需求，提升购买转化率，释放潜在的消费需求。因此，移动支付作为线上消费所必不可少的环节，不仅能够为消费者提供安全便捷的支付渠道，还能潜移默化地影响消费者的消费行为，提高其小额线上消费活动频率，所以数字金融的移动支付服务对居民消费水平的提升同样具有促进作用。

（二）数字金融影响居民消费水平的间接路径

在通过促进收入增长影响居民消费的间接路径中，数字金融可以通过改变传统金融服务在投资决策以及风险定价过程中的信用中介角色，使得投顾服务更加智能化，不断增强传统金融的效率。这种智能化的投顾服务首先会通过机器运作模式将基本面、技术面、交易和终端行为、互联网和第三方信息整合为因子库，然后再利用机器学习算法对因子数据提炼成的训练样本进行模拟训练，最后保留其中的有效因子，并且生成打分方程输出组合。其挑选因子时注重从基本面、技术面、投资者情绪等方面来开展，并以此为基础构建量化选股策略，来帮助投资者获得较高收益。[①] 除

---

① 巴曙松、白海峰：《金融科技的发展历程与核心技术应用场景探索》，《清华金融评论》2016 年第 11 期，第 99~103 页。

了为投资者提供投资方式和策略，信息的有效获取及分析、交易的执行以及客户的资产配置再平衡等也都在智能投顾服务的覆盖范围之内。其可以利用算法来构建定制化的投资理财组合，一方面能够实时跟踪市场动态并且快速识别投资者的风险偏好，为其提供相对理性的投资建议；另一方面还能够持续降低传统投顾服务的各项成本。① 因此，智能投顾为非流行市场的中低净值人群提供了更好的投资服务，降低了投资的准入门槛，提高了投资者收入。

在通过改善城乡收入分配影响居民消费的间接路径中，数字金融能够协助传统金融机构解决其在扶持"三农"的过程中面临的以下几个困境。首先，传统金融机构在拓展金融服务网络时，往往只能以增设物理网点的方式进行，而我国农村地区地域辽阔，经济发展水平参差不齐，单笔贷款的授信额度普遍偏低，这导致小额授信的收益难以覆盖成本。其次，由于历史原因，农村地区的信贷档案质量偏低，客观上存在信息不对称的现状，这导致农村地区金融机构信贷服务开展缺乏底层基础。最后，农村地区用户对复杂的金融术语理解程度较低，熟悉信贷流程的过程较为缓慢，导致金融普及成本较高。而数字金融可以利用农村地区用户的海量数据，通过算法优势、线上授信优势、流程简化优势，为农村居民匹配合适的助农信贷资金，缓解其流动性约束。因此，数字金融能够通过涓滴效应缩小城乡群体的收入差距，克服传统金融机构对"长尾群体"的金融排斥问题，有效提升金融资源的渗透性，从而优化收入分配结构，在不损失优质客户资源的前提下，实现金融包容性发展。② 与此同时，中小微企业作为稳市场、保就业的主要力量，在吸收基层劳动力方面发挥着重要的作用，能够为农村劳动力提供大量的就业岗位，但由于我国金融供给结构以间接融资为主，在间接融资中又以大型商业银行为主，其在金融信贷资源配置中偏好资产重、风险低的国有企业，而中小微企业由于风险较高，难以获得其提供的精细化无抵押信贷服务，所以中小微企业面临较高的融资成

① 伍旭川：《迎接金融科技的新风口——智能投顾》，《清华金融评论》2017年第10期，第85~87页。
② 李建军、韩珣：《普惠金融、收入分配和贫困减缓——推进效率和公平的政策框架选择》，《金融研究》2019年第3期，第129~148页。

本。随着数字金融在大数据技术领域的快速发展，一部分新兴金融科技企业也积极响应国家的政策，在为中小微企业提供经营性贷款的同时，不断地为农村劳动力提供合适的就业机会，缩小了城乡居民之间的收入差距。

综合以上分析，本章认为数字金融影响居民消费水平的间接路径主要包括促进居民收入增长和改善城乡收入分配两种。

（三）数字金融影响居民消费水平的空间路径

数字金融得益于大数据、云计算等前沿技术的广泛使用和移动互联网的高度覆盖，能够利用数字化支持服务突破传统普惠金融的地理范围限制，缓解由于行政区划所导致的市场分割和资源错配问题，改变金融服务和产品的提供方式，使远距离资金供求双方实现资源对接，提升资源配置效率。

具体而言，数字金融这种突破地区金融服务壁垒的优势能够使不同地区的居民有效获取消费贷款和分期小额贷款，释放居民的消费潜力，同时金融产品的零售平台也可以通过加快数字技术与各类新消费业态的融合，为居民提供更加多元化和个性化的消费服务，而商家也可以借助互联网改进产品营销策略，改善消费者的消费体验，进一步提高跨区域的获客能力。因此数字金融对居民消费的空间效应离不开以下两个方面的支持。一是移动互联网和智能手机普及率的不断提升，使得成本更低的非接触式服务成为主流的服务方式，解除了地区之间消费服务的时效限制。二是金融机构对居民日常生产生活等多维度数据信息的多样化收集渠道，使得信息的获取更加智能化和自动化，提高了金融机构对数据的挖掘和分析能力，同时利用区块链易于追溯、难以篡改的技术优势，可以完整构建居民的信用信息链，有效提高了居民消费信贷收款的可靠性，破解了跨区域配置消费信贷资源所存在的信息不对称和交易成本过高的问题。

因此，数字金融能够通过空间溢出效应将更广范围的客户群体纳入金融服务范围，在缓解金融排斥并减少居民信贷约束的同时，促进地区间生产要素的流动和贸易合作，带动相邻地区的经济发展和居民收入增加，并且进一步对相邻地区居民的消费水平产生影响。

（四）研究假设

H1：数字金融的发展能够提升居民消费水平，并且信贷和移动支付服务是直接影响路径，收入增长和收入分配是主要的间接影响路径。

数字金融的发展扩大了智能投顾服务的覆盖群体，降低了居民投资的门槛，能够克服传统投顾服务对非市场主流客户群体的金融排斥问题，增强金融服务的包容性，并进一步为居民的消费活动提供更多的流动性支撑，最终促进居民消费水平提升。因此，本章认为移动支付等服务可以直接促进居民消费，而提高居民收入、改善收入分配则是数字金融促进居民消费的间接路径。

H2：数字金融的发展能够通过空间溢出效应促进相邻地区居民消费水平提升。

数字金融中的信息化和数字化技术的不断发展，使得不同地区的金融服务边界不再清晰，从而数字金融能够突破时间和空间的限制合理配置金融资源，并通过技术溢出提高地区之间的经济联系，带动相邻地区的经济发展，对相邻地区居民消费水平产生正外部性。基于此，本章假设数字金融的发展对相邻地区的居民消费水平具有正向的空间溢出效应。

三 变量选择与模型构建

（一）变量选择

1. 被解释变量

被解释变量为居民消费水平，选用地区居民人均消费支出来衡量，居民人均消费支出越高则居民消费水平越高。

2. 核心解释变量

核心解释变量为数字金融（*digfin*）。郭峰等以大型金融科技企业的用户交易账户的数据为基础，选用了 24 个指标构建了数字普惠金融的指标体系[①]，本

[①] 郭峰、孔涛、王靖一等：《中国数字普惠金融指标体系与指数编制》，北京大学数字金融研究中心工作论文系列，2016 年 12 月。

章最终选取其省级层面的数字普惠金融指数来衡量各地区数字金融的发展程度。

另外，为了进一步分析数字金融不同维度的发展对居民消费水平的影响，我们将数字金融使用深度（*depth*）、覆盖广度（*width*）、数字支持服务程度（*digital*）也作为解释变量。

3. 中介变量

中介变量为居民收入水平（*pcdi*）和城乡收入差距（*ingap*）。其中，用地区居民人均可支配收入来衡量居民收入水平；用地区城镇与农村居民人均可支配收入之比来衡量城乡收入差距。

4. 控制变量

本章所选取的控制变量具体如下。

对外开放程度（*open*）。本章用地区外贸进出口总额和地区 GDP 的比值来衡量对外开放程度。对外开放程度的提高有利于资本流入经济发展最有效的领域，从而为国际市场提供规模化的生产，并带动资金、技术、管理理念的输入，提高地区经济发展的活跃程度，提升居民的消费水平。

教育支出水平（*edu*）。教育支出水平越高的地区，居民越容易以较低的成本获取相应的教育服务，越有利于优化地区劳动力资源的组成结构，使居民获得收入水平较为理想的就业岗位，从而使居民的消费获得更强的经济资源保障，有利于促进居民消费水平的提升。本章用地区政府教育经费支出和财政支出的比值来衡量教育支出水平。

居民消费价格指数（*price*）。居民消费价格指数是用来衡量通货膨胀的主要指标之一，价格指数的变动会对居民的消费水平产生直接的影响，并且还会影响消费者的心理预期，从而使消费者做出不同的消费选择。

政府财政干预度（*govern*）。本章以地区政府财政支出与地区 GDP 的比值来衡量政府财政干预度，资源和要素的再分配会随着政府的财政干预程度的提高而不断改善，这在一定程度上能够增加受惠者的货币收入，有利于居民消费。

经济结构（*struct*）。在地区的经济结构中，若第一产业占比较大，则居民的收入会受到一定的抑制，而以第二产业为核心的实体经济的发展，不仅能为居民提供大量的就业岗位，稳住经济的基本盘，而且能够持久地促进地区经济发展，对稳定社会结构具有重要意义，因此选定地区第二产业增加值与地区 GDP 的比值来衡量经济结构。

互联网使用情况（ $internet$ ）。近年来移动互联网的发展对居民的消费方式产生了重要的影响，移动终端不仅扩大了居民消费的选择范围，提升了居民消费的便利程度，还使得居民的消费行为更容易受到外部信息的影响，表现出冲动性和急用性的特点，因此本章以地区移动互联网用户数量来衡量互联网的使用情况。

在进行实证分析之前，对相关变量做如下处理：第一，对居民消费水平（ $consumption$ ）、居民收入水平（ $pcdi$ ）、互联网使用情况（ $internet$ ）进行取对数处理；第二，为了避免相关系数出现过多零值，消除量纲差距，对数字金融（ $digfin$ ）进行缩小 100 倍处理。

（二）数据来源

本章实证分析中居民消费水平的数据来源于《中国统计年鉴》和中国家庭追踪调查数据，居民收入水平、城乡收入差距以及互联网使用情况的数据来源于《中国统计年鉴》，数字金融的数据来源于北京大学数字金融研究中心编制的数字普惠金融指数，而对外开放程度、教育支出水平、居民消费价格指数、政府财政干预度以及经济结构的数据来源于中国人民银行发布的《中国区域金融运行报告》。此外，由于所选取的居民收入水平的统计口径在 2013 年发生变化并且《中国统计年鉴》的数据暂时只披露到 2019 年，因此为保证实证研究的严谨性和真实性，本章最终选定的数据为 2013～2019 年 31 个省（区、市）的面板数据。

（三）模型构建

1. 固定效应模型

首先通过建立面板数据的回归模型来探究数字金融对居民消费水平的影响。在确定选用哪种面板模型之前首先要进行 Hausman 检验，检验结果显示卡方值为 355.57、P 值为 0.0000，显著拒绝原假设，因此本章选择固定效应面板数据模型进行回归，模型如下：

$$consumption_{it} = \beta_0 + \beta_1 digfin_{it} + \beta_2 open_{it} + \beta_3 edu_{it} + \beta_4 price_{it} + \beta_5 govern_{it} + \quad (13-1)$$
$$\beta_6 struct_{it} + \beta_7 internet_{it} + \varphi_i + \mu_{it}$$

其中，β_0 表示截距项，φ_i 表示省份固定效应，μ_i 为随机误差项，下标 i 为不同的省份，下标 t 为不同的年份。$digfin$ 为本章的核心解释变量即数字金融，$open$（对外开放程度）、edu（教育支出水平）、$price$（居民消费价格指数）、$govern$（政府财政干预度）、$struct$（经济结构）以及 $internet$（互联网使用情况）为影响被解释变量 $consumption$（居民消费水平）的控制变量。

2. 中介效应模型

接着建立中介效应模型来检验数字金融影响居民消费水平的路径。在对比联立方程组系统估计法和逐步估计法的优缺点之后，基于本章所研究内容的实际情况，最终选定逐步估计法来检验中介效应。中介效应检验过程可以简单分为两个步骤，第一步检验数字金融对居民消费水平提升是否有促进作用，如果有，则进行第二步，检验数字金融是否通过促进居民收入增长和改善城乡收入分配来促进居民消费水平提升。因此本章在模型（13-1）的基础上首先检验数字金融对中介变量居民收入水平（$pcdi$）或城乡收入差距（$ingap$）的影响，先令居民收入水平（$pcdi$）或城乡收入差距（$ingap$）作为被解释变量，数字金融（$digfin$）为核心解释变量，建立如下模型：

$$pcdi_{it} \text{o} ringap_{it} = c + \eta_1 digfin_{it} + \eta_2 open_{it} + \eta_3 edu_{it} + \eta_4 price_{it} + \quad (13-2)$$
$$\eta_5 govern_{it} + \eta_6 struct_{it} + \eta_7 internet_{it} + \varphi_i + \mu_{it}$$

再检验居民收入水平或城乡收入差距在数字金融影响居民消费的过程中发挥的是部分中介效应还是完全中介效应，继续建立如下模型：

$$consumption_{it} = c + \theta_1 digfin_{it} + \theta_2 pcdi_{it} \text{o} ringap_{it} + \theta_3 open_{it} + \theta_4 edu_{it} + \quad (13-3)$$
$$\theta_5 price_{it} + \theta_6 govern_{it} + \theta_7 struct_{it} + \theta_8 internet_{it} + \varphi_i + \mu_{it}$$

其中，模型（13-2）中的系数 η_1 为数字金融对居民收入水平或城乡收入差距的影响效应，模型（13-3）中的系数 θ_2 为控制了数字金融的影响后，居民收入水平和城乡收入差距对居民消费水平的影响效应，θ_1 为数字金融对居民消费水平所产生的直接影响。其中，中介影响效应为 $\theta_2 \eta_1$，它与总效应和直接效应存在如下关系：

$$\beta_1 = \theta_1 + \theta_2 \eta_1 \qquad (13-4)$$

关于是否存在中介效应，判断依据为，如果系数 β_1、η_1 和 θ_2 都显著，则意味着中介效应显著存在；如果系数 β_1 不显著，或者 η_1 和 θ_2 都不显著，则不存在中介效应。如果各变量的系数结果符合中介效应判断依据，则数字金融可以通过促进收入增长、改善收入分配来提高居民消费水平。

3. 空间计量模型

进一步构建空间计量模型来探究数字金融对居民消费水平的空间溢出效应，而对空间溢出效应的度量需要以下几个步骤。

（1）构建空间权重矩阵

空间权重矩阵能够对样本数据的空间位置情况进行量化，并进一步定义样本数据的空间位置邻接关系，从而为讨论变量的空间相关性奠定基础。因此本章构建了我国 31 个省（区、市）的二进制邻接关系空间权重矩阵，在此假设海南不是信息孤岛，而是与广东相邻，所构建的矩阵如下：

$$W = \begin{bmatrix} w_{11} & \cdots & w_{1n} \\ \vdots & & \vdots \\ w_{n1} & \cdots & w_{nn} \end{bmatrix}, \; w_{ij} = \begin{cases} 1, \text{省份 } i \text{ 与省份 } j \text{ 相邻} \\ 0, \text{省份 } i \text{ 与省份 } j \text{ 不相邻} \end{cases} \qquad (13-5)$$

空间权重矩阵元素 w_{ij} 表示省份之间的相邻状况，其中 $w_{ij} = w_{ji}$，且对角线上的元素 $w_{11} = w_{22} \cdots = w_{nn} = 0$，在进行实证分析时为了得到各省（区、市）相邻地区变量的平均值，需要对矩阵进行行标准化处理：

$$\tilde{w}_{ij} = \frac{w_{ij}}{\sum_i w_{ij}} \qquad (13-6)$$

最后经过行标准化的空间权重矩阵为：

$$\tilde{W} = \begin{bmatrix} \tilde{w}_{11} & \cdots & \tilde{w}_{1n} \\ \vdots & & \vdots \\ \tilde{w}_{n1} & \cdots & \tilde{w}_{nn} \end{bmatrix} \qquad (13-7)$$

（2）选择空间计量模型

当前对于一般的静态面板空间计量模型有如下表达式：

$$y_{it} = \rho \tilde{w} y_{it} + x_{it}\beta + \delta \tilde{w} x_{it} + \mu_{it}$$

$$\mu_{it} = \lambda \tilde{w} \mu_{it} + \varepsilon_{it} \qquad (13-8)$$

$$\varepsilon \sim N(0, \sigma^2 I_n)$$

其中，y_{it} 是被解释变量，x_{it} 是所有的解释变量，$\rho \tilde{w} y_{it}$ 和 $\delta \tilde{w} x_{it}$ 分别为被解释变量和解释变量的空间滞后项，ρ 和 δ 为空间相关系数，用来度量空间滞后因子对被解释变量 y_{it} 的影响；λ 为空间误差相关系数，$\tilde{w} \mu_{it}$ 说明误差项存在空间自相关，ε 为服从正态分布的误差项。在模型（13-8）中，如果 $\lambda = 0$，$\rho \neq 0$ 且 $\delta \neq 0$，则表明其为空间杜宾模型（SDM）。

在确定使用哪种空间计量模型时，首先需要进行 Wald 检验和 LR 检验，本章的 Wald 检验卡方值为 18、P 值为 0.012，而 LR 检验结果如表 13-1 所示，空间滞后模型（SLM）和空间误差模型（SEM）的 P 值分别为 0.0139 以及 0.0000，均显著拒绝原假设，因此认为空间杜宾模型不会退化为空间滞后和空间误差模型。

表 13-1　空间计量模型 LR 检验结果

名称	模型	卡方统计量	P 值
SLM	$y = \rho \tilde{w} y + xy + \varepsilon$	17.61	0.0139
SEM	$y = x\beta + \mu, \mu = \lambda \tilde{w} \mu + \varepsilon$	34.83	0.0000

基于上述结果，构建如下空间杜宾模型：

$$
\begin{aligned}
consumption_{it} = & I_n c + \rho \tilde{W} consumption_{it} + \beta_1 digfin_{it} + \beta_2 open_{it} + \beta_3 edu_{it} + \\
& \beta_4 price_{it} + \beta_5 govern_{it} + \beta_6 struct_{it} + \beta_7 internet_{it} + \\
& \delta_1 \tilde{W} digfin_{it} + \delta_2 \tilde{W} open_{it} + \delta_3 \tilde{W} edu_{it} + \delta_4 \tilde{W} price_{it} + \\
& \delta_5 \tilde{W} govern_{it} + \delta_6 \tilde{W} struct_{it} + \delta_7 \tilde{W} internet_{it} + \varphi_i + \varepsilon_{it}
\end{aligned} \qquad (13-9)
$$

其中，$consumption_{it}$ 是被解释变量居民消费水平，I_n 为 $n \times n$ 的单位向量，c 为截距项，ρ 和 δ 为空间相关系数，$\tilde{W}$ 为行标准化的空间权重矩阵，β 为解释变量的相关系数，φ_i 表示省份固定效应，ε_{it} 是服从正态分布的随机扰动项。

（3）度量空间溢出效应

LeSage 和 Pace 认为，在度量空间溢出效应时，以模型的点估计判断空间溢出效应可能存在偏误，他们通过对模型求偏微分将解释变量对被解释变量的作用分解，以此作为检验空间溢出效应的依据。[①] 具体方法是，将空间杜宾模型中的 $\rho\tilde{W}consumption_{it}$ 左移，之后等式两边同时乘以 $(I_n - \rho\tilde{W})^{-1}$，将等式转化为：

$$consumption_{it} = (I_n - \rho\tilde{W})^{-1} \times (\beta X_{it} + \delta\tilde{W}X_{it}) + (I_n - \rho\tilde{W})^{-1} \times (I_n c + \varphi_i \varepsilon_{it})$$

$$(13-10)$$

令

$$P_k(\tilde{W}) = (I_n - \rho\tilde{W})^{-1} \times (I_n\beta_k + \delta_k\tilde{W}) , Q(\tilde{W}) = (I_n - \rho\tilde{W})^{-1} \times (I_n c + \varphi_i \varepsilon_{it})$$

$$(13-11)$$

则

$$consumption_{it} = \sum_{k=1}^{m} P_k(\tilde{W})X_k + Q(\tilde{W}) \qquad (13-12)$$

将式（13-12）扩展转化：

$$
\begin{bmatrix} consumption_{1t} \\ consumption_{2t} \\ \vdots \\ consumption_{nt} \end{bmatrix} = \sum_{k=1}^{m} \begin{bmatrix} P_k(\tilde{W})_{11} & P_k(\tilde{W})_{12} & \cdots & P_k(\tilde{W})_{1n} \\ P_k(\tilde{W})_{21} & P_k(\tilde{W})_{22} & \cdots & P_k(\tilde{W})_{2n} \\ \vdots & \vdots & & \vdots \\ P_k(\tilde{W})_{n1} & P_k(\tilde{W})_{n2} & \cdots & P_k(\tilde{W})_{nn} \end{bmatrix} \times
$$

$$(13-13)$$

$$\begin{bmatrix} X_{1k} \\ X_{2k} \\ \vdots \\ X_{nk} \end{bmatrix} + Q(\tilde{W})$$

[①] LeSage, J. P. & Pace, R. K., *Introduction to Spatial Econometrics* (Boca Raton: CRC Press, 2009).

式（13－10）中的 X_{it} 为模型中的所有自变量，式（13－12）中的 m 为解释变量的个数，在本章中 $m=7$。通过对矩阵（13－13）的 X 求偏微分，可得矩阵对角线上的元素 $\dfrac{\partial\, consumption_{it}}{\partial\, X_{ik}} = P_k\,(\tilde{W})_{ii}$，它是第 K 个解释变量对本地区被解释变量的直接效应，而 $\dfrac{\partial\, consumption_{it}}{\partial\, X_{jk}} = P_k\,(\tilde{W})_{ij}$ 是矩阵非对角线上的元素，它度量了第 K 个解释变量通过空间溢出效应对相邻地区被解释变量所产生的间接效应，直接效应 $P_k\,(\tilde{W})_{ii}$ 与间接效应 $P_k\,(\tilde{W})_{ij}$ 之和则为总效应。

四　数字金融发展对城乡居民消费影响的实证检验

（一）数字金融发展影响居民消费水平的实证结果

数字金融对居民消费水平影响的实证结果如表13－2所示，模型（1）检验了数字金融对居民消费水平的影响，模型（2）~（4）检验了数字金融的使用深度、覆盖广度、数字支持服务对居民消费水平的影响。

表 13－2　数字金融影响居民消费水平的估计结果

变量	模型（1）	模型（2）	模型（3）	模型（4）
digfin	0.236 *** (0.0117)			
depth		0.106 *** (0.0102)		
width			0.245 *** (0.0125)	
digital				0.044 *** (0.0097)
open	0.0274 (0.0489)	－0.0215 (0.0698)	－0.0284 (0.0495)	－0.0791 (0.0833)
edu	0.332 ** (0.1542)	－0.3395 (0.2109)	0.1854 (0.1549)	－0.2897 (0.2639)

变量	模型（1）	模型（2）	模型（3）	模型（4）
price	0.021 ***	0.019 ***	0.011 **	0.052 ***
	(0.0049)	(0.0072)	(0.0051)	(0.0086)
govern	0.1359	0.0469	0.1764	−0.2199
	(0.1186)	(0.1696)	(0.1212)	(0.2012)
struct	0.1538	−0.2653	0.0609	−0.581 ***
	(0.1163)	(0.1603)	(0.1169)	(0.1875)
internet	0.136 ***	0.346 ***	0.061 **	0.452 ***
	(0.0236)	(0.0264)	(0.0272)	(0.0281)
常数项	7.846 ***	6.871 ***	8.551 ***	6.285 ***
	(0.1899)	(0.2539)	(0.2111)	(0.2964)
省份固定效应	控制	控制	控制	控制
样本量	217	217	217	217
R^2	0.9648	0.9283	0.9142	0.8971

注：***、**分别表示在1%、5%的水平下显著，括号内为异方差稳健标准误。

从模型（1）的结果来看，数字金融的系数估计值为0.236，在1%的显著性水平下为正，说明数字金融与居民消费水平呈现正相关关系，数字金融的发展能够显著促进居民消费水平提升。对于控制变量来说，教育支出水平在5%的显著性水平下能够促进居民消费水平提升，意味着对教育资源的投入能够带来较为理想的产出，以更好地支撑居民消费；居民消费价格指数在1%的显著性水平下为正，说明短期内商品价格上涨对居民消费的影响表现为替代效应；此外还可以看出，移动互联网的普及改变了居民的消费方式和消费习惯，将社交网络和消费行为相融合，放大了居民消费行为的示范效应，从而显著促进了居民消费水平的提升。

从模型（2）~（4）的实证结果来看，数字金融的使用深度、覆盖广度以及数字支持服务均能显著促进居民消费水平提升，各维度对消费的贡献率表现为覆盖广度＞使用深度＞数字支持服务，说明数字金融存在普惠性，且能够提高金融服务的包容性，满足长尾市场的服务需求，使居民获得金融资源，以提升其消费水平。

（二）数字金融发展影响居民消费水平的直接路径检验

根据本章的理论假设，信贷和移动支付服务在数字金融影响居民消费水平的过程中发挥着直接作用，因此本小节选择数字金融二级指标中的信贷（loan）和移动支付数据（pay）作为解释变量，仍采用固定效应模型来检验数字金融影响居民消费的直接机制，检验结果如表 13-3 所示。可以看出信贷和移动支付均在 1% 的显著性水平下促进了居民消费水平的提升，且系数估计值分别为 0.235 和 0.192，这意味着数字金融可以通过直接向居民提供消费信贷服务以及移动支付服务来缓解居民的流动性约束，释放其消费潜力。此外在控制变量中，居民消费价格指数对居民消费水平的影响仍然表现为替代效应，而移动互联网的普及也进一步提升了居民对消费信息获取的便利性，从而有力地支撑了居民消费的升级，显著促进了居民的消费。

表 13-3　数字金融影响居民消费水平的直接机制检验结果

变量	模型（5）	模型（6）
loan	0.235 ***	
	(0.0156)	
pay		0.192 ***
		(0.0171)
open	0.0149	0.155 **
	(0.0586)	(0.0711)
edu	0.1078	-0.1778
	(0.1821)	(0.2061)
price	0.035 ***	0.041 ***
	(0.0058)	(0.0066)
govern	-0.1881	-0.331 **
	(0.1407)	(0.1627)
struct	0.0298	-0.1002
	(0.1385)	(0.1589)
internet	0.252 ***	0.177 ***
	(0.0254)	(0.0353)
常数项	7.328 ***	7.958 ***
	(0.2186)	(0.2817)

续表

变量	模型（5）	模型（6）
省份固定效应	控制	控制
样本量	217	217
R^2	0.9496	0.933

注：***、** 分别表示在 1%、5% 的水平下显著，括号内为异方差稳健标准误。

（三）数字金融发展影响居民消费水平的收入增长路径检验

表 13-4 报告了数字金融影响居民消费水平的收入增长路径检验结果。其中，模型（7）为数字金融对居民消费水平的总效应，模型（8）为数字金融对居民收入水平的影响，即收入增长效应，模型（9）为控制了数字金融对居民消费水平的影响后，中介变量居民收入水平对居民消费水平的影响，即收入增长中介效应。可以看出模型（8）中数字金融的估计系数在 1% 的显著性水平下为 0.324，说明数字金融发展能够显著促进居民收入增长，此外模型（7）中数字金融的估计系数显著为正且大于模型（9）中数字金融的估计系数，居民收入水平的估计系数也显著为正，说明居民收入水平是部分中介变量且中介效应十分显著，即数字金融可以通过促进居民收入增长来间接促进居民消费水平提升。

表 13-4　数字金融促进消费水平提升的收入增长路径检验结果

变量	模型（7） 总效应	模型（8） 收入增长效应	模型（9） 收入增长中介效应
digfin	0.236 *** （0.0117）	0.324 *** （0.0259）	0.201 *** （0.0156）
pcdi			0.109 *** （0.0329）
open	0.0274 （0.0489）	-0.0069 （0.1083）	0.0281 （0.0476）
edu	0.332 ** （0.1542）	-0.809 ** （0.3409）	0.421 *** （0.1523）

续表

变量	模型（7） 总效应	模型（8） 收入增长效应	模型（9） 收入增长中介效应
price	0.021 ***	0.029 ***	0.018 ***
	（0.0049）	（0.0109）	（0.0049）
govern	0.1359	0.1802	0.1161
	（0.1187）	（0.2625）	（0.1156）
struct	0.1538	−0.2026	0.176
	（0.1163）	（0.2573）	（0.1133）
internet	0.136 ***	0.0002	0.136 ***
	（0.0236）	（0.0523）	（0.0229）
常数项	7.846 ***	9.24 ***	6.831 ***
	（0.1899）	（0.4199）	（0.3555）
省份固定效应	控制	控制	控制
样本量	217	217	217
R²	0.9648	0.8968	0.9669

注：*** 、** 分别表示在1%、5%的水平下显著，括号内为异方差稳健标准误。

（四）数字金融发展影响居民消费水平的收入分配路径检验

表13－5为数字金融影响居民消费水平的收入分配路径检验结果，其中，模型（10）与模型（7）一致，为数字金融对居民消费水平的总效应，模型（11）反映了数字金融对城乡收入差距的影响，即收入分配效应，模型（12）则是在控制了数字金融对居民消费水平的影响后，城乡收入差距对居民消费水平的影响，即收入分配中介效应。具体来看，模型（11）中数字金融的估计系数在5%的显著性水平下为负值，说明数字金融的发展能够显著缩小城乡收入差距，促进收入分配的公正性。此外模型（10）中数字金融的估计系数显著为正且大于模型（12）中数字金融的估计系数，城乡收入差距的估计系数在1%的显著性水平下为负值，说明城乡收入差距也是部分中介变量且具有显著的中介效应，证明数字金融也可以通过缩小城乡收入差距，即改善收入分配来间接促进居民消费水平提升。而与收

入增长的中介效应进行对比，可以发现同样作为数字金融促进居民消费水平提升的间接作用机制，收入增长的中介作用却远远强于收入分配。

表 13 – 5　数字金融促进消费水平提升的收入分配路径检验结果

变量	模型（10） 总效应	模型（11） 收入分配效应	模型（12） 收入分配中介效应
digfin	0.236 *** (0.0117)	– 0.0253 ** (0.0118)	0.231 *** (0.0116)
ingap			– 0.231 *** (0.0728)
open	0.0274 (0.0489)	– 0.134 *** (0.049)	– 0.0034 (0.0488)
edu	0.332 ** (0.1542)	0.1429 (0.1544)	0.365 ** (0.1508)
price	0.021 *** (0.0049)	– 0.009 ** (0.0049)	0.019 *** (0.0048)
govern	0.1359 (0.1187)	0.228 * (0.1189)	0.1885 (0.1169)
struct	0.1538 (0.1163)	– 0.0539 (0.1165)	0.1413 (0.1136)
internet	0.136 *** (0.0236)	– 0.139 *** (0.0237)	0.1034 *** (0.0252)
常数项	7.846 *** (0.1899)	3.723 *** (0.1902)	8.703 *** (0.3284)
省份固定效应	控制	控制	控制
样本量	217	217	217
R^2	0.9648	0.6787	0.9667

注：***、**、*分别表示在1%、5%和10%的水平下显著，括号内为异方差稳健标准误。

（五）间接路径对不同消费水平群体的作用差异

表 13 – 6 报告了收入增长和收入分配间接路径对不同消费水平群体的

作用差异。本章利用 2014 年、2016 年、2018 年北京大学中国家庭追踪调查的数据，根据《中国统计年鉴》中按五等份分组的居民人均可支配收入的统计方法，将消费水平划分为低消费水平、中等偏下消费水平、中等消费水平、中等偏上消费水平和高消费水平共 5 组具有代表性的居民消费水平，以此来刻画数字金融在间接路径下对不同消费水平群体的消费的边际影响，限于篇幅此处仅报告了主要关注变量的估计系数，控制变量与上文一致。由表 13 - 6 中内容可以看出，对于低消费水平群体来说，其消费提升主要受收入分配中介效应影响，通常低消费水平群体属于收入分配改善政策的最主要受益群体，因此数字金融的发展能够通过改善收入分配促进其消费水平提升；对于中等偏下消费水平群体来说，收入分配中介效应对其消费提升的边际贡献小于低消费水平群体；而对于中等和中等偏上消费水平群体来说，收入增长中介效应对其消费水平提升影响显著，收入分配中介效应对其消费水平提升影响不显著，这表明该类群体可以通过数字金融的智能投顾服务来获取资产投资收益，并为消费升级提供经济基础。

表 13 - 6　收入增长和收入分配路径对不同群体消费水平的作用差异

作用效果	变量	被解释变量：居民消费水平				
		低消费	中等偏下	中等消费	中等偏上	高消费
总效应	digfin	0.283 *** (0.0665)	0.235 *** (0.0723)	0.297 *** (0.0647)	0.249 ** (0.0576)	0.0460 (0.2418)
收入增长中介效应	pcdi	0.5169 (0.7576)	0.629 * (0.7138)	0.749 *** (0.1406)	0.541 ** (0.1629)	3.408 (2.3525)
收入分配中介效应	ingap	- 0.329 *** (0.1056)	- 0.211 ** (0.0091)	- 0.0656 (0.0983)	- 0.1376 (0.1023)	- 0.6714 (0.2695)
	控制变量	有	有	有	有	有
	省份固定效应	控制	控制	控制	控制	控制
	样本量	81	81	81	81	81

注：***、**、* 分别表示在 1%、5% 和 10% 的水平下显著，括号内为异方差稳健标准误。

（六） 数字金融发展影响居民消费水平的空间溢出效应

1. 空间溢出效应检验结果分析

表 13 - 7 列出的是以居民消费水平为被解释变量，使用空间计量模型做出的回归结果。其中，模型（13）是空间滞后模型的结果，模型（14）是空间误差模型的结果，模型（15）是空间杜宾模型的结果，模型（15）的右列 Wx 为空间杜宾模型中解释变量的空间滞后因子，本章将主要分析空间杜宾模型的结果，其他两个模型的结论作为参考补充。

表 13 - 7 数字金融对居民消费水平影响的空间计量模型检验结果

变量	模型（13）	模型（14）	模型（15）	
	空间滞后模型（SLM）	空间误差模型（SEM）	空间杜宾模型（SDM）	空间滞后因子（Wx）
digfin	0.139 ***	0.258 ***	0.0799 *	0.0393
	(0.0168)	(0.0124)	(0.0498)	(0.0541)
open	0.0417	0.0714 *	0.0343	-0.0992
	(0.0397)	(0.0411)	(0.0397)	(0.0666)
edu	0.308 **	0.3757 **	0.5411 ***	-0.354 *
	(0.1249)	(0.1479)	(0.1588)	(0.2101)
price	0.0152 ***	0.0154 ***	0.0096 *	0.0065
	(0.0041)	(0.0051)	(0.0057)	(0.0079)
govern	0.2518 ***	0.3284 ***	0.3605 ***	-0.779 ***
	(0.0976)	(0.1107)	(0.1095)	(0.1854)
struct	0.2665 ***	0.2234 **	0.279 ***	-0.5901 ***
	(0.0956)	(0.0967)	(0.1017)	(0.2014)
internet	0.0813 ***	0.0892 ***	0.0409 *	0.0634 *
	(0.0207)	(0.0244)	(0.0242)	(0.0345)
ρ	0.4405 ***		0.377 ***	
	(0.0639)		(0.0709)	
λ		0.4504 ***		
		(0.0739)		

续表

解释变量	模型（13）	模型（14）	模型（15）	
	空间滞后模型 （SLM）	空间误差模型 （SEM）	空间杜宾模型 （SDM）	空间滞后因子 （Wx）
σ^2	0.000758 ***	0.000792 ***	0.000688 ***	
	(0.0001)	(0.0001)	(0.0001)	
省份固定效应	控制	控制	控制	
样本量	217	217	217	
R^2	0.9655	0.9633	0.9707	

注：***、**、*分别表示在 1%、5% 和 10% 的水平下显著，括号内为异方差稳健标准误。

具体来看，空间杜宾模型中被解释变量滞后系数 ρ 的值在 1% 的显著性水平下为 0.377，意味着相邻省份之间的居民消费水平存在正向的空间相关性，表现出示范效应。因此，在研究居民消费水平时，应当将这种地理区位因素产生的空间相关性考虑进去。综合对比空间滞后模型和空间杜宾模型的参数估计结果，可以看出空间滞后模型的滞后系数 ρ 在 1% 的显著性水平下为 0.4405，表明居民消费所产生的正向空间溢出效应具有稳健性。模型（15）中核心解释变量数字金融的系数估计值在 10% 的显著性水平下为 0.0799，表明数字金融的发展能够显著促进本地区居民消费水平的提升。此外政府教育支出占比、政府财政支出占比、第二产业占比和移动互联网使用普及度的提升均能显著促进居民消费水平的提高，这与前文的研究结果一致，说明数字金融能够促进居民消费水平提升的结论是稳健的。最后来看空间杜宾模型中解释变量的空间滞后因子系数估计值，发现政府财政干预度的系数值在 1% 的显著性水平下为 -0.779，说明本地区财政支出占比的增加对相邻地区居民消费水平的提升产生了负向的影响，意味着其对相邻省份造成的负向竞争效应大于正向溢出效应。而互联网使用情况的系数估计值在 10% 的显著性水平下为 0.0634，说明移动互联网的普及产生了正外部性，其通过空间信息传播提升居民消费感知，重塑消费场景，促进相邻地区居民消费水平提升。另外值得注意的是数字金融的空间滞后项系数为 0.0393，但是不显著，由于解释变量的空间滞后因子是各地区与相邻地区的空间加权值，往往会忽略相邻区域之间可能包含的大量交互信息，如溢出效应和回馈效应等，因此本章借鉴 LeSage 和 Pace 对空间计量模型求偏微分的方法，将空间溢出效应进行分解。

2. 空间溢出效应的分解

表 13－8 是空间杜宾模型中所有解释变量空间溢出效应的分解结果。从表 13－8 中可以看出数字金融对居民消费水平有显著的间接效应，其系数估计值为 0.103，在 10% 的显著性水平下对相邻地区居民的消费水平产生了正向的空间溢出效应，说明数字金融的发展能够打破金融服务壁垒，将相邻地区的客户群体纳入服务范围，使得金融资源要素能够在更广的空间范围内得到有效配置，从而提高了居民消费水平。控制变量中，政府财政干预度和经济结构的估计系数均显著为负，这表明其存在负外部性，即政府财政支出增加和产业政策的调整加剧了地区之间的竞争关系，从而间接对相邻地区的居民消费产生了抑制作用。

表 13－8　数字金融对居民消费水平影响的空间溢出效应的分解结果

变量	空间溢出效应分解		
	直接效应	间接效应	总效应
digfin	0.089 *	0.103 *	0.1912 ***
	(0.0478)	(0.0546)	(0.0228)
open	0.0249	－ 0.1227	－ 0.0978
	(0.0392)	(0.0984)	(0.1143)
edu	0.5425 ***	－ 0.234	0.3086
	(0.1475)	(0.2814)	(0.2847)
price	0.0106 **	0.0153	0.0259 ***
	(0.0053)	(0.0098)	(0.0092)
govern	0.3024 ***	－ 0.954 ***	－ 0.6513 **
	(0.1077)	(0.2869)	(0.3222)
struct	0.2353 **	－ 0.732 **	－ 0.4965
	(0.1044)	(0.3249)	(0.3758)
internet	0.0486 **	0.1197 ***	0.168 ***
	(0.0245)	(0.0459)	(0.0488)

注：***、**、* 分别表示在 1%、5% 和 10% 的水平下显著，括号内为异方差稳健标准误。

五　研究结论

本章以近年来数字金融快速发展、居民消费水平不断提升为历史背景，结合 2020 年突如其来的新冠肺炎疫情对经济造成重创后，数字金融为政府实施消费政策提供技术和平台支持的现实背景，对数字金融发展对居民消费水平的影响及其机制进行了理论分析，并采用 2013 ~ 2019 年 31 个省（区、市）的面板数据进行了实证检验，得出的主要研究结论如下。

第一，数字金融对居民消费水平提升具有显著的正向促进作用。在影响居民消费水平的控制变量中，教育支出水平、居民消费价格指数、政府财政干预度、经济结构以及互联网使用情况均对居民消费水平有正向影响。除此之外，数字金融的二级指标如使用深度、覆盖广度、数字支持服务同样能够显著促进居民消费水平的提高。

第二，数字金融对居民消费水平的影响路径主要有以下三种。一是数字金融通过向消费者提供消费信贷服务和移动支付服务直接提升居民消费水平，且信贷服务在消费提升中的边际贡献更高。消费信贷服务和移动支付服务两者共同发挥作用，一方面缓解了消费者的预算约束，另一方面重塑了消费者的消费行为和习惯。二是数字金融通过促进收入增长和改善收入分配来间接促进居民消费水平提升。两者发挥的都是部分中介作用而非完全中介作用。与收入增长相比，同样作为数字金融促进居民消费水平提升间接机制的收入分配，其发挥的中介效应更低。通过进一步研究收入增长和收入分配间接路径对不同消费水平群体的作用差异，发现中等消费水平群体在消费过程中受收入增长中介效应影响更大，而没有受到收入分配中介效应的影响。此外低消费水平群体在 1% 的显著性水平下受益于收入分配中介效应，提高了其消费水平，却没有受益于收入增长中介效应，而既能够通过收入增长中介效应又能够通过收入分配中介效应来提升消费水平的是中等偏下消费水平群体。三是数字金融通过正向的空间溢出效应影响居民消费，即本地区数字金融的发展能够促进相邻地区居民消费水平的提升。在空间溢出间接效应中，控制变量政府财政干预度和经济结构对相邻地区至少在 5% 的显著性水平下产生负外部性。其原因是，各地区的财政投入和产业政策存在一定的竞争关系，本地区投资比重的提高意味着区位因素同质的相邻地区在发展时会被挤出，从而间接对相邻地区居民消费水平产生了负向的影响。

第十四章　数字金融发展对贫困减缓

　　巩固脱贫攻坚成果、建立解决相对贫困的长效机制是我国下一阶段减贫工作的重要任务，数字金融的出现为减贫工作提供了新思路和新方法。本章将从绝对贫困和相对贫困两个视角出发，探讨数字金融发展对贫困减缓的影响及其机制，并采用 2011～2019 年中国省级面板数据对其影响进行实证检验。

一　研究文献回顾

　　贫困问题不仅是一个民生问题，还是一个影响社会稳定的重大问题，脱贫攻坚更是我国三大攻坚任务之首。党的十八大以来，党中央对脱贫攻坚工作做出了一系列重要决策和部署，在全党全国全社会的共同努力下，2020 年 11 月中国 832 个国家级贫困县全部脱贫摘帽，消除绝对贫困的目标已经实现。但是在当前，我国还存在严重的发展不平衡等问题，在社会和民生等方面依然有很多短板需要进一步补齐，收入分配差距和区域发展差距依然较大，所以巩固脱贫攻坚成果、缓解相对贫困就是下阶段脱贫工作的核心任务。相比绝对贫困治理，相对贫困治理难度更大、治理周期更长、治理手段更复杂。《中共中央关于坚持和完善中国特色社会主义制度推进国家治理体系和治理能力现代化若干重大问题的决定》中，特别强调要巩固脱贫攻坚成果和建立解决相对贫困的长效机制。数字金融的出现进一步丰富了金融发展的内涵，能够为金融扶贫提供新方法、新思路。由于数字金融的提出以及实践发展时间较短，所以直接研究数字金融对贫困减缓影响的文献比较有限。鉴于此，本章先从普惠金融与贫困减缓的关系入手，整理分析现有研究成果，再引入数字技术在金融领域的应用，梳理数字普惠金融与贫困减缓的关系。

（一）关于普惠金融与贫困减缓的研究

普惠金融（Inclusive Finance）的概念于 2005 年联合国"国际小额信贷年"首次被提出，并将其定义为：一个能有效、全面地为社会所有阶层提供服务的金融体系。我国在 2015 年发布的《推进普惠金融发展规划（2016—2020 年）》中结合实际情况，将普惠金融定义为：立足机会平等要求和商业可持续原则，以可负担的成本为有金融服务需求的社会各阶层和群体提供适当、有效的金融服务。国内外学者针对普惠金融的内涵和特点开展了广泛的研究。王修华认为，发展普惠金融对于改善农村金融排斥现象、促进农村金融的发展具有重要作用，能够弥补正规金融服务的不足，促进社会公平。[①] Park 和 Mercado 认为，普惠金融的发展对实现社会均衡的发展目标有积极作用。一方面普惠金融能够提高区域经济发展水平，通过降低贫困地区居民金融服务门槛，提高贫困地区金融参与度，使其共享经济发展成果，进而提高农业产值，促进农村经济的持续增长；另一方面普惠金融能通过增加就业渠道、增进创新创业改善贫困人群收入状况，从而推动贫困地区的发展，促进区域协调发展。[②] 随着对普惠金融研究的不断深入，许多学者通过理论与实证分析得出普惠金融对贫困减缓具有积极作用，而且由于不同地区有不同的区域特征，农村普惠金融发展存在显著差异。孙玉奎等的研究发现，我国东部、中部、西部地区农村普惠金融发展不平衡，且存在较强的空间依赖性。[③] 东部地区普惠金融发展显著提高了当地农村居民收入，而在相对落后的中部和西部地区普惠金融的减贫力度明显不如东部地区。普惠金融的发展可以通过不同的路径对贫困减缓起

---

① 王修华：《新农村建设中的金融排斥与破解思路》，《农业经济问题》2009 年第 7 期，第 42~48 页。

② Park，C. Y. & Mercado，R. *Does Financial Inclusion Reduce Poverty and Income Inequality in Developing Asia*（London：Palgrave Macmillan UK，2016）.

③ 孙玉奎、周诺亚、李丕东：《农村金融发展对农村居民收入的影响研究》，《统计研究》2014 年第 11 期，第 90~95 页。

作用。[1] Geda 的研究发现，普惠金融通过提供传统信贷、储蓄等扩大金融服务覆盖面，从而提高低收入群体的收入水平，实现贫困减缓。[2] Jin 通过贫困测度，证实了普惠金融可以通过优化城乡金融资源配置促进农村地区经济发展，从而有利于贫困的减缓。[3] 崔艳娟和孙刚的研究发现，普惠金融能够通过经济增长和收入分配间接促进贫困减缓，经济增长对贫困减缓具有正向的促进作用，收入分配不合理则会阻碍贫困减缓。[4]

（二）关于数字普惠金融发展与贫困减缓的研究

近年来，数字技术的广泛实践为经济的发展创造了新的动力源，技术开发和产品创新在金融方面的应用为普惠金融研究带来了新的视角。世界银行在《2014 年全球金融发展报告：普惠金融》中指出，互联网新技术的发展为促进普惠金融实现跨越发展带来了新的机遇。移动支付等创新技术应用于金融领域加强了金融安全，使人们能够以低成本和高效率享受金融服务。数字普惠金融对社会经济各个方面产生了不同程度的影响，于是许多学者对数字普惠金融发展带来的经济效益展开了多方面的研究：从宏观上看，数字普惠金融对经济增长和城乡居民收入差距缩小具有积极的影响；从中观上看，数字普惠金融能够促进产业结构升级；从微观上看，数字普惠金融不仅能够缓解融资约束、促进企业创新创业，而且能够对居民消费水平的提高产生积极作用。由此可见，数字普惠金融发展已是大势所趋，在经济社会发展中发挥着重要作用。

在数字普惠金融的减贫效应方面，世界银行在 2016 年发布的《2016 年世界发展报告：数字红利》中指出，数字技术和互联网通过包容发展、高效率发展和创新发展为贫困地区的贫困居民和弱势群体提供了新的金融

---

[1]　Abosedra, S., Shahbaz, M. & Nawaz, K., " Modeling Causality Between Financial Deepening and Poverty Reduction in Egypt," *Social Indicators Research* 126 （2016）: 955 – 969.

[2]　Geda, A., "The Structure and Performance of Ethiopia's Financial Sector in the Pre – and Post – Reform Periods, with a Special Focus on Banking," *Wider Working Paper* 21 （2）（2006）: 361 – 394.

[3]　Jin, D., "The Inclusive Finance Have Effects on Alleviating Poverty," *Open Journal of Social Sciences* （3）（2017）: 233 – 242.

[4]　崔艳娟、孙刚：《金融包容、金融稳定与贫困减缓——基于 ARDL – ECM 模型的估计》，《商业研究》2015 年第 6 期，第 59 ~ 68 页。

发展机遇。同年 8 月，中国普惠金融研究院也发布了《数字普惠金融的实践和探索》，认为数字普惠金融的发展能够有效降低传统金融机构金融服务的门槛，削弱贫困效应。张西现对民族地区农村金融发展的研究表明，数字普惠金融发展对于贫困减缓有着显著的促进作用。[①] 肖懿珊认为，数字普惠金融发展总体上有利于居民实现贫困减缓，缩小贫富差距，并且贫困群体、中西部地区能够从数字普惠金融发展中获益更多。[②] 王刚贞和陈梦洁利用省际面板数据，通过空间杜宾模型实证分析得出，我国数字普惠金融发展的减贫效应显著且具有空间溢出效应和冷点区域。[③] 董玉峰通过门槛回归分析，得出数字普惠金融发展在跨越门槛之前，具有明显的直接减贫作用，在跨越门槛之后，减贫作用呈边际效应递减规律。[④] 陈慧卿等通过省际面板数据实证检验发现，数字普惠金融具有显著的减贫效应，且会随经济发展水平和财政支出比重的提高而减小，随城镇化水平的提高而增大。[⑤] 也有部分学者对数字普惠金融减贫效应的风险表示担忧：一方面数字普惠金融在实现平台化、场景化、综合化的过程中需要依赖金融科技公司的中介服务，所以用户信息和资金安全在一定程度上受到威胁，信用信息不完备和不对称、金融"普惠"难以真正落实、交易双方信息难以共享等问题成为数字普惠金融发挥减贫作用的痛点和难点[⑥]；另一方面互联网金融会双重影响系统性金融风险，其内部牵连更加紧密，局部的冲击就有可能引起整个金融系统动荡，贫困地区受数字普惠金融政策影响的居民和企业更容易受到影响。因此关于数字普惠金融的监管更加应该坚持风险

---

① 张西现：《民族农村金融发展的减贫效应分析》，《统计与决策》2017 年第 6 期，第 120 ~ 122 页。
② 肖懿珊：《数字普惠金融减贫效应实证研究》，《金融纵横》2020 年第 8 期，第 48 ~ 57 页。
③ 王刚贞、陈梦洁：《数字普惠金融减贫效应存在空间异质性吗？——基于空间计量模型的实证分析》，《东北农业大学学报》（社会科学版）2020 年第 3 期，第 10 ~ 18 页。
④ 董玉峰：《民族地区普惠金融发展及其减贫效应》，《武汉金融》2019 年第 11 期，第 37 ~ 44 页。
⑤ 陈慧卿、陈国生、魏晓博、彭六妍、张星星：《数字普惠金融的增收减贫效应——基于省际面板数据的实证分析》，《经济地理》2021 年第 3 期，第 184 ~ 191 页。
⑥ 朱韬、张智光：《数字普惠金融"去中心化"：基于区块链项目 GSENetwork 的研究》，《南方金融》2019 年第 4 期，第 63 ~ 72 页。

底线原则，强调平衡创新和风险二者的关系。① 普惠金融全球合作伙伴关系推出的《全球标准制定机构与普惠金融：不断演变的格局》强调，对于数字普惠金融的监管，应该瞄准普惠金融的发展，建立健全全面均衡的监管体系，并积极评估金融风险，重点激发金融市场的发展活力，加大对金融消费者的保护力度。同时，提高金融服务的整体适应性和局部安全性，推动数字普惠金融的安全、协调、创新发展。

在数字普惠金融的减贫路径方面，宋晓玲认为，数字普惠金融在数字技术、用户群、风险控制的耦合作用下，可以通过降低门槛效应、缓解排除效应和增强减贫效应三种形式来缩小城乡收入差距，进而达到减贫的目的。② 姚金楼等认为，数字普惠金融可以扩大"三农"领域的金融服务覆盖面，弥补传统普惠金融灵活性上的不足；通过普及贫困地区数字金融教育，可以更加有效地发挥数字普惠金融的减贫增收效应。③ 夏玲发现，人均可支配收入在数字普惠金融的减贫效应中具有中介作用。④ 还有一些学者认为，数字普惠金融因运用互联网、大数据等技术，具有很强的可复制特征，其边际成本呈现递减趋势，其提供金融服务和产品的成本相对较低、金融渗透率更高，且通过建设农村金融基础设施，数字普惠金融可以有力地促进中国减贫事业的发展。其中，收入增长和收入分配改善是数字普惠金融促进减贫的重要机制，数字普惠金融发展可以兼顾效率与公平，实现包容性增长。⑤

综上所述，国内外学者从不同视角对普惠金融与贫困减缓的关系进行了分析研究，取得了丰硕的研究成果，但是学者对于数字普惠金融发展与

---

① 张晓朴：《系统性金融风险研究：演进、成因与监管》，《国际金融研究》2010 年第 7 期，第 58 ~ 67 页。
② 宋晓玲：《数字普惠金融缩小城乡收入差距的实证检验》，《财经科学》2017 年第 6 期，第 14 ~ 25 页。
③ 姚金楼、王承萍、张宇：《"三农"领域发展数字普惠金融的调研与思考——基于供给侧结构性改革背景》，《金融纵横》2016 年第 6 期，第 52 ~ 59 页。
④ 夏玲：《数字普惠金融的减贫效应研究——基于我国 31 个省份 2011—2018 年的面板数据》，《金融理论探索》2020 年第 6 期，第 43 ~ 49 页。
⑤ 黄倩、李政、熊德平：《数字普惠金融的减贫效应及其传导机制》，《改革》2019 年第 11 期，第 90 ~ 101 页；郑美华、刘芃麦、王刚贞：《数字普惠金融减贫机制与区域异质性的实证研究》，《江西科技师范大学学报》2020 年第 3 期，第 68 ~ 75 页。

贫困减缓的关系主要从宏观居民收入、中观产业结构等角度进行研究，而且对其中的作用机制和影响路径看法不一。因此，有必要从绝对贫困和相对贫困等多个视角来综合考察数字普惠金融的减贫效应，并进一步探究其中的作用机制和影响特征。

二　数字金融发展对贫困减缓影响的理论分析

数字普惠金融能够以更低的成本为更多的弱势群体提供优质高效的金融服务，有利于贫困减缓。经济学家常用货币方法来定义贫困，即个人（家庭）未能拥有一定水平的收入以获得经济福利或者缺少经济福利则被认为是贫困。以货币方法衡量贫困产生了绝对贫困、相对贫困、贫困率和贫富差距等概念，其中绝对贫困和相对贫困是最基本和最常用的贫困概念。[①] 下文将从绝对贫困和相对贫困两个方面来探讨数字普惠金融对贫困减缓的作用机制及影响路径。

（一）数字普惠金融对绝对贫困影响的理论分析

国内最广泛接受的绝对贫困概念为"在一定的社会环境和生存方式下，个人（家庭）依靠其劳动所得和其他合法收入不能维持其基本生存需求的状况"。[②] 经济合作与发展组织在 1976 年组织了对其成员国的一次大规模调查后提出了一个贫困标准，即以一个国家或地区社会中位收入或平均收入的 50% 作为这个国家或地区的贫困线，这就是后来被广泛运用的国际贫困标准。1985 年，国家统计局参照国际规范并结合我国社会经济发展情况制定了绝对贫困线：年人均收入 200 元。经过几次调整之后，我国现行绝对贫困线的标准为：年人均收入 2300 元（2010 年不变价格）。绝对贫困的内涵决定了扶贫的目标是收入的增加，数字普惠金融以其低成本、低门槛以及便捷高效等优势为实现贫困人群增收提供了新的机遇，其对绝对贫困

---

① 汪三贵、刘明月：《从绝对贫困到相对贫困：理论关系、战略转变与政策重点》，《华南师范大学学报》（社会科学版）2020 年第 6 期，第 18~29 页。

② 汪三贵、刘明月：《从绝对贫困到相对贫困：理论关系、战略转变与政策重点》，《华南师范大学学报》（社会科学版）2020 年第 6 期，第 18~29 页。

的影响主要体现在以下几个方面。

第一，数字普惠金融可以通过创新储蓄和信贷渠道，提升贫困人群以及小微企业的金融资源可获得性，为其创收增收提供资源保障。传统的金融机构出于风险和利益的考量，往往会将贫困人群排除在金融服务的门槛之外，使其无法充分享受金融服务；而数字普惠金融的发展则降低了金融服务的门槛，有效解决了贫困人群以及小微企业等弱势群体"融资难、融资贵"的历史难题，满足了他们生活、生产、发展的资金需求。传统金融机构的理财产品也存在购入门槛，而数字普惠金融的出现，能够使低收入的贫困人群通过线上渠道获取更多购入门槛更低、购买方式更加便利的理财产品，促进其零散资金的保值增值。第二，数字普惠金融依托数字信息技术的优势，能够突破地理范围的限制，有效降低交易成本。一方面，数字普惠金融将普惠金融的发展提升到一个新的层次，只需要移动客户端接入互联网，就可以将包括边远地区在内的所有贫困人群纳入服务体系内，这样一来，就大大降低了交易成本和时间成本，使数字普惠金融的可得性与便利性得到提高。另一方面，数字普惠金融可以借助互联网、大数据技术，对贫困借贷者进行数据分析，筛选有还款能力、信用良好的借贷者，予以其"脱贫致富"的启动金。数字普惠金融还可以为处于产业链上的农户、养殖户、小微企业等提供专项发展资金，助力实现产业扶贫。第三，数字普惠金融有助于提升贫困人群的人力资本水平，提升其创收增收的能力。数字普惠金融为贫困人群提供的信贷资金，可以用于贫困人群自身或家庭教育投入，满足其受教育的需求，从而可以通过人力资本的不断积累，创造更多的就业和择业机会，提升收入水平。基于上述分析，本章提出假设 H1。

H1：数字普惠金融发展对绝对贫困减缓有积极作用。

（二）数字普惠金融对相对贫困影响的理论分析

相对贫困是指在同一时期内，由不同地区或不同阶层的社会成员主观认定的可维持生存水准的差异而造成的贫困。[①] 世界银行的看法是，收入只要等于（或少于）平均收入的1/3便可以被视为相对贫困。所以相对贫

---

① 林闽钢：《相对贫困的理论与政策聚焦——兼论建立我国相对贫困的治理体系》，《社会保障评论》2020 年第 1 期，第 85~92 页。

困问题的核心在于收入差距，其根源在于经济社会发展的不平衡。但是，解决我国发展不平衡、不充分问题的包容性增长机制尚未完全构建起来。普惠金融又称包容性金融，具有兼顾公平和效率的特点，旨在为被金融排斥的小微企业、农民、城镇低收入人群等弱势群体以他们可负担的成本提供适当、有效的金融服务，促进经济社会的包容性增长。[①] 而数字普惠金融作为普惠金融的发展和延伸，可以从以下几个方面对相对贫困产生影响。

第一，数字普惠金融可以为低收入的弱势群体提供更高效的金融服务。根据"长尾理论"可以得出，传统金融模式存在典型的"头部效应"特征，传统金融机构主要服务于少数的大客户与大企业，服务对象越集中，服务成本越低，利润越集中。而数字普惠金融的发展，使得金融机构将众多相对贫困的群体及小微企业纳入服务范围，其中包含了大量被排斥在正规金融体系之外的低收入群体，相较于传统金融市场的"高端"客户，虽然其交易规模较小，但得益于数字金融产品的边际成本和搜寻成本趋近于零，这些金融产品和服务的需求者仍可汇集成大的市场，使得平均成本降低，利润增加。第二，数字普惠金融可以提升贫困人群的创收能力。一方面，数字普惠金融可以通过向贫困人群提供就业、创业信贷资金支持，为其增收增产创造内生动力。另一方面，数字普惠金融为贫困人群提供的金融服务是在其可负担的成本范围之内的，可以增加贫困人群的投资性收入和提升贫困人群的消费预算与消费能力，且有利于贫困人群对消费和投资进行长期决策，比如边远地区居民可以通过线上应用软件购买商业保险，增强其抗风险能力，这有利于稳定消费预期、增加消费需求、提高金融资源配置效率。基于上述分析，本章提出假设 H2。

H2：数字普惠金融发展对相对贫困减缓具有积极作用。

（三）数字普惠金融减贫的调节效应分析

基于前文理论分析可以得出，数字普惠金融发展对绝对贫困和相对贫困具有缓解作用，但其效果会受到诸多因素的影响。从数字普惠金融的发

---

① 金发奇、言珍、吴庆田：《数字普惠金融减缓相对贫困的效率研究》，《金融发展研究》2021 年第 1 期，第 14～21 页。

展水平来看，一方面，数字技术和相关互联网基础设施是数字普惠金融发展的工具保障，而且数字技术本身就是资本密集型产业，所以数字技术的发展，需要大量的资金投入，离不开强有力的资本支撑。经济发达的地区，可以调动更多的社会资源、金融资源向数字产业倾斜，完善互联网信息设备相关基础设施建设，促进数字技术发展，为数字普惠金融的进一步发展提供保障；经济欠发达地区，在数字化建设上的投入相对较少，而且我国的经济欠发达地区和贫困地区一般都处在边远地带，其基础设施建设难度较大、成本较高，且经济体量相对较小，无法将更多的金融资源调向数字普惠金融领域，可能会导致数字普惠金融发展欠佳。另一方面，经济发达地区产业链更加完整、基础设施建设更加完善，能够吸引更多的投资，营造更好的创业环境，提供更多的就业机会，使贫困人群通过数字普惠金融所获得的金融资源能够被更加合理运用，提升其产出效率，且依据"涓滴理论"可知，优先实现经济增长的地区将会在消费、就业等方面更多惠及弱势区域贫困人群，并通过益贫式增长间接推动其发展和富裕，实现减贫增收。基于上述分析，本章提出假设 H3。

H3：经济发展水平的提升会增强数字普惠金融发展对绝对贫困的减缓作用。

从数字普惠金融的服务对象来看，其面对的贫困人群主要集中在科技文化落后的农村地区。农村地区贫困人群整体文化水平、金融素养相对较低，虽然数字普惠金融依托互联网优势可以有效克服地理障碍，在人口密度和经济活动密度低的边远贫困地区也能提供低成本的金融服务，但是贫困人群能否有效获取服务还有待商榷。因为数字普惠金融作为互联网技术和金融业务的结合，其使用是需要基本的金融知识和互联网技能的。如果缺乏基本的金融知识和互联网技能，可能就没有办法熟练、有效地利用数字普惠金融服务。据 2014 年世界银行发布的《2014 年全球金融发展报告：普惠金融》，78% 的被访者将家庭获取金融服务的主要障碍归结为金融知识的匮乏。所以，教育水平的提高对贫困人群金融知识的获取以及互联网技能的学习就有着不可替代的作用。一方面，居民受教育水平越高，意味着其获取知识的能力越强、获取知识的途径越广，而知识水平越高的居民越容易理解金融市场和金融产品。另一方面，贫困人群的受教育水平越

高，知识技能就越丰富，不仅可以提升其对数字普惠金融服务的使用效
果，还可以通过人力资本的不断提升来为其个人创造更多的就业机会，提
升其个人就业能力，从而为其个人和家庭创收增收带来更多可能性，进而
缩小收入差距。基于上述分析，本章提出假设 H4。

H4：教育水平的提升会增强数字普惠金融发展对相对贫困的缓解
作用。

三 模型构建与变量选择

（一） 模型构建

1. 数字普惠金融减贫效应模型

为验证上述假设 H1 和假设 H2，结合我国省域发展实际，建立如下
模型：

$$pov_{it} = \alpha_{i0} + \alpha_{i1} DIFI_{it} + \alpha_{i2} X_{it} + u_i + \lambda_t + \varepsilon_{it} \qquad (14-1)$$

其中，i 和 t 分别表示省份和年份；pov_{it} 表示贫困程度，包括绝对贫困
程度 （ab_pov_{it}） 和相对贫困程度 （re_pov_{it}），$DIFI_{it}$ 表示数字普惠金融，
X_{it} 为影响贫困程度的其他控制变量，分别为城镇化水平 （urb）、产业结构
（ind）、对外开放程度 （$open$）；控制个体固定效应 u_i 和时间固定效应 λ_t，
ε_{it} 为随机干扰项。假定 ε_{it} 服从独立同分布，并且 ε_{it} 与 u_i 不相关。

2. 调节效应模型

为验证假设 H3 和假设 H4 是否成立，建立如下模型：

$$ab\_pov_{it} = \alpha_{i0} + \alpha_{i1} DIFI_{it} + \alpha_{i2} X_{it} + \alpha_{i3} DIF_{it} \times rgdp_{it} + u_i + \lambda_t + \varepsilon_{it} \qquad (14-2)$$

$$re\_pov_{it} = \alpha_{i0} + \alpha_{i1} DIFI_{it} + \alpha_{i2} X_{it} + \alpha_{i3} DIF_{it} \times edu_{it} + u_i + \lambda_t + \varepsilon_{it} \qquad (14-3)$$

其中，i 和 t 分别表示省份和年份；ab_pov_{it} 表示绝对贫困程度，re_pov_{it} 表示相对贫困程度，$DIFI_{it}$ 表示数字普惠金融，$rgdp_{it}$ 表示经济发展水平，
edu_{it} 表示教育水平，其余变量定义同模型 （14-1）。

（二） 变量选择与数据来源

本章选取 2011～2019 年中国 31 个省 （区、市） 为研究样本，参考已

有研究，选择农村居民人均可支配收入来衡量绝对贫困程度（ab_pov）；选择泰尔指数来衡量相对贫困程度（re_pov），因为泰尔指数将人口变动因素考虑在内，并且将城乡收入差距分解为组内差距和组间差距，能够更好地衡量收入分配差异，其具体计算方法为：

$$T = \sum_{i=1}^{n} \left[\frac{I_i}{I} \times \log\left(\frac{I_i/I}{P_i/P} \right) \right] \tag{14-4}$$

其中，T 为泰尔指数，I_i 为 i 地区的收入，I 为总收入，P_i 为 i 地区的人口数，P 为总人口数。在本章的研究中，需要计算出全国各个省（区、市）城乡部门之间的收入差距，于是 $n=2$，令 $i=1$ 表示城镇部门，$i=2$ 表示农村部门，则 I_1、I_2 分别为某省（区、市）城镇部门和农村部门的收入，I 为该省（区、市）总收入，P_1、P_2 分别为某省（区、市）城镇部门和农村部门的人口数，P 为该省（区、市）的总人口数。

数字普惠金融（$DIFI$）来源于北京大学数字金融研究中心发布的《北京大学数字普惠金融指数（2011～2020 年）》。为探究经济发展水平（$rgdp$）、教育水平（edu）在数字普惠金融与绝对贫困、相对贫困的关系中的调节作用，借鉴已有做法，选择地区人均 GDP 来衡量经济发展水平，选择地区劳动人口平均受教育年限来衡量教育水平。贫困减缓不仅受到数字普惠金融发展的影响，还与诸多因素有关，本章选取三个主要影响因素作为控制变量进行研究。城镇化水平（urb），用地区城镇人口与地区常住人口的比值表示；对外开放程度（$open$），用地区进出口总额与地区 GDP 的比值表示；产业结构（ind），用地区第三产业产值与地区 GDP 的比值表示。以上数据来源于 2012～2020 年的《中国统计年鉴》和《中国金融年鉴》、CEIC 数据库、Wind 数据库以及各省份相关年份统计年鉴。当同一指标数据在不同数据库中出现差异时，以《中国统计年鉴》为准。具体变量度量方式和变量描述性统计如表 14-1 和表 14-2 所示。

表 14-1 变量符号与度量方式

变量类型	符号	变量名称	度量方式
被解释变量	ab_pov	绝对贫困程度	农村居民人均可支配收入
	re_pov	相对贫困程度	泰尔指数

续表

变量类型	符号	变量名称	度量方式
核心解释变量	*DIFI*	数字普惠金融	北京大学数字普惠金融指数
调节变量	*rgdp*	经济发展水平	地区人均 GDP
	edu	教育水平	地区劳动人口平均受教育年限
控制变量	*urb*	城镇化水平	地区城镇人口/地区常住人口
	open	对外开放程度	地区进出口总额/地区 GDP
	ind	产业结构	地区第三产业产值/地区 GDP

表 14 - 2　变量描述性统计

变量	样本量	均值	最小值	最大值	标准差
ab_pov	279	11917.6422	4507	29876	5055.517
re_pov	279	0.0981	0.0200	0.2213	0.0442
DIFI	279	202.2343	18.4700	387.4880	91.3671
rgdp	279	51521.2332	19394	153095	26232.1712
edu	279	9.1000	5.0630	12.6650	1.1273
urb	279	0.5673	0.2333	0.9160	0.1334
open	279	0.2762	0.0173	1.3944	0.2984
ind	279	2.3820	2.1821	2.8012	0.1270

四　数字金融发展对贫困减缓影响的实证检验

(一) 数字普惠金融减贫效应的实证分析

为避免数据波动对实证结果的影响，在实证检验之前，对所有面板数据进行标准化处理。根据式 (14 - 1) 建立面板回归模型，回归结果如表 14 - 3 所示。模型 (1) 用以研究在其他条件不变的情况下，数字普惠金融对绝对贫困程度的影响。根据回归结果可以看出，数字普惠金融的回归系数在 1% 的水平下显著为正，说明数字普惠金融对绝对贫困减缓具有明显的正向影响，即数字普惠金融发展对绝对贫困减缓具有积极作用。模型 (1) 和模型 (2) 的回归结果验证了假设 H1 的成立，与理论预期相符。

模型（2）在模型（1）的基础上加入了城镇化水平、对外开放程度和产业结构三个控制变量，目的是避免因为遗漏重要解释变量而影响结论的稳健性。回归结果表明，数字普惠金融的回归系数仍在1%的水平下显著且符号不变，数字普惠金融每提升1个百分点会引致农村居民人均可支配收入提升0.5511个百分点，而且控制变量的加入并不能从根本上改变数字普惠金融发展对绝对贫困的减缓作用，数字普惠金融的估计系数有所减小，可见忽略其他因素对收入增长的影响会出现高估参数的现象。控制变量中，城镇化水平、产业结构、对外开放程度的估计系数均显著为正，这说明城镇化水平的提升、产业结构的升级、对外开放程度的提升均对绝对贫困减缓具有促进作用。其中的原因可能是，农村居民在城镇化发展的进程中获益，可支配收入水平得到提升；产业结构升级可以提供更多的就业岗位，吸收农村剩余劳动力，为农村居民增收提供更多机会；随着对外开放程度的不断提高，对外贸易也迅速发展，可以为农村居民创业择业营造良好的外部环境，为其收入水平的提升创造更多可能。

表 14 - 3　数字普惠金融减贫效应的基础回归结果

变量	绝对贫困程度		相对贫困程度	
	模型（1）	模型（2）	模型（3）	模型（4）
DIFI	0.5792 ***	0.5511 ***	− 0.2983 ***	− 0.3100 ***
	(0.0120)	(0.0300)	(0.0190)	(0.0520)
urb		0.2461 **		− 0.4652 ***
		(0.1010)		(0.1771)
open		0.3123 ***		− 0.3681 ***
		(0.0480)		(0.0841)
ind		0.0853 **		0.1492 **
		(0.0381)		(0.0674)
常数项	− 0.0010	− 0.0020	− 0.0010	− 0.0020
	(0.0111)	(0.0100)	(0.0190)	(0.0170)
个体固定效应	控制	控制	控制	控制
时间固定效应	控制	控制	控制	控制

变量	绝对贫困程度		相对贫困程度	
	模型（1）	模型（2）	模型（3）	模型（4）
F 值	2417.6261	858.0342	234.1762	85.6081
R^2	0.9081	0.9342	0.4881	0.5850
样本量	279	279	279	279
组数	31	31	31	31

注：括号中的数值为标准误；***、** 分别表示在 1%、5% 水平下显著；Hausman 检验概率值小于 0.05 的选择固定效应模型。

模型（3）用以研究在其他条件不变的情况下，数字普惠金融对相对贫困程度的影响，其回归系数在 1% 的水平下显著为负，这说明数字普惠金融发展对相对贫困具有明显的缓解作用，即数字普惠金融发展对相对贫困减缓具有积极作用，模型（3）和模型（4）的回归结果验证了假设 H2 的成立，与理论预期相符。模型（4）在模型（3）的基础上加入了控制变量，回归结果仍显著，数字普惠金融每提升 1 个百分点会引起泰尔指数缩小 0.3100 个百分点。从控制变量的估计结果来看，城镇化水平、对外开放程度的估计系数显著为负，说明城镇化发展和对外开放程度的提高有利于缓解收入差距。产业结构的估计系数显著为正，表明产业结构升级会扩大收入差距，其原因可能是，第三产业的发展虽然有利于吸收更多农村劳动力，提升其收入水平，但第三产业更多集中在城市地区，其快速发展产生的集聚效应带来了城市居民收入的更快增长，这在客观上加剧了收入差距的扩大。

（二）数字普惠金融减贫的调节效应

根据式（14-2）和式（14-3）建立回归模型，回归结果如表 14-4 所示。模型（5）用以研究经济发展水平的提升对数字普惠金融发展减缓绝对贫困效果的影响，根据回归结果可以看出，数字普惠金融与经济发展水平的交互项系数在 1% 的水平下显著为正，这说明经济发展水平的提升会增强数字普惠金融发展对绝对贫困的减缓作用，符合理论预期，验证了假设 H3 的成立。一方面，经济发展水平高的地区，数字化基础设施更加完善，可以为数字普惠金融的发展提供硬件设施方面的保障，促进数字普惠金融的发展。另一方面，经济发展水平的提升意味着社会资源的聚集和增加，在现阶段我国经济的发展更加注重区域协调和广大人民的共同富裕，农村部门越来越成为经济发展的重要组成部分，随着农村人口向城镇迁移，农村人均土地资产增加，再加上新兴产业进入农村和国家的大力扶持，农村部门在许多方面取得了进步，为农村居民创造了更多的就业和创业机会，从而提升了农村居民收入。

表 14 - 4　调节效应回归结果

变量	绝对贫困程度 模型（5）	相对贫困程度 模型（6）
DIFI	0.4052 *** (0.0320)	-0.3193 *** (0.0511)
DIFI × rgdp	0.1210 *** (0.0152)	
DIFI × edu		-0.0700 *** (0.0181)
rgdp	0.1631 ** (0.0673)	
edu		-0.0130 (0.0481)
urb	0.0382 *** (0.0740)	-0.4431 ** (0.1731)
open	-0.0382 (0.0342)	-0.3353 *** (0.0840)
ind	-0.0562 **** (0.0250)	-0.1681 ** (0.0682)
常数项	-0.0720 *** (0.0110)	-0.0123 (0.0171)
个体固定效应	控制	控制
时间固定效应	控制	控制

变量	绝对贫困程度	相对贫困程度
	模型（5）	模型（6）
F 值	1432.1132	62.3321
R^2	0.9733	0.6084
样本量	279	279
组数	31	31

注：括号中的数值为标准误；***、**分别表示在 1%、5% 水平下显著；Hausman 检验概率值小于 0.05 的选择固定效应模型。

模型（6）用以研究教育水平的提升对数字普惠金融发展缓解相对贫困效果的影响。根据回归结果可以看出，数字普惠金融与教育水平的交互项系数在 1% 的水平下显著为负，这说明教育水平的提升会增强数字普惠金融发展对相对贫困的缓解作用，符合理论预期，验证了假设 H4 的成立。教育水平的提升意味着居民知识储备、学习能力和接受能力的提升，这使居民对金融知识的理解学习、对互联网基础技能的掌握以及对互联网金融产品的接受和使用能力都能够更上一层楼，由此可以从用户群体角度拓展数字普惠金融的发展广度和深度。尤其是对于金融资源相对匮乏的农村地区来说，农村居民可以更好地利用数字普惠金融所提供的金融资源，为其生计、发展提供保障资金，而且教育水平的提升也意味着人力资本水平的提升，可以更好地丰富、拓展农村居民的就业技能，大大缓解农村地区"廉价劳动力"的问题，进而提升农村居民收入水平，缓解城乡收入差距。

（三）数字普惠金融减贫的异质性分析

鉴于我国不同地区经济发展状况差异较大，为了更加全面地理解数字普惠金融对贫困减缓的影响，故本章在对全国范围数字普惠金融的减贫作用进行实证分析后，根据国家统计局官网公布的地区划分标准将我国 31 个省（区、市）分为东部、中部、西部和东北四个地区，以对数字普惠金融减贫效应的区域异质性进行实证检验。表 14 - 5 报告了东部、中部、西部和东北地区的回归结果。总体来看，虽然四个地区的数字普惠金融的回归系数都通过了显著性检验，但从数值来看，数字普惠金融对绝对贫困减

表 14 - 5　异质性检验回归结果

变量	东部		中部		西部		东北	
	ab_pov	re_pov	ab_pov	re_pov	ab_pov	re_pov	ab_pov	re_pov
DIFI	0.5861*** (0.070)	-0.1752*** (0.0440)	0.3581*** (0.0471)	-0.2471** (0.0943)	0.3923*** (-0.0454)	-0.1782** (-0.0871)	0.5514*** (-0.0300)	-0.310*** (0.0520)
urb	-0.6352*** (0.2240)	-0.2351* (0.1411)	0.3672** (0.1762)	0.1024 (0.3533)	0.2872* (-0.1682)	-1.3030** (-0.3254)	-0.2461** (-0.1010)	-0.4654*** (0.01771)
open	-0.1142 (0.0880)	-0.2081*** (0.0561)	-0.4342 (0.3706)	-0.6670 (0.5462)	-0.0781 (0.0820)	-1.0463*** (0.1593)	-0.3124*** (-0.0484)	-0.3681*** (0.0842)
ind	0.5360*** (0.1942)	-0.1482 (0.1221)	0.1223* (0.0680)	-0.2633* (0.1373)	0.0371 (-0.0334)	0.1000 (-0.0642)	0.0852** (-0.0383)	0.1491** (0.0671)
常数项	1 (0.1292)	-0.2912*** (0.0820)	-0.2842* (0.1642)	-0.5100 (0.3293)	-0.3693*** (-0.1200)	-0.5684** (-0.2323)	0.9940*** (-0.0020)	-0.3242*** (-0.0841)
个体固定效应	控制	控制	控制	控制	控制	控制	控制	控制
时间固定效应	控制	控制	控制	控制	控制	控制	控制	控制
F 值	256.8263	49.1452	662.8673	68.9000	536.2394	132.2682	858.0342	85.6084
R_2	0.9311	0.7212	0.9842	0.8620	0.9593	0.8522	0.9343	0.5852
样本量	90	90	54	54	108	108	27	27
组数	10	10	6	6	12	12	3	3

注：括号中的数值为标准误；***，**，* 分别表示在 1%、5% 和 10% 水平下显著；Hausman 检验概率值小于 0.05 的选择固定效应模型。

缓的效应的大小依次为东部地区＞东北地区＞西部地区＞中部地区；而数字普惠金融对相对贫困减缓的效应的大小依次为东北地区＞中部地区＞西部地区＞东部地区。其原因在于，一方面，从数字普惠金融对绝对贫困减缓的效应来看，东部地区经济发展水平较高、互联网基础设施完善、数字产业发展水平较高，可以为数字普惠金融的发展提供充分的平台保障和资源支持，所以其数字普惠金融对绝对贫困减缓的效应最大；东北地区虽然经济发展水平较东部地区有很大差距，但相较于中部和西部地区，东北地区的重工业基础较好且地形平坦、地理限制因素少，互联网基础设施建设效率更高、成本更低，更加有利于数字普惠金融的发展，所以东北地区数字普惠金融对绝对减贫减缓的效应大于中部和西部地区。另一方面，从数字普惠金融对相对贫困减缓的效应来看，东北地区人口体量最小，贫困人群规模也小，教育资源整合优势更加明显，更有利于低收入人群受教育水平和金融素养的提升，使得贫困人群接受和使用数字普惠金融服务的能力和效率大大提升，所以其数字普惠金融对相对贫困减缓的效应最大。另外，东部地区的数字普惠金融发展早于其他地区，且东部地区经济社会整体发展水平遥遥领先，居民文化素养水平相对较高，根据边际效用递减规律，数字普惠金融对相对贫困减缓的效应存在边际效用递减的情况，所以其效应低于发展不够充分的中部和西部地区。

（四）稳健性检验

为进一步验证数字普惠金融对贫困减缓的影响，本章采取替换被解释变量的方式来进行稳健性检验。下面将考量绝对贫困程度的农村居民人均可支配收入替换为城乡居民人均可支配收入，将考量相对贫困程度的泰尔指数替换为城乡居民人均可支配收入比，进行实证检验，表 14-6 报告了替换被解释变量之后的回归结果。模型（7）和模型（8）用以研究数字普惠金融对绝对贫困减缓的影响；模型（9）和模型（10）用以研究数字普惠金融对相对贫困减缓的影响。根据回归结果可以看出，数字普惠金融对绝对贫困程度和相对贫困程度的回归系数仍在 1% 的水平下显著，且符号不变，验证了本章实证结果的稳健性。

表 14 -6 稳健性检验回归结果

变量	绝对贫困程度		相对贫困程度	
	模型（7）	模型（8）	模型（9）	模型（10）
DIFI	0.6692***	0.8670***	-0.1281***	-0.1924***
	(0.0184)	(0.0372)	(0.0080)	(0.0200)
urb		-1.1812***		-0.0371
		(0.1262)		(0.0666)
open		-0.3394***		-0.2290***
		(0.0600)		(0.0322)
ind		0.0400		0.0893***
		(0.0472)		(0.0253)
常数项	-0.0020	-0.0030	2.6562***	2.6563***
	(0.0171)	(0.0123)	(0.0074)	(0.0063)
个体固定效应	控制	控制	控制	控制
时间固定效应	控制	控制	控制	控制
F 值	1362.7592	779.6041	278.4273	117.0440
R^2	0.8472	0.9281	0.5311	0.6583
样本量	279	279	279	279
组数	31	31	31	31

注：括号中的数值为标准误；*** 表示在1%水平下显著；Hausman 检验概率值小于 0.05 的选择固定效应模型。

五 研究结论

本章以数字普惠金融发展影响贫困减缓的理论为指导，从绝对贫困和相对贫困两个视角出发，探究了数字普惠金融的减贫作用和机制。利用2011～2019 年我国 31 个省（区、市）的面板数据，分析了我国数字普惠金融发展对绝对贫困和相对贫困的直接影响、调节效应以及影响的区域异质性。得出的主要结论如下。

第一，数字金融发展能有效降低绝对贫困及相对贫困水平。这种作用途径主要在于：一是通过创新储蓄和信贷渠道，提升贫困人群的金融资源可获得性，为其创收增收提供资源保障；二是依托数字信息技术优势，突破地理范围的限制，有效降低交易成本；三是提升贫困人群的人力资本水平，提升其创收增收能力，进而缩小收入差距，有效缓解相对贫困。

第二，在数字金融减缓贫困的过程中，经济发展水平的提升会增强数字普惠金融发展对绝对贫困的减缓作用；教育水平的提升会增强数字普惠金融发展对相对贫困的缓解作用。

第三，数字普惠金融的减贫效应存在显著的区域异质性。其中，数字普惠金融发展对绝对贫困减缓的效应大小依次为东部地区＞东北地区＞西部地区＞中部地区；而数字普惠金融发展对相对贫困减缓的效应大小依次为东北地区＞中部地区＞西部地区＞东部地区。

参考文献

巴曙松、白海峰：《金融科技的发展历程与核心技术应用场景探索》，《清华金融评论》2016 年第 11 期。

白雪莲：《数字金融与经济高质量发展》，《现代商业》2021 年第 31 期。

包钧、谢霏、许霞红：《中国普惠金融发展与企业融资约束》，《上海金融》2018 年第 7 期。

贝多广：《金融发展的次序——从宏观金融、资本市场到普惠金融》，中国金融出版社，2017。

贲圣林、张瑞东等编著《互联网金融理论与实务》，清华大学出版社，2017。

卜亚、余星辉：《数字金融发展对我国城乡收入差距的影响——基于空间杜宾模型的实证分析》，《开发研究》2021 年第 4 期。

曹道胜、何明升：《商业银行信用风险模型的比较及其借鉴》，《金融研究》2006 年第 10 期。

曹恺燕、周一飞：《数字普惠金融对产业结构升级的影响》，《现代商业》2019 年第 31 期。

昌忠泽、陈昶君、张杰：《产业结构升级视角下创新驱动发展战略的适用性研究——基于中国四大板块经济区面板数据的实证分析》，《经济学家》2019 年第 8 期。

陈爱成：《创业板上市公司成长性评价体系研究》，《求索》2015 年第 12 期。

陈丹、姚明明：《数字普惠金融对农村居民收入影响的实证分析》，

《上海金融》2019 年第 6 期。

陈慧卿、陈国生、魏晓博、彭六妍、张星星：《数字普惠金融的增收减贫效应——基于省际面板数据的实证分析》，《经济地理》2021 年第 3 期。

陈晶萍：《论国有商业银行风险管理制度的创新》，《学术交流》2003 年第 12 期。

陈婧：《我国投资结构对产业结构的影响研究》，硕士学位论文，吉林大学，2007。

陈梦涛、王维安：《系统性金融风险指标是否能改善货币政策有效性？》，《金融发展研究》2019 年第 10 期。

陈仕华、卢昌崇、姜广省、王雅茹：《国企高管政治晋升对企业并购行为的影响——基于企业成长压力理论的实证研究》，《管理世界》2015 年第 9 期。

陈希凤、毛泽强：《数字金融产品与服务的风险特征、监管挑战及目标工具》，《西南金融》2020 年第 9 期。

陈啸、陈鑫：《普惠金融数字化对缩小城乡收入差距的空间溢出效应》，《商业研究》2018 年第 8 期。

程莉：《产业结构的合理化、高级化会否缩小城乡收入差距——基于 1985—2011 年中国省级面板数据的经验分析》，《现代财经》（天津财经大学学报）2014 年第 11 期。

程名望、张家平：《新时代背景下互联网发展与城乡居民消费差距》，《数量经济技术经济研究》2019 年第 7 期。

楚明钦：《产业发展、要素投入与我国供给侧改革》，《求实》2016 年第 6 期。

崔建军、张冬阳：《金融周期对货币政策有效性的影响研究：警惕金融繁荣下的货币政策效力扭曲》，《现代财经》（天津财经大学学报）2019 年第 1 期。

崔艳娟、孙刚：《金融包容、金融稳定与贫困减缓——基于 ARDL - ECM 模型的估计》，《商业研究》2015 年第 6 期。

崔治文、徐芳：《基于 DEA 方法的商业银行效率评价》，《区域金融研究》2015 年第 5 期。

邓可斌、曾海舰：《中国企业的融资约束：特征现象与成因检验》，《经济研究》2014 年第 2 期。

董玉峰：《民族地区普惠金融发展及其减贫效应》，《武汉金融》2019 年第 11 期。

杜金岷、韦施威、吴文洋：《数字普惠金融促进了产业结构优化吗？》，《经济社会体制比较》2020 年第 6 期。

杜莉、罗俊良：《房价上升如何影响我国城镇居民消费倾向——基于两阶段家庭最优消费模型的研究》，《财贸经济》2017 年第 3 期。

杜莉、潘晓健：《普惠金融、金融服务均衡化与区域经济发展——基于中国省际面板数据模型的研究》，《吉林大学社会科学学报》2017 年第 5 期。

杜晓山：《小额信贷的发展与普惠性金融体系框架》，《中国农村经济》2006 年第 8 期。

段军山、庄旭东：《金融投资行为与企业技术创新——动机分析与经验证据》，《中国工业经济》2021 年第 1 期。

樊振华：《科技金融助推产业结构升级》，《企业观察家》2020 年第 3 期。

范方志、张立军：《中国地区金融结构转变与产业结构升级研究》，《金融研究》2003 年第 11 期。

方蕾、粟芳：《我国农村普惠金融的空间相关特征和影响因素分析——基于上海财经大学 2015 "千村调查"》，《财经论丛》2017 年第 1 期。

方兴、郭子睿：《第三方互联网支付、货币流通速度与货币政策有效性——基于 TVP - VAR 模型的研究》，《经济问题探索》2017 年第 3 期。

封思贤、郭仁静：《数字金融、银行竞争与银行效率》，《改革》2019 年第 11 期。

封思贤、宋秋韵：《数字金融发展对我国居民生活质量的影响研究》，《经济与管理评论》2021 年第 1 期。

封思贤、徐卓：《数字金融、金融中介与资本配置效率》，《改革》

2021 年第 3 期。

冯建丽：《我国中小企业融资问题分析及对策》，《金融经济》2017 年第 22 期。

付争、王皓：《竞争还是竞合：数字金融赋能下金融包容与银行体系发展》，《国际金融研究》2021 年第 1 期。

傅利福、厉佳妮、方霞、韦宏耀：《数字普惠金融促进包容性增长的机理及有效性检验》，《统计研究》2021 年第 10 期。

傅秋子、黄益平：《数字金融对农村金融需求的异质性影响——来自中国家庭金融调查与北京大学数字普惠金融指数的证据》，《金融研究》2018 年第 11 期。

干春晖、郑若谷、余典范：《中国产业结构变迁对经济增长和波动的影响》，《经济研究》2011 年第 5 期。

高婧、唐宇宙：《服务下沉视角下金融发展与城乡居民消费差距关系探讨——基于数字普惠金融与传统金融的比较分析》，《商业经济研究》2021 年第 7 期。

高然、陈忱、曾辉、龚六堂：《信贷约束、影子银行与货币政策传导》，《经济研究》2018 年第 12 期。

葛和平、张立：《数字普惠金融发展对产业结构升级的影响》，《财会月刊》2021 年第 9 期。

龚强、王璐颖：《普惠金融、风险准备金与投资者保护——以平台承诺担保为例》，《经济学》（季刊）2018 年第 4 期。

关键、马超：《数字金融发展与家庭消费异质性——来自 CHARLS 的经验证据》，《金融经济学研究》2020 年第 6 期。

郭百红：《互联网金融对中小企业融资的影响分析——兼与传统金融的比较》，《现代管理科学》2017 年第 9 期。

郭长林：《积极财政政策、金融市场扭曲与居民消费》，《世界经济》2016 年第 10 期。

郭峰、王靖一、王芳、孔涛、张勋、程志云：《测度中国数字普惠金融发展：指数编制与空间特征》，《经济学》（季刊）2020 年第 4 期。

郭柯娜：《绿色信贷对商业银行效率的影响——基于 14 家商业银行的

实证研究》，《甘肃金融》2019 年第 2 期。

郭梅亮、徐璋勇：《商业银行净利差决定因素研究的进展与评述》，《国际金融研究》2012 年第 2 期。

郭品、沈悦：《互联网金融、存款竞争与银行风险承担》，《金融研究》2019 年第 8 期。

郭婉丽、陈竞宇：《我国数字普惠金融发展与产业结构升级的效应研究》，《商场现代化》2020 年第 11 期。

郭小卉、冯艳博：《数字普惠金融发展的相对贫困减缓效应——基于京津冀县域空间面板数据》，《武汉金融》2021 年第 2 期。

郭豫媚、周璇：《央行沟通、适应性学习和货币政策有效性》，《经济研究》2018 年第 4 期。

韩立岩、杜春越：《城镇家庭消费金融效应的地区差异研究》，《经济研究》2011 年第 S1 期。

韩松、王二明：《中国商业银行整体效率研究——基于具有中间投入和中间产出的综合网络 DEA 模型》，《经济理论与经济管理》2015 年第 8 期。

何剑、魏涛、刘炳荣：《数字金融、银行信贷渠道与货币政策传导》，《金融发展研究》2021 年第 2 期。

何剑、魏涛、倪超军：《数字金融何以纾解中小企业融资之困?》，《武汉金融》2021 年第 3 期。

何娜、李泽广：《对中国商业银行净利差决定因素的实证分析》，《金融论坛》2009 年第 8 期。

何宜庆、王茂川、李雨纯、李佳欣：《普惠金融数字化是"数字红利"吗？——基于农村居民收入增长的视角》，《南方金融》2020 年第 12 期。

何宗樾、张勋、万广华：《数字金融、数字鸿沟与多维贫困》，《统计研究》2020 年第 10 期。

洪铮、章成、王林：《普惠金融、包容性增长与居民消费能力提升》，《经济问题探索》2021 年第 5 期。

侯世英、宋良荣：《数字金融对地方政府债务融资的影响》，《财政研究》2020 年第 9 期。

胡滨、程雪军：《金融科技、数字普惠金融与国家金融竞争力》，《武汉大学学报》（哲学社会科学版）2020年第3期。

胡题、谢赤：《基于GMM方法的银行业竞争程度对银行风险影响的研究》，《中国管理科学》2013年第1期。

胡小文：《汇率市场化对货币政策有效性与独立性的影响研究——基于NOEM—DSGE模型的模拟》，《国际贸易问题》2017年第5期。

胡怡彤：《金融科技与数字金融风险管理》，《营销界》2021年第35期。

胡永刚、郭长林：《财政政策规则、预期与居民消费——基于经济波动的视角》，《经济研究》2013年第3期。

胡永刚、郭长林：《股票财富、信号传递与中国城镇居民消费》，《经济研究》2012年第3期。

皇甫秀颜：《我国商业银行信用风险的识别与评价研究》，博士学位论文，厦门大学，2006。

黄金老：《互联网金融的使命是普惠金融和廉价金融》，载曹彤主编《IMI研究动态》（2016年合辑），2016。

黄倩、李政、熊德平：《数字普惠金融的减贫效应及传导机制》，《改革》2019年第11期。

黄锐、赖晓冰、唐松：《金融科技如何影响企业融资约束？——动态效应、异质性特征与宏微观机制检验》，《国际金融研究》2020年第6期。

黄益平、黄卓：《中国的数字金融发展：现在与未来》《经济学》（季刊）2018年第4期。

黄卓主编《数字金融的力量：为实体经济赋能》，中国人民大学出版社，2018。

黄子健、王龑：《大数据、互联网金融与信用资本：破解小微企业融资悖论》，《金融经济学研究》2015年第1期。

霍源源、李江、冯宗宪：《不同股权结构商业银行信用风险分析——基于宏观经济因素视角》，《财贸研究》2016年第4期。

贾俊生、伦晓波、林树：《金融发展、微观企业创新产出与经济增长——基于上市公司专利视角的实证分析》，《金融研究》2017年第1期。

贾丽平、张晶、贺之瑶：《电子货币影响货币政策有效性的内在机理——基于第三方支付视角》，《国际金融研究》2019 年第 9 期。

江红莉、蒋鹏程：《数字普惠金融的居民消费水平提升和结构优化效应研究》，《现代财经》（天津财经大学学报）2020 年第 10 期。

姜松、黄庆华：《互联网金融发展与经济增长的关系——非参数格兰杰检验》，《金融论坛》2018 年第 3 期。

姜松、周虹：《中国货币政策是否应干预互联网金融发展？——基于非参数格兰杰因果关系与滚动相关性的检验》，《数量经济研究》2019 年第 4 期。

姜泽华、白艳：《产业结构升级的内涵与影响因素分析》，《当代经济研究》2006 年第 10 期。

焦瑾璞、黄亭亭、汪天都、张韶华、王瑱：《中国普惠金融发展进程及实证研究》，《上海金融》2015 年第 4 期。

解维敏、方红星：《金融发展、融资约束与企业研发投入》，《金融研究》2011 年第 5 期。

〔美〕克里斯·安德森：《长尾理论》，乔江涛译，中信出版社，2006。

孔丹凤、陈志成：《结构性货币政策缓解民营、小微企业融资约束分析——以定向中期借贷便利为例》，《中央财经大学学报》2021 年第 2 期。

李成、高智贤：《货币政策立场与银行信贷的异质性反应——基于信贷传导渠道的理论解读与实证检验》，《财贸经济》2014 年第 12 期。

李春风、刘建江、陈先意：《房价上涨对我国城镇居民消费的挤出效应研究》，《统计研究》2014 年第 12 期。

李春涛、闫续文、宋敏等：《金融科技与企业创新——新三板上市公司的证据》，《中国工业经济》2020 年第 1 期。

李丹：《科技赋能新金融——记第四届（2019）中国新金融高峰论坛》，《中国金融家》2019 年第 12 期。

李稻葵、孔睿、伏霖：《中国经济高增长融资之谜——国内非中介融资（DNI）研究》，《经济学动态》2013 年第 7 期。

李建军、韩珣：《普惠金融、收入分配和贫困减缓——推进效率和公平的政策框架选择》，《金融研究》2019 年第 3 期。

李婧：《我国数字金融发展与城乡消费结构的协同关系研究》，《商业经济研究》2021年第7期。

李苗苗、肖洪钧、赵爽：《金融发展、技术创新与经济增长的关系研究——基于中国的省市面板数据》，《中国管理科学》2015年第2期。

李牧辰、封思贤、谢星：《数字普惠金融对城乡收入差距的异质性影响研究》，《南京农业大学学报》（社会科学版）2020年第3期。

李涛、陈斌开：《家庭固定资产、财富效应与居民消费：来自中国城镇家庭的经验证据》，《经济研究》2014年第3期。

李涛、徐翔、孙硕：《普惠金融与经济增长》，《金融研究》2016年第4期。

李香菊、周丽珠：《扩大我国居民消费的税收政策研究——基于税收对消费影响的实证分析》，《财贸经济》2013年第2期。

李小玲、崔淑琳、赖晓冰：《数字金融能否提升上市企业价值？——理论机制分析与实证检验》，《现代财经》（天津财经大学学报）2020年第9期。

李晓龙、冉光和：《数字金融发展、资本配置效率与产业结构升级》，《西南民族大学学报》（人文社会科学版）2021年第7期。

李晓龙、冉光和、郑威：《金融要素扭曲如何影响企业创新投资——基于融资约束的视角》，《国际金融研究》2017年第12期。

李延喜、巴雪冰、薛光：《企业成长性综合评价方法的实证研究》，《大连理工大学学报》（社会科学版）2006年第3期。

李延喜、杜瑞、高锐、李宁：《上市公司投资支出与融资约束敏感性研究》，《管理科学》2007年第1期。

李玉雯：《互联网金融对我国商业银行信用风险的影响研究》，硕士学位论文，华东政法大学，2018。

李月：《论我国商业银行的信用风险管理》，《经济纵横》2005年第10期。

李治国、车帅、王杰：《数字经济发展与产业结构转型升级——基于中国275个城市的异质性检验》，《广东财经大学学报》2021年第5期。

梁榜、张建华：《中国普惠金融创新能否缓解中小企业的融资约束》，

《中国科技论坛》2018年第11期。

梁涵书、张艺：《数字金融发展、金融监管与我国商业银行风险》，《金融与经济》2021年第1期。

梁琦、林爱杰：《数字金融对小微企业融资约束与杠杆率的影响研究》，《中山大学学报》（社会科学版）2020年第6期。

梁双陆、刘培培：《数字普惠金融、教育约束与城乡收入收敛效应》，《产经评论》2018年第2期。

梁双陆、刘培培：《数字普惠金融与城乡收入差距》，《首都经济贸易大学学报》2019年第1期。

廖宝志：《我国外商直接投资的现状、问题及对策》，《经济研究导刊》2021年第9期。

林春艳、孔凡超：《技术创新、模仿创新及技术引进与产业结构转型升级——基于动态空间Durbin模型的研究》，《宏观经济研究》2016年第5期。

林闻钢：《相对贫困的理论与政策聚焦——兼论建立我国相对贫困的治理体系》，《社会保障评论》2020年第1期。

林仁文、杨熠：《中国市场化改革与货币政策有效性演变——基于DSGE的模型分析》，《管理世界》2014年第6期。

林毅夫、李永军：《中小金融机构发展与中小企业融资》，《经济研究》2001年第1期。

林毅夫、孙希芳、姜烨：《经济发展中的最优金融结构理论初探》，《经济研究》2009年第8期。

刘丹、方锐、汤颖梅：《数字普惠金融发展对农民非农收入的空间溢出效应》，《金融经济学研究》2019年第3期。

刘建民、毛军、吴金光：《我国税收政策对居民消费的非线性效应——基于城乡收入差距视角的实证分析》，《税务研究》2016年第12期。

刘澜飚、齐炎龙、张靖佳：《互联网金融对货币政策有效性的影响——基于微观银行学框架的经济学分析》，《财贸经济》2016年第1期。

刘莉亚、刘冲、陈垠帆等：《僵尸企业与货币政策降杠杆》，《经济研究》2019年第9期。

刘莉亚、余晶晶：《银行竞争对货币政策传导效率的推动力效应研究——利率市场化进程中银行业的微观证据》，《国际金融研究》2018年第3期。

刘美秀、周月梅：《我国商业银行信用风险分析》，《宏观经济研究》2012年第8期。

刘孟飞：《金融科技的潜在风险与监管应对》，《南方金融》2020年第6期。

刘孟飞、王琦：《互联网金融降低了商业银行盈利能力吗？——基于收入来源与结构的视角》，《北京理工大学学报》（社会科学版）2021年第6期。

刘乃辉：《金融脱媒对商业银行利差的影响》，《郑州大学学报》（哲学社会科学版）2018年第2期。

刘鹏程、韩贵鑫、夏学超：《"一带一路"节点城市对外开放与产业结构协调发展研究》，《重庆理工大学学报》（社会科学）2020年第7期。

刘瑞明：《金融压抑、所有制歧视与增长拖累——国有企业效率损失再考察》，《经济学》（季刊）2011年第2期。

刘素荣、刘玉洁：《融资约束对企业成长的影响——基于创业板科技型企业数据》，《工业技术经济》2015年第4期。

刘湘云、吴文洋：《科技金融与高新技术产业协同演化机制及实证检验——源于广东实践》，《广东财经大学学报》2018年第3期。

刘晓霏：《新常态下我国商业银行信用风险实证研究》，硕士学位论文，浙江大学，2016。

刘亦文、丁李平、李毅等：《中国普惠金融发展水平测度与经济增长效应》，《中国软科学》2018年第3期。

刘永萍、王学渊：《城市化与产业结构升级协调发展研究》，《齐鲁学刊》2014年第2期。

刘忠璐：《互联网金融对商业银行风险承担的影响研究》，《财贸经济》2016年第4期。

龙少波、陈璋、胡国良：《货币政策、房价波动对居民消费影响的路径研究》，《金融研究》2016年第6期。

龙小宁、易巍、林志帆：《知识产权保护的价值有多大？——来自中国上市公司专利数据的经验证据》，《金融研究》2018 年第 8 期。

鲁桐、党印：《公司治理与技术创新：分行业比较》，《经济研究》2014 年第 6 期。

陆静：《金融发展与经济增长关系的理论与实证研究——基于中国省际面板数据的协整分析》，《中国管理科学》2012 年第 1 期。

吕洪果：《数字金融的法律风险及防范》，《商场现代化》2019 年第 22 期。

吕劲松：《关于中小企业融资难、融资贵问题的思考》，《金融研究》2015 年第 11 期。

吕铁、黄娅娜：《消费需求引致的企业创新——来自中国家电行业的证据》，《经济管理》2021 年第 7 期。

马红、王元月：《融资约束、政府补贴和公司成长性——基于我国战略性新兴产业的实证研究》，《中国管理科学》2015 年第 S1 期。

马勇、陈雨露：《经济开放度与货币政策有效性：微观基础与实证分析》，《经济研究》2014 年第 3 期。

毛盛志、张一林：《金融发展、产业升级与跨越中等收入陷阱——基于新结构经济学的视角》，《金融研究》2020 年第 12 期。

孟小峰、慈祥：《大数据管理：概念、技术与挑战》，《计算机研究与发展》2013 年第 1 期。

南永清、宋明月、肖浩然：《数字普惠金融与城镇居民消费潜力释放》，《当代经济研究》2020 年第 5 期。

聂秀华、吴青：《数字金融对中小企业技术创新的驱动效应研究》，《华东经济管理》2021 年第 3 期。

潘敏、袁歌骋：《金融中介创新对企业技术创新的影响》，《中国工业经济》2019 年第 6 期。

彭建刚、王舒军、关天宇：《利率市场化导致商业银行利差缩窄吗？——来自中国银行业的经验证据》，《金融研究》2016 年第 7 期。

彭文平、揭阳扬：《比较优势推动产业结构升级中政府与市场的作用——基于新结构经济学视角的研究》，《上海经济研究》2019 年第 10 期。

戚聿东、刘欢欢、肖旭：《数字货币与国际货币体系变革及人民币国际化新机遇》，《武汉大学学报》（哲学社会科学版）2021年第5期。

齐红倩、李志创：《中国普惠金融发展水平测度与评价——基于不同目标群体的微观实证研究》，《数量经济技术经济研究》2019年第5期。

钱海章、陶云清、曹松威、曹雨阳：《中国数字金融发展与经济增长的理论与实证》，《数量经济技术经济研究》2020年第6期。

钱雪松、杜立、马文涛：《中国货币政策利率传导有效性研究：中介效应和体制内外差异》，《管理世界》2015年第11期。

邱晗、黄益平、纪洋：《金融科技对传统银行行为的影响——基于互联网理财的视角》，《金融研究》2018年第11期。

裘翔、周强龙：《影子银行与货币政策传导》，《经济研究》2014年第5期。

冉芳、谭怡：《数字金融、创新投入与企业全要素生产率》，《统计与决策》2021年第15期。

饶品贵、姜国华：《货币政策对银行信贷与商业信用互动关系影响研究》，《经济研究》2013年第1期。

任碧云、李柳颖：《数字普惠金融是否促进农村包容性增长——基于京津冀2114位农村居民调查数据的研究》，《现代财经》（天津财经大学学报）2019年第4期。

任碧云、刘佳鑫：《数字普惠金融发展与区域创新水平提升——基于内部供给与外部需求视角的分析》，《西南民族大学学报》（人文社会科学版）2021年第2期。

尚蔚、李肖林：《金融抑制对我国中小企业融资的影响及对策》，《上海经济研究》2015年第10期。

沈悦、郭品：《互联网金融、技术溢出与商业银行全要素生产率》，《金融研究》2015年第3期。

宋晓玲：《数字普惠金融缩小城乡收入差距的实证检验》，《财经科学》2017年第6期。

苏治、刘程程、位雪丽：《经济不确定性是否会弱化中国货币政策有效性》，《世界经济》2019年第10期。

孙继国、赵俊美：《普惠金融是否缩小了城乡收入差距？——基于传统和数字的比较分析》，《福建论坛》（人文社会科学版）2019 年第 10 期。

孙倩、徐璋勇：《数字普惠金融、县域禀赋与产业结构升级》，《统计与决策》2021 年第 18 期。

孙玉奎等：《农村金融发展对农村居民收入的影响研究》，《统计研究》2014 年第 11 期。

谭政勋、王聪：《房价波动、货币政策立场识别及其反应研究》，《经济研究》2015 年第 1 期。

唐松、伍旭川、祝佳：《数字金融与企业技术创新——结构特征、机制识别与金融监管下的效应差异》，《管理世界》2020 年第 5 期。

唐文进、李爽、陶云清：《数字普惠金融发展与产业结构升级——来自 283 个城市的经验证据》，《广东财经大学学报》2019 年第 6 期。

田卫民：《金融发展缘何抑制了经济增长——来自中国省际面板数据的经验证据》，《经济问题》2017 年第 1 期。

万佳彧、周勤、肖义：《数字金融、融资约束与企业创新》，《经济评论》2020 年第 1 期。

汪三贵、刘明月：《从绝对贫困到相对贫困：理论关系、战略转变与政策重点》，《华南师范大学学报》（社会科学版）2020 年第 6 期。

汪伟、潘孝挺：《金融要素扭曲与企业创新活动》，《统计研究》2015 年第 5 期。

汪亚楠、叶欣、许林：《数字金融能提振实体经济吗》，《财经科学》2020 年第 3 期。

汪洋、何红渠、常春华：《金融科技、银行竞争与企业成长》，《财经理论与实践》2020 年第 5 期。

王刚贞、谢露露：《数字普惠金融减贫效应存在空间异质性吗？——基于空间计量模型的实证分析》，《东北农业大学学报》（社会科学版）2020 年第 6 期。

王国刚、冯光华主编《中国地区金融生态环境评价（2013～2014）》，社会科学文献出版社，2015。

王建斌：《货币政策对我国上市公司融资约束的差异性影响研究》，

《经济问题》2019 年第 12 期。

王健、李佳：《人力资本推动产业结构升级：我国二次人口红利获取之解》，《现代财经》（天津财经大学学报）2013 年第 6 期。

王如玉、周诚君：《数字金融与城市生产率》，《广东社会科学》2020 年第 4 期。

王诗卉、谢绚丽：《经济压力还是社会压力：数字金融发展与商业银行数字化创新》，《经济学家》2021 年第 1 期。

王玺、何帅：《结构性减税政策对居民消费的影响——基于 PVAR 模型的分析》，《中国软科学》2016 年第 3 期。

王小鲁、樊纲、余静文：《中国分省份市场化指数报告（2016）》，社会科学文献出版社，2017。

王馨：《互联网金融助解"长尾"小微企业融资难问题研究》，《金融研究》2015 年第 9 期。

王修华：《新农村建设中的金融排斥与破解思路》，《农业经济问题》2009 年第 7 期。

王修华、赵亚雄：《数字金融发展是否存在马太效应？——贫困户与非贫困户的经验比较》，《金融研究》2020 年第 7 期。

王勋、Anders Johansson：《金融抑制与经济结构转型》，《经济研究》2013 年第 1 期。

王英姿：《数字普惠金融对城乡收入差距的效应研究——以中国长三角地区为例》，《山西大学学报》（哲学社会科学版）2020 年第 6 期。

王颖、陆磊：《普惠制金融体系与金融稳定》，《金融发展研究》2012 年第 1 期。

王永静、李慧：《数字普惠金融、新型城镇化与城乡收入差距》，《统计与决策》2021 年第 6 期。

王玉泽、罗能生、刘文彬：《什么样的杠杆率有利于企业创新》，《中国工业经济》2019 年第 3 期。

王昱、成力为、安贝：《金融发展对企业创新投资的边界影响——基于 HECKIT 模型的规模与效率门槛研究》，《科学学研究》2017 年第 1 期。

王周伟、王衡：《货币政策、银行异质性与流动性创造——基于中国银行业的动态面板数据分析》，《国际金融研究》2016 年第 2 期。

魏国健：《基于 KMV – LOGIT 混合模型的信用债券违约风险度量与实证研究》，硕士学位论文，中国科学技术大学，2018。

魏煜、王丽：《中国商业银行效率研究：一种非参数的分析》，《金融研究》2000 年第 3 期。

温信祥、苏乃芳：《大资管、影子银行与货币政策传导》，《金融研究》2018 年第 10 期。

吴传琦、张志强：《金融科技对中小企业成长的影响及机制分析》，《四川轻化工大学学报》2021 年第 3 期。

吴国华：《进一步完善中国农村普惠金融体系》，《经济社会体制比较》2013 年第 4 期。

吴诗伟、朱业、李拓：《利率市场化、互联网金融与商业银行风险——基于面板数据动态 GMM 方法的实证检验》，《金融经济学研究》2015 年第 6 期。

伍旭川：《迎接金融科技的新风口——智能投顾》，《清华金融评论》2017 年第 10 期。

武晓利、晁江锋：《财政支出结构对居民消费率影响及传导机制研究——基于三部门动态随机一般均衡模型的模拟分析》，《财经研究》2014年第 6 期。

夏玲：《数字普惠金融的减贫效应研究——基于我国 31 个省份 2011—2018 年的面板数据》，《金融理论探索》2020 年第 6 期。

肖懿珊：《数字普惠金融减贫效应实证研究》，《金融纵横》2020 年第8 期。

谢朝华、卿杨：《我国商业银行的 X – 效率及其影响因素的实证研究：2001—2009 年》，《财经理论与实践》2011 年第 5 期。

谢平、邹传伟：《Fintech：解码金融与科技的融合》，中国金融出版社，2017。

谢平、邹传伟：《互联网金融模式研究》，《金融研究》2012 年第12 期。

谢平、邹传伟、刘海二：《互联网金融的基础理论》，《金融研究》

2015 年第 8 期。

谢绚丽、沈艳、张皓星、郭峰：《数字金融能促进创业吗？——来自中国的证据》，《经济学》（季刊）2018 年第 4 期。

邢天才、张夕：《互联网消费金融对城镇居民消费升级与消费倾向变动的影响》，《当代经济研究》2019 年第 5 期。

熊德平、陈昱燃：《数字普惠金融发展对城乡收入差距的影响——基于非均衡效应与门槛效应的实证分析》，《长白学刊》2020 年第 5 期。

熊启跃、黄宪：《资本监管下货币政策信贷渠道的"扭曲"效应研究——基于中国的实证》，《国际金融研究》2015 年第 1 期。

徐飞：《银行信贷与企业创新困境》，《中国工业经济》2019 年第 1 期。

徐明东、陈学彬：《货币环境、资本充足率与商业银行风险承担》，《金融研究》2012 年第 7 期。

徐润、陈斌开：《个人所得税改革可以刺激居民消费吗？——来自 2011 年所得税改革的证据》，《金融研究》2015 年第 11 期。

徐晓光、寇佳丽、郑尊信：《基础设施投资如何影响产业结构升级：理论框架与经验证据》，《深圳大学学报》（人文社会科学版）2021 年第 6 期。

徐璋勇：《虚拟资本市场发展对货币政策的冲击效应》，《经济学家》2006 年第 2 期。

许月丽、李帅、刘志嫒：《数字金融影响了货币需求函数的稳定性吗？》，《南开经济研究》2020 年第 5 期。

杨德勇、刘笑彤、赵袁军：《互联网金融背景下中国货币政策工具的使用研究——基于金融市场反应机制及 VEC 模型的实证分析》，《武汉金融》2017 年第 2 期。

杨嵩、黄婷婷：《中国区域金融发展与经济增长——基于具生产的 OLG 理论及面板数据的实证分析》，《南京审计大学学报》2019 年第 2 期。

杨望、徐慧琳、谭小芬、薛翔宇：《金融科技与商业银行效率——基于 DEA – Malmquist 模型的实证研究》，《国际金融研究》2020 年第 7 期。

杨伟明、粟麟、王明伟：《数字普惠金融与城乡居民收入——基于经济增长与创业行为的中介效应分析》，《上海财经大学学报》2020年第4期。

杨兴全、尹兴强：《谁受到了货币政策的有效调控？——基于上市公司投资行为的研究》，《会计研究》2017年第4期。

姚金楼、王承萍、张宇：《"三农"领域发展数字普惠金融的调研与思考——基于供给侧结构性改革背景》，《金融纵横》2016年第6期。

姚兴安、闫林楠：《数字经济研究的现状分析及未来展望》，《技术经济与管理研究》2021年第2期。

姚耀军、董钢锋：《中小企业融资约束缓解：金融发展水平重要抑或金融结构重要？——来自中小企业板上市公司的经验证据》，《金融研究》2015年第4期。

姚余栋、李宏瑾：《中国货币政策传导信贷渠道的经验研究：总量融资结构的新证据》，《世界经济》2013年第3期。

易行健、周利：《数字普惠金融发展是否显著影响了居民消费——来自中国家庭的微观证据》，《金融研究》2018年第11期。

尹茵：《蚂蚁金服供应链金融风险管理研究》，硕士学位论文，天津商业大学，2021。

尹志超、公雪、潘北啸：《移动支付对家庭货币需求的影响——来自中国家庭金融调查的微观证据》，《金融研究》2019年第10期。

尹志超、钱龙、吴雨：《银企关系、银行业竞争与中小企业借贷成本》，《金融研究》2015年第1期。

余明桂、范蕊、钟慧洁：《中国产业政策与企业技术创新》，《中国工业经济》2016年第12期。

余明桂、钟慧洁、范蕊：《民营化、融资约束与企业创新——来自中国工业企业的证据》，《金融研究》2019年第4期。

余文建、焦瑾璞：《利用数字技术促进普惠金融发展》，《清华金融评论》2016年第12期。

余泳泽、郭梦华、胡山：《社会失信环境与民营企业成长——来自城市失信人的经验证据》，《中国工业经济》2020年第9期。

喻平、豆俊霞：《数字普惠金融、企业异质性与中小微企业创新》，

《当代经济管理》2020年第12期。

　　袁建国、后青松、程晨：《企业政治资源的诅咒效应——基于政治关联与企业技术创新的考察》，《管理世界》2015年第1期。

　　苑林娅：《城乡收入差距不平等状况的泰尔指数分析》，《云南财经大学学报》2008年第1期。

　　战明华、李欢：《金融市场化进程是否改变了中国货币政策不同传导渠道的相对效应？》，《金融研究》2018年第5期。

　　战明华、李帅、刘恩慧等：《利率市场化改革是否弱化了货币政策传导的"伯南克之谜"》，《世界经济》2019年第4期。

　　战明华、汤颜菲、李帅：《数字金融发展、渠道效应差异和货币政策传导效果》，《经济研究》2020年第6期。

　　张碧琼、吴琬婷：《数字普惠金融、创业与收入分配——基于中国城乡差异视角的实证研究》，《金融评论》2021年第2期。

　　张波、陈瑶雯：《金融稳定视角下我国货币政策有效性分析》，《统计与决策》2019年第22期。

　　张翠菊、张宗益：《中国省域产业结构升级影响因素的空间计量分析》，《统计研究》2015年第10期。

　　张海洋：《融资约束下金融互助模式的演进——从民间金融到网络借贷》，《金融研究》2017年第3期。

　　张红克：《民营中小企业融资难的破解之道——以河南省济源市为例》，载第十二届"中部崛起法治论坛"论文汇编集，2019。

　　张虎龄：《对企业融资约束宏观环境因素的实证分析》，《学习与实践》2015年第12期。

　　张健华：《我国商业银行效率研究的 DEA 方法及 1997—2001 年效率的实证分析》，《金融研究》2003年第3期。

　　张金清、阚细兵：《银行业竞争能缓解中小企业融资约束吗？》，《经济与管理研究》2018年第4期。

　　张龙耀、邢朝辉：《中国农村数字普惠金融发展的分布动态、地区差异与收敛性研究》，《数量经济技术经济研究》2021年第3期。

　　张娜：《货币政策银行信贷渠道传导效应分析——基于银行微观竞争

水平的视角》，《国际金融研究》2019 年第 2 期。

张庆君、刘靖：《互联网金融提升了商业银行资本配置效率吗？——基于中国上市银行的经验证据》，《金融论坛》2017 年第 7 期。

张腾、蒋伏心、韦朕韬：《数字经济能否成为促进我国经济高质量发展的新动能?》，《经济问题探索》2021 年第 1 期。

张伟斌、刘可：《供应链金融发展能降低中小企业融资约束吗？——基于中小上市公司的实证分析》，《经济科学》2012 年第 3 期。

张西现：《民族农村金融发展的减贫效应分析》，《统计与决策》2017 年第 6 期。

张晓朴：《系统性金融风险研究：演进、成因与监管》，《国际金融研究》2010 年第 7 期。

张璇等：《信贷寻租、融资约束与企业创新》，《经济研究》2017 年第 5 期。

张雪兰、何德旭：《货币政策立场与银行风险承担——基于中国银行业的实证研究（2000—2010）》，《经济研究》2012 年第 5 期。

张勋、万广华、张佳佳、何宗樾：《数字经济、普惠金融与包容性增长》，《经济研究》2019 年第 8 期。

张勋、杨桐、汪晨、万广华：《数字金融发展与居民消费增长：理论与中国实践》，《管理世界》2020 年第 11 期。

张治栋、吴迪：《人力资本结构高级化与产业创新效率提升——基于长江经济带的实证分析》，《当代经济管理》2019 年第 9 期。

张子豪、谭燕芝：《数字普惠金融与中国城乡收入差距——基于空间计量模型的实证分析》，《金融理论与实践》2018 年第 6 期。

张宗益、吴恒宇、吴俊：《商业银行价格竞争与风险行为关系——基于贷款利率市场化的经验研究》，《金融研究》2012 年第 7 期。

章潇萌、杨宇菲：《对外开放与我国产业结构转型的新路径》，《管理世界》2016 年第 3 期。

赵丙奇：《中国数字普惠金融与城乡收入差距——基于面板门限模型的实证研究》，《社会科学辑刊》2020 年第 1 期。

赵驰、周勤、汪建：《信用倾向、融资约束与中小企业成长——基于长三角工业企业的实证》,《中国工业经济》2012 年第 9 期。

郑长军、王光俊:《银行竞争与风险承担行为关系研究》,《统计与决策》2016 年第 8 期。

郑家喜、杨东、刘亦农:《农村普惠金融发展水平测度及其对农户经营性收入的空间效应研究》,《华中师范大学学报》(自然科学版)2020 年第 5 期。

郑美华、刘芃麦、王刚贞:《数字普惠金融减贫机制与区域异质性的实证研究》,《江西科技师范大学学报》2020 年第 3 期。

钟腾、汪昌云:《金融发展与企业创新产出——基于不同融资模式对比视角》,《金融研究》2017 年第 12 期。

周斌、毛德勇、朱桂宾:《"互联网+"、普惠金融与经济增长——基于面板数据的 PVAR 模型实证检验》,《财经理论与实践》2017 年第 2 期。

周光友、施怡波:《互联网金融发展、电子货币替代与预防性货币需求》,《金融研究》2015 年第 5 期。

周鸿卫、韩忠伟、张蓉:《中国商业银行净利差率影响因素研究——基于 1999—2006 的经验证据》,《金融研究》2008 年第 4 期。

周开国、李涛、何兴强:《什么决定了中国商业银行的净利差?》,《经济研究》2008 年第 8 期。

周利、冯大威、易行健:《数字普惠金融与城乡收入差距:"数字红利"还是"数字鸿沟"》,《经济学家》2020 年第 5 期。

周小川:《践行党的群众路线推进包容性金融发展》,《求是》2013 年第 18 期。

周泽昆、陈斑:《评价管理效率的一种新方法》,《系统工程》1986 年第 4 期。

朱富强:《发展中国家如何推进产业升级:技术进步路径的审视》,《天津社会科学》2020 年第 4 期。

庄毓敏、储青青、马勇:《金融发展、企业创新与经济增长》,《金融研究》2020 年第 4 期。

邹伟、凌江怀:《普惠金融与中小微企业融资约束——来自中国中小微企业的经验证据》,《财经论丛》2018 年第 6 期。

邹新月、王旺:《数字普惠金融对居民消费的影响研究——基于空间计量模型的实证分析》,《金融经济学研究》2020 年第 4 期。

Abosedra, S., Shahbaz, M. & Nawaz, K., " Modeling Causality Between Financial Deepening and Poverty Reduction in Egypt, " *Social Indicators Research* 126(2018) : 955 −969.

Acharya, R. N. & Albert, K., "Community Banks and Internet Commerce, " *Journal of Internet Commerce* 3(1) (2004) : 23 −30.

Agarwal, S. & Hauswald, R., "Distance and Private Information in Lending, " *Review of Financial Studies*(7) (2010) : 2757 −2788.

Allen, L., "The Determinants of Bank Interest Margins: A Note, " *The Journal of Financial and Quantitative Analysis*(2) (1998) : 231 −235.

Almeida, H., Weisbach, M. S. & Campello, M., "The Cash Flow Sensitivity of Cash, " *The Journal of Finance* (4) (2004) : 1777 −1804.

Angbazo, L., " Commercial Bank Net Interest Margins, Default Risk, Interest −Rate Risk, and Off −Balance Sheet Banking, " *Journal of Banking and Finance* 1997(21) (1997) : 55 −87.

Atalay, K., Whelan, S. & Yates, J., "House Prices, Wealth and Consumption: New Evidence from Australia and Canada, " *Review of Income and Wealth* 62 (1) (2016) : 69 −91.

Baron, R. M. & Kenny, D. A., "Psychological Research: Conceptual, Strategic, and Statistical Considerations, " *Journal of Personality and Social Psychology* 51(6) (1986) : 1173 −1182.

Baron, R. M. & Kenny, D. A., " The Moderator −Mediator Variable Distinction in Social Psychological Research: Conceptual, Strategic, and Statistical Considerations, " *Journal of Personality and Social Psychology* 51 (6) (1986) : 1173 −1182.

Barr, R. S., Killgo, K. A., Siems, T. F. & Zimmel, S., "Evaluating the Productive Efficiency and Performance of US Commercial Banks, " *Managerial Finance* 28(8) (2002) : 3 −25.

Bede Uzoma, A., Omankhanlen, A. E., Obindah, G., et al., "Digital Finance as a Mechanism for Extending the Boundaries of Financial Inclusion in Sub – Saharan Africa: A General Methods of Moments Approach, "*Cogent Arts & Humanities* 7(1) (2020): 1788293.

Berger, A. N. & Humphrey, D. B. , "Bank Scale Economies, Mergers, Concentration, and Efficiency: The US Experience, "The Wharton Financial Institutions Center Working Paper, 1994.

Boivin, J. & Giannoni, M. P. , "Has Monetary Policy Become More Effective? "*Review of Economics and Statistics* 88(3) (2006): 445 −462.

Boyd, J. H. & De Nicolo, G. , "The Theory of Bank Risk Taking and Competition Revisited, "*The Journal of Finance* 60(3) (2005): 1329 −1343.

Boyd, J. H. & Prescott, E. C. , "Financial Intermediary − Coalitions, "*Journal of Economic Theory* 38(2) (1986): 211 −232.

Brealey, R. , Leland, H. E. & Pyle, D. H. , "Informational Asymmetries, Financial Structure, and Financial Intermediation, "*Journal of Finance* 32 (1977): 371 −387.

Brown, J. R. , Martinsson, G. & Petersen, B. C. , "Law, Stock Markets, and Innovation, "*The Journal of Finance* 68(4) (2013): 1517 −1549.

Browning, M. , Gortz, M. & Leth - Petersen, S. , "Housing Wealth and Consumption: A Micro Panel Study, " *The Economic Journal* (568) (2013): 401 −428.

Campbell, A. , "Bank Insolvency and the Problem of Nonperforming Loans, " *Journal of Banking Regulation* 9(1) (2007): 25 −45.

Campbell, T. S. & Kracaw, W. A. , " Information Production, Market Signalling, and the Theory of Financial Intermediation, "*The Journal of Finance* 35(4) (1980): 863 −882.

Charnes, A. , Cooper, W. W. & Rhodes, E. , "Measuring Efficiency of Decision Making Units, " . *European Journal of Operations Research* (2) (1978): 429 −444.

Chen, H. & Yoon, S. S. , "Does Technology Innovation in Finance Alleviate Financing Constraints and Reduce Debt − Financing Costs? " *Evidence from Chi-*

na. *Asia Pacific Business Review* (2012) : 1 −26.

Chowdhurya, R. H. & Maung, M. , "Financial Market Development and the Effectiveness of R&D: Evidence from Developed and Emerging Countries, " *Research in International Business and Finance* 26(2) (2012) : 285 −272.

Claessens, S. & Laeven, L. , "Financial Development, Property Rights, and Growth, " *Journal of Finance* 58(2003) : 2401 −2436.

Cleary, S. , "The Relationship Between Firm Investment and Financial Status, " *The Journal of Finance* (2) (1999) : 673 −692.

Demertzis, M. , Merler, S. & Wolff, G. B. , "Capital Markets Union and the Fintech Opportunity, " *Journal of Financial Regulation* 4(2018) : 157 −165.

Duncombe, R. & Boateng, R. , " Mobile Phones and Financial Services in Developing Countries: A Review of Concepts, Methods, Issues, Evidence and Future Research Directions, " *Third World Quarterly* 30(7) (2009) : 1237 −1258.

Dupas, P. & Robinson, J. , "Savings Constraints and Microenterprise Development: Evidence from a Field Experiment in Kenya, " *American Economic Journal: Applied Economics* 5(1) (2013) : 163 −192.

Fama, F. E. , " Agency Problems and the Theory of the Firm, " *Journal of Political Economy* 88(2) (1980) : 288 −307.

Farrell, M. J. , "The Measurement of Productive Efficiency, " *Journal of the Royal Statistical Society* (3) (1957) : 253 −281.

Fazzari, S. M. , Hubbard, R. G. & Petersen, B. C. , "Financing Constraints and Corporate Investment, " *Brooking Papers on Economic Activity* (1988) : 141 −195.

Freel, M. S. , "Are Small Innovators Credit Rationed, " *Small Business Economics* 28(1) (2007) : 23 −35.

Fried, H. O. , Schmidt, S. S. & Yaisawarng, S. , "Incorporating the Operating Environment into a Nonparametric Measure of Technical Efficiency, " *Journal of Productivity Analysis* 12(3) (1999) : 249 −267.

Garcia −Tabuenca, A. & Crespo −Espert, J. L. , "Credit Guarantees and SME Efficiency, " *Small Business Economics* 35(1) (2010) : 113 −128.

Geda, A. , "The Structure and Performance of Ethiopia's Financial Sector in the Pre - and Post - Reform Periods, with a Special Focus on Banking, " *Wider Working Paper* 21(2) (2006) : 361 -394.

Gomber, P. , Kauffman, R. J. & Parker, C. , "On the FinTech Revolution: Interpreting the Forces of Innovation, Disruption and Transformation in Financial Services, "*Journal of Management Information Systems* 35(2018) : 220 -265.

Gomber , P. , Koch, J. A. & Siering, M. , "Digital Finance and FinTech: Current Research and Future Research Directions, "*Journal of Business Economics* 87(5) (2017) : 537 -580.

Gupton, G. , Finger, C. C. & Batia, M. , *Credit Metrics Technical Document* (New York: Morgan Guaranty Trust Company, 1997).

Hall, B. H. , & Ziedonis, R. H. , "The Patent Paradox Revisited: An Empirical Study of Patenting in the US Semiconductor Industry, 1979 - 1995, " *Rand Journal of Economics* 32(1) (2001) : 101 -128.

Hart, M. & McGuinness, S. , "Small Firm Growth in the UK Regions 1994 - 1997: Towards an Explanatory Frame - Work, " *Regional Studies* 37(2) (2003) : 109 -122.

Henry, P. B. , "Do Stock Market Liberalizations Cause Investment Booms?" *Journal of Financial Economics*(1) (2000) : 301 -334.

Ho, T. S. Y. & Saunders, A. , "The Determinants of Bank Interest Margins: Theory and Empirical Evidence, " *Journal of Financial and Quantitative Analysis* 16 (4) (1981) : 581 -600.

Hou, X. , Gao, Z. & Wang, Q. , "Internet Finance Development and Banking Market Discipline: Evidence from China, " *Journal of Financial Stability* 22 (2016) : 88 -100.

Hsu, P. H. , Tian , X. & Xu, Y. , "Financial Development and Innovation: Cross - Country Evidence, " *Journal of Financial Economics* 112 (1) (2014): 116 -135.

Jin, D. , "The Inclusive Finance Have Effects on Alleviating Poverty, " *Journal of Social Sciences*(3) (2017) : 233 -242.

Johnson, P. R. & Hirshleifer, J. , "Investment, Interest, and Capital, " *Economic Journal* 53(1)(1970):6371 −6378.

Kaplan, S. N. & Zingales, L. , "Do Investment −Cash Flow Sensitivities Provide Useful Measures of Financial Constraint, " *Quarterly Journal of Economics* (112) (1997):169 −215.

King, R. G. & Levine, R. , " Finance, Entrepreneurship and Growth, " *Journal of Monetary Economics* 32(3)(1993):513 −542.

King, R. G. & Levine, R. , " Finance and Growth: Schumpeter Might Be Righ, " *The Quarterly Journal of Economics* 108(3)(1993):717 −737.

King, R. G. & Levine, R. , "Finance, Entrepreneurship, and Growth, "*Journal of Monetary Economics* 32(1993):513 −542.

Klein, M. A. , "A Theory of the Banking Firm, "*Journal of Money, Credit and Banking* 3(2)(1971):205 −218.

Koopmans, T. C. , *Three Essays on the State of Economic Science*(New York: McGraw −Hill, 1957).

Lesage, J. P & Pace, R. K. , *Introduction to Spatial Econometrics*(Boca Raton: CRC Press, 2009).

Lim, D. S. K. , Morse, E. A. & Mitchell, R. K. , "Institutional Environment and Entrepreneurial Cognitions: A Comparative Business Systems Perspective, " *Entrepreneurship Theory* & *Practice* 34(2010):491 −516.

Martinez −Miera, D. & Repullo, R. , "Does Competition Reduce the Risk of Bank Failure?"*The Review of Financial Studies* 23(10)(2010):638 −664.

Maudos, J. & Guevara, J. F. , "Factors Explaining the Interest Margins in the Banking Sectors of the European Union, "*Journal of Banking and Finance* (3) (2004):2259 −2281.

Maudos, J. & Solís, L. , "The Determinants of Net Interest Income in the Mexican Banking System: An Integrated Model, " *Journal of Banking and Finance* (33)(2009):1920 −1931.

Mishra, P. & Montiel, P. , "How Effective Is Monetary Transmission in Low − Income Countries? —A Survey of the Empirical Evidence, "*Economic Systems* 37

(2) (2013) : 187 −216.

Mocetti, S. , Pagnini, M. & Sette, E. , "Information Technology and Banking Organization, " *Journal of Financial Services Research* 51(3) (2017) : 313 −338.

Morales, M. F. , "Financial Intermediation in a Model of Growth Through Creative Destruction, " *Macroeconomic Dynamics* 7(2003) : 363 −393.

Myers, S. C. & Majluf, N. S. , "Corporate Financing and Investment Decisions When Firms Have Information that Investors Do Not Have, " *Journal of Financial Economics* 13(2) (1984) : 187 −221.

Nanda, R. , & Rhodes − Kropf, M. , "Investment Cycles and Start up Innovation, " *Journal of Financial Economics* 110(2) (2013) : 403 −418.

Ozili, P. K. , "Impact of Digital Finance on Financial Inclusion and Stability, " *Borsa Istanbul Review* 18(4) (2018) : 329 −340.

Park, C. Y. & Mercado, R. , *Does Financial Inclusion Reduce Poverty and Income Inequality in Developing Asia* (London: Palgrave Macmillan UK, 2016).

Perry, C. , Meredith, G. G. & Cunnington, H. J. , "Relationship Between Small Growth and Personal Characteristics of Ownership/Managers In Australia, " *Journal of Small Business Management* 26(2) (1988) : 76 −79.

PÁStor, L. & Veronesi, P. , "Technological Revolutions and Stock Prices, " *American Economic Review* 99(2009) : 1451 −1483.

Rajan, R. & Zingales, L. , "Financial Dependence and Growth, " *American Economic Review* 88(1998) : 559 −587.

Rajan, R. G. , "Insiders and Outsiders: The Choice Between Informed and Arm's −Length Debt, " *Journal of Finance* 47(4) (2012) : 1367 −1400.

Rousseau, P. L. & Wachtel, P. , "What Is Happening to the Impact of Financial Deepening on Economic Growth?" *Economic Inquiry* 49 (1) (2011) : 276 −288.

Sabato, G. , "Financial Crisis: Where Did Risk Management Fail?" *International Review of Applied Financial Issues and Economics* (2) (2010) : 315 −327.

Sherman, H. D. , & Gold, F. , "Bank Branch Operating Efficiency: Evaluation with Data Envelopment Analysis, " *Journal of Banking & Finance* 9(2) (1985) :

297 −315.

Stiglitz, J. E. & Weiss, A. , "Credit Rationing in Markets with Imperfect Information, " *The American Economic Review* 71(3)(1998): 393 −410.

Syed, A. R. & Nida, H. , "Factors Affecting Internet Banking Adoption among Internal and External Customers: A Case of Pakistan, " *Journal of Electronic Finance* 7(1)(2013): 82 −96.

Sylla, R. , "Financial Systems and Economic Modernization, " *Journal of Economics History* (2)(2002): 277 −292.

Tobin, J. , "Money and Economic Growth, " *Econometrica* 33(4)(1965): 671 −684.

Valverde, S. C. & Fernández, F. R. , "The Determinants of Bank Margins in European Banking, " *Journal of Banking and Finance* (31)(2007): 2043 −2063.

Wagner, W. , "Loan Market Competition and Bank Risk −Taking, " *Journal of Financial Services Research* 37(1)(2010): 71 −81.

Wang, Q. , et al. , "The Impact of Digital Finance on Financial Efficiency, " *Managerial and Decision Economics* 41(7)(2020): 1225 −1236.

Williams, D. , "The Future of Credit −Risk −Management Technology, " *Commercial Lending Reviews* 15(1999): 19 −23.

Yang, F, Mathur, I. & Neely , C. J. , "The Impact of Financial Development on Economic Growth in Middle −Income Countries, " *Journal of International Financial Markets, Institutions and Money* 59(2019): 74 −89.

后　记

　　阿里巴巴集团旗下的支付宝于 2004 年上线运营，这标志着中国数字金融发展的开端，但业界通常将余额宝推出的 2013 年视为中国数字金融发展的元年。2018 年，P2P 网贷、众筹、现金贷等互联网金融中的问题被相继曝出，数字金融发展的相关问题引起了政府决策层及金融监管层的高度关注。但客观来讲，以互联网为基础，以大数据、人工智能、云计算、区块链等数字技术赋能的数字金融，在降低信息搜集成本、提高信息处理能力、扩大金融服务受众面、降低金融服务成本等方面，已经显现出了与传统金融相比的独特魅力与发展潜力。正因为如此，经过近 10 年的发展，无论是在发展水平还是在普及程度上，中国数字金融均处于世界领先地位，且已经成为全球数字金融领域的领跑者。

　　数字金融作为一种新型金融业务模式，虽然其金融属性及金融功能并未发生根本改变，但其以普惠性、智能技术融合性、金融服务的低成本性、监管的复杂性等特征与传统金融模式相区别。正是因为这些特征的存在，其快速发展无论是对宏观经济金融体系，还是对微观经济运行，均会产生巨大且深刻的影响。在此背景下，探究数字金融发展的经济效应无疑具有重大的理论与现实意义。

　　本书是我主持的国家社会科学基金重点项目"我国金融'脱实向虚'的形成机理、资源错配效应及治理路径研究"（19AJL010）中期成果之一，也是近两年组织研究生进行数字金融相关专题研究讨论的总结。本书的研究思路、研究方案以及写作提纲由我提出，书稿由课题组成员集体完成。在书稿撰写过程中，博士研究生强以晨承担了大量的组织与协调工作。本书各章初稿撰写者如下：第一章由强以晨、徐璋勇撰写；第二章、第三章、第八章由强以晨撰写；第四章、第七章由史瑞英撰写；第五章由魏蓉撰写；第六章由滕聪撰写；第九章由赵瑜凡撰写；第十章由梁琳静撰写；第十一章由牛艺博撰写；第十二章由上官丹撰写；第十三章由孙佳音撰写；第十四章由刘泽强撰写。全部初稿由我进行修改，并对部分章节内容进行了较大幅度的补充与完善。

数字金融的出现时间较短，但其发展日新月异，在理论层面上对数字金融发展的效应分析也才刚刚开始。因此，本书中的相关理论与机制分析仅仅是初步探究，而分析的重点在于通过大量数据与数量经济方法，对数字金融发展引致的相关效应进行实证检验，期望勾勒出数字金融发展效应的基本轮廓。

在书稿完成出版之际，感谢国家社科基金、西北大学发展规划与学科建设处、西北大学中国西部经济发展研究院、西北大学经济管理学院给予的大力支持！也感谢社会科学文献出版社丁凡在本书出版过程中的辛勤付出！

书稿写作过程中参考了许多前人的研究成果，在参考文献中进行了罗列，但难免存在遗漏。在此，对本书参考引用的所有研究成果的作者表示衷心感谢！

徐璋勇

2022 年 2 月于西北大学长安校区

图书在版编目（CIP）数据

数字金融发展的经济效应研究：理论机制分析与实
证检验／徐璋勇等著 . -- 北京：社会科学文献出版社，
2022.11
　　ISBN 978 - 7 - 5228 - 0522 - 1

　　Ⅰ.①数…　Ⅱ.①徐…　Ⅲ.①数字技术 - 应用 - 金融
业 - 研究 - 中国　Ⅳ.①F832 - 39

　　中国版本图书馆 CIP 数据核字（2022）第 143121 号

数字金融发展的经济效应研究
　　——理论机制分析与实证检验

著　　者／徐璋勇　强以晨 等

出 版 人／王利民
责任编辑／丁　凡
文稿编辑／赵亚汝
责任印制／王京美

出　　版／社会科学文献出版社·城市和绿色发展分社（010）59367143
　　　　　　地址：北京市北三环中路甲 29 号院华龙大厦　邮编：100029
　　　　　　网址：www. ssap. com. cn
发　　行／社会科学文献出版社（010）59367028
印　　装／三河市尚艺印装有限公司

规　　格／开本：787mm × 1092mm　1/16
　　　　　　印 张：25.75　字 数：405 千字
版　　次／2022 年 11 月第 1 版　2022 年 11 月第 1 次印刷
书　　号／ISBN 978 - 7 - 5228 - 0522 - 1
定　　价／98.00 元

读者服务电话：4008918866